21世纪经济管理新形态教材·旅游管理系列

旅游市场营销

陈丹红◎编著

清华大学出版社
北京

内 容 简 介

本书以旅游市场营销"思政化、国际化、绿色化、智慧化、网络化"趋势为依托，坚持"课程思政与专业教育相结合，理论阐述与实践应用相结合，市场营销理论与旅游现实情况相结合，前沿先进理论与中国实际情况相结合"的指导思想，系统介绍旅游市场营销系统理论与操作方法。本书包括旅游市场营销导论、旅游市场环境分析、旅游市场营销调研、旅游市场STP营销战略、旅游市场营销4P策略、旅游目的地营销策略、旅游市场营销策划与控制、旅游市场营销创新等内容，并将蕴含在旅游市场营销课程中的价值观念、精神追求等思政元素体现出来，发挥思政育人的作用。本书体系完整，内容翔实丰富，有课前导入、教材正文、课后案例分析、课后思考题、翻转课堂练习题，并配有试题库，扫描二维码即测即练。本书紧跟国际旅游营销理论，介绍了自媒体营销、新媒体营销、旅游新零售、智慧旅游、定制营销、电商直播营销、控制营销、体验营销、TIS战略、红色旅游、非遗旅游、文化融合、IP营销、跨界营销等新理论。本书贴近旅游实践工作，介绍了BCG分析法、GSM矩阵分析法、定位钻石模型分析法、消费者关联模型分析法、RFM模型分析法等实用方法与技术。本书引入"互联网+旅游"概念，介绍了OTA企业、旅游网络分销渠道、电子中间商、Inter phone网上调研法、微信营销、微博营销、APP营销、电商直播、云旅游、网红经济、短视频营销等相关知识。本书既可作为旅游管理院校讲授旅游市场营销学课程的教学用书，也可作为旅游企业管理者和市场营销人员开展市场营销的指导用书。

本书封面贴有清华大学出版社防伪标签，无标签者不得销售。
版权所有，侵权必究。举报: 010-62782989，beiqinquan@tup.tsinghua.edu.cn

图书在版编目（CIP）数据

旅游市场营销/陈丹红编著. —北京：清华大学出版社，2023.9
21世纪经济管理新形态教材. 旅游管理系列
ISBN 978-7-302-64714-0

Ⅰ．①旅… Ⅱ．①陈… Ⅲ．①旅游市场－市场营销学－高等学校－教材 Ⅳ．①F590.8

中国国家版本馆CIP数据核字(2023)第192581号

责任编辑：陆浥晨
封面设计：李召霞
责任校对：宋玉莲
责任印制：宋　林

出版发行：清华大学出版社
网　　址：http://www.tup.com.cn，http://www.wqbook.com
地　　址：北京清华大学学研大厦A座　　邮　编：100084
社 总 机：010-83470000　　邮　购：010-62786544
投稿与读者服务：010-62776969，c-service@tup.tsinghua.edu.cn
质 量 反 馈：010-62772015，zhiliang@tup.tsinghua.edu.cn
课 件 下 载：http://www.tup.com.cn，010-83470332

印 装 者：北京嘉实印刷有限公司
经　　销：全国新华书店
开　　本：185mm×260mm　　印　张：23.5　　字　数：522千字
版　　次：2023年9月第1版　　印　次：2023年9月第1次印刷
定　　价：68.00元

产品编号：099730-01

伴随着我国社会主义市场经济的不断发展和人民生活水平的日益提高，大众旅游呈现出旅游市场全球化、旅游需求多样化、旅游体验品质化、文旅融合多元化、旅游服务精细化、消费空间全域化、旅游时间全时化等发展趋势，面对着经济新常态时代、创新驱动时代、高速交通时代、共享经济时代、大数据时代的叠加影响，我国旅游行业竞争日益激烈。旅游市场营销是发展旅游事业、活跃旅游市场、获得经济效益的重要环节，研究旅游市场营销无疑会对我国旅游事业的发展和旅游企业的运营有着特别重要的意义。我国旅游业已走上持续快速发展的通道，对旅游市场营销从业人员的数量和质量的提升均有需求。"旅游市场营销学"是旅游管理专业的必修专业课程，该课程的教学效果直接影响到旅游管理人才培养的质量。本书以旅游市场营销"思政化、国际化、绿色化、智慧化、网络化"趋势为依托，坚持"课程思政与专业教育相结合，理论阐述与实践应用相结合，市场营销理论与旅游现实情况相结合，前沿先进理论与中国实际情况相结合"的指导思想，系统介绍旅游市场营销的基本理论与操作方法，积极探讨适合混合式教学、体验式教学、研究式教学、项目合作式教学、情景式教学、实践式教学的教材内容，旨在培育具有高尚的道德修养、丰富的学科知识、一定的创新思维、综合的专业素养的德才兼备的新型人才，为"人才兴旅"做出自己的贡献。

本书体系完整，内容翔实丰富，坚持课程思政理念，紧跟国际旅游营销理论，贴近旅游实践工作，融合时代前沿性理念，引入智慧旅游概念，在集各家所长的基础上进行理论与实践方面的创新。本书包括旅游市场营销导论、旅游市场环境分析、旅游市场营销调研、旅游市场 STP 营销战略、旅游市场营销 4P 策略、旅游目的地营销策略、旅游市场营销计划与控制、旅游市场营销创新等内容，力争使学生全面系统地掌握旅游市场营销学的基本理论，学会分析市场营销环境、制订市场营销组合策略的方法，掌握策划、组织和控制旅游市场营销活动的操作方法，全面培养在旅游业及相关行业进行旅游市场营销的能力，积极践行社会主义核心价值观。

本书具有以下特色。一是坚持课程教育与思政教育的深度融合。本教材为发挥思政育人的功效，将蕴含在旅游市场营销课程中的价值观念、精神追求等思政元素挖掘出来，潜移默化影响学生，全面落实立德树人的根本任务。例如，以解决当代旅游业发展和国家高质量发展为己任，介绍旅游精准助农、生态文明建设、旅游目的地品牌建设、红色旅游、文旅产品营销、智慧旅游科技、非遗旅游等内容；书中大量的中国旅游企业的真实案例让学生感受到中国旅游事业的蓬勃发展，可以增强学生的民族自信心；书中布置了大量的市场调查，让学生感受当地旅游业发展的情况，可以激发学生热爱家乡、建设家乡的家国情怀和服务地方旅游业发展的责任感；让学生了解本校驻村第一书记所在村庄的乡村旅游现状，并为乡村振兴献言献策，等等。二是以 OBE 理念为基础。本书以旅游企业对旅游人才知识、能力、素质的实际需求为导向，设计教材内容。三是内容前沿。本书融入时代前沿性的内容，汲取了国内旅游企业市场营销的成功之道，在集各家所长的基础上进行了大胆的理论与实践方面的创新，STP 营销战略、自媒体营销、新媒体营销、旅游新零售、智慧旅游、定制营销、控制营销、体验营销、非遗旅游、红色旅游、文化融合、TIS 战略等新理论都会在本书中出现。四是突出实践运用。本书突出了旅游市场营销的实际运用与具体操作技能的介绍，引入了品牌定位知觉图、BCG 分析法、GSM 矩阵分析法、定位钻石模型分析法、消费者关联模型分析法、系列变量细分法、RFM 模型分析法等实用方法与技术。五是突出"互联网 + 旅游"的相关知识。面对智慧旅游的发展趋势，介绍了 OTA 企业、旅游网络分销渠道、电子中间商、Inter phone 网上调查方法、微信营销、微博营销、APP 营销、自媒体营销、电商直播、IP 营销、云旅游、网红经济、跨界营销、短视频营销等相关知识。六是教材编写体系先进。本书按照课前导入—教材正文—课后案例分析—课后思考题的思路进行撰写。七是教材中有丰富的习题。本书拥有大量的课后练习题，题型包括选择题、思考题、实践练习题、案例分析题、翻转课堂练习题等，扫描二维码即测即练。八是图文并茂。本书配有案例介绍，还根据需要配置了大量的图例、表格和图片，提高了教材的直观性和生动性。

本书的出版得到了清华大学出版社领导和编辑的细致指导与无私帮助，在此表示真诚的感谢和深深的敬意。本书是与上海泰古旅游文化（集团）有限公司的校企合作教材。在编写过程中，参考了大量的著作、报刊和网络资料，在此对著者致以最诚挚的谢意。书中不足之处，敬请广大读者批评指正。

陈丹红
2023 年 1 月

第一章	旅游市场营销导论	1
第一节	市场营销	2
第二节	旅游市场营销	15
课后练习题		24

第二章	旅游市场环境分析	28
第一节	旅游市场营销环境	29
第二节	旅游市场营销宏观环境分析	30
第三节	旅游市场营销微观环境分析	45
第四节	旅游市场营销环境分析技术	51
课后练习题		60

第三章	旅游市场调研与预测	64
第一节	旅游市场调研	65
第二节	旅游市场预测	82
第三节	旅游市场调查问卷技术	94
课后练习题		97

第四章	旅游市场STP营销战略	101
第一节	旅游市场细分	102
第二节	旅游目标市场	114
第三节	旅游市场定位	124
课后练习题		137

第五章　旅游产品策略 ··· 142

第一节　旅游产品概述 ··· 143
第二节　旅游产品生命周期策略 ·· 147
第三节　旅游新产品开发策略 ·· 158
第四节　旅游产品品牌策略 ·· 163
第五节　旅游产品组合策略 ·· 167
课后练习题 ·· 173

第六章　旅游产品定价策略 ·· 177

第一节　旅游产品定价概述 ·· 178
第二节　旅游产品定价方法 ·· 184
第三节　旅游产品定价策略 ·· 189
课后练习题 ·· 200

第七章　旅游分销渠道策略 ·· 205

第一节　旅游分销渠道概述 ·· 206
第二节　旅游中间商 ·· 212
第三节　旅游分销渠道的选择与管理 ·· 220
课后练习题 ·· 231

第八章　旅游促销策略 ·· 234

第一节　旅游促销概述 ·· 235
第二节　旅游广告 ·· 240
第三节　旅游营业推广 ·· 256
第四节　旅游人员推销 ·· 259
第五节　旅游公共关系 ·· 268
课后练习题 ·· 279

第九章　旅游目的地营销策略···283

第一节　旅游目的地营销概述··284

第二节　旅游目的地形象策划··289

课后练习题··299

第十章　旅游市场营销计划与控制···302

第一节　旅游市场营销组织··303

第二节　旅游市场营销计划··307

第三节　旅游市场营销控制··313

第四节　旅游市场营销审计··320

课后练习题··322

第十一章　旅游市场营销创新···327

第一节　旅游市场营销创新概述··328

第二节　旅游市场营销新理念··332

课后练习题··359

参考文献···363

第一章 旅游市场营销导论

旅游市场营销是发展旅游事业、活跃旅游市场、获得经济效益的重要环节。随着我国经济与社会事业的不断发展,大众休闲旅游需求日益增加,旅游产业链不断延伸,旅游业随之走上了持续快速发展的道路,形成了激烈的旅游市场营销竞争环境。因此,旅游企业必须深刻掌握旅游市场营销概念的内涵和外延,转变经营观念,深入进行包括计划、组织和控制的综合性市场营销活动,了解旅游市场营销的发展趋势。通过本章的教学,让学生了解旅游市场营销在致力于满足人民日益增长的美好生活需要过程中的作用,培养学生立志旅游行业发展的高尚情怀。本章教学倡导社会营销观念,强调处理旅游企业、顾客和社会三者之间的利益关系,可以帮助学生树立承担社会责任的理念,引导学生树立正确的市场意识。

1. 了解市场营销的含义,掌握市场营销观念的演变,掌握市场营销组合的演变及发展。
2. 掌握旅游市场营销概念的内涵和外延,了解旅游市场营销的发展趋势,了解旅游助农、文旅融合等新的发展方向。

1. 掌握分析旅游企业的市场营销理念的技能。
2. 了解旅游助力乡村振兴的意义和有效措施。

云台山景区致力于为游客全面打造多元化旅游体验

河南省焦作市云台山经过30多年的开发建设,从行业新秀到标杆引领,创造了业界瞩目的"云台山速度""云台山品牌"和"云台山效应",年接待游客达700万人次,带动区域就业3.5万人。先后荣获全国首批国家文明旅游示范单位、全国文化和旅游系统先进集体、中国质量奖提名奖等多项荣誉,被誉为疫情下的"云台山新现象"。回顾景区可持续发展之路,主要做法体现在以下三个方面。

第一,产品迈向高端化。云台山始终坚持以游客需求为导向,谋划实施了涵盖休闲度假、互动体验、民宿文化和亲子研学等方面的"云系列"项目,形成了特色鲜明的全链条产品。夜游项目、文化旅游学院、小吃城、攀岩、生态科普营地、云景 360 球幕影院等一批项目，使景区二次消费收入占比从 2010 年的 4.8% 提高到目前的 49%，扭转了过去依赖门票经济的单一局面。

第二，服务实现智能化。在线下，构建了"五员一体"服务模式。在线上，打造了"全行程、管家式"智慧系统，突出大数据分析、智慧化引流等作用，把预约购票、刷脸入园、一键救援等智慧化功能融入游览服务中。

第三，营销突出年轻化。先后培育了云台山音乐节、电音节、汉服花朝节、冰雪狂欢节、音乐露营季等多个独有品牌 IP。携手抖音、微信等互联网巨头，推出云台山抖音挑战赛、短视频创作大赛、小红书游记征集令等线上活动，多次登上媒体热搜，云台山新媒体综合传播影响力持续领跑全国。

资料来源：http://jz.hnr.cn/jzjrrd/article/1/1572137676237500418.

案例思考题

1. 从案例出发探讨旅游市场营销的内涵与特征。
2. 从案例出发探讨旅游市场营销 4P 组合包括哪些内容。
3. 从案例出发探讨旅游市场营销的发展新趋势。

第一节　市　场　营　销

一、市场概述

市场集平衡供求矛盾、实现商品价值交换、进行收益分配或再分配等多种功能于一体，是社会分工和商品生产的产物。美国著名市场学家菲利普·科特勒提出了这样的市场定义：可能与卖者交易的现实的和潜在的买者所构成的集合。从时空市场概念出发，市场被看作是买卖的场所；从经济学角度出发，市场被认为是社会分工和商品生产的产物，市场被看作是商品交换关系的总和，市场＝商品＋供给＋需求；从市场营销学角度出发，市场被看作是购买者对某个具体商品现实需求和潜在需求的总和，市场大小取决于人口、购买力和购买欲望三个要素，市场＝人口＋购买力＋购买欲望（图 1-1）。

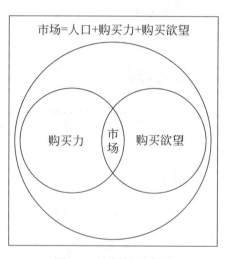

图 1-1　市场的示意图

二、市场营销概述

（一）市场营销的内涵

关于市场营销的概念，各位专家学者提出了不同的观点。现代营销学之父——菲利普·科特勒（市场营销管理，1984）认为：市场营销是指企业的这种职能，认识目前未满足的需要和欲望，估量和确定需求量大小，选择和决定企业能最好地为其服务的目标市场，并决定适当的产品、劳务和计划（或方案），以便为目标市场服务。美国市场营销协会认为：市场营销是创造、传播、交付和交换那些对顾客、客户、合作伙伴和社会有价值的市场供应物的活动、制度和过程。英国市场学会认为，市场营销是以能够获取盈利为目标，负责识别、预见以及满足顾客需要的管理过程。纪宝成认为，所谓的市场营销就是在变化的市场环境中，旨在满足消费需要、实现企业目标的商务活动过程，包括市场调研、选择目标市场、产品开发、产品定价、渠道选择、产品促销、产品储存和运输、产品销售、提供服务等一系列与市场有关的企业业务活动。程道品认为，市场营销是指企业利用自身的资源优势，在变化的市场环境中通过市场交易满足目标市场现实或潜在需求的综合性商务活动的过程，它以市场需求为起点，又以市场需求为终点，适应市场环境的变化，实现商品价值的交换。

总之，市场营销是以满足和引导顾客需求为出发点，有计划地组织各项经营营销活动，为消费者提供满意的商品或服务且实现企业目标的过程。其中，市场营销是企业有目的、有意识的行为；市场营销的主体既包括营利性的企业，也包括非营利性的组织；营销的对象包括产品和服务，还包括思想、观念和创意；市场营销出发点是满足和引导顾客需求，市场营销的目的是实现企业或组织的目标；市场营销活动涉及生产、分配、交换、消费等全过程，包括分析市场环境，选择目标市场，确定和开发产品，制定产品定价、分销、促销最佳组合。

（二）市场营销涉及的观念

市场营销涉及的观念如图1-2所示。

首先，市场营销以顾客需求为出发点，因此市场营销的核心概念必须包括需要、欲求和需求。需要是指消费者生理及心理的需求。欲求是指消费者深层次的需求。需求是指有能力和有意愿购买某种物品的欲求。

其次，市场营销涉及以何种产品来满足顾客需求，因此市场营销的核心概念必须包括产品、效用、价值。产品是指用来满足顾客需求和欲求的物体。效用是指产品的全部效能。价值是指消费者对满足其需要的产品的全部效能的估价。满足是指每种产品有不同能力来满足消费者的不同需要。

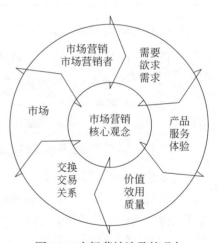

图1-2 市场营销涉及的观念

最后，市场营销涉及产品交换方式，因此市场营销的核心概念必须包括交换、交易、关系，市场、市场营销及市场营销者。交换是指通过等价交换，买卖双方彼此获得所需的产品。交易是指买卖双方价值的交换。关系是指市场营销者重视同顾客、分销商等建立长期、信任和互利的关系。市场是指一切有特定需求或欲求并且愿意和可能从事交换来使自身需求与欲望得到满足的潜在顾客构成。市场营销是指为满足消费者需求和欲望，为消费者提供满意的商品或服务且实现企业目标的过程，是通过市场交易满足消费者需求的综合性商务活动的过程。市场营销者是指从事市场营销活动的人。

三、市场营销的管理任务

市场营销是以满足和引导顾客需求为出发点，为消费者提供满意的商品或服务的过程，市场营销管理的实质是需求管理，因此市场营销管理的任务就是管理需求。科特勒将市场需求归结为八种状态（表1-1），需要根据每种需求状态的水平、时间和性质的不同，制定不同的市场营销管理任务。

表1-1 营销管理任务表

需求状态	特点	营销管理任务	措施
负需求	不喜欢，设法回避	扭转性营销	重新设计产品，展开积极促销方案，改变顾客的形象和态度
无需求	不感兴趣，漠不关心	刺激性营销	把产品好处与兴趣联系起来，创造需求
潜在需求	感兴趣，但还没有购买行为	开发性营销	开发产品和服务，以有效地满足潜在的需求
衰退性需求	有需求，但呈下降趋势	恢复性营销	开辟新市场或改变产品特性
不规则需求	需求随时间变化而波动较大	同步性营销	通过价格等策略使需求平均化
充分需求	消费需求量与企业最佳业务量一致	维护性营销	不断提高顾客的满意度，设法保持消费者现有的需求水平
过度需求	需求水平高于企业的供给能力	压缩性营销	提高价格，减少推销，降低需求水平或提高供给能力；或"双管齐下"
不健康需求	不健康产品，引起抵制	抵制性营销	使嗜好有害产品的公众戒掉不健康产品

（一）负需求状况下的扭转性营销

负需求状况是指消费者不喜欢甚至是厌恶某种产品，抵制并避免购买这种产品的一种需求状况。在这种状况下，市场营销管理的主要任务是扭转性营销。企业要分析公众不喜欢产品的原因，重新设计产品，提高服务质量，展开积极的促销方案，改变公众的看法，扭转人们的抵制态度，重新塑造产品的形象，使否定需求变为正需求。

（二）无需求状况下的刺激性营销

无需求是指消费者对某种产品从来不感兴趣或漠不关心的一种需求状况。在这种状况下，市场营销管理的主要任务是刺激性营销。企业要通过大力促销及其他市场营销措施设法使消费者知道这种产品、了解这种产品直至对这种产品感兴趣，努力将产品所能提供的利益与人的自然需要和兴趣联系起来，使无需求转变为有需求。

（三）潜在需求状况下的开发性营销

潜在需求是指消费者对某种产品感兴趣、有渴求，但还没有把需求转变为购买行动的一种需求状况。在这种状况下，市场营销管理的主要任务是开发性营销。企业要准确地衡量潜在市场需求，并开发产品和服务以有效地满足潜在的需求，使潜在市场开发转变为现实的消费市场。

（四）衰退性需求状况下的恢复性营销

衰退性需求是指消费者对某种产品购买数量减少，对某些产品或服务的需求出现了下降趋势。在这种情况下，市场营销管理的主要任务是恢复性营销。市场营销者要了解顾客需求下降的原因，根据原因采取以下做法：一种是通过改变原有产品的特色，采用更有效的沟通方法，刺激需求，扭转需求下降的格局；另一种是开辟新的目标市场，以扭转需求下降的局面。

（五）不规则需求状况下的同步性营销

不规则需求是消费者因时间的不同而对某些产品的需求产生变化、有很大的波动性的一种需求状况。以旅游业为例，旅游旺季时，消费者旅游需求旺盛，旅游接待能力不足；而旅游淡季时，消费者旅游需求明显下降，旅游接待能力闲置，从而增加了旅游业经营的不稳定性。在这种情况下，市场营销管理的任务是同步性营销。面对不规则的需求，企业通过灵活的定价、促销和其他激励办法来改变需求模式，调整供求关系，"熨平"需求波动曲线，使市场供给与市场需求在时间上协调一致。

（六）充分需求状况下的维护性营销

充分需求是指某种产品的消费需求等于企业需求的期望值，是和企业最佳业务量相一致的理想需求状况。在这种情况下，市场营销管理的任务是维护市场营销。面对消费者偏好的改变和竞争的加剧，采取各种措施不断提高顾客的满意度，设法保持消费者现有的需求水平，全面满足消费者的现时需求。

（七）过度需求状况下的压缩性营销

过度需求是指市场需求量大于企业产品供给量，超过了企业的承载能力，企业处于超负荷运转，产品供不应求的一种需求状况。在这种情况下，市场营销管理的任务是压缩性营销。企业或提高价格、减少促销；或提高供给能力；或降低需求水平、提高供给能力"双管齐下"。

（八）不健康需求状况下的抵制性营销

不健康需求是指消费者对不健康产品的消费需求，这种需求对消费者、企业都有害无益，应该被抵制。在这种情况下，市场营销管理的任务是抵制性营销。企业经营者必须严格执行政府法规，遵守社会道德规范，抵制和清除这些不健康需求。可以采取大力宣传有害产品的严重危害性，大幅度提高价格，以及停止生产供应等措施，使嗜好有害产品的公众戒掉不健康需求。

听黑龙江讲故事

抛开传统的美景刷屏模式，黑龙江省旅游局讲了一个有关冰雪的人生故事，推出了《这里不仅有冰天雪地》朋友圈广告,将五个重要的人生节点——儿童、少年、青年、壮年、老年中发生的重要事件,结合黑龙江的冬日风光,还原成五个与冰雪相结合的人生场景。简单的故事、简单的布景,传递的却是一种源自黑龙江冬天的温馨。在《这里不仅有冰天雪地》的短文中讲道:"时间走得飞快,一辈子显得太短","黑龙江不仅有冰天雪地,还有太多的回忆"迅速引发受众情感共鸣。与此同时,黑龙江省旅游局推出了一系列爽爽虎的周边,《跟着爽爽虎去旅行》H5、爽爽虎系列表情包、玩偶……将这位故事的"主讲人"进行了全方位的演绎。黑龙江以故事化的场景续写的"冰雪奇缘",引发了新一轮的网络热议。同名微博话题登上了热门话题榜第四位!黑龙江此次的"讲故事"模式,将全年的品牌营销变成了一场趣味且节奏清晰的"故事会",温情脉脉间将品牌诉求一一展露。

资料来源:https://www.adquan.com/post-2-38508.html.

案例思考题

谈谈黑龙江是如何开发旅游潜在需求的。

四、市场营销的观念

市场营销的观念作为企业的经营哲学和企业思维方式,是指企业进行市场营销决策、市场营销组织和市场营销活动时所依据的指导思想与思维方式,也可以说是一种关于组织整体企业营销活动的指导思想或行为哲学。学者普遍认为,市场营销观念经历了生产观念、产品观念、推销观念、市场营销观念和社会市场营销观念5个阶段(图1-3)。

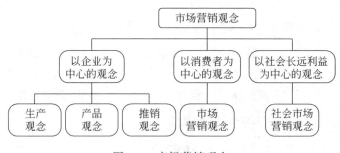

图1-3 市场营销观念

(一)生产导向理念

1. 产生条件

19世纪末20世纪初,市场初步有法可依,经营秩序有所规范。市场基本状况是供不应求的状态,企业的生产无法满足全部消费者的需要。在短缺经济中出现了卖方市场,市场需求旺盛而企业供应能力不足,产品的短缺现象严重存在。

2. 表现特点

生产导向理念认为营销的关键是生产。该观点认为:消费者喜欢价格低廉的商品,因此，企业应当组织和利用所有资源，集中一切力量提高生产效率和扩大分销范围，通过增加产量来降低成本。此时，生产企业只关注生产状况，关注生产规模的扩张与产品数量的增长，实行以产定销，但忽略了市场需求的变化；商业企业集中力量抓货源，工业生产什么就收购并销售什么，轻视市场营销。

（二）产品导向理念

1. 产生条件

当供求关系趋向缓和时，企业开始把注意力放在产品上，但还是没有放在市场需要上，不注意市场需求的变化。

2. 表现特点

产品导向理念认为提供一流的产品和服务是企业经营管理工作的核心，只要产品的性能好、质量高、价格合理、有特色，顾客必然会找上门，无须大力推销。因此，企业应致力于改进现有产品的技术，生产高值产品。主张以好的产品之不变去应市场之万变，不注重产品随着消费者需求的变化而更新换代，不注重市场营销策略随着市场情况的变化而变化。

（三）推销导向理念

1. 产生条件

推销导向理念盛行于 20 世纪三四十年代。由于科学技术的进步、企业管理科学的发展、大规模生产的普及，产品产量迅猛增加，逐渐出现了市场产品供过于求的现象，市场逐步由"卖方市场"向"买方市场"过渡，致使部分产品供过于求，市场竞争加剧，因而迫使企业重视采用广告术与推销术去推销产品。

2. 表现特点

推销导向理念认为营销的关键是要采取强有力的推销措施，坚持以销售为中心。推销观念认为，消费者通常有一种购买惰性或抗衡心理，因此企业管理的中心任务是运用推销与促销来激发消费者的购买欲望，扩大产品销售。因此企业纷纷扩张推销机构，增加销售工作内容，增加和培训推销人员，加大广告宣传力度，全面推销企业产品。

（四）市场营销观念

1. 产生条件

市场营销观念由来已久，但其核心原则直到 20 世纪 50 年代中期才被基本定型。现代科技进步促进了生产力的高度发展，产品和服务供给总量剧增，花色品种日新月异，西方发达国家的市场已经变成名副其实的买方市场，市场供过于求，并且竞争加剧。同时，消费者个人收入迅速提高，有可能对产品进行选择，消费需求向多样化发展，购买行为趋于理性化。企业之间为实现产品销售而导致竞争加剧，许多企业开始认识到，企业一切营销策略应以消费者为中心，贯彻"顾客至上"的原则，一定要比竞争者更有效地满足目标市场的需求，这是市场营销观念演变进程中的一次重大飞跃。

2. 表现特点

市场营销观念认为,实现企业诸目标的关键在于以消费者为中心,从消费者需求出发,了解和满足消费者的需求。营销的重心在于正确了解目标市场的需要和欲望,生产出满足目标市场需求的产品,并以合适的方式向目标市场传递他们所期望的产品。

 **案例阅读**

岛 国 卖 鞋

为了扩大公司鞋子的销售,需要开发一个岛国市场。推销员考察后说:"岛上的居民没有穿鞋的习惯,岛上暂时也没有卖鞋的,把我们的鞋运一批过去吧,我们一定能够推销出去!"营销人员考察后说:"岛上居民没有穿鞋的习惯,居民都有脚病,且久治不愈。如果鞋能够帮他们预防脚部伤害且缓解脚病,那么他们会渴望有双鞋。岛国居民的脚比欧洲人的脚大,卖给他们的鞋子要重新设计。岛国居民没有钱,但都听从酋长的命令,岛上生产的香蕉受欧洲人喜爱,酋长答应 30 千克香蕉换一双鞋,一共要 10 万双,第一批的 1 万双需要尽快到货。经计算,10 万双鞋,就地设厂生产可盈利 5 630 万元,在欧洲生产运过去销售可盈利 5 590 万元。由于第一批货较紧,所以我们建议用'国际营销'做成第一笔,而后就地设厂生产。"

资料来源: https://wenku.baidu.com/view/71b882e39b89680203d82523.html。

案例评析

从推销员和营销人员的身上我们看到了推销与营销的区别。推销注重企业的产品推销,营销则注重顾客的需要;推销以企业需要为出发点,考虑如何出售产品和提供服务以获得利润;营销则考虑如何通过产品和服务的不断创新与适销对路,最终满足顾客的需要。

(五)社会营销导向理念

1. 产生条件

20 世纪 70 年代,能源短缺、环境污染严重、人口爆炸等世界性问题日益严重,消费者保护运动盛行。市场营销观念回避了长期的社会福利,因此企业的观念开始转变,认为只有关注社会和协调发展才能获得长远的发展。社会营销导向理念的出现,被认为是对市场营销观念的补充和修正。

2. 表现特点

社会营销导向理念认为企业要统筹兼顾消费者需求、企业利润和社会利益三者之间的利益平衡。企业不仅要考虑满足消费者的需要与欲望,还应注重消费者的长远利益和社会的长期福利。企业应以消费需求为基础,以履行社会责任为前提,在社会经济发展、消费者的欲望与需求、企业的效益三个方面都得到满足的基础上实现企业和社会的可持续发展(图 1-4)。

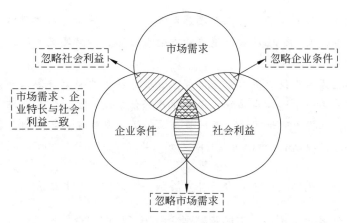

图 1-4 社会营销导向理念示意图

节能降耗绿色经营

温岭国际大酒店自 2000 年开业以来,一直秉承"创新、协调、绿色、开放、共享"的经营理念,在不降低服务标准的前提下,合理利用资源,合理引导顾客消费,年平均综合能耗保持在 6% 以内,成功创建金树叶级绿色旅游饭店和金桂级品质饭店。

第一,抓好绿色设计。一是在节能建筑设计方面,对大楼的整体设计施工进行节能设计:屋面和外墙均采用 70 毫米的保温岩棉毡;门窗的材型为隔热铝合金型材多腔密封窗框,窗玻璃采用低透光透明中空玻璃,隔音性能≥3 级。二是在节能设备采购方面,酒店中央空调采用世界领先的磁悬浮、无极变频技术和环保冷媒。所有客房配备智能马桶。三是在节能设备改造方面,酒店投资 128 万元将原有燃油锅炉改为清洁能源天然气,年节约能耗费用预计达到 24%,综合能耗达到《旅游饭店节能减排指引》先进值。

第二,营造绿色消费环境。首先,聚焦内部管理为绿色经营主抓手。先后组织创绿培训,举办创绿主题活动,号召鼓励员工积极参与地球一小时、"最美办公室、最美工作间"、创绿知识竞赛等系列宣传活动。在员工内部开展节能降耗"金点子"评选活动,并真正贯穿融合到酒店后期的日常经营管理中。组织员工学习垃圾分类标准并要求员工严格执行。其次,着力对客宣传为绿色消费主纽带。深入实施公筷公勺、制止餐饮浪费行动,依托 LED 显示屏、宣传海报、宣传标语、提示牌、公众号等"线上+线下"平台,营造推行节约为荣、浪费可耻的浓厚氛围。在自助餐厅、中餐点菜区设置"光盘行动"倡议书,推出小份菜机制,并对顾客的光盘行动予以餐饮抵金券或自制小饼干的奖励。深入推广塑料污染治理行动,专门设计简便精美的一次性易耗品礼袋,在宾客主动需求时再提供,并尝试推广有偿使用的形式,引导宾客自带洗漱用品。

第三,抓好能源管理。首先,酒店根据相关要求制订绿色采购物品清单,例如,全部采用 LED 灯、纯植物油生态香皂、可降解的购物袋等。同时,酒店自建绿色、有机农场,保障后厨有机食品的日常供应。其次,酒店对各部门、各区域、各楼层以及各台大型用水设备建立用水标准,实施分区计量,建立能源计量台账,严格实施月统计、月汇总、月分析、月报告制度。

第四,智能化设备系统。酒店采用冷凝水回收系统,自动对洗衣房余热进行回收再利用。对员工浴室采用一卡通控水系统,最大限度降低能耗。公共区域分路、分区域使用照明自动控制系统,根据不同时间段、不同员工工作场景等设置智能控制,实现管控增效。

资料来源:http://www.wl.gov.cn/art/2021/8/6/art_1402247_58967844.html。

案例评析

饭店运用社会营销导向理念来设计和发展绿色饭店,所以取得成功。

总之,目前学者普遍认为,市场营销观念经历了生产观念、产品观念、推销观念、市场营销观念和社会市场营销观念五个阶段,是与一定的生产发展水平和商品供求状况相适应而产生的。不同市场营销观念在时间上并不是完全此消彼长的,同一时期的不同企业往往会执行不同的市场营销观念。需要指出的是,目前,市场营销的观念作为企业的经营哲学和企业思维方式继续随着营销实践的发展而不断丰富和发展(表1-2)。

表 1-2 市场营销观念表

	市场营销观念	产生条件	出发点	中心	手段	结果
旧观念	生产观念	经营秩序有所规范使市场供不应求	生产	企业	关注生产规模的扩张、以产定销	取得有限的短期利润
	产品观念	供求关系趋向缓和	产品	企业	关注提高产品质量,生产优质的产品	取得有限的短期利润
	推销观念	由"卖方市场"向"买方市场"过渡	产品	企业	关注流通领域,加强推销	取得有限的短期利润
新观念	市场观念	科学技术进步,产品和服务供给总量剧增	顾客需求	顾客	满足顾客需要	取得长期稳定的利润
	社会市场观念	世界性问题日益严重,"消费者主权论"的出现	顾客需求	顾客社会	履行社会责任为前提,满足顾客和社会需要	取得长期稳定的利润

海底捞的营销理念

海底捞是一家以经营川味火锅为主的连锁品牌,其提供的全方位贴心服务,受到顾客的欢迎。来过海底捞的人,恐怕都很难不对细致入微的服务留下强烈的印象。例如,无偿给客人发眼镜布、给女士提供橡皮筋和小发夹、给客人打包小零食、给客人夹菜添饮料服务等,还有免费水果小吃服务、免费美甲服务、免费擦鞋服务、免费庆祝生日服务、免费哄娃服务、免费辅导作业服务、免费失恋的陪伴服务等,还有针对老人、儿童、孕妇的特殊服务。有的店面甚至增加了免费洗头服务，以洗去顾客头发上的火锅味道等。

海底捞还推行真正能够留住人心的、非标准化的"顶级服务"，在网上流传着顾客的一些与海底捞的故事：海底捞吃火锅，顾客不小心把丝袜剐坏了，结账时服务员递上了全新的丝袜；在海底捞吃饭时打了个喷嚏，没隔多久服务员就送来一碗姜汤；顾客只要感叹一句："这个西瓜好甜啊"，服务员马上就送两盒西瓜打包带走。

很多顾客反映，海底捞之所以能吸引他们，店员体贴入微的服务起码占80%的功劳。

案例思考题

1. 你认为海底捞成功的真谛是什么？
2. 你认为海底捞在其经营中采用了什么市场营销理念？现代餐饮行业为什么运用这种营销理念？

五、市场营销学

市场营销学是一门建立在经济科学、行为科学和现代管理理论基础上的应用科学，产生于20世纪的美国。1912年哈佛大学教授哈杰特奇写的第一本以"Marketing"命名的教科书，被视为市场营销学作为一门独立学科出现的里程碑。美国市场营销协会指出，市场营销学是研究引导商品和服务从生产者流向消费者或使用者过程中所开展的一切企业经营活动的科学。

市场营销学又称营销学或市场学等，就是对企业市场营销活动的理论性总结，是系统地研究市场营销活动规律性的一门科学。具体说来就是研究企业如何识别、分析评价、选择和利用市场机会，从满足目标顾客需求出发，有计划地组织企业的整体活动，通过交换，将产品从生产者手中转到消费者手中，以提高企业的经济效益，求得生存与发展，实现企业营销目标。随着社会经济和市场经济的发展，市场营销学已经从传统的营销学转变为同企业管理学、经济学、行组织行为学、人类学等学科相结合的应用边缘管理学科。

六、市场营销组合

市场营销组合是现代市场营销中一个十分重要的概念，由美国哈佛大学教授尼尔·鲍顿于1964年最早采用。市场营销组合是企业市场营销战略的一个重要组成部分，旅游市场营销组合是指旅游企业为了增强竞争力，针对目标市场的需要对自己可控制的各种营销因素进行最佳组合与运用，旨在满足旅游目标市场的需要和保证旅游企业的营销目标顺利实现。市场营销组合是制定企业营销战略的基础，是企业对付竞争者强有力的手段，是合理分配企业营销预算费用的依据。

（一）4P市场营销组合

1960年，麦卡锡在《基础营销》一书中提出了著名的4P组合。麦卡锡认为，企业从事市场营销活动，一方面要考虑企业的各种外部环境，另一方面要制定市场营销组合策略。麦卡锡绘制了一幅市场营销组合模式图（图1-5），图的中心是某个消费群，即目标市场，中间一圈是四个可控要素：产品（product）、渠道（place）、价格（price）、促销（promotion），即4P组合，外圈是企业的各种外部环境。此模型把企业营销活动这样一个错综复杂的经济现象概括为三个圆圈，把企业营销过程中可以利用的成千上万的因素概括成四大因素，即4P理论——产品、渠道、价格和促销。企业在4P组合的基础上，通过适应环境，满足目标市场的需要，最终实现企业的目标。

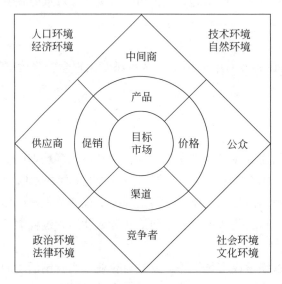

图1-5　市场营销组合模式图

科特勒说过，"如果公司生产出适当的产品，定出适当的价格，利用适当的分销渠道，并辅之以适当的促销活动，那么该公司就会获得成功"。

4P组合包括以下内容：一是产品，指确定适销对路的产品，即企业应设计和生产出适应目标市场需要的产品，供消费者购买使用；二是渠道，指把适销对路的产品送到目标市场，即企业注重经销商的培育和销售网络的建立；三是价格，指以合适的价格将产品推销给消费者，即价格应公平合理，而且应对目标市场有吸引力，企业要根据不同的市场定位制定不同的价格策略；四是促销，指向消费者传递与企业、产品有关的信息，说服或吸引消费者购买本企业产品。

4P理论以满足市场需求为目标，将复杂的市场营销活动简单化、抽象化和体系化，构建了营销学的基本框架。

（二）6P市场营销组合与11P市场营销组合

1. 6P市场营销组合

6P是由科特勒提出的，它是在4P的基础上再加政治（politics）和公共关系（public relations），即6P=4P+政治+公共关系。

2. 11P市场营销组合

20世纪80年代，科特勒把已有的6P称为战术性营销组合，同时认为，企业要有效地开展营销活动，既要有为人们（people）服务的正确的指导思想，又要有正确的战略性营销组合（市场调研 probing、市场细分 partitioning、市场择优 prioritizing、市场定位 positioning）的指导，即 11P＝6P＋市场调研＋市场细分＋市场择优＋市场定位＋人（图 1-6）。

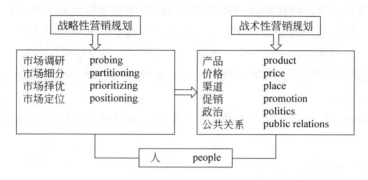

图 1-6　11P 市场营销组合示意图

科特勒认为，市场调研、市场细分、市场择优、市场定位是战略性营销组合，产品、价格、渠道、促销、政治和公共关系是战术性营销组合。科特勒曾说："从市场营销角度看，战略的定义是企业为实现某一产品市场上的特定目标所采用的竞争方法，而战术则是实施战略所必须研究的课题和采取的行动。"战略营销计划过程必须先于战术性营销组合的制定，只有在搞好战略营销计划过程的基础上，战术性营销组合的制定才能顺利进行。

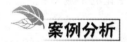

自驾游栾川·高速我买单

栾川政府宣布"自驾游栾川·高速我买单"，开启了栾川旅游高速免费的热潮，共 32 天(含 5 个周末)，所有从洛栾高速栾川县境内的栾川站、重渡沟站下高速的，7 座以下(含 7 座)客车，免河南省内高速公路通行费。从活动开始栾川的旅游景点陆续免费，竹海动物园、天河大峡谷、老君山、龙域湾、伏牛山滑雪度假乐园等。另外还有鸡冠洞等景区门票半价。同时，民宿、宾馆半价。加油站加油优惠 0.3~0.5 元/升。通过免费高速、免门票、住宿优惠等来实施重点的拉动市场。在此期间，栾川单日接待创历史新高，全县接待游客 13.33 万人次。栾川县在旅游发展中创造了"栾川模式"。

资料来源：https://zhuanlan.zhihu.com/p/44836725.

案例思考题

请利用 11P 市场营销组合理论分析"栾川模式"。

（三）4C 市场营销组合

20 世纪 90 年代，美国市场学家罗伯特·劳特伯恩提出了以 4C 为主要内容的市场营销组合，即 4C 理论。它以消费者需求为导向，重新设定了市场营销组合的四个基本要素：消费者（consumer）、成本（cost）、便利（convenience）和沟通（communication）。

消费者是指顾客的需求。企业必须了解和研究顾客，根据顾客的需求来提供产品。同时，企业提供的不仅仅是产品和服务，更重要的是由此产生的客户价值。

成本是指应重点考虑顾客为得到某项商品或服务所愿意付出的代价。成本不仅包括企业的生产成本，还包括顾客的购买成本。顾客的购买成本不仅包括货币支出，还包括其为此耗费的时间、体力和精力，以及购买风险。

便利是指通过多种渠道向顾客提供详尽的信息，为顾客提供良好的售后服务，以减少顾客精神和体力的耗费。

沟通是指通过同顾客进行积极有效的双向沟通，建立基于共同利益的新型企业与顾客关系。

（四）4R 市场营销组合

21 世纪初，由艾略特·艾登伯格提出了 4R 营销理论。它阐述了四个全新的营销组合要素：反应（reaction）、关联（relevancy）、关系（relation）和回报（retribution）。

反应是指要提高市场反应速度。在相互影响的市场中，企业要站在顾客的角度及时倾听顾客的心声，商业模式要从推测性商业模式向高度回应需求的商业模式转变。

关联是指与顾客建立关联，即认为企业与顾客是一个命运共同体，建立并发展与顾客之间的长期关系是企业营销的核心理念和最重要的内容。

关系是指关系营销越发重要。在企业与客户的关系发生了本质性变化的市场营销中，抢占市场的关键已转变为与顾客建立长期而稳固的关系。

回报是营销的源泉。任何交易与合作关系的巩固和发展都与经济利益有关，一定的合理回报既是正确处理营销活动中各种矛盾的出发点，也是营销活动的落脚点。

市场营销组合的演变如图 1-7 所示。

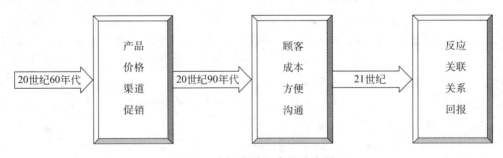

图 1-7　市场营销组合的演变图

把梳子卖给和尚

甲是这样推销的：他跑了三座寺院，受到无数次和尚的责骂，但仍然不屈不挠，终于感动了一个小和尚，买了一把梳子。

乙是这样推销的：他来到一座名山古寺，由于山高风大，把前来进香的善男信女的头发都吹乱了。乙先生找到住持，说："蓬头垢面对佛是不敬的，应在每座香案前放把木梳，供善男信女梳头。"住持认为有理。那座古寺共有10座香案，于是买下10把梳子。

丙是这样推销的：他来到一座颇负盛名、香火极旺的深山宝刹，对方丈说："凡来进香者，多有一颗虔诚之心，宝刹应有回赠，保佑平安吉祥，鼓励多行善事。我有一批梳子，您的书法超群，可刻上'积善梳'三字，然后作为赠品。"方丈听罢大喜，立刻买下1 000把梳子。

案例评析：甲的销售思维是典型的4P模式。在规定了产品、渠道、价格的情况下，销售人员只能通过产品来拼命说服客户购买梳子。

乙运用的是4C模式。他首先满足了顾客的需求。顾客可以免费使用梳子，将商品放置于客户方便取用的位置，而这个成本又使客户和香客都觉得没有负担。最后，他以"蓬头垢面对佛是不敬的"这样一种沟通方式让香客愿意使用梳子。

丙的思维是完全的4R模式。首先他通过书法和梳子之间的关系重新界定产品与客户之间的关联性——看到寺庙的书法一下想到梳子和书法以及与香客之间的关系。另外，丙与一级顾客方丈建立起了战略性、双赢的合作关系，而这个解决方案可以让三方同时得到回报。

资料来源：https://m.163.com/dy/article/E4MOGNF805385R1G.html。

4P营销理论是营销的基础框架，是导向性的、最基本的理论；4C营销理论是以消费者为导向的营销理论，是很有价值的理论和思路；4R营销理论是在4P和4C理论基础上的创新与发展，是以竞争为导向的营销理论。

总之，市场营销组合是以满足消费者的需要为出发点，将基本营销措施组成一个整体性活动，对企业可控制的营销因素加以最佳组合和应用，是制定企业营销战略的基础环节。

第二节　旅游市场营销

一、旅游市场概述

（一）旅游市场的概念

旅游市场是旅游活动商品化、社会化的产物，旅游市场的形成与旅游目的地旅游资源状况、旅游供求市场的经济发展水平和前景、旅游供求市场的人文地缘关系、旅游目的地的市场开发水平、政府发挥的积极作用有着直接的关系。从不同角度出发，对旅游市场有不同的理解。

1. 传统意义上的旅游市场

传统意义上的旅游市场是指旅游者与旅游产品提供者双方买卖旅游产品的实际场所。

该概念是从时空市场概念出发来强调的交易场所或地点。旅游的交易场所主要包括订立契约（合同）场所，如旅行社门店、营业部、游客服务中心等；游客发生消费行为的场所，如景区、酒店、旅游购物商场等。在移动互联网迅速发展的背景下，必须围绕移动互联网为旅游消费者打造更加快捷、方便的消费场所。

2. 经济学意义上的旅游市场

经济学意义上的旅游市场是指在旅游产品交换过程中所反映的各种经济行为和经济关系的总和，反映旅游经营者与旅游者之间的交换经济关系。

3. 市场营销学上的旅游市场

市场营销学上的旅游市场是指一定时期在某一地区存在的对旅游产品有支付能力的现实的和潜在的购买者，是旅游需求市场、客源市场和旅游商品销路的总和。

 知识链接

（1）潜在旅游市场。潜在旅游市场是指具有足够的经济收入和时间的消费者的集合。

（2）有效旅游市场。有效旅游市场是指对某次或某地旅游具有兴趣，同时具有经济收入、时间和消费途径的旅游消费者的集合。

（3）目标旅游市场。目标旅游市场是指企业决定要进入的那个市场部分，也就是企业将为之服务的那一类顾客群体的集合。

（4）渗透旅游市场。渗透旅游市场是指已经购买过旅游产品的旅游者的集合。

（二）旅游市场的特点

1. 全球性

旅游市场的全球性是指旅游市场表现出全球化的旅游需求和全球化的旅游供给。一方面，旅游业所生产的产品就是提供给全球的旅游者的；另一方面，某一旅游目的地的游客来自世界各地。旅游市场的全球性向所有旅游市场营销者提出两个方面的要求：一是了解国际旅游市场发展的趋势、规律和特点，做出比较准确的研判；二是立足自身实际条件，着眼国际旅游市场需求和要求，设计、打造和宣传国际化的产品与服务。

2. 异地性

旅游市场的异地性是指旅游者与旅游产品的生产地（供应地）有一定的距离。旅游是跨地区的游览活动，旅游活动的完成通常伴随着旅游者的地理位置的迁移，因而旅游市场通常与旅游目的地有一定的距离，这是旅游市场非常重要的一个特点。旅游市场的异地性向所有旅游市场营销者提出了两个方面的要求：一是地理位置和交通状况是开发旅游市场必须首先考虑的因素，打通从目标市场到旅游目的地的旅游通道是十分重要的；二是要求旅游目的地必须根据市场的需要进行旅游产品的生产、组织和营销。

3. 波动性

旅游市场的波动性表现在以下两个方面。一方面，旅游业作为一种综合性社会经济现象，旅游消费属非生活必需品消费，旅游需求受外部环境的影响十分明显，许多自然、政治、经济和社会的因素都可能对旅游需求以及消费结构产生很大的影响，使旅游市场在某一特定时期或地区内有很大的波动性。另一方面，旅游消费的波动性还体现在消费者旅游季节性的变动上，旅游旺季时，旅游接待能力不足，而旅游淡季时，旅游接待能力闲置，从而增加旅游业经营的不稳定性。旅游市场的波动性向所有旅游市场营销者提出了以下要求：一是加强对环境的了解和分析，及时发现其变化给旅游市场带来的影响，及时应对；二是防止季节性的大起大落对整体旅游市场造成的负面影响，例如，建立假日旅游接待住宿应急机制，妥善解决假日期间游客量猛增而凸显的接待能力不足的问题。

4. 高度竞争性

旅游市场的高度竞争性体现在旅游者对稀缺性旅游资源的竞争以及旅游经营者对旅游者的竞争。一方面，相对于旅游者无限增长的旅游需求而言，在一定时间与空间范围内旅游资源出现了稀缺，如国庆黄金周的旅游资源就表现出稀缺性。旅游经营者对旅游资源的争夺，从自然资源、人文资源到社会资源，只要是可能吸引游客的资源，都在被经营者所争夺。另一方面，旅游企业的内外环境复杂多变，旅游市场进入壁垒低，国有资本、民间资本和外商资本正在迅速涌入旅游业，加剧了市场竞争。同时，旅游产品又往往缺乏专利保障，旅游产品易于被模仿，类似的产品越来越多，旅游市场上呈现出高度的竞争性。旅游市场的高度竞争性向所有旅游市场营销者提出了以下要求：企业之间的竞争日益侧重于旅游产品的质量、服务及旅游企业形象的竞争，在旅游企业市场营销中，信息传递非常重要。旅游业态只有种类不断丰富、内容不断拓展，才能适应竞争的需求。

（三）旅游市场的分类

旅游市场在旅游产品种类、旅游活动类型、旅游购买形式、旅游交换关系等方面表现出多样性。通过旅游市场的划分研究可以确定旅游供需状况和竞争形势，有利于旅游企业识别、发掘和开拓旅游市场，有利于旅游企业有针对性地制定和调整旅游市场营销组合策略。根据旅游经营需要，旅游市场有多种分类方法：按国境范围可划分为国际和国内旅游市场；按地域范围可划分为欧洲市场、美洲市场、东南亚及太平洋市场、南亚市场、中东市场和非洲市场；按空间位置可划分为近程旅游市场、中程旅游市场和远程旅游市场；按购买形式可划分为团体旅游市场和散客旅游市场；按旅游者的年龄可划分为老年旅游市场、中年旅游市场、青年旅游市场和儿童旅游市场；按旅游者的性别可划分为男性旅游市场和女性旅游市场；按旅游者的经济支付能力可划分为高档旅游市场、中档旅游市场和经济档旅游市场；按旅游活动类型可划分为观光旅游市场、度假旅游市场、会议旅游市场、购物旅游市场、体育旅游市场、探险旅游市场、科学考察旅游市场和宗教旅游市场等；按旅游接待量可划分为一级市场、二级市场和机会市场；按旅游季节可划分为旺季旅游市场、平季旅游市场和淡季旅游市场（表1-3）。

表 1-3 旅游市场分类表

划 分 标 准	旅游市场类别
国境	国际旅游市场、国内旅游市场
地域	欧洲市场、美洲市场、东南亚及太平洋市场、南亚市场、中东市场、非洲市场
空间位置	近程旅游市场、中程旅游市场、远程旅游市场
购买形式	团体旅游市场、散客旅游市场
年龄	老年旅游市场、中年旅游市场、青年旅游市场、儿童旅游市场
性别	男性旅游市场、女性旅游市场
经济支付能力	高档旅游市场、中档旅游市场、经济档旅游市场
旅游活动类型	观光旅游市场、度假旅游市场、会议旅游市场、购物旅游市场、体育旅游市场、探险旅游市场、科学考察旅游市场、宗教旅游市场等
旅游接待量	一级市场、二级市场、机会市场
旅游季节	旺季旅游市场、平季旅游市场、淡季旅游市场

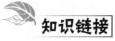

人口年龄结构对旅游业发展的影响研究

1. 少年儿童群体与旅游业

针对少年儿童群体旅游需求，可积极开发亲子游产品，如田园体验、户外运动、手工艺制作；可积极开发科普旅游产品，如田野课堂，自然课堂；可积极开发户外实践旅游产品，如夏令营、冬令营；可积极开发休闲娱乐旅游产品，如游乐园、水上乐园等。

2. 青年群体与旅游业

针对青年群体旅游需求，可积极开发猎奇探险旅游，如徒步登山、自驾游；可积极开发极限运动旅游，如蹦极、滑翔、山地越野；可积极开发休闲度假旅游，如乡村旅游、民宿体验；可积极开发文化体验旅游，如体验不同民族风情，异域文化体验。与此同时，还可积极开发研学旅游、会奖旅游等。

3. 中年群体与旅游业

针对中年群体旅游需求，可积极开发以家庭为单位的休闲娱乐、短期度假，周边自驾旅游产品；可积极开发大众休闲观光到高端定制旅游产品，打造适合不同收入水平群体的旅游产品，全方位刺激中年群体旅游消费。

4. 老年群体与旅游业

针对老年群体旅游需求，可积极开发康养旅游，同时配套完善的医疗服务设施，激发银发市场活力，如开发有机旅游食品、森林氧吧、医疗保健等旅游产品。

二、旅游市场营销概述

（一）旅游市场营销的概念

旅游市场营销是以旅游消费需求为导向，以设计满足消费需求的旅游产品为目的，通过产品开发、旅游定价、销售渠道和促销策略，协调各种旅游经济活动，从而提供有效旅游产品和旅游服务，使游客满意、旅游企业获得经济利润和实现社会目标的营销活动。关于旅游市场营销的概念，有多种有代表性的说法。赵西萍认为：旅游市场营销是旅游经济个体（个人和组织）对思想、产品和服务的构思、定价、促销和分销的计划与执行过程，以实现达到经济个体（个人和组织）目的的交换。赵毅认为：旅游市场营销是旅游经济组织或个人通过交换提供满足消费者需求的产品管理过程。谭小芳认为：旅游市场营销是指旅游产品或旅游服务的生产商在识别旅游者需求的基础上，通过确定其所能提供的目标市场并设计适当的旅游产品、服务和项目，以满足这些市场需求的过程，具体还可以分为景区旅游营销、酒店旅游营销、旅行社旅游营销等。总之，旅游市场营销是以旅游消费需求为导向，通过分析、计划、执行、反馈和控制等一系列市场营销过程，为游客提供有效产品和服务，从而达到使游客满意、使旅游企业获利的目的。旅游市场营销具有以下四层含义。

1. 旅游主体广泛

旅游市场营销的主体包括所有旅游企业及宏观管理的旅游行政部门。这些主体都可以对营销资源进行管理，可以有计划地组织各项经营活动，为消费者提供满意的商品或服务，进而实现旅游目标。

2. 营销目的明确

所有的旅游企业或其他旅游组织都有自身的明确的营销目的，要实现其营销目的，就必须通过市场交换其旅游产品，以满足交换着的需求和欲望。因此，旅游市场营销应以消费者为中心，以旅游消费者的需求为导向，通过提供优质的旅游产品和服务使消费者满意，从而实现营销主体的经济和社会目标。

3. 以服务产品为主

旅游市场营销的旅游产品主要是以服务产品为主，如导游服务、预订服务等，同时也有实物产品，如旅游纪念产品、旅游商品等。游客对旅游产品的感知和效果判断主要取决于旅游的项目设计、人员素质、服务态度、旅游设施及旅游环境等因素，因此旅游营销不仅包括对有形实物的营销，还包括对无形劳务的营销。

4. 综合性营销活动

旅游市场营销是综合性、全方位的营销活动，涉及社会的各个方面。由于旅游产品是由食 住 行 游 娱 购六个要素组成的整体产品，因而，旅游市场营销活动会涉及餐饮、住宿、交通、娱乐、商业等行业。同时，旅游市场营销活动应该包括旅游产品进入流通市场前、进入流通市场时、退出流通市场后的一系列活动，涉及旅游产品生产、分配、交换和消费的全过程。因此，旅游市场营销呈现出综合性特征。

（二）旅游市场营销的特征

1. 营销导向

营销导向是指旅游企业以消费者为中心，以旅游消费者的需求为导向，通过提供优质的旅游产品和服务使消费者满意，从而实现营销主体的经济和社会目标。

2. 管理导向

管理导向是指在进行旅游市场营销时，要以旅游者的需求作为出发点和归宿，要以实现旅游企业和旅游者之间的旅游产品的贸易交换为基础，进行一系列旅游市场分析、旅游市场营销规划、市场营销执行和市场营销控制，以确保旅游企业的经营按照预计的战略目标进行，最终使旅游企业实现既定的目标。

3. 信息导向

旅游市场营销必须借助大量的信息，信息是旅游企业可持续发展的基础，也是旅游决策者进行成功规划的基础。旅游企业的经济活动过程有着强烈的社会性，其市场营销行为受内外部可控与不可控因素的影响，这无形中加大了旅游企业的经营风险。旅游企业的市场营销必须对复杂多变的环境做深入、细致的调查，以获得及时可靠的信息。旅游市场营销的实质在于"企业对于动态环境的创造性的适应"，旅游企业要随环境变化而作出相应的改变，所有这些条件决定了信息在旅游企业市场营销中的重要地位。

4. 战略导向

战略导向是指旅游企业的一切行动都必须在企业的战略指导下进行，一切经营管理活动都必须和企业的发展战略保持一致。旅游企业营销战略的制定是一个复杂的决策过程，旅游企业要确定企业的使命和任务，识别旅游企业内部的优势和劣势，发现企业的外部机会与威胁，建立企业的长期目标。

三、旅游市场营销学概述

旅游市场营销学也称旅游市场经营学，是市场营销学在旅游经济领域中的具体应用，是一门研究旅游营销主体（主要是各类旅游企业）的市场营销活动过程及其规律的应用性学科。具体来说，是以现实的和潜在的旅游者的消费需求为背景，动态地研究旅游经济个体的市场行为以及与此相配备的管理职能和运行手段的一门学科，体现出旅游市场营销的规律性。旅游市场营销学的研究有助于平衡旅游市场的供求矛盾，有助于建立现代旅游企业管理制度，有助于市场营销学的进一步发展。旅游市场营销学的研究内容十分广泛，基本可以概括为以下五个方面。

（一）旅游市场营销观念

以满足游客需求为中心的市场营销观念作为旅游企业的核心经营思想，贯穿于旅游市场营销学的始终。

（二）旅游市场调研与预测

旅游市场调研与预测是旅游企业认识旅游市场、了解旅游市场发展变化趋势的重要手段，也是旅游企业确定经营战略，制定经营目标、经营计划和营销策略的主要依据。

（三）旅游者需求分析

旅游市场营销要以旅游者的需求作为出发点和归宿，旅游企业必须了解旅游者的需求，分析影响旅游者需求的各种因素，便于制定有针对性的市场营销策略，以实现企业的经营目标。

（四）旅游市场营销组合策略

旅游市场营销组合提供了一种科学分析和运用各种营销因素的思路与方法，指导企业经营者把影响营销效果的各种因素有机地结合起来，达到企业整体营销效果最优化。

（五）旅游市场管理、组织、控制

旅游企业开展旅游市场管理、组织、控制等活动，是确保旅游企业的经营按照预计的战略目标进行，最终实现既定目标的保障手段。

四、旅游市场营销的新趋势

（一）营销战略全球化

营销战略全球化是一种战略性思维观念，它将全世界看作一个大旅游市场，从世界的角度考察旅游企业营销的方方面面。随着市场国际化程度的进一步提高，经济全球化越来越明显地成为世界经济发展的重要趋势。全球化使国内市场与国际市场对接，不可避免地把现代旅游企业营销置于国际化的环境之中。旅游业作为我国经济发展的一个重要组成部分，也自然而然地融入经济全球化进程当中。我国旅游企业也必须把营销战略由国内转向全球，树立全球营销战略，提高旅游产品的质量，加大旅游全球促销的力度，加强对出境旅游的管理，这是我国迈向世界旅游强国的必经之路。

（二）营销理念个性化

营销理念个性化是根据旅游者的个性化需求进行的"一对一"营销。随着旅游者旅游多元化、个性化需求的增长以及世界各民族文化的差异化，传统的跟团游已经难以适应那些有着个性化需求的游客。此时，旅游企业对不同旅游者需求的回应能力和创新能力就成为旅游企业生存与发展的关键。因此，旅游企业要赢得市场，就必须根据个别旅游者的具体需求定向开发组织特色旅游活动，实行"一对一"营销，满足旅游者某方面的特殊兴趣与需要。

（三）营销管理柔性化

营销管理柔性化是指旅游企业灵活地整合旅游企业营销资源，改变营销管理方式，保证营销主体和营销环境的动态平衡，适应旅游者个性化需求的管理模式。传统营销管理是通过大量硬性指标和规章制度来约束营销人员。目前，旅游者需求的多元化以及世界各民族文化的差异，决定了旅游企业要针对不同旅游者的需求开展个性化营销，必须开展柔性营销管理。柔性营销管理可以通过完善高效的信息管理系统了解旅游者的需求，以旅游者需求为行动指南，整合旅游企业的人力、物力、财力，协调生产、研发、财务、人力资源、物流等各项因素，充分发挥旅游企业员工的主动性和创造性，采用灵活多变的营销思想、营销方法，满足客户的不同需求，增强旅游企业对多变环境的适应能力。

（四）营销方式互动化

营销方式互动化是指旅游企业要与游客进行互动，营销方式要从被动转向互动。传统的市场营销是单向的信息传递，旅游者完全处于被动的地位。随着互联网的发展，网络互动性这一特点为营销者和旅游者提供了互动交流的机会，使营销者从产品构思设计开始直至生产服务的全过程都可以与旅游者进行互动，甚至可以使旅游者本人不由自主地投入设计生产过程之中。因此，旅游企业要充分利用网络实现营销方式的互动化，这不仅有利于提高旅游企业营销信息传播效率，实现产品直销，降低经营成本，还能把营销从单向转变为双向，从而使产品更加符合旅游者的需要，同时也最大限度地提高旅游企业的经济效益。

（五）生态营销趋势化

生态营销趋势化是指把保护环境纳入旅游企业经营管理发展过程之中已经成为趋势，要树立全新的生态营销的经营理念，努力开展生态营销，开发生态产品，进行生态生产。传统营销理念在单纯追求片面的经济增长的同时，使人类的生存环境受到越来越严重的破坏。生态的失衡迫使旅游企业彻底改变对自然界的传统态度和理念，从而产生了生态营销的理念。当今，在全世界范围内，生态浪潮的兴起，环保意识的增强，使越来越多的旅游者趋于使用符合环境要求的"生态产品"，因此，旅游企业应开展生态营销才能和生态消费潮流相适应。这种观念是可持续发展战略指导下市场营销观念的新发展，又是企业应对全球环境恶化而发展出来的一种营销方式，其关注点是使旅游企业更加注重环境保护以及社会的可持续发展。

（六）区域营销整合化

旅游目的地整体营销已成趋势。目前，旅游产业作为综合型动力产业，营销一个旅游目的地就必须营销一个地区的整体品牌、总体形象和综合发展水平，并推行"政府主导、市场运作"的旅游区域营销整合化战略。

（七）营销技术信息化

营销技术信息化是指网络信息技术已经深入旅游营销领域，并越来越显示出其强大的影响力。网络信息技术以互联网、手机、电话中心和数字电视为载体，可以突破时空的限制，以最低的成本为游客服务。例如，游客可以借助网络信息技术与旅游景区快速直接联系，使旅游信息得以快速、准确地传递到景区，同时景区还可以借助网络信息技术向游客提供个性化增值服务。

案例阅读

北京玉渊潭公园开启夏日"云赏樱"模式

玉渊潭公园携手中国电信北京公司上线 5G+AR 智慧场景游览体验应用，在樱花园曲桥木平台、中堤桥南口等区域，游客可使用小程序扫描二维码，加载樱花盛开虚拟场景。游客还可以召唤公园文创人物"小樱"对园内翠鸟、荷花、黄菖蒲等特色动植物进行细致生动的科普讲解。小程序的上线得到了不少游客的好评，为游客带来更加便利舒适的游园体验。

资料来源：https://weibo.com/ttarticle/p/show?id=2309404884589813563607。

案例评价

目前，5G、VR、AR 等信息技术的普及应用，让曾经只能通过照片、文字被记录的风景名胜在手机上变得活灵活现，也让不能身临其境的人们隔着屏幕找到了旅行的快乐，智慧化、数字化的技术提升了游客与景区的互动体验感。

（八）旅游助农精准化

旅游可以有机地整合旅游资源，提升乡村吸引力，提供更多就业岗位，带动周边产业，促进其他部门的联合发展，成为助力乡村振兴的有效方式。世界旅游联盟提出"旅游让世界和生活更美好""旅游促进和平、旅游促进发展、旅游促进减贫"。在我国，自党的十八大精准扶贫战略全面实施以来，我国贫困县的脱贫治理的运作模式也得到了创新式的发展，目前我国曾经的 832 个贫困县全部实现了脱贫，我国目前区域性整体贫困的问题已经得到了解决，我国早已进入乡村振兴战略时代。乡村旅游因其对乡村经济的带动性和农民就地创业就业的激励性而成为现乡村振兴的有效方式，实现旅游助农精准化。目前，乡村旅游可以搭上政策和需求的双循环快车，更好助力乡村振兴。

（九）文旅融合新趋势

随着社会的进步、经济的发展、文旅融合政策的出台，我国的文化产业和旅游产业的耦合状态呈现出多元化、规模化、程度化的发展趋势，文化产业需要旅游产业的推广与搭售，旅游产业也需要文化产业的拓展与支撑，文旅融合发展已经成为我国新经济形态下产业创新发展的新模式。目前，我国文旅融合呈现出向红色旅游融合发展示范区、文化旅游节庆活动、文博旅游、非遗旅游、旅游演艺结合、特色文旅小镇、研学文化旅游、历史文化名旅游、工业旅游、文化主题公园、文化产业走廊、文化主题酒店与民宿、网红本土化项目等方向发展的趋势。

（十）营销模式多样化

旅游市场营销呈现出营销手段、营销模式多样化的趋势。目前，绿色营销、文化营销、体验营销、网络营销、控制营销、娱乐营销、事件营销、节会营销、品牌营销、概念营销、名人营销、博客营销、微信营销、病毒营销、反向营销、团购营销、旅游直播营销、直播带货营销、IP 营销、跨界营销等营销模式层出不穷。

案例分析

你所在的城市，"网红"了吗

（1）山东淄博。"一桌一炉一卷饼，蘸酱、卷肉、放葱……"凭借着独特的仪式感和吃法，淄博烧烤在网上火了。从 2023 年春天起，"组团到淄博吃烧烤"成为现象级的话题。在社交媒体流量的助推下，山东淄博成为新晋"网红城市"。线上的流量很快转化成了线下的热情——数据报告显示，"五一"期间，淄博旅游相关行业日均消费金额环比增长 73%，游客在淄博本地中小商户日均消费金额环比增长近40%。在淄博，通过烧烤"出圈"后，当地立即推出一系列便民利民举措。为应对大客流，当地及时调整公交线路，并推出烧烤地图进行分流；政府率先规范住宿价格，对涨价1.5倍的酒店进行立案调查；景区公厕为游客贴心地准备了卫生巾和肠胃消炎药；本地男女老少齐上阵，担当志愿者为外地游客提供服务，用真诚的态度向全国敞开怀抱……淄博这座规模体量并不大的城市，靠着诚信和热情收获了人们的好评。美团数据显示，淄博"五一"住宿预订量增幅位居山东第一，口碑也一直保持在很高的水平。

（2）湖南长沙。在凌晨三四点也会堵车的长沙，人们挤在夜间的大排档里，享受着"不夜城"的活力气氛。纪录片里解放西夜间的故事，新闻中长沙各大夜市的镜头，以及热搜上多次"凌晨4点半，长沙街道人山人海"的话题，于润物细无声中形成了"青春长沙"的城市特质，吸引着人们从线上走到线下，走出家门，打卡长沙。

（3）云南大理。伴随电视剧《去有风的地方》热播，云南省成为2023年春节假期旅游市场的首匹黑马。这部被称为"云南旅游宣传片"的影视剧扎根于云南古朴宁静的自然风光，展现了极具诗意的叙事空间，为云南文化旅游市场复苏注入了强劲动力。据不完全统计，春节期间《去有风的地方》带动大理白族自治州文旅热潮，接待游客人次同比增长了219%。热播影视剧的巨大带动效应成为重要的催化剂，驱动城市文旅消费，实现了"剧""地"的双赢共生。

（4）浙江杭州。杭州市中心的武林路总是灯火通明、游人如梭，繁荣的夜经济点亮夜晚；"最美跑道""大小莲花""杭州之门"、物联网街等一批有趣的地标不断出现；中国动漫博物馆、中国网络作家村等国字号IP相继落户……各种要素有机组合之下，在很长时间里，杭州这座城市的魅力持续增加。

（5）重庆。重庆修建了专门的观景台让游客看"轻轨穿楼"；热门景点、公交地铁推迟关闭时间；景区增加数百个休息座椅让游客轻松等候……在荣昌万灵古镇、潼南双江古镇、万盛石林景区，游客们逛古街、看川剧、游苗族踩山会，尽情感受传统文化的魅力。在垫江、綦江、涪陵等地，各式盛开的鲜花，引得不少游客前去拍照打卡。

资料来源：http://bbrtv.cn/2023/0517/844785.html.

案例思考题

从本案例中可以看出哪些旅游市场营销的未来发展趋势？

课后练习题

一、即测即练

二、思考题

1. 论述市场营销观念的演变。
2. 如何理解旅游市场的内涵？
3. 如何理解旅游市场营销的特征？
4. 论述旅游市场营销的新趋势。

三、实践练习题

1. 调查一个旅游企业的市场营销理念，并撰写出分析报告。
2. 联系本校或当地的驻村第一书记，运用访谈法了解当地乡村旅游的市场营销理念，并对其市场营销理念的发展提出建议。

四、案例分析题

案例分析1　黟县全域旅游营销

安徽省黄山市黟县为激发市场活力，创新"黟县"全域旅游营销。

（1）探索周末游与周边游相结合的"微度假"模式，开启首届汽车露营节和草地音乐会。

（2）开展短视频大赛，建立营销活动奖励机制，对优秀营销案例进行评比表彰。

（3）开展"皖美好味道　徽菜行天下"专场直播，在抖音平台进行云游古村、品鉴美食、抽取好礼等活动，吸引了大量游客观看关注。

（4）在安徽阜阳举办两场美食推介活动，以新的表达讲好黟县徽菜故事，打造"徽菜行天下"品牌。

（5）各景区联合推出系列优惠政策，包括"百元玩转黟县"联票活动、景区半价活动、暑期"亲子游"活动、中高考考生免票活动、一票畅游黟县12家景区等活动。

（6）策划主题活动，开展乡村摄影大展、中国中学生击剑联赛（南区赛）等"旅游+"特色品牌赛事活动；优化《西递传奇》和《宏村•阿菊》两场演绎；挖掘秀里夜游业态，打造夜游黟县品牌。

资料来源：https://baijiahao.baidu.com/s?id=1736883670411043958&wfr=spider&for=pc。

案例思考题

1. 分析黟县全域旅游的4P营销组合策略。
2. 黟县全域旅游过程中展示了哪些营销观念？

案例分析2　主题为王——文旅融合

文旅融合对促进国民经济的升级和结构转型具有重大意义，我国目前已经建设30个国家文化产业和旅游产业融合发展示范区，产业融合水平进一步提升，新型文化和旅游消费业态不断丰富。文旅融合开始迈入实质性进展阶段。

（1）桃花源记文化景区。常德市桃花源景区精心打造陶渊明笔下的《桃花源记》原型所在地，以"外合于形、内融于心"的理念，将景区闭园改造全面提质升级，打造了"十里桃花夹岸""百亩桃花林""千年桃树王"等标志景观。还开发了全国首台河流剧场山水实景节目《桃花源记》，完成了秦溪、秦谷、桃花山、桃源山、五柳湖等九大景观项目建设，被业内专家评为文旅融合的典范，先后荣获全国十大文化景区、全国最佳自然生态旅游景区。

（2）古风民俗风情带。浙江省杭州市桐庐县江南镇有一个国家级历史文化名村、6个中国传统村落，素有"鱼米之乡""江南商埠"的美誉。近年来，桐庐县因势利导，把历史文化优势转化为旅游市场强势，先后打造了牛栏咖啡、猪栏茶吧、民国记忆等市场品牌，引领乡村旅游风潮，初步形成了一步一景、一点一画、一村一品格局，成功建设了江南古村落景区为代表的"古风民俗风情带"，成为闻名全国的全域旅游、美丽乡村、基层党建的示范区。

（3）张家界旅游演艺。张家界市代表性旅游演艺节目各具特色，在全国旅游区文化演艺方面占据重要一席。其中，2019年6月推出的张家界千古情项目贯穿文化、演艺、科技、游乐、体验五大主线，浓缩了张家界亿万年的历史文化与传说，300位演职人员，360度全息观影，50项舞台新发明，上千平方米超清LED屏，让观众身临其境地欣赏大自然的鬼斧神工、如梦似幻的武陵仙境、3000吨大洪水瞬间倾泻而下的神奇壮观等景象。

资料来源：https://baijiahao.baidu.com/s?id=1703437543244151585&wfr=spider&for=pc。

案例思考题

结合案例探讨文旅融合的新趋势。

五、翻转课堂讨论题

"生态+旅游"的乡村振兴路

云南省怒江傈僳族自治州泸水市（现泸水县）鲁掌镇三河村有丰富的动植物资源。三河村位于半山，人均耕地仅有3亩，第一、第二产业发展困难，按照"因地制宜、因村施策"的乡村振兴要求，该村决定走发展"生态+旅游"的乡村振兴道路。

第一，成立了以观鸟、拍鸟、爱鸟、护鸟为主的三河村百鸟谷"就业车间"，让农户在自家的林地里就业，从事鸟导、运输、背包、餐饮、民宿等服务。三河村"百鸟谷"的旅游辨识度日益提高，逐步成为怒江旅游文化的一张独具特色、鲜活的名片。为观鸟、摄鸟、爱鸟、护鸟而来的各方游客驻足怒江，带动怒江旅游的其他消费。

第二，鸟群的增加直接影响游客的数量和观鸟天数，农民变鸟导、农家变民宿、家园变花园，农户成了车间的主人，村民保护生态意识发生本质转变。村民在直接或间接参与观鸟生态旅游的过程中，生态多样性保护意识发生根本转变，生态保护行为从被动接受变为自觉自发行为。

第三，随着三河村观鸟生态旅游的不断发展，各级宣传部门通过报纸、杂志、广播、电视、网络、融媒体等形式大力宣传怒江的自然生态、鸟类资源、百鸟谷的建设情况等信息。同时，中国鸟网开通了云南怒江百鸟谷板块，全力推荐怒江百鸟谷鸟类资源，吸引了全国32个省（市）、地区鸟类爱好者及外国友人前来参观。中国鸟网的36.5万会员，可以通过这个平台了解怒江百鸟谷，这是一个庞大的资源市场，大大提高了怒江百鸟谷在全国乃至世界的知名度。三河村"百鸟谷"的旅游辨识度日益提高，逐步成为怒江旅游文化的一张鲜活且独具特色的名片。

资料来源：https://baijiahao.baidu.com/s?id=1730371033780673816&wfr=spider&for=pc.

案例思考题

1. 结合案例谈谈旅游助力乡村振兴的意义和有效措施。
2. 结合案例谈谈生态旅游的新特点。
3. 结合案例探讨乡村振兴背景下乡村旅游市场营销的新趋势。

第二章 旅游市场环境分析

对市场营销环境的分析是旅游企业制定营销战略及实施计划的前提条件。旅游市场营销环境是旅游企业的生存空间,它是影响旅游企业营销目标实现的动态因素。由于市场营销环境的客观存在性和不可控性,研究与分析市场环境可以帮助旅游企业了解市场营销的机会和风险,适应市场环境,发掘市场机会,开拓新的市场,防范可能出现的风险,制定并适时调整相应的营销战略,确保旅游企业在日益激烈的市场竞争中立于不败之地。通过本章教学,大数据对比分析不同年代的居民收入,宣扬中国传统文化的国潮经济,明确人与自然和谐共生战略的含义,使学生增强历史自觉、坚定文化自信,树立爱国主义情怀和民族自豪感。

1. 掌握旅游市场营销环境的构成,熟悉影响旅游市场营销的宏观、微观环境因素。
2. 掌握评价旅游市场营销环境的方法。

1. 掌握 SWOT 分析方法。
2. 培养应对环境威胁的能力。
3. 对"一带一路"背景下的旅游市场营销环境进行分析,使学生正确认识国家的文化实力、科技实力、经济实力和国家底蕴。

走进美丽乡村,体验乡村生活

随着国家乡村振兴战略的持续深入,乡村各类旅游接待资源硬件条件进一步提升,乡村旅游产品因其户外、生态、低密度的亮点持续升温;以乡村为目的地,结合时下热门旅游方式,为走进美丽乡村、体验乡村生活的乡村游产品迭代加速。以广之旅"房车露营——封开 2 天"为例,游客体验房车自驾前往封开龙山营地,感受推门是景、关门是家的房车露营玩法,欣赏田园秀丽景色,并结合当地旅游资源特点,安排应季水果采摘、泡龙山养生汤泉等旅游项目。

资料来源：https://new.qq.com/rain/a/20220527A0D96Z00.

案例思考题

1. 从本案例出发，探讨市场环境分析的重要性。
2. 运用旅游市场营销环境的评价方法对我国乡村旅游发展展开评价。

第一节　旅游市场营销环境

一、旅游市场营销环境的概念

营销环境是企业得以生存的基础，营销环境中的变化都将直接或间接影响着旅游企业的发展，旅游企业只有协调好宏观环境、微观环境，才能在市场中立于不败之地。旅游市场营销环境是与旅游企业市场营销活动相关的所有外部因素与条件，是旅游企业的生存空间，是影响旅游企业营销目标实现的各种动态因素。旅游市场营销是在一定的时空条件下开展的，旅游企业在经济活动过程中有着强烈的社会性，其市场营销行为必然受内外部可控与不可控因素的综合影响。

旅游市场营销环境主要包括两方面的构成要素，一是微观环境，二是宏观环境。从图2-1中可以看出，中心是旅游企业。次外层营销环境是旅游企业或行业的环境，也称旅游市场营销微观环境。旅游市场营销微观环境由与旅游企业营销活动有关的组织和个人构成，包括旅游消费者、旅游中间商、旅游供应商、竞争者、社会公众等，这些组织和个人的行为对旅游企业营销能力的有效发挥可产生直接影响。外层是外部营销环境，也称旅游市场营销宏观环境。旅游市场营销宏观环境是由对微观环境产生重要影响的各种外部因素组成的，包括政治法律因素、文化因素、经济因素、人口因素、科技因素、社会因素等。旅游市场营销的宏观和微观环境虽然分别存在于不同的空间范围，但两者在旅游整体市场营销活动中缺一不可。旅游企业微观营销环境是企业的可控因素，旅游企业宏观营销环境是企业的不可控因素。企业为实现自己的营销目标，必须充分地发挥旅游企业的营销能动性，恰当地运用旅游市场营销中的可控因素去自觉地适应客观环境，实现旅游市场营销环境动态平衡。

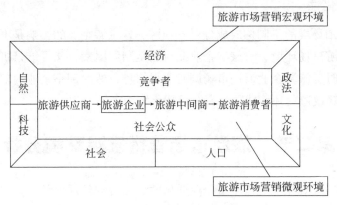

图2-1　旅游市场营销环境图

二、旅游市场营销环境的特征

（一）系统性

旅游市场营销环境相互影响，共同构成环境系统。旅游市场营销环境包括宏观环境、微观环境，以及旅游企业外部与内部条件和因素的总和。旅游市场营销环境各因素间不是孤立无关的，而是相互影响、相互制约的，其中任何一个因素的变化都会引起其他因素交互变化，产生连锁反应，形成新的营销环境。例如，政治法律和经济因素的变化会引起竞争者数量的变化，而竞争对手的数量多少会形成不同的竞争格局，竞争格局的改变又会影响营销组合的变化；再如，某地区旅游景区的其他条件良好，但可进入性差，这同样会使旅游市场的扩张受挫。旅游市场营销环境具有多因素交融性的特点，可以将其作为一个整体加以系统研究。

（二）多变性

旅游市场环境相对于其他行业市场而言，其环境波动性特征更为明显。旅游市场营销环境各因素不是一成不变的，必须受多种因素的影响而处于变动之中，旅游市场营销环境呈现渐变状态，但有时也会呈现突变状态：首先，旅游需求是有变化的，旅游者会受可自由支配收入、余暇时间、旅游动机、旅游者素质等因素变化的影响，旅游资源会受旅游资源的数量、等级、组合等禀赋因素的影响，旅游交通会受交通便捷程度、交通工具先进程度及其交通安全性等因素的影响，旅游地接待会受服务体系、景区区位、产品价格等因素的影响，因此，旅游需求会由于旅游者因素、旅游资源因素、旅游交通因素、旅游地接待因素的改变而改变，易形成旅游流的时空波动和季节波动。其次，旅游业对环境变动的敏感性，如政治形势剧变、重大自然灾害、传染性疾病流行、重大旅游安全事故的发生等，都加剧了旅游市场的波动。旅游市场营销环境的波动性，决定了旅游企业对环境的适应过程是一个动态过程。旅游企业要时刻监视和关注环境因素的变化，以及由此引起的对企业营销活动直接和间接的影响。

（三）可转化性

旅游市场营销环境的不同构成成分对各地区、各旅游企业的影响是不一样的，可以互相转化。同一旅游市场环境，对旅游企业既可能是制约因素，又可能是机会因素。例如，当遇到环境威胁时，旅游企业通过市场调研取得信息，然后调整企业内部营销力量去适应外部环境，可减轻或避免环境威胁，有时可能化害为利。

第二节　旅游市场营销宏观环境分析

旅游市场营销宏观环境是指旅游企业或旅游业运行的外部大环境，主要包括一个国家或地区的政治、文化、社会、经济、人口、自然、技术等影响旅游企业营销活动的宏观因素（表2-1）。宏观环境因素对旅游市场营销活动的影响，主要是以间接的形式并借助于微观营销环境为媒介作用于企业的营销行为。这些环境因素对于旅游企业来讲既不可控又不能影响，这些因素及其发展趋势给旅游企业带来机会，同时也产生威胁，对旅游企业营销的成功与否起着重要的作用。

表 2-1 旅游市场营销宏观环境表

政治环境	政策制度、法律法规、政局稳定、国际关系等
文化环境	宗教信仰、语言文字、价值观念、道德规范、风俗习惯、生活方式等
社会环境	相关群体、家庭、社会阶层
经济环境	经济发展水平、居民收入、外贸收支状况、消费结构模式、经济周期
人口环境	人口规模、人口分布、人口流动、人口结构
自然环境	自然资源、环境污染、政府对环境保护干预的加强
技术环境	新技术、新工艺、新材料、新发明、新产品

一、政治环境

政治环境是指影响和制约旅游企业营销活动的政府政策、法律法规等。旅游企业总是在一定的政治环境下进行营销活动，属于不可控因素。政治环境具体包括政策制度、法律法规、政局稳定、国际关系等。

（一）政策制度

政策制度环境是指一个国家和地区的政治形式、状况和方针政策。政治因素像一只"有形的手"，通过有关政策对市场的干预，调节着旅游企业的营销活动的方向。为推动旅游服务业的发展，通常政府会采取不同的刺激和鼓励措施，例如，财政资助、关税减免、长期低息贷款、信誉担保、公共事业费减免、特殊的旅游者兑汇率、各种优惠条件等以鼓励投资者向旅游业投资。例如，教育部门颁布的"双减"政策正式实施，教育部印发《义务教育课程方案》并发布《义务教育劳动课程标准（2022年版）》，教育政策调整对研学旅行的影响十分巨大。又如，假日立法所确立的居民带薪休假的时间，决定着旅游目的地距离远近；出国旅游签证的控制政策、办理签证的程序以及入关的手续程序都会直接影响到出境游的情况。

知识链接

我国现有的"黄金周"集中出游模式带来了旅游交通拥堵、景区人满为患、服务水平下降等诸多问题，影响了人们出行的质量，不利于旅游业的可持续发展。《职工带薪年休假条例》规定：职工累计工作已满1年不满10年的，年休假5天；已满10年不满20年的，年休假10天；已满20年的，年休假15天。国家法定休假日、休息日不计入年休假的假期。

带薪年休假的实施，既可以让职工释放工作的压力，有助于维护劳动者的休息权益，又可以使居民有更多的时间和精力以及金钱来进行旅游,也必将会对旅游业的可持续发展产生深远影响,因此带薪年休假的实施顺应世界休假方式的潮流。

讨论:黄金周与带薪年休假对旅游的影响。

(二)法律法规

法律是由国家制定或认可,并由国家强制力保证实施的各种行为规范。旅游市场营销总是在一定的法律制度和道德规范下进行的。随着市场经济及旅游业的发展,为约束旅游企业的经营行为,各国会根据社会经济发展的不同要求提出相应的方针政策,指导经济发展,引导企业行为。这些方针政策对旅游市场影响很大,不仅会影响本国旅游企业在国内的市场营销活动,也会影响外国企业在本国的营销活动。目前,法律法规主要包括以下几类:以规范旅游业竞争为目的的法律法规,如《中华人民共和国价格法》《中华人民共和国反不正当竞争法》;以保护旅游消费者权益为目的的法律法规,如《中国国际旅游价格管理暂行规定》《旅游外汇管理办法》《旅游投诉处理办法》《旅游安全管理办法》《中国公民出国旅游管理办法》《边境旅游暂行管理办法》《旅行社管理条例》等;以维护社会利益为目的的法律法规,如《中华人民共和国自然保护区条例》《风景名胜区管理暂行条例》《中华人民共和国环境保护法》《中华人民共和国文物保护法》《中华人民共和国野生动物保护条例》等。

(三)政局稳定

政治局势是指旅游企业营销活动所在的国家或地区的政治稳定程度、边界安定性、社会安定性等状态。政局稳定是旅游市场营销活动得以正常进行的基本条件,一个国家政局的稳定与否会给旅游营销活动带来重大影响。如果一个地区政局稳定,秩序井然,人民安居乐业,旅游营销环境好,旅游者就有安全感,旅游市场就会面临着较多的机会;反之,如果一个地区政局动乱,社会治安状况不稳定,旅游营销环境差,旅游者数量会由于不安全因素的影响而大大减少,该地区的旅游业就会受到很大的冲击。

(四)国际关系

国际关系是指国家或地区间在政治、经济、文化、军事等方面的关系状态。国家或地区关系的亲疏会影响游客旅游的信心,国家或地区之间的外交关系也明显影响两国或两地区互送旅游客源。若两国或两地区间保持良好的关系,会为旅游企业的营销活动创造有利的条件;若两国或地区间处于敌对状态,旅游企业就无法正常开展旅游营销活动。

二、文化环境

文化环境是指一个社会的民族特征、价值观念、生活方式、风俗习惯、伦理道德、宗教信仰、教育水平、语言文字、婚姻制度、社会结构的总和。文化对消费者形成暗示、提醒、制约的潜移默化的影响,影响和支配着消费者的生活方式、旅游需求、消费结构以及旅游观念的改变等,旅游企业进行营销活动,任何时候、任何环节都离不开文化的影响。同时,大多数来自异国他乡的旅游者总希望感受文化的差异性,因此文化因素对消费者的市场需求和购买行为会产生强烈而持续的影响，进而影响企业的市场营销活动。因此，旅游企业进行营销活动时应注重分析目标市场的社会文化环境，抓住社会文化环境的潜在机遇，开发具有文化特色的旅游产品，以吸引众多的旅游者。

案例阅读

高质量推进敦煌文化与旅游融合发展

敦煌的魅力在于博大厚重、多姿多彩的文化，在高质量推进敦煌文化与旅游融合发展方面的措施如下。

近年来，通过将敦煌研究院数字资源与"云技术"结合，推出"云游敦煌"小程序，持续优化升级旅游参观模式和预约售票系统。

将敦煌学研究成果、数字敦煌高精度壁画图像和洞窟三维模型制作的虚拟数字内容与真实的莫高窟实景，借助华为河图的厘米级空间定位、虚实融合的技术实时融合在一起，策划推出了"飞天"专题游览线路，为游客提供虚实融合的全新体验，真正实现了"窟内文物窟外看"。

通过将敦煌壁画元素提炼与数码印花技术结合推出的"敦煌诗巾"文创项目，引入线下文创平台"莫高和集"，实现线上线下互相融通。

启动了文化遗产进校园全国宣讲活动，在全国六大片区，共开展多场敦煌文化公益讲座。开展了6期"敦煌文化驿站"公益学术讲座，助力实施"敦煌文化守望者"全球志愿者派遣计划。

策划完成了"我在上海说敦煌"与"我在绵阳说敦煌"等活动，不断拓宽文化弘扬半径。

结合敦煌壁画的结构、服饰、岩彩、图案以及敦煌遗书等元素和内容，自主研发了霓裳佛国·摇曳唐风、遇见·敦煌色彩、飞天剪纸、素手写经、妙笔生画等十余个研学项目单品，开展了世界文化遗产与青少年研学项目、九色鹿星空夜游等项目，以满足游客多样化的需求。

以"莫高学堂"为品牌，通过抖音等平台，开展以《敦煌石窟的营建》《敦煌壁画的保护与修复》《莫高窟风沙治理》为主题的线上直播，并推出由7位资深讲解导师主讲的线上直播课，满足了广大人民群众及敦煌文化爱好者的文化需求。编著出版莫高学堂文化研学读本《莫高学堂丛书》，并同步推出线上直播课，收获了良好反响。

推出"画中有话"专栏、音频儿童广播剧《莫高学堂·神奇敦煌开讲啦！》及续集《莫高学堂·神奇敦煌开讲啦！壁画里的古诗词》等，带领孩子们领略敦煌文化。面向尤其是敦煌地区的青少年，敦煌研究院开展了"我是莫高窟小小讲解员"活动以及敦煌文化课程进校园等活动，培育了孩子对于敦煌文化的兴趣。

资料来源：https://baijiahao.baidu.com/s?id=1756788432652922814&wfr=spider&for=pc。

案例评析

敦煌利用各种新科技为敦煌文化旅游发展插上了翅膀，走出去宣传并拓展文化旅游的弘扬半径。"莫高学堂"研学品牌，发挥社会教育功能，将文化营销策略运用在整个营销管理过程中，增强当地旅游的竞争力。

（一）教育水平

教育水平反映一个国家或地区一定的社会生产力、生产关系和经济状况，影响着人们的旅游欣赏水平，影响着旅游消费者心理和消费结构，影响着购买旅游商品的选择原则和方式，影响着旅游企业的促销活动效果，因此旅游营销必须分析目标市场的教育水平的高低。

（二）语言文字

语言文字是人类最重要的交际媒介，是人们进行沟通的主要表达方式，对旅游企业的营销活动有着巨大的影响。旅游企业在开展市场营销，尤其是国际市场营销时，应尽量掌握语言文字的差异，掌握当地语言习惯，这样易于与当地游客沟通感情，对营销活动十分有利。

（三）价值观念

价值观念是人们对社会生活中各种事物的态度、评价和看法，对人们自身行为的定向和调节起着非常重要的作用。旅游者的价值观念会影响其对旅游产品的评价，会影响其旅游消费心理、旅游消费需求和旅游购买行为。因此，旅游企业营销应针对不同的价值观念采取不同的策略。例如，对于乐于变化、喜欢猎奇、富有冒险精神、较激进的消费者，应重点强调旅游产品的新、奇、特；而对一些注重传统、喜欢沿袭传统消费习惯的消费者，企业在制定促销策略时应把产品与目标市场的文化传统联系起来。

（四）宗教信仰

宗教信仰具有为生活寻找支撑意义的显著特征，会影响人们认识事物的方式、价值观念和行为准则，从而影响人们的旅游消费行为。首先，许多宗教节日为消费者出游创造了机会，也是旅游企业推销产品的大好时机。其次，不同的宗教信仰有不同的文化倾向和戒律。旅游市场营销活动必须尊重游客的宗教信仰，如果触犯宗教禁忌，就可能失去市场机会。

（五）风俗习惯

风俗习惯是指在特定社会文化区域内，人们共同遵守的、世代传承而成的一种风尚和行为方式的总称，对社会成员有非常强烈的行为制约作用。主要包括民族风俗、节日习俗、传统礼仪等，对旅游消费者的消费喜好、消费模式、消费行为等都会产生影响。首先，旅游企业要善于利用风俗习惯的营销机会，如中国人有春节辞旧迎新、端午节划龙舟、中秋节庆团圆等许多具有特色的风俗习惯，旅游营销者要善于利用。其次，旅游营销应注意了解不同国家、民族的消费习惯和爱好，做到"入乡随俗"，这是旅游企业做好市场营销尤其是国际经营的重要条件。

企业营销应注重风俗习惯

传统的春节讲究的是吉祥，见面说吉祥如意话，吃饭吃年年有余饭。鱼是很多家庭春节的必备菜肴。洋快餐麦当劳利用这一文化内涵，在春节推出创新食品"年年有鱼——麦香鱼"，向购买麦香鱼组合套餐的顾客赠送一套优惠卡，内含24张优惠券。顾客如果想把24张优惠券用出去，就要在半年内光顾麦当劳餐厅24次。商品包装的颜色、标记等也要注意各国社会文化环境。例如，红色在我国代表喜庆，而在一些国家则代表死亡；黑色在西欧是丧服颜色，而在日本却被认为是优雅和高贵。巴西人忌黄色，比利时人忌蓝色，日本人忌绿色。就标记形状来说，在捷克，三角形被认为是"有毒"的标记，土耳其则用绿色三角形表示"免费样品"。

资料来源：https://wenku.baidu.com/view/ab1125cf76c66137ef0619a7.html.

（六）生活方式

生活方式是人们在一定的社会条件制约和价值观念指导下所形成的满足自身生活需要的全部活动形式与行为特征的体系。旅游市场营销活动应该满足各类旅游者生活方式和行为准则的要求。

知识链接

生活方式与旅游

1. 舒适安宁型

（1）特点。爱好整洁，重视家庭，关心孩子，而且非常注意身体健康。他们大多具有较高的文化水平和修养，生活条件优越。

（2）适宜的旅游。这种类型的旅游者大多是中老年人。他们喜欢环境优美、气候宜人的地方。他们选择的旅游目的地大多是环境幽静的湖滨、海岛、山庄等旅游区。不喜欢冒险和剧烈的运动，而且对报纸和杂志上的广告大都抱怀疑态度。这种类型的旅游者喜欢自己熟悉的旅游胜地和爱好的旅游活动内容，要求旅游接待设施应是齐备完好的，行程应是预先计划周密的，喜欢把旅游活动排得满满的包价旅游。

（3）宣传方法。针对这一群体的旅游者进行宣传时，重点强调旅游目的地的环境，突出其清洁幽静。

2. 活跃开放型

（1）特点。性格外向，自信，爱好交友，易于接受新事物，喜欢参加各种社会活动。他们通常具有较高的经济收入和文化水平。

（2）适宜的旅游。这种类型的旅游者由于文化素养较高，博物馆、音乐、戏剧、美术、民族风情是他们选择旅游产品首要考虑的对象。他们敢于尝试新鲜事物，还喜欢到遥远的、有异国情调的目的地去旅游。他们把旅游看作一次难得的人生体验，在旅游过程中喜欢结交新朋友。针对这一类型的旅游者，行程不能安排得太死，有自由活动的时间更好。

（3）宣传方法。针对这一群体的旅游者进行宣传时，要突出旅游目的地流行时尚、标新立异、显示身份和彰显个性等特点。

3. 探险猎奇型

（1）特点。富有创见，追求时髦，喜欢冒险和刺激，对新奇的事物特别感兴趣。

（2）适宜的旅游。在旅游过程中，他们不注意享受，也不渴求旅游条件，不怕吃苦受累，只追求新鲜和刺激的感受。他们喜欢远距离的旅游，如登山运动、穿越沙漠、到人迹罕至的地方去冒险。强调经历和体验，喜欢较好的饭店和饮食服务，但不一定要求现代化的联营饭店。喜欢跟不同文化背景的人交流。要求有基本的旅游安排，最好有较大的自主性和灵活性。

（3）宣传方法。对这一类型旅游者进行宣传时要突出新奇和刺激，体现创意和神秘。

4. 历史考究型

（1）特点。一般具有较高的文化素养，受科学或传统文化的影响较大，多数是学者、知识分子，如历史学家、教师、艺术家等。

（2）适宜的旅游。他们对旅游地的风土人情、历史文化、生态环境、异族风情和文化感兴趣，喜欢参观博物馆、艺术馆、动植物园；喜欢收集旅游地的民族风情、诗词歌赋、历史典故等资料。对旅途中的交通、食宿条件要求较高。

（3）宣传方法。对他们宣传时要突出价值，体现历史和文化内涵。

5. 观光旅游型

（1）特点。以欣赏自然风景和风土人情为活动内容的旅游者。这类旅游者是世界上最常见、最普通的旅游者，所谓传统的旅游者就是指这部分人。

（2）适宜的旅游。这种类型的旅游者在现代的旅游活动中占大多数，观光旅游是多种成分的综合，有审美、娱乐，有自然景观，也有人文景观。

（3）宣传方法。只要是没有观赏过的景观，都是这类旅游者选择的对象，并且对他们都有很大的吸引力。对这种类型的旅游者的旅游宣传要突出旅游景观的观赏性。

6. 观念超前型

（1）特点。这类旅游者大多是经济比较发达的国家和地区的年轻人。他们充满自信和活力，行为方式比较特立独行，不怕花钱，喜欢超前享用和消费，对未来的经济状况十分乐观。

（2）适宜的旅游。敢于大胆消费，如住豪华宾馆、买头等舱、去高级娱乐场所、以赊购的方式享受旅游服务和产品。

（3）宣传方法。大力开发时尚的旅游产品，强调产品的潮流、前卫和象征意义。

7. 其他类型

有的旅游者注重娱乐，喜欢到各种游乐设施较齐备的地方去打高尔夫球、唱卡拉OK等，这类旅游者被称为娱乐型；有的旅游者看重名声和地位，喜欢到有名气、有影响的地方去度假，这类旅游者被称为成功型；有的旅游者比较保守，自己不愿尝试新的东西，却喜欢模仿别人成功的旅游经历，这类旅游者被称为模仿型；有的旅游者喜欢以自己为中心，别出心裁、与众不同，这类则属于标新立异型；有的旅游者关心旅游中接触事物的美学价值，这类属于审美型；有的旅游者有复杂多样的个性，他们则属于综合型。

资料来源：https://wenku.baidu.com/view/13f74eb251e79b89680226a9.html。

三、社会环境

（一）相关群体

所谓相关群体就是能影响一个人的态度、行为和价值观的群体，如家庭、邻居、亲友和周围环境等。相关群体的影响有：①向群体成员展示一种消费方式；②引起群体成员对该消费方式的仿效欲望；③促使群体中的消费行为趋于一致化。

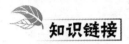

KOL 营销

KOL（关键意见领袖）是指拥有更多、更准确的产品信息且为相关群体所接受或信任，是群体当中通常所说的观念领导者，这些人由于拥有特殊的技能、知识、人格或其他特点而对其他人产生影响。KOL 一般在某一区域或某一领域有一定的号召力，并经常会有一些线下的聚会活动。

KOL 营销是指利用对该群体的购买行为有较大影响力的 KOL，发挥出 KOL 在社交媒体的影响力，利用高度忠诚的"粉丝后援团"和口碑驱动形成品牌效应。

例如，品牌美国（美国旅游促进会旗下主营品牌）邀请了在国际旅游界有影响力的人物，对五大著名的旅行线路进行实地体验。参与的名人为"品牌美国"收集旅途中所见所闻，不断将旅途中的照片和视频发布到社交媒体，在各类社交媒体上获得数以百万计的观点、评论和印象，带来巨大的品牌效应。

资料来源：https://www.sohu.com/a/321871885_120083939?qq-pf-to=pcqq.c2c。

（二）家庭

家庭是人类最基本、最重要的群体形式和社会设置，既是重要的旅游者群体，又对旅游者个体的行为起着重要的影响作用。

首先，家庭分为三种具体形式：一是核心家庭，是指两代人组成的家庭，核心家庭的成员是夫妻两人及其未婚子女；二是扩大家庭，是由有共同血缘关系的父母和已婚子女，或已婚兄弟姐妹的多个核心家庭组成的家庭模式；三是联合家庭，是指两对以上同代夫妇及其未婚子女与父母所组成的家庭，或者两对或两对以上同代夫妇及其未婚子女所组成的家庭。其中，核心家庭对购买者购买行为的影响最为显著。

其次，从家庭的生命周期来看，分为以下具体形式。一是青年单身期，是指参加工作至结婚的时期，此时收入比较低，消费支出大，旅游以亲近自然、广交朋友为目的。二是新婚期，是指结婚不久还没有小孩的年轻夫妇，此时可支配收入较高，既有精力又有能力旅游。三是满巢期第一阶段，是指年轻夫妇并有 6 岁以下儿童的家庭，此时家庭以照顾儿童为主要任务，有举家出游的情况，也有夫妇因一方工作原因而外出旅游的可能性。四是满巢期第二阶段，是指年轻夫妇并有 6 岁以上儿童的家庭，此时旅游成了让孩子扩大视野的重要活动。五是满巢期第三阶段，是指年龄较大的夫妇与已自立的孩子组成的家庭，此阶段的家庭被看作旅游消费水平高、旅游购买能力强的家庭。六是空巢期，是指老年夫妇无子女家庭，这种家庭无疑是老年旅游市场的主力军，极具开发潜力。七是孤独期，是指单身老人家庭，此时经济情况较差，老人出游意愿较低，注重探亲旅游。

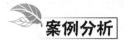案例分析

"五星级"袖珍宾馆 每次只接待一对情侣

有一家宾馆非常热门，想要入住至少需要提前一年预约，因为每次它只能接待一对夫妇或情侣。这家宾馆始建于1728年，当时，通过一项法令：每对情侣必须有了住房才能结婚。为了让那些没有房子的情侣能够顺利结婚，当地一位聪明的市民想出一个妙方，他利用两幢建筑之间的狭小空间建造了一座面积很小、总价低廉的"小户型"房屋，让囊中羞涩的年轻情侣可以买得起，等到结婚有房后再把这所房子转卖给其他准备结婚又无房的情侣。因为每隔一段时间房主便换成不同的新婚夫妇，因此这所房子又被当地人称为"蜜月屋"。

"蜜月屋"虽小，名气却很大，全球很多的情侣、新婚夫妇，甚至是老年夫妻都慕名前往，寻找传说中的幸福。在安贝格镇流传着这样一种说法：但凡在"蜜月屋"度过新婚之夜的夫妇，都会一生幸福美满，白头偕老。

"蜜月屋"真可谓"麻雀虽小，五脏俱全"。全方位的顶级设备和一流服务，不但可以让客人身心放松，还可以演绎"住一晚就能天长地久"的爱情佳话。全球有很多宾客对它情有独钟。

资料来源：http://news.cntv.cn/20120212/113009.shtml.

案例思考题

从家庭的生命周期理论角度评价"五星级"袖珍宾馆。

（三）社会阶层

社会阶层是具有相同或类似社会地位的社会成员组成的相对持久的群体，是按价值观、生活方式、兴趣以及行为等进行分类的一种相对稳定的等级制度。阶层地位决定着旅游消费能力和旅游消费方式。企业在做旅游市场营销前必须了解目标市场的社会阶层地位，并采取相应的市场营销对策。

四、经济环境

经济环境是指旅游企业市场营销活动所面临的外部经济条件，包括影响旅游消费者购买力和支出结构的各种因素，是旅游企业开展市场营销活动的基础和前提。

（一）经济发展水平

经济发展水平是制约旅游业发展的关键因素。如果要估计旅游市场的潜力，就必须了解相关经济因素的规模及变化速度，主要包括国民生产总值、国内生产总值、个人消

费模式等有关购买力的变量。国民生产总值是一个国家某一时期内生产要素所有者所生产和提供的最终产品与劳务的市场价值总和，是按国民原则核算的。国内生产总值是一个国家或地区所有常驻单位，在一定时期内所生产的全部货物和服务的价值，是按地区原则核算的。

根据国家统计局资料显示：2021年国内生产总值1143670亿元，比上年增长8.1%，两年平均增长5.1%（图2-2）。其中，第一产业增加值83086亿元，比上年增长7.1%；第二产业增加值450 904亿元，增长8.2%；第三产业增加值609680亿元，增长8.2%。第一产业增加值占国内生产总值比重为7.3%，第二产业增加值比重为39.4%，第三产业增加值比重为53.3%。全年最终消费支出拉动国内生产总值增长5.3个百分点，资本形成总额拉动国内生产总值增长1.1个百分点，货物和服务净出口拉动国内生产总值增长1.7个百分点。全年人均国内生产总值80976元，比上年增长8.0%。国民总收入1133518亿元，比上年增长7.9%。全员劳动生产率为146380元/人，比上年提高8.7%。

资料来源：国家统计局

图2-2　2017—2021年国内生产总值及其增长速度

（二）居民收入

居民收入是指城乡居民从各种来源所得到的收入的总和，包括工资、红利、租金、退休金和赠与等收入。个人可支配收入是指在个人收入中，减除缴纳税收和其他经常性转移支出后，所余下的实际收入。个人可支配收入决定着旅游愿望、旅游活动类型和旅游消费水平。

根据国家统计局资料显示：2021年全国居民人均可支配收入35128元，比上年增长9.1%（图2-3），扣除价格因素，实际增长8.1%。按常住地分，城镇居民人均可支配收入47412元，比上年增长8.2%，扣除价格因素，实际增长7.1%。城镇居民人均可支配收入中位数43504元，增长7.7%。农村居民人均可支配收入18931元，比上年增长10.5%，扣除价格因素，实际增长9.7%。农村居民人均可支配收入中位数16902元，增长11.2%。城乡居民人均可支配收入比值为2.50，比上年缩小0.06。全国农民工人均月收入4432元，比上年增长8.8%。全年脱贫县农村居民人均可支配收入14051元，比上年增长11.6%，扣除价格因素，实际增长10.8%。

第二章　旅游市场环境分析

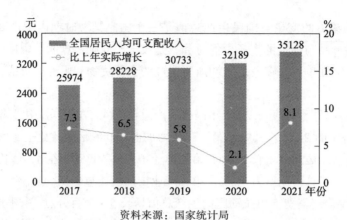

资料来源：国家统计局

图 2-3　2017—2021 年我国居民人均可支配收入统计情况

（三）外贸收支状况

国际间贸易是各国取得外汇收入的主要途径，它影响着一个国家的国际收支状况，对国际旅游需求的变化起着重要作用。对旅游目的地国来说，货币升值会境外游客减少入境旅游，货币贬值则会促进境外游客入境旅游；对旅游生产国来说，货币升值会促进本国居民到国外旅游，货币贬值则会导致国民外出旅游减少。

（四）消费结构模式

消费结构又称消费构成，是指一定时期内人们对各个类型商品的需求量的比例。国际上通常用恩格尔系数来描述消费结构的变化。恩格尔系数是食品开支与家庭消费支出总额之比，恩格尔系数计算公式如下。

$$恩格尔系数 = \frac{食物支出总额}{家庭或个人消费支出总额} \times 100\%$$

恩格尔系数是衡量一个国家、城市、家庭生活水平高低的标准。根据恩格尔定律，随着家庭收入的增加，用于购买食品的支出占家庭收入的比重，即恩格尔系数就会下降，用于住宅建筑和家务经营的支出的比重会基本保持不变，用于其他方面的支出和储蓄会增加。可见，恩格尔系数越低，人们可自由支配的收入就越高，用于旅游的支出就可能越多。按照联合国划分富裕程度的标准，恩格尔系数达 60% 以上为贫困，50%～60% 为温饱，40%～50% 为小康，30%～40% 为富裕，20%～30% 为富足，20% 以下为极其富裕。如表 2-2 所示为 1980—2021 年我国城乡居民家庭的恩格尔系数。

根据国家统计局资料显示：2021 年全国居民人均消费支出 24100 元，比上年增长 13.6%，扣除价格因素，实际增长 12.6%。其中，人均服务性消费支出 10645 元，比上年增长 17.8%，占居民人均消费支出的比重为 44.2%。按常住地分，城镇居民人均消费支出 30307 元，增长 12.2%，扣除价格因素，实际增长 11.1%；农村居民人均消费支出 15916 元，增长 16.1%，扣除价格因素，实际增长 15.3%。全国居民恩格尔系数为 29.8%，其中城镇为 28.6%，农村为 32.7%。

表 2-2 1980—2021 年我国城乡居民家庭的恩格尔系数（%）

年份	全国	城镇居民	农村居民	年份	全国	城镇居民	农村居民
2021	29.8	28.6	32.7	2000	42.2	38.6	48.3
2020	30.2	29.2	32.7	1999	45.5	41.3	52
2019	28.2	27.6	30	1998	48	44.2	53.2
2018	28.4	27.7	30.1	1997	50.3	46.4	55.1
2017	29.3	28.6	31.2	1996	52.3	48.6	56.3
2016	30.1	29.3	32.2	1995	54.1	49.9	58.6
2015	30.6	29.7	33	1994	54.1	49.9	58.9
2014	31	30	33.6	1993	54	50.1	58.1
2013	31.2	30.1	34.1	1992	55.3	52.9	57.5
2012	33	32	35.9	1991	55.9	53.8	57.6
2011	33.6	32.3	37.1	1990	56.8	54.2	58.8
2010	33.4	31.9	37.9	1989	54.7	54.5	54.8
2009	34.3	32.9	38	1988	52.8	51.4	54
2008	36.3	34.5	40.9	1987	54.8	53.5	55.8
2007	35.6	33.6	40.5	1986	54.8	52.4	56.5
2006	35.5	33.3	40.7	1985	56	53.3	57.8
2005	37.3	34.5	43.3	1984	58.8	58	59.3
2004	38.8	35.8	45.3	1983	59.4	59.2	59.4
2003	38.1	35.5	43.9	1982	59.9	58.6	60.6
2002	39.2	36.4	44.9	1981	58.6	56.7	59.8
2001	40.5	37	46.7	1980	59.9	56.9	61.8

资料来源：国家统计局。

（五）经济周期

经济周期是指经济运行的规律性波动周期，是经济活动沿着经济发展的总体趋势所经历的有规律的扩张和收缩，表现为国民总产出、总收入、总就业量、投资、物价、货币供应量、对外贸易的波动，分为繁荣、衰退、萧条和复苏四个阶段。经济繁荣期，旅游活动自然增多；经济萧条期，旅游活动随之减少。

五、人口环境

一般说来，在收入接近的条件下，人口的数量决定着市场的容量，人口的增长和旅游消费需求的增加及旅游人次的增加成正比，因此，人口是构成旅游市场的基本要素。旅游者是旅游活动的主体，旅游市场的规模和旅游市场的潜在容量都取决于人口规模，人口环境是影响旅游市场营销最活跃的因素之一。

(一)人口规模

一般说来,人口规模与市场容量、消费需求成正比。一定的情况下,人口总量决定着客源市场规模的上限,人口的增加会形成强大的市场潜力,也会为旅游企业扩大市场空间和创造市场机会提供可能。根据国家统计局统计资料显示:2021年末全国人口14 1260万人,比上年末增加48万人,其中城镇常住人口9 1425万人。全国人户分离的人口5.04亿人,其中流动人口3.85亿人(表2-3)。

表2-3 2021年末人口数及其构成

指　　标	年末数/万人	比重/%
全国总人口	141 260	100.0
其中:城镇	91 425	64.7
乡村	498 35	35.3
其中:男性	72 311	51.2
女性	68 949	48.8
其中:0~15岁(含不满16周岁)	26 302	18.6
16~59岁(含不满60周岁)	88 222	62.5
60周岁及以上	26 736	18.9
其中:65周岁及以上	20 056	14.2

资料来源:国家统计局。

(二)人口分布

人口分布是指人口在不同地区的密集程度。人口分布与旅游营销有着密切的关系。首先,由于自然地理条件和经济发展程度等多种因素的影响,人口的分布不可能是均匀的。其次,人口分布状况也不是固定不变的。中国人口开始由以小城镇为主向以大城市为主过渡。一般而言,城市居民对旅游有需求的人数比乡村的多,而且比例也高。

(三)人口流动

人口流动主要表现在人口流动的数量、人口流动的区域、人口流动的时间长短、人口流动的距离长短、人口流动的比率及流动人口的结构变化等,旅游者属于流动人口的一部分。首先,从人口地域分布与旅游市场的关系看,随着地理距离的增大,客源便逐渐衰减。因为距离加大,旅游费用和时间便逐渐增多,因此旅游流强度逐渐减弱。其次,由于所处地理位置的自然条件不同,不同地理景观产生不同的吸引力,从而激发人们产生不同的旅游动机。

(四)人口结构

人口结构主要包括人口的年龄结构、性别结构和职业结构。人口是影响旅游营销的重要因素。随着旅游业竞争的日趋激烈,旅游企业必将进一步进行市场细分,以求更有效地满足旅游者的个性化需求,对人口结构进行分析就显得越发重要。

未来旅游市场的人口结构变化

第一，老龄化催生旅游业的"蓝海市场"。不可逆转的老龄化进程、超大的老年人口规模将成为一种社会常态。随着老年人口收入水平的提高以及消费观念的改变，旅游已经成为老年人提升生活质量的重要消费方式。这一庞大的消费群体已经显示出无与伦比的生机，预示了老年旅游市场的较大发展机遇。对于旅游业来讲，超大的老年人口规模势必将使老年旅游市场成为具有较大潜力的"蓝海市场"。

第二，"孩儿动力"催生旅游市场新风口。独生代父母育儿观念的变化以及家庭结构小型化的发展，家庭中至少两代人出游已成为一种重要的旅游趋势。社区团购从用户覆盖率、出游频率、市场增长率等指标来看，亲子游最有潜力发展成为高频率的大众主流旅游产品。

第三，作为我国劳动人口和消费人群的主力军，"90后"对整体旅游行业的领跑作用开始凸显。国内游用户整体呈现中青年化的趋势，游客年龄集中在26~35岁，品质游和体验游已成为"90后"群体主要需求。从出境游、定制游以及中档酒店的消费等方面来看，"90后"群体已经成为旅游消费的主要群体。可以预测，在未来较长一段时间内，"90后"群体仍将牢牢占据旅游消费市场主力军的位置。

第四，从"农民工"到"新市民"，具有潜在消费力的新势力崛起。农民工从进城务工到城市安家，快速的城市化进程和人口流动下催生的新城市居民，实际上是由"生产方式的城市化"向"生活方式的城市化"转变的过程。庞大的"新市民"消费群体蕴藏着较大的消费潜能。随着家庭迁移规模、居住意愿、经济状况、住房条件、城市融合等方面的提高，"新市民"对旅游消费需求具备较大的提升能力。新生代农民工将成为"新市民"旅游消费新主力，一日游、自助游是"新市民"旅游的主要形式。

资料来源：中商情报网 http://www.chyxx.com/industry/201708/546866.html。

案例思考题

中国旅游行业应该如何应对人口的变化？

老年游市场

近年来，老年游市场不断升温。"银发游"已成为旅游市场开发的潜在热点，具备相当大的市场潜力。

（1）开发富有老年特色的旅游产品。旅游企业在开发旅游产品的时候，一定要注意老年游客的自身特点，开发富有老年特色的旅游产品。例如，对于经济发达的沿海地区游客，可以开发豪华观光休闲旅游，行程的设计侧重保健、康复、疗养，满足老年游客对自身健康、生存质量的需求。行程设计得要相对轻松，给老年人一个轻松、愉悦的旅游环境。又如"老年专列"，针对老年市场，所有的行程由专列全程陪同，极大地减轻了老年游客的舟车劳顿，收到了良好的效果，这样的方式不失为一种积极的尝试。再如，针对经济欠发达地区，可以开发实惠、价优的旅游产品，开展诸如"故地游""怀旧游"等相对定价较低的产品，满足老年游客的价格需求。

（2）注重旅游服务人文关怀。第一是食，因为老年人胃肠功能减弱，牙齿不好，容易发生诸如水土不服的问题，所以在吃的方面，应该以清淡、健康的食品为主。尽量不要安排过于辛辣、奇特的食物或者容易导致过敏、腹泻的食物，保证老年游客在旅途中的良好状态。第二是住，老年人的生活习惯不同于年轻人，老年人一般习惯早睡早起，他们不需要豪华的住宿环境，而是需要一个卫生、整洁、安静的住宿环境。同时，在行程的安排上，也应该注重老年人的生活习惯，早上可以适当提前，但是晚上一定要保证老年人的睡眠充足。良好的睡眠是对整个行程的基本保障。同时，还要注意老年人居住环境的安全性，如防滑、呼救等设施是否完善，这些细节也是旅游企业所需要关注的。第三是行，拥挤的交通、喧闹的环境很容易引发疲劳。老年旅游应注重交通工具的安全性和舒适性，旅行日程安排宜松不宜紧，活动量不宜过大。第四是游，旅行社在安排线路时，应尽量将游览参观的节奏放慢，时间安排得充裕些。在景点的选择上，选择老年人喜欢的、不需要太多体力的景点。导游要配备专业知识丰富、表达能力强、了解老年心理和保健常识的中年人，便于拉近导游与老年旅游者的心理距离，营造轻松愉快的旅游氛围。第五是购，老年游客在其旅游消费支出中，购物所占比例很少。老年人是成熟的消费者，消费讲究经济实惠，喜欢安静的购物环境，期望得到尊重和热情接待。旅行社在整个游程安排中，应尽量减少购物时间，在游客自愿要求的基础上提供货真价实、服务质量较高的购物场所。第六是娱，老年人爱好绘画、书法、音乐、垂钓、太极拳等娱乐活动，注重文化内涵，喜好回忆，所以在旅游过程中应组织安排一些内涵丰富，具有个性的娱乐活动，参加的时间不要过长，内容相对平和，不要太惊险或太沉闷，场面不宜喧闹嘈杂。

资料来源：https://www.wenmi.com/article/pqi4mu04x3ex.html.

六、自然环境

自然环境是指旅游企业进行市场营销所必需依赖的自然资源。对于旅游产业而言，自然环境主要是指优越的地理位置和丰富的景观资源。旅游业与自然环境存在着密切的联系。

首先，旅游业的发展必须依托一定的自然地理环境。作为旅游吸引物，自然环境影响着旅游者的旅游动机，影响着旅游地理分布和旅游流的移动。

其次，自然资源和气候条件的变化对旅游业都存在着一定的影响。对旅游企业来说，要了解以下自然环境所带来的威胁与机会：自然资源的日益短缺；资源成本不稳定；环境污染严重；政府对环境保护干预的加强；旅游业的可持续发展；绿色营销、绿色产业、绿色消费、可持续发展的趋势；等等。

洗 肺 之 旅

洗肺之旅是指选择环境清新、空气质量较好的地方进行旅行，以呼吸新鲜空气、放松身心、改善健康为目的的一种旅行方式。这种旅行可以帮助人们远离污染、减少空气中的有害物质吸入,同时享受大自然的美景和恢复身心健康。常见策略如下。

第一,选择清新的目的地。选择去山区、森林、海滩等自然环境优美、空气清新的地方旅行。这些地方通常远离城市的工业污染和交通污染,空气质量相对较好。

第二,避开污染高峰期。尽量避免在污染高峰期旅行,如城市的雾霾天气或者季节性污染较重的时候。可以根据当地的气象数据和空气质量指数来选择合适的时间。

第三,远离污染源。在旅行中尽量远离污染源,如工业区、交通繁忙的地方等。选择住宿地点时,可以选择远离道路和工厂的地方,以减少污染物的接触。

第四,参与户外活动。在洗肺之旅中,可以选择参与户外活动,如徒步、骑行、登山等。这样不仅可以享受自然风景,还可以通过运动增加呼吸量,帮助清洁肺部。

第五,放松身心。洗肺之旅也是为了放松身心、减轻压力。可以选择参加瑜伽、冥想等放松活动,以促进身心健康。

七、技术环境

技术环境主要考虑以下因素:新技术,新工艺,新材料,新发明,新产品的开发、推广和应用状况。新技术能够给旅游企业经营带来新的商机和新的利润增长点;新技术的应用会产生新的旅游产品和新的旅游行业;新技术会给旅游企业经营或旅游消费者购买行为带来影响;等等。科学技术是很重要并会产生长远影响的环境因素。

首先,现代科学技术促进了旅游营销管理的现代化。科学技术直接影响旅游企业的产品开发、设计、销售和管理,直接影响旅游企业内部的生产和经营,促使旅游营销组织大大提高营销活动的效率和服务质量,提高了竞争优势。

其次,科学技术影响着旅游者消费方式和购买习惯的改变,影响着旅游者的交通方式和旅行时间,影响着旅游吸引物和基础设施建设,影响着旅游企业与其他利益相关者的互动关系,影响着旅游企业的市场营销机会。闻名遐迩的迪士尼乐园就是集光、声、电等多种发达技术于一体的产物,这种富于梦幻、惊险刺激的娱乐产品一经产生,就赢得了许多人的青睐。又如,虚拟现实技术的应用,可以使游客更加全面地了解景点,依托虚拟现实技术(VR)的沉浸性和交互性强的特点,游客在视觉、听觉,甚至触觉和嗅觉上最大限度地与景点交互,体验"身未动,心已远"的虚拟境界。

最后,科学技术会影响旅游企业的市场营销技术手段。目前,通过应用移动电子商务,旅游服务供应商可以找到更多的方法来提高顾客忠诚度,降低运营成本,获取附加利润。同一般意义上的电子商务相比,移动电子商务的优势更多地体现在对散客旅游者的服务上。

沈阳故宫博物院着力打造智慧旅游景区

沈阳故宫博物院在建设手机网站、微信公众平台、二维码导览、数字化展厅、团队数字导览讲解、藏品管理等多方面开展了信息化建设。目前,游客登录沈阳故宫博物院官方网站,不仅能了解故宫概况,还能观看高清文化演出视频、古建筑内景360°实景展示,把故宫"带"回家。观众在参观过程中,不用租借讲解器,只需将手机对准二维码扫描就能查看与该建筑相对应的文字资料、图片资料,听到亲切的语音讲解,参观过程也更有趣。另外,全息投影、裸眼3D、嵌入式触摸屏等大量新技术的应用,使游客的体验更真实、震撼。

资料来源:http://www.sohu.com/a/137402221_349299.

案例思考题

从本案例中可以看出科技进步对人们的旅游方式产生哪些影响?

第三节 旅游市场营销微观环境分析

旅游企业市场营销活动的进行不是孤立的过程,它要与自身内部的诸多职能部门的工作紧密联系和相互配合。因此,旅游企业自身内部环境的优劣,反映一个企业应付激烈竞争和适应市场变化与环境变化的能力。旅游市场营销微观环境,又称行业环境,是指存在于旅游营销管理组织周围并影响其营销活动的各种因素,包括购买者、旅游中间商、旅游供应商、竞争者、社会公众及旅游企业内部影响营销协作的各部门。旅游市场营销微观环境往往与旅游企业有着直接的经济联系,旅游企业必须定期对其所面临的微观环境进行分析,灵活地调整企业的营销策略。

一、购买者

旅游购买者是旅游企业为之服务的对象,是影响旅游营销活动的最基本、最直接的环境因素。从购买者的角度看,这一因素又可分为个体购买者和组织购买者。分析购买者,就需要分析直接购买者与最终购买者的数量、分布、结构、顾客需求、购买习惯、购买影响因素、收入支出、议价能力、对现有产品的满意度、变化趋势等内容。

(一)旅游消费者(个体购买者)

旅游消费者是旅游产品和服务的直接消费者与最终消费者,一般属于散客,包括观光旅游者、度假旅游者、商务旅游者、会议旅游者等。

旅游消费者的特征:个体购买者人数众多;市场分布比较分散;需求差异大;构成比较复杂,包括各个类型和各个阶层的人;多属小型购买;购买频率较高;购买流动性较大。

旅游营销活动要根据旅游消费者消费行为的特点,把旅游产品和服务设计为各种档次、各种类别、各种特色,以适应不同层次消费者的需求。

分 团 行

近来出现的分团行的概念,就是旅行社为了招徕游客,把报名的游客依据年龄进行分类，例如，"年轻人团""快乐家庭团""老年团"等。

还有些旅行社针对不同的消费群体进行产品设计，围绕特定的目标客户推出各具特色的旅游产品和服务，使行程安排更有针对性，便于游客"直奔主题"，实现"适合的便是最好的"理念。例如，针对儿童寒暑假的夏令营、游学团；针对女性的购物团、赏花团、美容团；针对新婚夫妇的婚礼团；针对青年男女的自助旅游；等等。

资料来源：https://wenku.baidu.com/view/3b8b142183d049649a66583a.html。

案例思考题

根据个体购买者的消费特征谈谈旅行社开展分团行的原因。

（二）公司购买者（组织购买者）

公司购买者是指为开展业务而购买旅游产品和服务的各种企事业单位。

公司购买者的特征：组织购买者的数量虽少，但弹性小，购买的规模比较大；公司购买属于派生需求组织购买者，是指企业或机关团体组织为开展业务或奖励员工而购买旅游产品和服务的购买者；公司购买者的旅游购买行为往往是由机构中一个或一组人员决策，公司有专门的购销人员，他们是受过训练、有专门知识、内行的专业人员，专门负责采购工作。

会奖旅游活动案例

会奖旅游是公司为了激励成绩优秀的员工、经销商或代理商而专门组织的，利用举行各种会议、大会和展览活动所开展的特殊旅游活动。会奖旅游因为规模大、时间长、档次高和利润丰厚等优势，被看做是典型的高端旅游市场。

1. 小鹏汽车名人堂"鹏厂开箱"活动

来自全国各地的小鹏汽车名人堂鹏友与小鹏汽车一起开启挑战"第一次"之旅，一起探索小鹏汽车幕后的故事。开展了高配置VIP欢迎礼遇、专属活动主题场地布置、工厂实地探秘等活动，在小鹏总部飞行汽车心脏地带直面感受品牌卓越智能的魅力。

2. 丹寨600人春游

一场丹寨旅程让企业员工体验传统与潮流并存的非凡奖励之旅。举办草地音乐节，点燃青春狂欢的春日派对；举办600人吃特色长桌宴，品正宗苗味；开展非遗文化体验，在丹寨自由参加不同主题的非遗文化精致民俗小院，让员工在旅程中浸润文化之中。

3. 傲澜千人内训会

在傲澜千人内训会上，通过定制伴手礼、专属签到欢迎、VIP房间布置、观傲澜工厂等活动，为品牌实现快速升级、代理高速转化，提升业内有效影响力。

资料来源：https://zhuanlan.zhihu.com/p/380001659.

案例思考题

从会奖旅游案例出发，分析公司购买者的旅游消费特征。

二、旅游中间商

旅游中间商是指在旅游生产者与旅游者之间参与商品流通业务，促使买卖行为发生和实现的集体与个人，包括经销商、代理商、批发商、零售商、交通运输公司、营销服务机构和金融中间商等。旅游中间商所提供的产品和服务的数量、质量、时间、价格等对旅游企业的营销活动有一定影响，是旅游产品销售渠道中不可缺少的一个环节。如何选择中间商关系着旅游营销计划的完成，应全面、深入地调查和分析旅游中间商的发展趋势，做好旅游中间商的选择、评估和管理工作。

旅游中间商的特征：旅游中间商购买旅游产品的目的主要是在转卖过程中获取利润；由专家购买，一般都受过专业训练，懂业务、有经验，对行情非常了解；购买次数较少，但每次购买数量较大。

分析评估旅游中间商，需要了解旅游中间商的市场覆盖率、市场开发能力、经济实力、信誉度、价值取向、服务水平、服务价格、服务特长、物流状况等方面的情况。

三、旅游供应商

旅游供应商是指向旅游企业及其竞争者提供旅游产品生产所需资源的企业和个人，包括提供能源、设备、劳务和资金等。例如，旅游饭店的旅游供应商有定点旅游用品商店、水电部门、菜市场等单位；旅行社的旅游供应商有旅游景区、交通部门、宾馆饭店、娱乐区等单位。旅游供应商会影响供货的质量水平、价格水平、稳定性和及时性，应从供应商的资信状况和供应商多样化两个角度选择供应商。

四、竞争者

旅游企业在从事旅游营销活动时，会遇到各种类型的竞争者。竞争者的状况直接影响企业的经营活动，竞争者是旅游企业市场营销微观环境因素之一。

（一）竞争环境调查

分析竞争者时，首先要了解本行业的发展阶段、成长率、进入退出难度、竞争类型、竞争者的数量等市场竞争环境；其次要了解本企业竞争者的实力强弱、战略意图、市场占有率、获利能力、拥有资源状况、企业能力、核心优势、营销策略组合、反应模式等内容。

（二）竞争环境分析

1. 竞争的层次

从消费需求与购买决策的角度划分，每个企业都面临四种类型的竞争。一是愿望竞争，是指提供不同服务产品以满足不同需求愿望的竞争。二是类别竞争，是指提供能够满足同一种需求但不同服务产品的竞争。三是形式竞争，是指提供同一服务产品但规格不同、档次不同的产品的竞争。四是品牌竞争，是指产品的规格与档次都相同，但是品牌不同的竞争（图2-4）。

2. 竞争的力度

从旅游产品生产者角度看，同行业竞争者的卖方密度、产品差异、进入难度是三个值得企业重视的方面。卖方密度是指同一行业或同一类商品经营中卖方的数目。产品差异是指同一行业中不同企业同类产品的差异程度。进入难度是指某个新企业在试图进入某行业时所遇到的困难程度。

图 2-4　竞争层次图示

3. 考察指标

（1）旅游市场绝对占有率。旅游市场绝对占有率是指一定时期、一定范围内某一国家、地区或企业接待的旅游者人次占同一时期、同一范围内旅游总人次的比例。

旅游市场绝对占有率的计算公式如下。

$$旅游市场绝对占有率 = \frac{一定时间内接待的旅游人次}{同期所处旅游市场的旅游者人次} \times 100\%$$

（2）旅游市场相对占有率。旅游市场相对占有率是指一定时期、一定范围内某一市场主体的旅游市场份额与同一时期、同一范围内较大市场主体旅游市场份额之间的比例。通过旅游市场相对占有率指标，可以了解本国、本地区、本企业在旅游市场上所处的地位和实力。

旅游市场相对占有率的计算公式如下。

$$旅游市场相对占有率 = \frac{某一旅游企业的旅游市场份额}{同一市场上竞争力较强的旅游企业的旅游市场份额} \times 100\%$$

（3）需求交叉价格弹性系数。需求交叉价格弹性系数是指商品价格的变动与消费者对需求量变动的比例，可以判断竞争者之间的竞争程度。

需求交叉价格弹性系数的计算公式如下。

$$E_{xy} = \frac{\dfrac{Q_{y2} - Q_{y1}}{(Q_{y2} + Q_{y1})/2}}{\dfrac{P_{x2} - P_{x1}}{(P_{x2} + P_{x1})/2}} = \frac{Q_{y2} - Q_{y1}}{Q_{y2} + Q_{y1}} \times \frac{P_{x2} + P_{x1}}{P_{x2} - P_{x1}}$$

式中，E_{xy} 为需求的交叉价格弹性；Q 为商品的需求量；P 为商品的价格；P_{x1} 为商品 x 变动前的价格；P_{x2} 为商品 x 变动后的价格；Q_{y1} 为商品 y 变动前的需求量；Q_{y2} 为商品 y 变动后的需求量。

$E_{xy} > 0$ 时，表示商品 x 与商品 y 为竞争性商品；$E_{xy} = 0$ 时，表示商品 x 与商品 y 为非竞争性商品；$E_{xy} < 0$ 时，表示商品 x 与商品 y 为互补性产品。

五、社会公众

社会公众是指对企业实现目标有影响的社会团体或个人。旅游企业的生存和发展依赖良好的公众关系与社会环境，社会公众对旅游营销活动的成败产生实际的或潜在的影响。对于旅游企业而言，属于微观环境的社会公众包括新闻媒体、政府部门、群众组织以及企业内部员工等（表 2-4）。

表2-4　社会公众分类表

社会公众分类	社会公众定义
金融公众	金融公众是指影响旅游企业融资能力的各种金融机构，包括银行、投资公司、证券经纪行和股东等
新闻媒体	新闻媒体是指有广泛影响的大众传媒，包括纸质媒体、电子媒体，以及随着互联网兴起的"新电子媒体"
政府部门	政府部门是指负责旅游发展和旅游行业管理的政府工作部门
群众组织	群众组织是指由广大群众组成的非政权性质的社会团体
社区居民	社区居民是指旅游企业所在地附近的居民和社区组织
企业内部员工	企业内部员工是指旅游企业内部的所有员工

首先，旅游企业要分析社会公众，需要了解政府部门、新闻媒体、金融公众、社团、社区等社会公众的价值导向、需求、目标、偏好、困扰、公众事件。

其次，旅游企业要加强社会联系。公众与旅游企业的营销活动有着直接或间接的关系，可以促进或阻碍企业实现其目标。以新闻媒体为例，新闻媒体对旅游企业优质服务的报道，会使企业提高信誉、扩大销售；反之，一篇损害旅游企业形象的报道，则会使企业信誉大降，自然会影响销售。在营销活动中，旅游企业要自觉加强与有关社会公众的联系，要创造成功的人际关系、和谐的人事气氛、完美的社会舆论，为旅游企业的营销活动创造良好的环境。

最后，旅游企业要争取社会公众。旅游企业要让社会公众更多地了解企业市场营销活动；旅游企业要高度重视公众的利益，了解公众的需要和意见，采取有效措施满足公众的各项合理要求；旅游企业要有选择地参与公益活动，努力塑造并保持企业良好的信誉和公众形象。

 知识链接

社区营销方式

1. 社区宣传栏

社区宣传栏，是社区文化生活的重要设施，受到居民广泛而持久的关注，影响面大，持续时间长。宣传栏广告是简单、高效的社区促销方式。

2. 资料入户服务

通过社区居委会把旅游企业的宣传资料直接送到居民家里，覆盖社区的千家万户，保证了信息传递的完整性和送达率。

3. 社区旅游说明会

在社区文化广场举办室外促销的活动，接受居民现场咨询。例如，太太乐鸡精采用社区体验营销方式，让顾客观摩、聆听、尝试、试吃太太乐鸡精调配的菜肴，再配合专业促销人员的介绍与促销，吸引了大量的消费者。

4. 旅游专卖店

在社区建设大量的旅游企业营业点，加强面对散客的销售。

5. 捆绑销售

借助小区推广较多的油漆、热水器、空调、橱柜等，实现捆绑销售。也可采用与物业公司合作预缴物业管理费送旅游的办法，还可通过设立产品推荐奖增加销售。

6. 利用 QQ 群和微信群

进入业主的微博群和微信群，适时传播。

7. 社区团购

社区团购是社区商铺或社区内居民团体为社区内居民提供的团购形式的优惠活动，是互联网线上线下购物消费行为。

第四节　旅游市场营销环境分析技术

一、SWOT 分析法

（一）定义

SWOT 是一种分析方法，用来确定企业本身的竞争优势（strength），竞争劣势（weakness），机会（opportunity）和威胁（threat），从而将公司的战略与公司内部资源、外部环境有机结合。SWOT 分析法，即态势分析法，是指旅游企业对企业自身内部的优势和劣势及外部环境的机会与风险进行系统分析，以便能够把握营销机会和营销风险，从而制定相应的发展战略以及发展对策的分析方法。

SWOT 分析法是哈佛商学院的肯尼斯·安德鲁斯教授于 1971 年在其《公司战略概念》一书中首次提出的。该分析开始在企业制定战略中应用，后在行业、组织以及政府部门得到广泛应用，成为其进行自我诊断和制定战略、计划、政策的有效工具。SWOT 分析法是基于内外部竞争环境和竞争条件下的态势分析，列举出相关的企业自身内部的优势和劣势及外部环境的机会与风险等，并依照矩阵形式排列，然后用系统分析的思想，把各种因素相互匹配起来加以分析，从中得出一系列相应的决策性结论。SWOT 分析法可以帮助旅游企业清楚自身的资源优势和缺陷，了解企业所面临的机会和挑战，对于制定企业未来的发展战略有着至关重要的意义。

运用 SWOT 法，首先是运用各种调查研究方法，分析旅游企业所处的各种环境因素，即外部环境因素和内部环境因素。构造矩阵形式排列，然后用系统分析的思想对企业的优势、劣势、机会、威胁进行全面评估，根据研究结果最终选出一种适宜的战略。

（二）主要步骤

SWOT 分析法常常被用于制定企业发展战略和分析竞争对手情况。进行 SWOT 分析时，主要有以下几个步骤。

1. 分析环境因素

运用各种方法了解与旅游企业密切相关的主要内部环境因素和外部的机会与威胁因素等。其中的机会因素和威胁因素，是指外部环境对旅游企业的发展有直接影响的有利和不利因素，属于客观因素，一般从经济、政治、社会、人口、产品和服务、技术、市场、竞争等不同角度寻找。内部环境因素包括优势因素和劣势因素，是旅游企业在其发展中自身存在的积极和消极因素，属主动因素，一般从旅游企业管理、组织流程、财务等资源、社会认同接受度、人力资源等不同角度寻找。具体包括以下内容。

（1）S——竞争优势分析

竞争优势是指旅游企业超越其竞争对手的能力，或者指旅游企业所特有的能提高企业竞争力的东西。竞争优势可以是以下几个方面。

①技术技能优势，指采购技能、生产技术、质量控制、营销经验、售后服务等方面的优势。

②有形资产优势，指设施设备、自然资源、地理位置、资金储备、信息资料等方面的优势。

③无形资产优势，指企业文化、品牌形象、商业信用等方面的优势。

④人力资源优势，指旅游企业管理者的综合能力、旅游企业的用人机制、员工的素质等方面的优势。

⑤组织体系优势，指组织规章制度、工作协调合作等方面的优势。

⑥竞争能力优势，指企业在产品开发周期、供应商、经销商、对市场环境变化的反应、市场地位等方面存在的竞争优势。

旅游企业的优势所涉及的内容不能一一罗列，但概括起来，旅游企业的优势是其胜于竞争对手的、可识别的特色。旅游企业的营销人员只有在正确地认清自己的优势后，才能更好地进行市场定位，挖掘潜在的市场，赢得市场机会。

（2）W——竞争劣势分析

竞争劣势是指旅游企业相对于竞争企业的某种自身缺失的或没有做到的内容，或指某种会使旅游企业处于劣势的条件。在管理学中有一个著名的"水桶"理论，一个水桶的盛水量是由水桶上最短的一块木板所决定的。短板就是制约旅游企业发展最为薄弱的一个环节。可能导致内部弱势的因素有技术技能劣势、有形资产劣势、无形资产劣势、人力资源劣势、组织体系劣势、竞争能力优势的丧失等。

（3）O——机会分析

机会是指促使旅游企业发展的外部有利条件，即外部不可控环境的变化给旅游企业带来营销机遇，是影响企业战略的重大因素。旅游企业所拥有的各种机会如下：客户群的扩大、产品细分的加深、技能技术的发展、市场进入壁垒降低、市场需求增长、优惠政策出台、经济环境好转、消费方式变动、竞争对手减少、旅游资源丰富、营销模式变革、地理区域扩张、重大事件发生等。

（4）T——威胁分析

威胁是指外部环境存在的某些对旅游企业的盈利能力和市场地位构成威胁的因素，即不利于旅游企业的挑战。企业管理者应当及时确认危及企业未来利益的威胁，并采取相应的战略行动来抵消或减轻它们所产生的影响。在旅游营销活动中，旅游企业所受的各种威胁如下：客户群的减少、产品细分的减少、技能技术的滞后、市场进入壁垒提高、市场需求下降、不利政策出台、经济环境变坏、消费方式变动、竞争对手增加、旅游资源枯竭、营销模式变革、地理区域缩小、重大事件发生等。

2. 构造 SWOT 矩阵

根据企业优势劣势分析和机会威胁分析画出 SWOT 分析图，步骤如下。

第一步：进行环境调查。依据企业方针列出对旅游企业发展有重大影响的内部与外部环境因素；依据因素列表调查旅游企业内部影响因素与外部影响因素；确定评判标准，对这些因素进行评价，判定是优势还是劣势，是机会还是风险。如，新供货商 SWOT 分析表如表 2-5 所示。

表 2-5　新供货商 SWOT 分析表

Item（项目）	Strength（强势）	Weakness（弱势）	Opportunity（机会）	Threat（威胁）
Product 产品				
Capacity 产能				
Technology 技术				
Quality 品质				
Service 服务				
Delivery 交货				
Price 价格				
Finance 财务				
Green Product 绿色产品				
SER 社会环境责任				

New Supplier SWOT Analysis Report
新供货商SWOT分析报告

Supplier Full Name（供货商全称）：
Products Purchased by Foxconn（Foxconn采购产品别）：
Please specify the reasons why the supplier is to be developed（开发理由）：
Please fill in the blank with detailed information（详细信息请填写下表）

Review meeting date 评估会议日期		Attendees 参加人员	R&D/CE（工程人员）	
			Procurement（采购人员）	
			SQRM/QA（质量人员）	
			Others（其他）	

Review Summary（评估总结）：
Review Result（评估结果）：　□ Pass（合格）　　□ Failure（不合格）　　□ Pending（待定）

Whether to perform on-site audit? 是否需要做现场稽核？
□ Not applicable if the review result is not "Pass" 评估结果不为"Pass"时不适用
□ No（□ GP Low Risk　　□ Quality Low Risk　　□ SER Low Risk）
□ Yes（□ SQM　　□ SCM　　□ QPA　　□ GP　　□ SER）

Approved by（核准）	Requested by（申请人）
Director/Mgr.: 主管：	Procurement: 采购：

资料来源：https://wenku.baidu.com/view/8133a1c3cfc789eb162dc819.html.

第二步：构造 SWOT 矩阵。将调查得出的各种因素根据轻重缓急或影响程度等排序方式构造 SWOT 矩阵（图 2-5）。在此过程中，将那些对组织发展有直接的、重要的、大量的、迫切的、久远的影响因素优先排列出来，而将那些间接的、次要的、少量的、不急的、短暂的影响因素排列在后面。

A 省旅游发展的分析	
优势 1. 旅游资源丰富，特色突出 2. 优越的区位和交通 3. 巨大的客源市场 4. 良好的旅游产业发展基础	劣势 1. 旅游发展的不均衡 2. 地方各级政府和居民对旅游的认知水平低 3. 开发、建设和促销资金不足
机会 1. 新一轮的中国经济增长 2. 我国旅游业的快速增长态势 3. 全面建设小康社会的契机 4. 旅游经济区和都市区的形成 5. 旅游商品研发基地的设立和"生态省"的创建	威胁 1. 区域竞争激烈 2. 国际旅游行业的竞争

图 2-5　A 省旅游发展 SWOT 矩阵

评价资源因素可以考虑以下问题。①这项资源是否容易被复制？一般说来，一项资源的模仿成本、模仿难度越大，它的潜在竞争价值就越大。②竞争对手做出有力反应需要多长时间？一般说来，竞争对手反击的难度越大，它的潜在竞争价值就越大。③这项资源能够持续多久？一般说来，资源持续的时间越长，其价值越大。④这项资源能够获得的优势有多大？在竞争中，一项资源应该能为公司创造一定的竞争优势。如果企业分析清楚了以上这 4 个问题，就可以明确企业的强势、弱势、机会、威胁。可以将优势和劣势按机会和威胁分别填入表格，以便进一步分析。

第三步：制订行动计划。在完成环境因素分析和 SWOT 矩阵的构造后，便可以制订相应的行动计划（图 2-6）。运用系统分析的综合方法，将排列与考虑的各种环境因素相互匹配起来加以组合，得出一系列旅游企业未来发展的可选择对策。制订行动计划的基本原则是：考虑过去，立足当前，着眼未来。制订计划的基本思路是：发挥优势因素，克服劣势因素，利用机会因素，化解威胁因素。

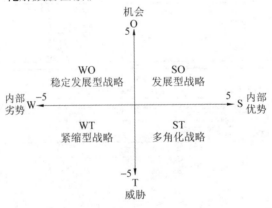

图 2-6　SWOT 分析图

具体包括以下内容。

SO 组合：旅游企业拥有强大的内部优势和众多的机会，应采取发展型战略，营销战略方向是产品认知，营销原则是开拓原则。旅游企业应利用自身资源优势去赢得外部环境中的多种发展机会，增加投资，扩大生产，增强企业实力，占领市场，领导同行，提高生产占有率。

ST 组合：旅游企业尽管具有较大的内部优势，但还面临着严峻的外部挑战，应采取多角化战略，营销战略方向是品牌塑造，营销原则是进攻原则。旅游企业利用企业自身优势，去应对和化解外部环境中的威胁与不利变化，发挥优势去降低威胁。例如，开展多元化经营，避免或降低外部威胁的打击，分散风险，寻找新的发展机会，提高市场份额。

WO 组合：企业面临外部机会，但自身内部缺乏条件，应采取稳定发展型战略，营销战略方向是个性凸现，营销原则是争取原则。旅游企业应发展自身，使自身弱点趋于最小。同时，创造条件去抓住机会，使机会趋于最大。要善于随行就市，速战速决，抓住市场机会。

WT 组合：旅游企业既面临外部威胁，自身条件也存在问题，市场机会最为不利，应采取紧缩型战略。营销战略方向是有效回收，营销原则是保守原则。旅游企业应避开威胁，消除劣势，降低费用，集中优势，占领角落市场。但若经济负担过重，应放弃相应机会。

SWOT 评价结果的营销对策如表 2-6 所示。

表 2-6　SWOT 评价结果的营销对策表

SWOT 评价结果	营销战略选择	营销战略方向	营销原则	营销决策
优势+机会 SO	发展战略	产品认知	开拓	占领市场、领导同行、增强企业实力
优势+威胁 ST	多角化战略	品牌塑造	进攻	分散风险、寻找新机会、提高市场份额
劣势+机会 WO	稳定发展型战略	个性凸现	争取	随行就市、速战速决、抓住市场机会
劣势+威胁 WT	紧缩型战略	有效回收	保守	降低费用、集中优势、占领角落市场

第四步：制定 SWOT 战略图。SWOT 战略示意图如图 2-7 所示。

	内部环境	内部环境
外部环境　发展策略	优势——S 列举出优势	弱势——W 列举出劣势
机会——O 列举出机会	SO战略 1. 整体策略 　挖掘优势 　利用机会 2. 具体策略 　占领市场 　领导同行 　增强企业实力	WO战略 1. 整体策略 　克服劣势 　利用机会 2. 具体策略 　随行就市 　速战速决 　抓住市场机会
威胁——T 列举出威胁	ST战略 1. 整体策略 　利用优势 　回避劣势 2. 具体策略 　分散风险 　寻找新机会 　提高市场份额	WT战略 1. 整体策略 　减少劣势 　回避威胁 2. 具体策略 　降低费用 　集中优势 　占领角落市场

图 2-7　SWOT 战略示意图

二、旅游企业市场分析的方法

（一）列表评价法

列表评价法是指从定量的角度表示环境影响的强弱和事件发生的概率。

如给定+5～-5表示强弱程度，以0～1表示事件发生的概率，以强弱程度的得分和概率大小的得分相乘，得到的乘积就能显示影响的重要程度。

某自然保护区原来每天平均进入游客2 000人，现在将有1/3区域被有关部门划分为核心区，能进入核心区的游客数量将受到一定限制。这一政策性环境因素可能影响该自然保护区旅游经营的效益（表2-7）。

表2-7　因政策性环境因素所受到的影响

事件：核心区划分	该景区影响	发生概率	潜在机会（+）潜在威胁（-）
A. 核心区游客减少	-5	0.5	-2.5
B. 非核心区游客增加	+5	0.5	+2.5
C. 本区替代旅游项目增加	+3	0.3	+0.9
D. 邻近区域同类旅游区出现	-3	0.5	-1.5
E. 邻近区域其他旅游项目的出现	-1	0.2	-0.2

可见，A、B类事件最为重要，其次为D类事件，再次为C类事件，E类事件可忽略。

资料来源：http://www.docin.com/p-2087963058.html。

（二）市场机会矩阵法

菲利普·科特勒在《营销管理》中指出：一个市场营销机会是指一个具有需求的领域，公司能在这里取得利润。市场营销机会是指对旅游企业营销活动富有促进力且具有竞争优势的各种因素和条件，在旅游企业选择目标市场、制定营销战略和策略时起着十分重要的作用，因此寻找或识别市场营销机会是旅游企业营销管理必不可少的工作，此时常用市场机会矩阵进行分析（图2-8）。

	现有市场	新市场
现有产品	市场渗透机会	市场开发机会
新产品	产品开发机会	差异化机会

图2-8　市场机会矩阵

1. 市场渗透机会的识别

市场渗透机会是指旅游企业在现有的市场上扩大现有的产品销售，挖掘现有市场潜在的产品使用者，或是使现有的顾客增加购买量，从中寻找市场机会。包括以下两种形式。

（1）从市场剩余容量识别渗透的机会。市场剩余容量是指未被满足的或未被开发的市场总量。公式为市场剩余容量=市场潜在总容量－市场目前总销量。从市场剩余容量识别渗透的机会包括以下两种方法。一是市场剩余容量的分配法。由于在市场上各个旅游企业的市场份额不同，剩余的容量在各个企业间自然分配就会按照市场份额比例来进行。企业可以采取一定的措施迅速抢夺市场剩余容量，扩大自己的销售量，从而扩大自己未来的市场份额。二是结构性市场剩余法。有些市场从总量上看已经饱和，但具体到某种特殊的需求时却又有短缺的可能，可以从消费结构和商品结构的差异中找到市场机会。

（2）从竞争对手身上识别市场渗透的机会。从竞争对手身上识别市场渗透的机会就是研究竞争对手，从中找出竞争对手产品的弱点及营销的薄弱环节，抢夺竞争对手的市场份额。此时，需要旅游企业比竞争对手具备比较优势。

2. 产品开发机会的识别

产品开发机会的识别是指旅游企业向现有顾客提供新产品或改进产品，包括新包装、新品牌、新品种、增加新功能等。可以分析产品缺陷，寻找新产品开发机会；可以分析技术变革，寻找产品开发机会；可以分析技术变革带来产品重大革新，从中寻找产品开发机会。

3. 市场开发机会的识别

市场开发机会的识别是指旅游企业采取种种措施，千方百计在新市场上扩大现有产品的销售。可以进入新的地区市场，开辟新市场；可以寻找地理线索，在新的地理区域开发新市场；可以寻找人口线索，在消费者的观念变革和产品需求改变中开发新的使用对象；可以寻找产品线索，发现现有产品的新用途，从而给现有产品找到新市场。

4. 差异化机会的识别

寻求与竞争对手的差异化目标市场，以避开激烈的竞争（表2-8）。

表2-8 差异化机会识别表

需求机会类型	说　明
最终用户需求	企业专门服务于某一类型的最终用户
服务需求	专门提供一种或几种其他企业所没有的优质服务
特殊需求	企业专门生产某种型号的产品
产品或产品线需求	专门生产一种产品或产品线
垂直层次需求	专门生产一个价值链上某一环节（阶段）的产品或服务
品质价格需求	专门生产经营最低端或最高端的产品

深度垂直本地化旅游

"旅游"已经成为人们重要的生活方式之一，在国家新发展格局下，大众旅游市场呈现出多种新的变化和机遇。2022年的五一假期，旅游市场发展趋势以"露营""城央微度假"为代表的深度垂直本地化旅游生活产品快速"出圈"。从目前的市场供给来看,无论是乡村景区还是城市景点,都围绕自身资源特点,推出不同类型的"露营"产品,如主打"拎包入住"的"露营小白"类产品、主打体验的"房车露营"类产品等;同时,市内各大星级酒店以自身资源为基础,整合"酒店+X""餐饮+X"等品类微度假产品。此外,市内温泉类直通车旅游产品、了解城市历史沿革的本地文化类旅游产品,是目前本地旅游市场的"主流"。

资料来源:https://new.qq.com/rain/a/20220527A0D96Z00.

案例思考题

请运用市场机会矩阵法分析深度垂直本地化旅游。

(三)机会与风险方格法

企业机会是指环境中对旅游企业发展过程产生促进作用的各种契机,即营销环境中对该企业营销的有利因素和条件。风险是指旅游企业的目的与最终成果之间的不确定情况,即营销环境中对该企业营销的不利因素和条件。机会—风险方格是评估机会与风险的工具(图2-9)。一是对机会进行分析,对潜在吸引力和成功可能性两个要素进行分析。二是对风险评估进行分析,对潜在的重要性和发生的可能性两个要素进行分析。

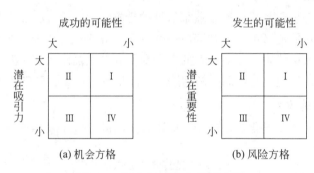

图2-9 机会与风险方格示意图

(四)机会—威胁分析矩阵法

机会是指促使旅游企业发展的外部有利条件和各种因素,即外部不可控环境的变化给旅游企业带来的营销机遇,旅游企业应加以利用。威胁是指环境中对旅游企业发展过程产生不利影响和抑制作用的各种条件与因素,即不利于企业发展的各种挑战和干扰,若不采取果断的行动将会损害旅游企业的市场地位。由于机会与威胁对旅游企业的影响程度有大有小,不同的机会和威胁可以组合成四种不同的环境类型:理想环境、风险环境、成熟环境和困难环境(图2-10)。

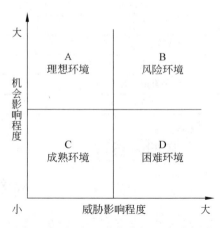

图2-10 机会—威胁分析矩阵示意图

旅游企业有可控的与也不可控的市场营销环境，旅游企业可以通过内部营销系统的调整、采用各种有效的营销活动来对外部的不可控的环境因素产生影响，从而使不可控的因素向着有利于企业经营的方向发展。因此，在理想环境状态下，旅游企业应抓住机会进行产品开发和市场拓展，扩大销售，提高市场份额，提升市场地位，从而赢得竞争优势；在风险环境状态下，旅游企业应在充分的市场调查和科学预测的基础上，努力捕捉营销机会，及时作出正确的营销战略决策，争取突破性发展；在成熟环境状态下，旅游企业应积极寻找新的营销机会，为开展理想业务和冒险业务准备必要的条件；在困难环境状态下，旅游企业要么努力改变环境，走出困境或减轻威胁，要么立即转移，摆脱无法扭转的困境。

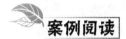

E 酒店——绿色酒店

E 酒店所在地是一个缺水城市，连续 8 个月干旱少雨。自来水公司三次提价，从 1.2 元/吨提到了 3.8 元/吨，仍无法保证正常供应。随着旱情加剧，自来水公司不得不限量供水，E 酒店供水量比正常需要量少了 1/3，面临供水危机。E 酒店制定了"绿色节水行动方案"，把绿色节水行动延伸为整个酒店的绿色经营。酒店顺利度过了"水荒"，还节省了大量的水费开支，并赢得了"绿色酒店"的美誉。

案例思考题

E 酒店是如何把环境威胁转化为环境机会的？

（五）大战略矩阵法

大战略矩阵（grand strategy matrix，GSM）是一种常用的制定备选战略工具，由小汤普森与斯特里克兰根据波士顿矩阵修改而成的。大战略矩阵是由市场增长率、企业竞争地位两个坐标因素组成的一种模型（图 2-11），在市场增长率和旅游企业竞争地位不同组合情况下，指导旅游企业进行战略选择的指导性模型。

图 2-11　大战略矩阵示意图

1. 第一象限

位于大战略矩阵第一象限的企业处于极佳的战略地位。第一象限的企业应继续集中经营当前的市场，进行市场渗透和市场开发，并进行产品开发。当第一象限企业拥有过剩资源时，后向一体化、前向一体化、水平一体化和同心多元化是有效的战略。当第一象限企业过分偏重于某单一产品时，集中化多元经营战略可能会降低过于狭窄的产品线所带来的风险。第一象限企业有能力利用众多领域中的外部机会，必要时它们可以冒险进取。

2. 第二象限

位于第二象限的企业需要认真地评价其当前参与市场竞争的方法，需要分析企业当前的竞争方法为何无效，企业又应如何变革而提高其竞争能力。由于第二象限企业处于高速增长产业，加强型战略通常是它们的首选战略。然而，如果企业缺乏独特的生产能力或竞争优势，横向一体化往往是理想的战略选择。如果第二象限的企业经营不善，可考虑业务剥离或结业清算。业务剥离可为企业提供收购其他企业或买回股票所需要的资金。

3. 第三象限

位于第三象限的企业处于产业增长缓慢和相对竞争能力不足的双重劣势下。在确定产业正处于衰退的情况下，可以着手实施收割战略。首先应大幅度减少成本或投入，另外可将资源从现有业务领域逐渐转向其他业务领域。最后便是以剥离或结业清算战略迅速撤离该产业。

4. 第四象限

位于第四象限的企业其产业增长缓慢，但却处于相对有利的竞争地位。这类企业有能力在有发展前景的领域中进行多元经营。这是因为第四象限企业具有较大的现金流量，并对资金的需求有限，有足够的能力和资源实施集中多元化或混合式多元化战略。同时，这类企业应在原产业中求得与竞争对手合作与妥协，横向合并或进行合资经营都是较好的选择。

课后练习题

一、即测即练

自学自测　扫描此码

二、思考题

1. 简述旅游市场营销宏观环境与微观环境。
2. 列举旅游企业市场营销宏观环境的组成。
3. 简述 SWOT 评价结果的营销原则和营销决策。
4. 旅游营销组织机构面临的竞争者主要有哪些类型？
5. 旅游企业处于不同的外部环境中，应分别采取何种营销对策？

三、实践练习题

1. 什么是 SWOT 分析？请运用 SWOT 分析方法分析一个旅游经济现象，并根据 SWOT

分析得出战略图。

2. D大学旅游管理专业大学生成立E旅行社，根据SWOT分析得出战略图（每个图框内的内容分条阐释，共计不得少于20条）。

3. 以小组的形式，选择一个旅游企业，对其微观环境和宏观环境进行分析，并运用SWOT分析框架进行总结。

4. 联系本校或当地的驻村第一书记，运用访谈法了解当地乡村旅游的微观环境和宏观环境，并运用SWOT分析框架进行总结。

四、案例分析题

案例分析1　度假村里的娱乐项目

明明全家住在一个喧闹的大城市。作为高中生，他的学习任务很繁重。明明的父母分别是公务员和中学教师，因此他们的工作也很忙。所以这年十一黄金周，全家选择了海边城市的度假村作为旅游目的地。

度假村的环境十分优美，鲜花盛开、树林茂密、空气清新。白天，全家享受了这种完全不同于平时紧张生活的轻松与惬意。可傍晚在度假村里散步时，他们听到不远处传来嘈杂的舞曲和喧哗声。显然，在度假村附近有一个KTV。这种噪声影响了全家的休息。晚上的不愉快经历将一家人白天的满足感全部冲走了。最后他们不得不草草结束这次旅游。

对于海滨度假村来说，像明明这样的度假客为数不少，他们不喜欢吵闹的环境。所以，作为度假村的经营者应该根据目标顾客的特点，了解消费者的生活方式，设计满足其需要的旅游产品和服务。

资料来源：https://wenku.baidu.com/view/49584f0b0366f5335a8102d276a20029bd6463f5.html?_wkts_=1685430832811。

案例思考题

1. 从个人生活方式与旅游的关系角度谈谈明明全家人为什么草草结束这次度假村的行程？

2. 度假村应该怎样改造才能杜绝这种现象？

案例分析2　千岛湖景区旅游目的地营销的SWOT分析

（一）优势分析

（1）富饶的自然资源。千岛湖是1959年新安江水电站拦坝蓄水而形成的人工湖，其湖内拥有1078座大大小小的岛，绿化达到100%，被国家誉为一级水体，更是有"天下第一秀水"的美誉。2010年更是被国家旅游局评定为5A级旅游景区。

（2）优越的区位条件。千岛湖拥有优越的区位条件，其地处长江三角洲经济圈，是长三角的腹地，在交通上可以说是步入杭州、黄山一个半小时的交通圈内，在"杭州—千岛湖—黄山"这条名城、名水、名山的黄金旅游线上有一定的区域联合优势。

（3）正确的旅游业态转型。千岛湖景区旅游形式从传统的观光型转向休闲度假型，目前千岛湖景区旅游业态正在向集观光、休闲、运动、度假为一体的多元化发展。

（二）劣势分析

（1）有待调整的客源结构。千岛湖景区接待入境游客的比重占总量较少。国内游客大多数来自江、浙、沪，来自其他地区的散客则相对较少。而江、浙、沪中占总量较多的是省内游客包括本地居民，其次是上海游客，再次是江苏游客。这样的客源结构反映出千岛湖客源市场层次性缺乏的劣势，且不利于千岛湖景区旅游业的长期发展。

（2）重度开发引发的生态风险。随着千岛湖旅游业的发展一些大型项目的开发，影响了当地的生态环境。

（三）机遇分析

（1）旅游市场需求旺盛。随着国内经济的快速发展使得国内居民生活水平提高，以及带薪休假制度等的产生，都刺激了人们对旅游的消费需求从而推动了各地旅游业的快速发展。

（2）网络资源带来发展新契机。网络时代的到来，改变了人们原有的生活方式同时也改变了信息的传播方式并在短时间内成了现代信息传播的主要渠道。

（四）挑战分析

（1）旅游景区竞争格局激烈化。千岛湖以其自然山水作为旅游资源相对于其他湖泊型旅游目的地还是存有一定的替代性。所以这种的竞争格局的不断转变势必会对千岛湖旅游目的地固定营销模式提出挑战。

（2）游客旅游需求多样化。目前，消费者的旅游需求逐步地趋于多样化和个性化。而千岛湖旅游目的地目前的设施和旅游产品只能满足一般的休闲旅游，这也将会是千岛湖旅游目的地要面临的挑战。

资料来源：https://www.docin.com/p-2601437244.html.

案例思考题

1. 千岛湖景区旅游目的地营销的优势、劣势、机遇与挑战提出的依据是什么？
2. 利用SWOT分析法针对千岛湖景区旅游目的地营销提出相应的对策。

案例分析3　传音手机凭极致本土化成为出海新兴市场范本

传音是中国科技品牌成功出海的典范，极致本土化是让传音在渐趋激烈的非洲市场竞争中杀出重围的关键：考虑到黑人皮肤的特色，传音手机专门开发了通过眼睛和牙齿来定位的拍照技术，即使在暗光场景下，非洲人也能拍出好效果；考虑到非洲有非常多的服务商，每家运营商，只能服务一小片区域，往往会出现打一通电话换好几次卡的情况，开发出了"四卡四待"机型；考虑到非洲人很喜欢唱歌跳舞，于是传音搭载大功率的外放喇叭，即使在很嘈杂的环境，也能随歌起舞；考虑到非洲天气炎热，易出汗，于是传音开发出了具有防汗、防摔功能的手机；考虑到非洲电力发展不均衡，于是传音便推出了超长待机手机；考虑到非洲的经济发展水平，性价比高成为传音突出重围的关键。

资料来源：https://baijiahao.baidu.com/s?id=1740583518529521477&wfr=spider&for=pc.

案例思考题

从旅游市场营销环境角度入手，分析传音手机打入非洲市场成功的原因。

五、翻转课堂讨论题

2022年国庆假期旅游新趋势

（1）全天候VR慢直播。如，新疆喀纳斯、珠穆朗玛峰、龙门石窟、广州等均采取VR技术进行全天候VR慢直播。

（2）"微度假"火爆。据携程数据，2022年国庆7天本地及周边"微度假"需求继续保持大幅增长，马蜂窝本地游订单较上年同期增长超90%，携程本地、周边旅游订单占比高达65%，本地周边人均旅游花费较去年国庆亦增长近30%。毫无疑问，本地游、周边游逐渐取代长途游、出国游成为主流，游客也关闭了长途观光打卡模式，开启了短途深度游模式。

（3）景区、旅行社进行资源重组。很多的景区、旅行社开展电商直播销售，拓展销售渠道；景区与酒店、交通、商品等捆绑预售，拓宽营利渠道；景区定制化商品设计销售，提高商品溢价。

资料来源：https://app.myzaker.com/news/article.php?pk=634c08548e9f095445367e4b.

翻转课堂讨论题

1. 查找资料了解2022年国庆假期为什么出现这种旅游新趋势。
2. 结合案例谈谈目前旅游市场宏观环境和微观环境的改变。

第三章 旅游市场调研与预测

　　旅游市场的调查与预测可以揭示旅游行为规律,可以为旅游规划提供信息分析,也可以为旅游企业制定市场营销战略和策略提供市场信息,在现代旅游市场营销活动中,旅游市场营销调查与预测工作是旅游企业应长期开展的一项基础性工作,市场营销决策来源于良好的市场营销情报,市场预测是利用现实的信息预测出将来的趋势,从而为企业的市场营销决策提供依据。旅游的各项决策应建立在对市场信息的准确把握和对市场发展趋势的科学预测的前提下。在现代旅游市场营销活动中,能否及时、准确地掌握旅游市场信息是决定旅游企业能否生存和发展的关键。通过本章教学,可以使学生掌握旅游市场调研的重要性及旅游市场调研和预测的内容及方法,以此帮助学生树立实事求是的调研态度、认真细致的工作作风和实践出真知的良好品质。

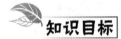

　　1. 理解旅游市场调研的内涵,理解旅游市场调研的内容,掌握旅游市场调研的程序和方法。
　　2. 掌握旅游市场预测的步骤,理解旅游市场预测的方法。
　　3. 掌握旅游市场调研的一般技术,掌握旅游市场问卷设计的方法。
　　4. 通过调查感受当地旅游业发展的情况,激发学生热爱家乡、建设家乡的家国情怀和服务地方旅游业发展的责任感。

　　1. 培养旅游市场调研能力。
　　2. 培养旅游市场预测能力。
　　3. 掌握旅游市场问卷设计的能力。

L 公司的市场调查

　　L 公司曾委托一家市场调查公司进行国内方便食品的市场调查。由于事先没有明确调研目的，市场调查公司就按照一般的营销调研去开展工作了。调研执行过程当中也只是设计了一份简单的营销调研表格，在单个城市进行街头拦截访问。尽管这个访问涉及消费者购买行为、消费者购买的品牌选择、消费者的使用行为、消费群体特征、品牌传播、产品形态与包装、现用品牌的满意程度、产品概念、现用产品评价、渠道、价格、促销等几乎所有的营销因素，但这并不能准确地描绘国内方便食品的基本面貌。等到调研报告递上来L公司才发现自己真正关心的问题依然没有得到答案，这次市场调查白白浪费了大量的时间，使L食品股份有限公司失去一个大好的产业发展机遇。

资料来源：https://wenku.baidu.com/view/5cf18b000b12a21614791711cc7931b765ce7b85.html?_wkts_=1685431100477.

案例思考题
1. 从案例出发探讨市场调研与预测的重要性。
2. L食品股份有限公司进行市场调查的程序存在哪些不足？
3. L食品股份有限公司的调查内容是否需要改进？

第一节 旅游市场调研

一、旅游市场调研的定义

旅游市场营销调研是指运用科学的方法和手段，系统地收集、记录、分析有关旅游企业市场的资料和信息，为旅游市场营销决策和战略决策提供可靠的依据。对这一概念的理解有以下几点：首先，旅游市场调研具有目的性，是围绕了解旅游企业的外部环境因素、旅游企业内部环境因素这一调研目的设计进行的。其次，旅游市场的调研必须采用科学的方法和手段，包括资料收集方法、资料整理方法和分析方法的科学性和实践的有效性，以确保调研结果的客观性和可靠性。最后，旅游市场调研是一种营销管理工具，应该运用科学的方法和手段，有目的地收集、记录、整理、分析和总结与旅游营销活动有关的信息，对旅游目标市场的所有问题加以分析调查，向旅游管理者提供有关旅游者及市场行为的精确且丰富的资料，提高旅游市场营销的针对性和效果。

家乐福为何退出日本？

为打入日本这个世界第二大零售市场，家乐福曾经过多年的考察准备。然而，在日仅仅勉强经营4年多就黯然退出。主要原因有以下三点：

一是选址不当。日本家庭住宅面积一般较小，不宜一次购买很多商品存放在家中。特别是蔬菜、鱼肉及其制成品，日本人十分讲究新鲜度，随买随吃。另外，大部分日本妇女婚后不工作，主要在家料理家务，照看孩子，平日也有时间到附近超市选购新鲜食品。所以，日本的超市一般都设在交通流量大的车站附近或者居民比较集中的住宅区和闹市区。

而家乐福在日本开设的几家超市却全部位于中心城市郊区，这显然难以满足日本消费者的实际需要。

二是商品不"特"。在进入日本市场之前，家乐福曾做了大量的广告宣传，使这个代表欧洲时尚的法国品牌具备了相当的吸引力。然而，日本消费者在家乐福店铺内看到的法国产品只有非常少量的面包、葡萄酒以及烤鸡，其他绝大部分商品均是日本本土任何超市都能见到的普通商品。对以中产阶级为消费主体、主流消费追求个性化和特色化的日本人来讲，这种缺乏个性特色的商品服务，无法满足顾客"体验法国气氛"的心理需求。

三是低价不低。薄利多销是家乐福长期倚重的法宝，其具体策略是与制造商直接签订供货合同实现低价销售。但由于日本批发商在流通环节发挥着重大作用，致使家乐福以往的与制造商直接签订供货合同的策略在此很难奏效。

案例评析：家乐福没有进行科学调研了解日本情况，不顾环境条件的变化，一味照搬昔日成功经验，不能根据日本不同的商业文化和消费习惯来调整自己的经营策略，未能因地制宜、因时制宜，难免出现水土不服。

资料来源：https://i.globrand.com/2010/494322.html。

二、旅游市场调研的意义

1. 有利于旅游企业开拓新市场

旅游市场调研能充实和完善旅游市场信息系统，捕捉新的市场机会、提高市场占有率，有助于开拓新市场。旅游企业要在激烈的市场竞争中求得发展，既要巩固现有的市场占有率，还要不断发掘新的市场机会。发现游客需要、适应游客需要是旅游企业捕捉市场机会，提高市场占有率的关键。旅游企业必须经常收集旅游者需求的各种信息，才能有的放矢地调整营销计划。旅游市场调研能使企业与目标顾客保持接触，及时探明其需求变化的特点，掌握市场供求平衡情况，由此分析出旅游者的潜在欲望和心理动机，找到新的旅游市场机会。

2. 有利于旅游企业更科学地制订或及时调整营销计划

旅游市场调研能为企业编制经营计划、制定科学的营销决策提供依据。在现代市场经济条件下，旅游企业拓展市场应制订周密的营销计划，而营销计划是否符合市场形势，则是营销成败的决定因素。由于旅游企业信息系统的信息来源非常广泛，所以一些外来的间接信息难免会在传输过程中失真，导致营销计划出现失误。旅游市场调研对这类信息有检验和更新作用，一定程度上避免了在错误前提下决策引发的营销计划失误，并能及时发现已形成的决策失误，及时调整营销计划，尽快纠正。旅游市场调研能及时掌握旅途市场需求特点、供求平衡状况和未来发展，有利于旅游企业更科学地制订或及时调整营销计划。

3. 有利于促进旅游市场营销活动的顺利开展

旅游市场调研是有效促进市场营销活动的保证。在制订了市场营销计划之后，旅游企业往往只能保证策略在企业内部被无条件实施和执行，但在企业之外的市场上策略效果如何，进展是否顺利，则很难找到明显的信号和指标加以衡量。旅游市场调研可以了解旅游市场的相关信息，可以监控旅游市场营销活动的实施进程和实施效果，可以促进旅游市场营销活动的顺利开展。例如，旅游市场调研可以从细小的市场因素调查中找到旅游市场营销活动的微观效果，如顾客感受、中间商建议等；并能发现旅游市场营销活动实施不尽如人意或值得改善的因素，及时改进或以此为鉴提出新的旅游市场营销活动策略。

4. 有利于充实和完善旅游市场信息系统

旅游市场调研是运用科学的方法收集、记录、整理、分析和报告有关旅游市场的各种信息，有利于旅游企业充实和完善旅游市场信息系统。随着世界旅游业的发展，旅游市场地理区域不断扩大，地区旅游市场营销逐步发展到全国乃至国际市场，使旅游企业需要比以往更多的旅游市场信息。旅游企业通过旅游市场调研，系统、连续地收集来自市场各方面的信息资料并输入旅游市场信息系统中，而且还会更新系统信息，维护系统资源。旅游企业只有凭借全面、完整的旅游信息，才能了解旅游市场需求及竞争者的最新动态，开展旅游市场预测，制定正确的旅游市场营销战略决策。

三、旅游市场调研的内容

旅游市场环境因素包括旅游企业的外部环境因素和旅游企业内部环境因素，因此旅游市场调研应包括旅游企业外部调研和旅游企业内部调研（表3-1）。

表3-1 旅游企业调研内容表

	调研项目	具体内容
外部调研	旅游市场环境调研	政治环境调研、法律环境调研、经济环境调研、科技环境调研、社会文化环境调研、地理环境调研
	旅游市场需求调研	旅游者规模及构成调研、旅游动机调研、旅游行为调研
	旅游市场供给调研	旅游吸引物调研、旅游设施调研、可进入性调研、旅游服务调研、旅游企业形象调研、旅游容量调研
	旅游市场营销调研	旅游竞争状况调研、旅游产品调研、旅游价格调研、旅游分销渠道调研、旅游促销调研
内部调查	企业经济战略调研	战略思想与环境变化的适应情况调研、战略思想与企业相对优势的对应情况调研、战略思想与企业文化的对应情况调研、战略思想与营销策略的相符情况调研
	企业市场营销调研	产品策略调研、价格策略调研、分销渠道策略调研、促销策略调研
	企业经营潜力调研	人力资源调研、财力资源调研、物力资源调研、企业竞争地位调研、产品销售状况调研、组织管理效率调研

（一）旅游企业外部调研内容

1. 旅游市场环境调研

旅游市场环境是旅游企业的生存空间，是影响旅游企业营销目标实现的各种动态因素。旅游市场环境调研是关于旅游企业生存与发展的旅游市场环境的调研。对旅游企业而言，旅游市场环境是不可控因素，旅游企业的生产和营销活动必须与之相协调和适应。旅游市场环境调研具体包括政治环境调研、法律环境调研、经济环境调研、科技环境调研、社会文化环境调研、地理环境调研等。

2. 旅游市场需求调研

旅游市场需求调研是关于现实的与潜在的旅游市场需求量的调研。旅游市场需求量是指在一定价格水平和时间条件下，旅游者愿意并能够购买旅游产品和服务的数量。旅游市场需求一般涉及旅游过程中吃、住、行、游、购、娱等整体性需求，决定着旅游市场规模的大小。旅游市场需求调研具体包括旅游者规模及构成调研、旅游动机调研、旅游行为调研等。

3. 旅游市场供给调研

旅游市场供给调研是关于向旅游企业提供生产经营活动所需的旅游供给量的调研。旅游供给量是指旅游产品生产者在一定时间和价格水平条件下，愿意并能够为旅游市场提供的各种旅游产品和服务的总量。旅游供给的及时性与稳定性会对旅游企业的营销活动产生影响，企业在选择旅游供应商时要特别慎重对待。目前许多旅游企业采用"定点"制，使吃、住、行、游、购、娱形成一条龙服务，既相互提供客源，又相互优惠，收效颇佳。旅游市场供给调研主要包括旅游吸引物调研（能够吸引旅游者到来并能引发游客情趣的事物、事件或现象）、旅游设施调研（包括服务设施和基础设施）、可进入性调研（包括交通工具、旅游目的地的交通基础设施条件、旅游线路的编排、签证手续的繁简、出入境验关程序等）、旅游服务调研（包括售前旅游服务、售中旅游服务和售后旅游服务）等。

4. 旅游市场营销调研

旅游市场营销调研是关于竞争者的旅游市场营销现状的调研。了解竞争者的旅游市场营销现状，采取正确的市场竞争战略，是企业实现其市场营销目标的关键。企业要想在激烈的市场竞争中立于不败之地，就必须树立竞争观念，了解竞争者的旅游市场营销现状，制定正确的市场竞争战略，努力取得竞争的主动权。旅游市场营销调研的具体内容包括竞争状况调研、竞争者旅游产品调研、竞争者旅游价格调研、竞争者分销渠道调研、竞争者促销调研等。

（二）旅游企业内部调研内容

旅游企业除了对外部因素研究之外，还必须研究企业自身与市场需求的发展是否相协调的问题，必须进行旅游企业内部调研。旅游企业内部调研的内容包括以下几个方面。

1. 企业经济战略调研

企业经济战略是指企业在激烈的市场竞争环境中，在总结历史经验、调查现状、预测未来的基础上，为谋求生存和发展而作出的长远性、全局性的谋划或方案。旅游企业必须研究自身与市场需求的发展是否相协调的问题。旅游企业经济战略调研的具体内容包括战略思想与环境变化的适应情况调研、战略思想与企业相对优势的对应情况调研、战略思想与企业文化的对应情况调研、战略思想与营销策略的相符情况调研等。

2. 企业市场营销调研

旅游企业必须研究自己的营销策略、营销手段或营销组合是否能有效地开拓市场，研究自己的旅游产品策略、价格策略、分销渠道策略以及促销策略是否存在问题，研究自己的营销计划、组织实施以及控制方式是否适应市场变化。旅游企业市场营销调研的具体内容包括旅游企业的产品策略调研、价格策略调研、分销渠道策略调研、促销策略调研等。

3. 企业经营潜力调研

旅游企业要进行企业经营潜力的调研，深度挖掘企业经营的潜力。旅游企业经营潜力调研的具体内容包括旅游企业人力资源调研、财力资源调研、物力资源调研、企业竞争地位调研、产品销售状况调研、组织管理效率调研等。

四、旅游市场调研类型

依据调研目标的不同，可以将调研划分为探索性调研、描述性调研和因果性调研。

（一）探索性调研

探索性调研是指为了理解被调研问题的特征，掌握被调研问题所面临的各种环境变量因素，确定调研的方向与范围，而对调研对象进行某些假定或设想的调研方法。探索性调研主要适用于以下两种形式。一是旅游市场营销人员对所调研的问题不太清楚或对要调研的问题不知从何处着手。二是在更正式的调研之前开展探索性调研，可以帮助调研者准确定义调研问题、确定调研行动路线、获取更多的有关资料，此时的调研样本数量小，调研结果是试验性的，是进一步正式调查研究的开始。

（二）描述性调研

描述性调研是对市场的特征或功能、调研问题的各种变量等作尽可能准确的描述，是对旅游市场的客观情况进行如实的记录和反映。对问题有了初步了解之后，在对已找出的问题做如实描述和具体分析时常常采取此种方法。描述性调研首先需要收集大量相关的资料与数据，对调研的资料进行分类、分析、整理，然后描述有关群体的特征，最后估算出在某一具体总体中显示此种调研结果的人群所占的比例，从而推断并描述出市场总体特征。

（三）因果性调研

因果性调研是指确定有关事物的因果联系的一类市场研究，是为了进一步分析问题产生的原因而采用的调研。要了解哪些变量是起因，哪些变量是结果，要确定起因变量与结果变量间的相互联系。此类调研主要是为了掌握有关市场现象之间的因果关系，也可用于某项市场实验。使用因果性调研时，要防止片面性，因为同一现象或结果可能是由多种因素的变化引起的，有主要因素、次要因素、真实因素、虚假因素，需要调研人员加以分析和区别。一般是以大规模的有代表性的样本为基础，然后对所得的数据进行定量分析。

五、旅游市场调研的程序

明确旅游市场调研的程序非常重要，旅游市场调研的程序如图3-1所示。

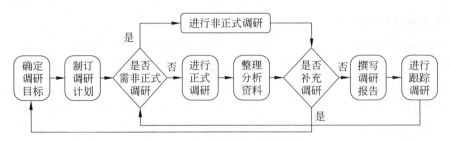

图 3-1　旅游市场调研流程图

（一）确定调研目标

旅游市场调研目标是指确定旅游市场调研活动所要达到的总体效果，即确定需要解决的调研问题和调研所要达到的目标。具体来说，调研目标是指特定的调研课题所要解决的问题，包括为何要调研，调研要了解和解决什么问题，调研结果有什么用处，为制定营销战略能够提供哪些有用的信息。在实际工作中，确定目标既要从市场营销的需要出发，也要考虑实际取得资料的可能性，还要考虑调研程序与结果的科学性。

旅游企业经常列举的旅游市场调研目标如下：从不同的层面研究旅游市场的特点，并作为市场细分的标准；测定旅游企业市场，尤其是目标市场的潜力；产品与服务的销售情况及销售趋势分析；旅游企业推出新产品或新产品组合在市场上的反应；旅游企业销售活动的效果评价；等等。

（二）制订调研计划

制订调研计划是整个调研工作的行动纲领，是保证市场调研取得成功的关键。调研计划是根据营销调研问题和调研目标制订出最为有效的收集所需信息的计划，起到保证旅游市场调研工作顺利进行的重要作用。

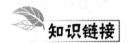

市场营销调查计划的总体方案

1. 明确调研任务

调研任务是指在调研目的既定的条件下，明确市场调研应获取什么样的信息才能满足调查的要求。可根据市场调研的目的确定具体的调研任务，明确调研的目的和任务设计是调研方案的首要问题，是收集资料的基本依据，是实现调研目标第一步的重要环节。

2. 确定调研对象

确定调研对象是指根据调研目的、调研空间、调研方式、调研单位等因素确定市场营销调研的群体。市场调研对象的确定决定着市场调研范围的大小。调研对象与范围的选择关系能否实现调研目的，能否顺利完成收集资料工作，能否节省人、财、物力，能否提高调研工作效率。为了减少实地访问工作量，有时会相对缩小调研范围，合理地确定调研对象，例如，对于化妆品的调研，调研对象主要选择城市女性。

3. 确定调研项目

确定调研项目是指要确定调研的具体内容，这是市场调研的核心部分。调研项目的确定取决于调研的目的、调研的任务、调研对象的特点、数据资料收集的可能性等因素。调研内容的确定要全面、具体、简练、规范，避免把与调研目的无关的内容列入其中。

4. 确定调研时间段

确定调研时间段是指确定调研资料的所属时间跨度和时间期限，即确定要收集调研对象什么时间段的信息数据。确定调研时间段是为了保证数据的统一性，如果数据时间混乱，会导致市场调研失效。因此，调研时应明确规定统一的标准时点，应根据调研项目的难易程度、工作量的大小、时效性要求合理确定调研期限，并制定调研进度安排表。

5. 确定调研方式

确定调研方式是指确定市场营销调研的组织形式和具体的调研方法。应根据调研的目的和任务、调研对象的特点、调研费用的多少、数据取得的源头、数据的质量要求等做出选择。在此，主要考虑调研资料来源是一手资料，还是二手资料；调研方法是观察法、访问法、调查法还是实验法；调研工具是借助调查表，还是借助仪器；抽样计划中，抽样单位、抽样范围、抽样程序都怎样确定；与调研对象的接触方法是电话、邮寄，还是面谈；研究方法是定量研究，还是定性研究。

（三）进行非正式调研

非正式调研也叫预先测试，是正式调研之前的试调查，可以帮助调研者明确调研内容和调研行动路线是否合理准确，是进一步正式调查研究的开始。

（四）进行正式调研

正式调研是调研实施阶段，主要任务是按照营销调研计划，采用适当的调研工具、接触方法、抽样方法、调研方法等收集信息。进行正式调研是旅游市场调研实质性的工作环节，需要进行实地调研，收集现有资料。

收集资料阶段是市阶段，是取得市场第一手资料的关键阶段，因此要求组织者集中精力做好内外部协调工作：要依靠被调研单位或地区的有关部门和各级组织，争取支持和帮助；要密切结合被调研者的特点，争取他们的理解与合作；要使每个调研人员按照统一要求，顺利完成收集资料的任务。

（五）整理分析资料

整理分析是对调研资料进行加工整理，系统分析的过程，其目的在于为市场分析研究提供系统化、条理化的综合资料。首先是资料整理，需要对收集的资料进行审核、订正、编码、分类、汇总、陈示。然后是鉴别资料。旅游市场调研所获得的大量信息资料往往是分散的、零星场调研者与被调研者进行接触的阶段，收集资料阶段是唯一的现场实施的，某些资料也可能是片面的、不真实的，必须加以整理、分析和鉴别。鉴别资料的目的是消除资料中虚假的、错误的、短缺的现象，保证原始资料的真实、准确和全面性。最后对整理后的资料做统计分析和实证研究。要对鉴别后的资料进行初步加工，经过去粗取精、去伪存真、由此及彼、由表及里的分析过程，使资料系统化与条理化，能够客观地反映被调研事物的内在联系，揭示问题的本质和各种因素间的因果关系，进一步明晰市场现象的总体特征。

（六）进行补充调查

整理资料后，发现在调研的过程中忽略了需要调研的关键性内容，或忽略了关键性的调研对象，可以进行补充调研。

（七）撰写调研报告

调研报告是市场调研成果的集中体现，是对市场调研工作最集中的总结，撰写调研报告是市场调研的重要环节。撰写调研报告时，要对调研信息进行分析，对调研时所做的假设做出肯定或否定的结论，最后撰写出调研报告。

 知识链接

调研报告的结构

（1）首页。首页写明报告的题目、报告人姓名、接受报告人的姓名及调研开始日、结束日和呈递调研报告的日期。

（2）目录。目录是指正文前所载的目次。

（3）内容提要。内容提要是整个报告书的一个简短小结，要求简明清晰，并提供能够帮助理解报告基本内容的相关信息。

（4）序言。序言说明本次市场调研的原因、调研目标、调研方法、调研对象、调研时间、调研地点及调研人员的情况等。

（5）调研方法。调研方法说明调研的主要内容和步骤、样本量的大小和可能达到的精度、采取的质量控制方法、数据收集的方法及调研的方式、问卷的形式及设计方面的有关考虑、数据处理和分析的方法等。

（6）调研结果。调研结果是调研报告的主体，应包括调研问题的研究结果和调研数据的统计分析。

（7）局限性。局限性指出调研的不足之处。

（8）结论和建议。得出结论，提出建议，总结全文，并指出对企业决策的作用。

（9）附件。附件包括附表、附图、调研问卷等补充内容。

（10）参考文献。罗列出所用的参考文献。

（八）进行跟踪调研

首先，要继续跟踪调研，了解管理者采纳或不采纳研究建议的原因，了解管理者所采纳的建议的效果如何，了解调研结果在理论研究或实际工作中发挥作用如何，为以后的调研提供可借鉴的经验。其次，还应对调研工作的经验教训加以总结。旅游市场调研全过程结束以后，要认真回顾和检查各个阶段的工作，总结经验教训，以便改进今后的调研工作。

六、旅游市场调研方法

企业在进行原始资料收集时,为了确保所收集资料的准确性、时效性和针对性,要采取一些有效的方法和技术来进行旅游市场调研。首先应根据不同的调研目的对调研对象进行有效选择,确定调研范围,再根据不同的选择,有针对性地使用不同的调研方法。市场调研的方法很多,常用的有案头调研法和实地调研法。

(一)案头调研法

案头调研法又称间接调研法、资料分析法或室内研究法,是根据一定的研究目的,通过对已经存在的信息资料进行分析研究,获得调研成果的一种调研方法。调研者通过搜索、查阅、筛选、收集各种历史和现实存在的资料,经过分析、归纳得到与调研情况有关的各种信息。文案调查法就是要收集各种历史和现实的动态统计资料(二手资料)。案头调研法获取统计数据的方法有三种:一是文献资料筛选法,即根据旅游市场调研的目的和要求,有针对性地查找有关文献资料,从中分析和筛选出与旅游企业市场营销有关的信息情报;二是情报联络网络收集法,即旅游企业设立情报联络网法,扩大商业情报资料收集工作的范围;三是情报联络网络法,即旅游企业派遣专门人员在重点营销地区设立情报联络网,以获得有关旅游市场供求趋势、旅游者购买行为、价格情况等方面的信息。

案头调研法的优点:资料收集过程比较简单,组织工作简便;统计数据的收集相对快捷,成本较低,节省人力、经费和时间。

案头调研法的缺点:不一定能满足调研者研究特定市场问题的数据要求;历史性的资料存在实效性缺陷;准确性与相关性也可能存在一些问题。

文案资料的来源

1. 企业内部资料

企业内部资料是在企业的正常运转过程中收集、整理并使用的资料,是企业内部各经营环节、各管理部门和各层次产生并发出的企业经济活动的各种记录、凭证等信息资料。它主要来源于以下五个方面:业务资料、统计资料、供销资料、财务资料和其他资料。

(1)业务资料。原材料订货单、销售记录、业务员访问报告、顾客反馈信息等。

(2)统计资料。各类统计资料的分析报告等。

(3)供销资料。各类销售产品、销售策略、销售团队建设、销售渠道管理、客户关系管理资料等。

(4)财务资料。各种财务报表、会计核算和分析资料、成本资料、销售利润、税金资料等。

(5)其他资料。企业积累的各种调查报告、经验总结、各种建议记录等。

2. 企业外部资料

企业外部资料是存在于企业外部各种各样信息源(如书籍、报刊、政府出版物、名录等)中的资料。具体包括以下几方面。

(1) 国家机关公布的国民经济发展计划,统计资料、政策、法规等及一些内部资料。

(2) 旅游行业协会和其他旅游组织提供的资料,或旅游研究机构、旅游专业情报机构和咨询机构提供的市场情报和研究结果。

(3) 图书馆存档的商情资料、技术发展资料等。

(4) 各种媒体提供的文献资料。

(5) 上市公司的报表。

(6) 各类专业组织的调查报告、统计数字、分析报告。

(7) 各类研究机构、广告公司、市场调研公司、咨询公司等的调查报告。

(8) 企业名录。

(9) 国际组织、外国使馆、商会提供的国际市场信息。

(10) 国际互联网、在线数据库等。

(11) 旅游企业之间交流的有关资料。

(二)实地调研法

实地调研法是通过现场收集数据资料,获得原始资料的方法。由于案头调研法有时获得的数据不能满足决策对于信息的需要,旅游调研人员常常需要亲临现场,收集相关信息,通过实地调研收集第一手数据(也称原始数据)。实地调研法分为访问法、观察法、实验法三种。

1. 访问法

访问法是调查人员与被调查者直接接触的实地调查方法,是指调查人员通过询问的方式向被调研者获取所需资料,了解相关情况的一种调研方法。访问法主要是以询问的方式向被调查者提出问题,以语言交流作为收集资料的手段,将得到的答复作为调查结果。访问法可以是结构性的,也可以是非结构性的。结构性访问法使用正式的表格,其中列举了需要向被调研者询问的所有问题;非结构性访问法任由访谈人员与各个被调研者交谈,并根据他们的回答来控制整个访谈过程。

访问法的优点:灵活性大;拒答率较低;调研资料的质量较好;调研对象的适用范围广;便于进行深度访谈;通过互相启发可收集一些预料外的信息。

访问法的缺点:调研费用较高;对调研者的要求较高;匿名性较差,收集某些问题的效果不好;访问调研周期较长;收集到的资料易受调研者主观因素的影响。

访问法的方式可以多种多样。可以派调研员面对面地直接访问,如直接面谈或通过电话访问,或集体座谈,等等;通过调研表进行书面访问,如邮寄调研法和网上访问法(e-mail 法)。

访问法的方法与特点如表 3-2 所示。

表 3-2 访问法的方法与特点

评价标准	直接访问	电话访问	邮寄访问	网上访问
样本控制能力	很好	好	一般	差
收集信息的能力	很好	好	一般	很好

续表

评价标准	直接访问	电话访问	邮寄访问	网上访问
处理复杂调研问题的能力	很好	差	好	一般
处理敏感问题的能力	一般	一般	很好	很好
对调研结果的控制能力	差	一般	很好	很好
调研收集资料的真实性	好	一般	好	一般
灵活处理突发事件的能力	很好	好	差	一般
调研费用支出的控制力	高	低	低	很低
调研开展的周期	一般	很好	一般	很好
调研结果的回收能力	好	较好	差	一般

下面介绍几种常用的访问方法。

（1）直接访问，也叫面访，是指调研人员采用询问的方式向被调研者面对面地了解情况的调研方法。调研人员直接询问被调研者问题，并记下被调研者的情况。直接访问的成本较高，而且需要更多的管理计划和监督工作，也容易受访问偏见或曲解的影响。访谈成功与否取决于被调研者的配合、调研者的准备工作和对访谈技巧的掌握。直接访问又包括以下几种形式。

①入户访问。入户访问是调研人员直接进入家庭，向被调研者了解情况的一种调研方法，适合于时间、经费、人力充足的调研。

入户访问的优点：直接与被调研者接触，可以观察被调研者回答问题的态度，可以控制跳答题或进行开放式问题的追问；能够得到较高的有效回答率；对于不符合填答要求的答案可以在访问当时予以纠正。

入户访问的缺点：人力、时间及费用消耗较大；进入家庭访问难度很大；可能出现调研人员理解错误的情况；访谈成功与否取决于被调研人员的配合以及调研人员的准备工作和对访谈技巧的掌握，需要严格管理调研人员；访问调研周期较长。

②拦截访问。拦截访问是在公共场所拦截被调研者从而寻求交谈机会、收集信息的调研方式。适用于项目时间短，能够清晰地定义被调研者特征的调研项目。

拦截访问的优点：整个项目的访问时间短，操作简便；可以在访问进行时对问卷真实性及质量进行控制；可以节省抽样环节和费用。

拦截式访问的缺点：调研人员不能耽误被调研者太长时间；街头拦截访问的拒访比例较高；访问地、访问样本的代表性有一定的局限。

③小组座谈法。小组座谈法又称焦点访谈法，就是采用小组座谈会的形式，调研人员从目标市场选择 6~10 名具有代表性的访问群体参会，到会人员就某个专题进行深入的讨论，交换意见，通过被调研者之间的互相影响获得深入了解。小组座谈法的优点：资料收集快、效率高；可以更深入地分析和研究问题，取得的资料较为广泛和深入；可进行科学监测。

小组座谈法的缺点：安排起来难度很大；如果参加者不具有代表性，会影响调研结论；被调研者在发言时容易受其他人的影响；被调研者的回答结果散乱，以致后期对资料的分析比较困难。

（2）电话访谈。电话访谈是指调研人员借助电话工具，依据调研问卷向被调研者逐项询问，了解意见看法、收集信息资料的一种调研方法。这种调查方法适用样本数量多，调研内容简单明了，易于让人接受。电话访谈要想顺利成功，就要建立一个尽可能完善的调研对象电话号码信息库，制定一份适合采用电话调研的调研问卷，确定较好的抽样方法，选择最恰当的通话时间，挑选和培训好访问员。

电话访谈的优点：收集资料的速度快，具有时效性；不需要专业人员；调研对象的指定性弱，地域范围广；应答率高；费用低，节省调研时间；被调研者不受调研人员在场的心理压力；容易控制实施的质量问题。

电话访谈的缺点：尽管电话调研的应答率较高，但访问的成功率较低；调研的内容难以深入，无法详细了解情况；不能使用视觉辅助手段。

（3）邮寄调研法。邮寄调研法是指将事先拟定好的调研问卷邮寄给被调研者，请被调研者按要求自行填答后，在规定的日期内寄还给调研人员的收集信息的方法。

邮寄调研法的优点：在一定费用下可以覆盖较大范围；可以更直接到达被调研者手中；提问内容可增加，信息含量大，可大规模调研；被调研对象心理压力小，回答比较真实；保密性、匿名性好，可调研某些敏感、隐私的问题。

邮寄调研法的缺点：回收率较低；需要较长时间；填写问卷者可能没有代表性；无法控制被调研者的答复；不适合复杂的问题；不适合做连续而深入的调研；要求被调研者有一定的文化程度。

（4）网上访问法。网上访问法又称互联网上直接调查，是利用网络进行访问调研的方法。

网上访问法的优点：辐射范围广；能提供独特的视觉音响效果；自动显示所需要提出的问题；各种统计图表可随时生成；网上访问速度快，信息反馈及时；匿名性很好，在网上可以畅所欲言；节约时间、节约成本。

网上访问法的缺点：样本对象有局限性，网上访问法仅局限于网民；所获信息的准确性和真实性难以判断；网上访问需要一定的网页制作水平；网上访问须配备一定的技术人员；网上可调研样本的数量较少，代表性较差。

网络市场调研的基本方法

1. 专题讨论

专题讨论可通过新闻组、电子公告牌或邮件列表讨论组进行。这种办法需要登录相应的讨论组，通过过滤系统发现有用的信息，或创建新的话题，让大家讨论，从而获得有用的信息。

2. 在线问卷

在线问卷是指吸引每个人参与线上问卷调查。目前在线问卷调查工具主要有问卷星、金数据、问卷网、腾讯问卷，可以采用线上方式来做用户的需求调研，完成问卷编辑、问卷分发、收集数据、分析数据的过程。

3. 网上搜索

网上搜索所利用的工具是搜索引擎。首先，利用搜索引擎可以大量收集到市场调研所需的第二手资料，如大型调查咨询公司的公开性调查报告(收费或是免费)、大型企业、商业组织、学术团体、著名报刊登发布的调查资料，政府机构发布的调查统计信息等。同时，利用搜索引擎强大的搜索功能获得大量第一手资料，只要企业建立了自己的网站，并在搜索引擎进行注册登记，就可以找出该企业的网址，然后通过直接访问目标网站查询相关信息。

4. 网站跟踪

作为调研的日常资料搜索，可以对一些提供信息的网站进行定期跟踪，对有价值的信息及时收集记录。

5. 网页监测

企业通过自己的服务器或者第三方IS，对网站访问者及网页浏览情况进行监测，这些监测到的数据可以成为非常有价值的工具来帮助产品调研和网络营销决策。

6. 加入邮件列表

加入邮件列表是指利用一些网站提供的邮件列表服务来收集资料。邮件列表是能够一次性地、快速地给多人或群体发送邮件的一种服务，由一个账户发送邮件整个邮件列表中的所有成员都可以看到，方便进行调查。

7. 电子邮件调查

将设计好的调查表直接发送到被调查者的邮箱中，或者在电子邮件正文中给出一个网址链接到在线调查表页面。

8. 网上实验法

网上实验法可以通过在网络中所投放的广告内容与形式进行实验。广告的效果可以通过服务器端的访问统计软件随时监测，也可以利用查看客户反馈信息量的大小来判断，还可借助专门的广告评估机构来评定。

资料来源：https://wenku.baidu.com/view/9d7d67b86b0203d8ce2f0066f5335a8102d2669d.html?_wkts_=1685432926949.

2. 观察法

观察法是指由调研者到各种现场进行观察和记录的一种市场调查方法，通过观察被调研者的行为表现及客观事物的状态、过程，获得第一手信息资料的调研方法。常用的观察法有两种：一种是人员观察，调研人员从侧面观察人们的行为，系统地记载某种行为的频率、地点和时间；二是器械观察，观察通过使用录音机、摄像机、照相机、电视机等设备观察对象的行为。总之，运用观察法时，要在现场对被调研者进行直接观察或借助仪器设备进行记录观察，通过观察事情发生的经过和其他有关的事物，来判断被调研者在某种情况下的行为、态度，以达到收集信息资料的目的。观察法适用于对调研结果的准确性有较高要求的调研，或对已有的信息有疑问，需要加以验证的调研。观察法的优点：简便易行，灵活性强；不必得到被调研者的同意；不干扰被调研者的行为；现场观察费用少；迅速获得数据和现场信息;具有直观性和可靠性;被调研者处于自然状态,收集到的资料较为客观、可靠。

观察法的缺点:没有机会提问和解释;不能直接得到信息;只能获得表象资料,无法了解内在信息,观察结果难以量化统计;观察时间长,费用难以控制;对观察人员素质要求较高,易产生观察者误差。因此一般会与面访调查等其他方法结合使用。

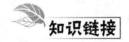 **知识链接**

观察法分类

(1)按观察的情景条件,观察法可分为自然观察法和控制观察法。自然观察法也称现场观察法,对偶然现象或系统现象做描述性的记录和分析。控制观察法又称实验室观察法或条件观察法,通常要求观察程序标准化,观察问题结构化。

(2)按是否借助仪器和技术手段,观察法可分为直接观察法和间接观察法。直接观察法是指调研者置身于被调研者之中,亲临其境开展调查,记录市场中发生的有关事情真相和前景,取得相应的市场资料和信息。间接观察法是利用仪器或技术间接地对现象和行为进行观测,从而获取资料的观察法。

(3)按观察者是否直接介入被观察者的活动,观察法可分为参与观察法和非参与观察法。参与观察法是调研者深入所研究对象的生活背景中,对调研对象的相关方面进行观察以获得调研资料的方法。非参与观察法是指观察者以局外人的身份,置身于被观察活动或团体之外,对研究对象的活动和表现进行观察的方法,又称局外观察法。

(4)按观察过程是否事先确定具体观察项目和观察程序,观察法可分为结构观察法和非结构观察法。结构观察法也称正式观察法,是指在观察前有明确的观察目标、详细的观察内容和指标体系,能对整个观察过程进行系统、有效的控制,并要求有完整的观察记录的观察。非结构观察法也称非正式观察法,是一种无周密计划的观察法。

(5)按是否以自身心理行为为观察内容,观察法可分为自我观察法和客观对象观察法。自我观察法又称内省观察法,将观察者与被观察者合二为一。客观对象观察法是只对主体以外的他人或事物进行观察的观察法。

资料来源:https://wenku.baidu.com/view/caacb4b3d5bbfd0a795673df.html。

3. 实验法

实验法是按照一定实验假设,根据调查对象选择影响其变化的几个主要因素,依次改变每个因素的数值来判断因素对调查对象是否影响以及影响程度,从而认识实验对象的本质及其发展规律的调研方法。企业在经营活动中经常运用这种方法,如开展一些小规模的包装实验、价格实验、广告实验、新产品销售实验等,来测验这些措施在市场上的反应,以实现对市场总体的推断。

实验法的优点:使用此方法具有主动性和可控性;实验的结论具有较强的说服力;可

以探索不明确的市场关系,是最科学的调查方法之一。

实验法的缺点:时间长、费用高,实验成本高;实施难度大;实验的市场条件不可能与现实市场条件完全相同;保密性需要加强。

实验法的实验数据计算方法

开展实验法时会选择两组进行对比试验:一组是实验组,组里的自变量受到操纵而发生变化;一组为控制组,在实验期间,组里的自变量自始至终都没有发生变化,在实验过程中扮演"参照物"的角色。

实验组与控制组在实验前后数据的变化计算公式如下。

$$(Y_2 - Y_1) - (X_2 - X_1)$$

加修正系数实验组与控制组在实验前后数据的变化计算公式如下。

$$(Y_2 - Y_1) - (Y_1/X_1)(X_2 - X_1)$$

计算实验因素的影响效果的公式如下。

$$(Y_2 - Y_1)/Y_1 - (X_2 - X_1)/X_1$$

式中,Y_1 为实验组实验前的数据;X_1 为控制组实验前的数据;Y_2 为实验组实验后的数据;X_2 为控制组实验后的数据。

例题 3-1

某糖果厂为了提高巧克力的销售量,认为应改变原有的陈旧包装,并为此设计了新的包装图案。为测定包装改变的效果,调研人员确定从 120 家销售商店中抽取 8 家商店,其中 4 家为实验组,4 家为控制组,实验时长为 30 天。实验结果如下。

实验前销量:实验组日平均销售量 $Y_1 = 350$ 件

控制组日平均销售量 $X_1 = 240$ 件

实验后销量:实验组日平均销售量 $Y_2 = 400$ 件

控制组日平均销售量 $X_2 = 260$ 件

问题:

1. 计算实验组与控制组在实验前后日平均销售量的变化
2. 请加修正系数计算实验组与控制组在实验前后日平均销售量的变化。
3. 请计算实验因素的影响效果。

解: 1. 计算实验组与控制组在实验前后日平均销售量的变化

$(Y_2 - Y_1) - (X_2 - X_1) = (400 - 350) - (260 - 240) = 50 - 20 = 30$(件)

2. 加修正系数

$(Y_2 - Y_1) - (Y_1/X_1)(X_2 - X_1) = (400 - 350) - (350/240)(260 - 240) \approx 20.83$(件)

3. 计算实验因素的影响效果

$(Y_2 - Y_1)/Y_1 - (X_2 - X_1)/X_1 = (400 - 350)/350 - (260 - 240)/240 \approx 5.95\%$

七、旅游市场调研对象的选择

（一）全面调研

全面调研是对调研对象中的与调研目标有关的所有调研单位都进行调研，以获得全面且精确的第一手资料的调研方式。全面调研的调研对象范围广，能够掌握比较完整的统计资料，能了解总体的全貌；但成本高、耗时长、工作量大。

（二）抽样调研

抽样调研是从全部调研对象中抽选一部分单位调研样本加以调研，并据以估计和推断出全部调研对象总体情况的调研方法。抽样调研虽然是非全面调研，但却能通过估计推断手段预测出反映总体情况的信息，比普查花费的时间少，成本低；但它可能产生一些误差。抽样调研包括以下两种类型。

1. 非随机抽样方法

非随机抽样方法是根据调研人员的需要和经验，凭借个人主观设定的某个标准抽取样本的调研方法。在非随机抽样调研中，调研人员有意识地选择具有代表性的个体作为样本，力争以样本调研推测出总体状况。

（1）随意抽样。调研人员选择总体中最易接触的成员来获取信息。

（2）估计抽样。调研人员按自己的估计选择总体中可能提供准确信息的成员。

（3）定额抽样。调研人员按若干分类标准确定每类规模，然后按比例在每类中选择特定数量的成员进行调研。

2. 随机抽样方法

随机抽样方法是按照随机原则从调研对象总体中抽取一定数目的样本单位进行调研，以样本调研结果推断总体结果的一种抽样调研方法。这种抽样方法对调研总体中每一个样本单位都赋予平等的抽取机会，完全排除了人为的主观因素的影响，这也是它与非随机抽样方法的根本区别。

（1）简单随机抽样法。简单随机抽样是最简单的一步抽样法，是在总体单位中不进行任何有目的的选择，而是按随机原则、纯粹偶然的方法抽取样本，通常采用的是抽签法和乱数表（随机数码表）法。

例题 3-2

一家旅行社想要知道其顾客对旅游产品变化有何反应。旅行社有该店的 691 名常客的资料（已保存在电脑文件里），包括每位顾客的特殊服务价值、服务日期和基本信息。如果采用简单随机抽样法选取样本，如何制定抽样方案？

解：根据电脑文件中的位置，从 1～691 给每位顾客编号。

借助随机数码表，将这 691 名顾客编入随机数码表。

随机数码表会随机出现 50 个顾客的随机数码，建立样本。

（2）系统抽样法。系统抽样法也叫等距抽样法、顺序抽样法，是在总体中先按一定标准把个体顺序排列，并根据总体单位数和样本单位数计算出抽样距离，然后随机确定起点，并按相同的距离或间隔抽选样本单位（图 3-2）。此法的优点是抽样样本分布比较好，总体估计值容易计算。

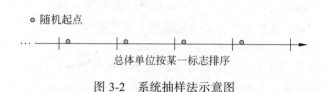

图 3-2　系统抽样法示意图

例题 3-3

某饭店对消费过的 10000 人的满意度进行调研，计划抽取 400 人作为样本调研。如果采用系统抽样法选取样本，如何制定抽样方案？

解：将 10000 人总体编号为 1～10000 号。

计算样本间距为 $k = 10000/400 = 25$。

然后从 1～25 中任意抽取一个数为样本，假定为 8，则第 2 个样本为 $8 + 25 = 33$，即抽取第 33 号作为第 2 个样本，以此类推，一直抽够 400 个为止。

（3）分层抽样法。分层抽样法是将抽样单位按某种特征或规则划分为不相互重叠的不同的层，然后从不同的层中独立、随机地抽取样本，从而保证样本的结构与总体的结构比较相近，以此提高估计的精度。这种方法管理比较方便，但是抽样框架较复杂，费用较高。此法适用于抽样单位个体之间差异较大、数量较多的情况。

分层抽样法的样本数计算公式为

$$n_i = \frac{N_i}{N} \times n$$

式中，n_i 为第 i 层抽出的样本数；N_i 为第 i 层的总单位数；N 为总体单位数；n 为总体样本数。

例题 3-4

某市有各类型旅行社 500 家，其中大型旅行社 100 家，中型旅行社 150 家，小型旅行社 250 家。为了调研该市旅行社接待游客的情况，计划从中抽取 30 家旅行社进行调研，采用分层抽样法应从各层中抽取多少家旅行社进行调研？

解：

大型的旅行社应抽取的样本数：$n_大 = 100/500 \times 30 = 6$（家）

中型的旅行社应抽取的样本数：$n_中 = 150/500 \times 30 = 9$（家）

小型的旅行社应抽取的样本数：$n_小 = 250/500 \times 30 = 15$（家）

（4）整群抽样法。整群抽样法是先将抽样单位按照地理特征或调研需要分成若干个群，每个群逐一编号，随机选择若干群作为抽样样本，调查样本群中的所有单元的调研方法。整群抽样法样本比较集中，可以降低调研费用，但是样本代表性差。

Juicy Fruit 的市场调研与预测

Juicy Fruit 是 Wrigley 公司历史最为悠久的口香糖品牌。就在几年前，Wrigley 公司发现，它面临着来自竞争者的巨大压力，销售额和市场份额都在逐年下降。Wrigley 公司请其广告代理商 BBDO 公司进行市场调研。

BBDO 公司邀请了 400 名酷爱嚼口香糖的青少年进行调查：对包括 Juicy Fruit 口香糖在内的各种不同口香糖品牌，按照口香糖的属性特点进行排名，受调研者反映良好的属性集中体现在"甜味适中""口味自然"上。

BBDO 公司做了另一个营销调研，旨在弄清楚一般的青少年为什么喜欢嚼口香糖，以及对品牌的选择。提出的问题包括：①心理压力太大，嚼口香糖可以减缓心理压力；②上学前忘了刷牙，可以清洁牙齿；③当想吃点儿东西的时候，就在嘴里塞一块口香糖；④需要口香糖时，首选品牌是什么？通过调研发现：有 3/4 的被调研者在"想吃点儿东西的时候，就在嘴里塞一块口香糖"，且首选 Juicy Fruit 的口香糖。

为此，BBDO 公司为 Wrigley 公司设计了四个以"品尝甜味"为主题的电视广告片，并邀请青少年观众对其做出评价。在产品的生产上，提供青少年消费者所需甜度的口香糖。广告播出之后，Juicy Fruit 口香糖的销售额增加了 5%，市场份额也由原来的 4.9% 上升到 5.3%。

资料来源：https://wenku.baidu.com/view/79c612c06237ee06eff9aef8941ea76e58fa4a9e.html?_wkts_=1685433043917。

案例思考题

分析 Wrigley 公司的广告代理商 BBDO 公司所做的市场调研的调研内容和方式是否有需要改进的地方。

第二节 旅游市场预测

一、旅游市场预测的概念

旅游市场预测是在旅游市场调查获取的各种资料(第一手资料和第二手资料)与信息的基础上，根据目前旅游市场状况和过去的发展特点，运用科学有效的方法和知识经验，对旅游市场未来发展趋势以及相互联系的各种因素进行分析和判断的过程。旅游市场预测可以为旅游企业的营销决策提供科学依据。

二、旅游市场预测的内容

旅游市场预测就是在营销调研的基础上，针对旅游企业的需要，运用科学的方法对旅游市场未来一段时期内的发展趋势做出的分析与判断。旅游市场预测的内容很多，每一个影响旅游企业正常经营的因素都可以成为旅游企业预测的对象。根据旅游市场预测的目的不同，预测内容可分为以下几种。

（一）旅游市场环境预测

旅游业受环境因素的影响较大，因此，需要对影响旅游活动的国际、国内和地区的旅游市场环境进行预测。旅游市场环境预测具体包括政治环境预测、法律环境预测、经济环境预测、科技环境预测、社会文化环境预测、地理环境预测等。

（二）旅游市场需求预测

旅游市场需求预测是在旅游市场调研的基础上，运用科学的理论和方法，对未来一定时期的市场需求量及影响需求的诸多因素进行分析研究，寻找市场需求发展变化的规律，为营销管理人员科学决策提供预测性信息。旅游需求的变化直接影响着旅游行业的发展方向和发展规模。为了给政策制定者和旅游规划设计者提供有价值的参考信息，需要对旅游需求进行预测。旅游市场需求预测可分为旅游市场需求总量预测、旅游客源预测和旅游需求结构预测三种。

1. 旅游市场需求总量预测

旅游市场需求总量是指在一定区域、一定时间范围内和特定营销环境中，特定顾客群体可能购买的旅游产品和服务的需求的总量。

测量旅游市场需求总量的计算公式如下。

$$Q = \sum q_n \times P(N-1)$$

式中，Q 为市场需求总量；N 为特定产品的可能购买人数；q_n 为第 n 个旅游者平均购买数量；P 为特定产品的平均单价。

2. 旅游客源预测

旅游客源预测是指预测客源地旅游者变动情况，包括旅游者数量变化、旅游者构成变化、旅游者地区分布状况、旅游者时间分布状况、旅游者旅游行为的变动等方面的预测。常见的几个指标如下。

（1）季节性（时间）强度指数，表示由旅游季节性引起的旅游需求的时间分布集中性。季节性（时间）强度指数计算公式如下。

$$R = \sqrt{\sum (X_i - 8.33)^2 / 12}$$

式中，R 为旅游需求的时间分布强度指数；X_i 为各月游客量占全年的比重；8.33≈100/12，由一年 12 个月计算得出。

R 值越接近 0，旅游需求时间分配越均匀；R 值越大，时间变动越大，旅游淡、旺季差异越大。

（2）高峰指数，是指度量游客某一时间相对于其他时间利用旅游设施和某旅游地的比例。高峰指数计算公式如下。

$$P_n = \frac{V_1 - V_n}{(n-1)V_1} \times 100$$

式中，P_n 为高峰指数；V_1 为最繁忙时期的游客数；V_n 为在 n 个时期内的游客数；n 为参照时段（1=最繁忙时期），一般选全年月份的中点。

（3）旅游需求空间分布集中性指数，是指旅游者的地理来源和客源的分散性。

旅游需求空间分布集中性指数的计算公式如下。

$$G = 100 \times \sqrt{\sum_{I=1}^{n}\left(\frac{X_i}{T}\right)^2}$$

式中，G 为客源地的地理集中指数；X_i 为第 i 个客源地的游客数量；T 为旅游地接待游客总量；n 为客源地总数。

G 值越接近 100，客源越集中；G 值越小，客源越分散。

3. 旅游需求结构预测

旅游需求结构预测是指从旅游者的消费需求角度出发，对旅游者所需的餐饮、住宿、交通旅行、游览、娱乐、购物方面的消费需求做出预测。

（三）旅游环境容量预测

旅游环境容量是指不会对旅游地的环境带来无法接受的不利影响的旅游业规模的最高阈值，又称为旅游环境承载力。旅游环境容量预测是对一定时间和空间范围内，允许容纳游客的最大承载能力进行预测，使旅游地的实际接待量力争处在一个合理范围之内，以保持旅游资源的吸引力和维护自然生态环境不致退化。合理的环境容量是旅游景区进行科学经营管理、组织观光游览和确定景区发展规模的重要依据，应准确测定旅游地的既有旅游容量，预测旅游极限容量。旅游容量的计算方法有以下几种。

1. 面积计算法

面积计算法是按照人均基本空间标准来计算旅游地容量。

例题 3-5

某地游览面积为 30000 平方米，而人均基本空间标准为 25 平方米，风景游览地每日平均接待游客的批数为 6，则该地的日容量为多少？

解：该地的日容量：$30000 \div 25 \times 6 = 7200$（人）

2. 线路计算法

线路计算法是按人均占有长度为单位计算旅游地容量。对于一些地方如黄山、天门山景区等，景区游览面积大，但实际上只有为数不多的几个地方有较多的停留人数，因此在计算时一般按人均占有长度为单位进行计算。

3. "瓶颈"容量计算法

"瓶颈"容量计算法是按照该地的"瓶颈"因子来计算旅游地容量。

例题 3-6

某小岛景区可供游览面积为 47000 平方米，游客基本空间标准为 30 平方米。上岛交通工具为旅船，每小时开一趟，营运时间为早上 8 点至晚上 5 点，载客量为 120 人。请计算小岛景区的旅游容量。

解：上岛交通工具为旅船，每小时开一趟，营运时间为早上 8 点至晚上 5 点，载客量为 120 人，则交通工具为该地的"瓶颈"因子，该地的旅游容量为 $120 \times 10 = 1\,200$（人）。

4. 综合计算法

综合计算法是利用多种方法计算旅游地容量。例如，崂山景区旅游规划在对环境容量的计算中采用综合法，海水浴场单位容量为 10 平方米/人或 8 平方米/人，一般景点单位容量为 60 平方米/人，登山路长度按 3 米/人、4 米/人或 6 米/人，最后综合计算出景区容量。

5. 旅游地容量的测定公式法

一个旅游地接待能力的大小，受制于旅游资源、生态环境、旅游设施和基础设施及当地居民的心理承受能力。一般决定旅游地容量的是旅游资源容量和设施容量。旅游地容量的测定公式如下。

$$T = \sum_{i=1}^{m} D_i + \sum_{i=1}^{p} R_i + C = \sum_{i=1}^{n} S_i$$

$$D_i = \sum_{i=1}^{n} S_i$$

式中，T 为旅游地容量；D_i 为 i 旅游景区的容量；S_i 为 i 旅游景点容量；R_i 为 i 景区内的道路容量；m，n，p 分别为景区、景点数、景区内的道路数；C 为非活动接纳的游人量。

（四）旅游价格预测

旅游产品的价格由旅游者的实际花费、服务费用和利润三部分组成。旅游价格是旅游市场波动的主要标志，旅游企业必须预测旅游市场价格变化，以便确定在旅游企业可控制范围内的最优价格。同时，旅游产品的供给量取决于旅游企业某个时点的接待能力，当接待能力无法满足旅游需求的时候，可以利用价格机制来抑制游客的需求，以达到供求平衡的目的。

（五）旅游竞争效益预测

旅游竞争效益预测包括旅游市场占有率预测和旅游效益预测。

1. 旅游市场占有率预测

旅游市场占有率是指一个国家或地区在一定时期内所销售的旅游商品量占同期其所处的旅游市场商品总量的比率。对旅游市场占有率的预测，既可以预测本企业的销售量，又可以预测本企业在旅游行业中的竞争力和所处的地位，以便掌握市场竞争的动态状况，采取相应的市场竞争策略。旅游市场占有率包括旅游市场绝对占有率和旅游市场相对占有率。

（1）旅游市场绝对占有率，是指旅游接待方在同一时间内所接待旅游者人次占一定范围内旅游市场所接待的旅游者总人次的百分比。旅游市场绝对占有率的计算公式如下。

$$旅游市场绝对占有率 = \frac{一定时间内接待的旅游人次}{同期所处旅游市场的旅游者人次} \times 100\%$$

（2）旅游市场相对占有率，是指一定时期、一定范围内某一市场主体的旅游市场份额占同一时期、同一范围内较大市场主体旅游市场份额之间的百分比。旅游市场相对占有率的计算公式如下。

$$旅游市场相对占有率 = \frac{某一旅游企业的旅游市场份额}{同一市场上竞争力较强的旅游企业的旅游市场份额} \times 100\%$$

2. 旅游效益预测

从广义的角度看，旅游效益预测包括经济效益、社会效益和生态效益的预测，旅游企业经营的目标应该是实现三个效益的最大均衡。从狭义的角度看，旅游效益预测主要通过旅游企业对营销成本和利润的预测，一般通过旅游营业收入的数量、旅游营业收入的构成与旅游营业收入的水平来反映旅游企业的经营成果。

三、旅游市场预测的步骤

旅游市场预测是将市场调研获得的资料，运用已有的知识、经验和科学方法，对市场的未来发展趋势及与之相关的营销环境因素做出分析和判断的过程，旅游市场预测必须在遵循系统性原则、连续性原则、相关性原则和类推性原则的基础上，严格按预测工作的过程，以科学合理的步骤进行，以保证旅游市场预测的精度和质量。其基本程序如图3-3所示。

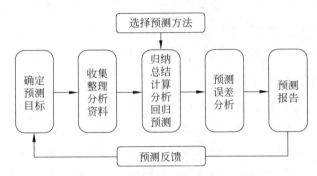

图3-3 旅游企业市场预测过程图

（一）确定预测目标，拟订预测计划

旅游企业的市场预测首先要明确预测目标。然后根据目标确定预测任务、预测范围、预测时间、预测精度等内容，并进一步确定预测工作日程、参加人员及分工等具体事宜。

（二）收集、整理和分析资料

根据预测的目标，调查并收集与预测目标有关的一切资料，并确保资料的针对性、准确性、系统性和可比性。同时，还要对收集的资料进行审核、整理，剔除一些随机事件造成的资料不真实的影响，尽量减少预测过程中因资料不准确引起的误差。

（三）选择预测方法，进行预测

根据预测目的、收集资料的情况、精度要求以及预测费用选择恰当的预测方法，根据预测方法进行归纳、总结、计算、分析、回归、预测，最终判断出未来市场的发展方向和趋势。

（四）预测误差分析，提出预测报告

抽样误差是样本指标与总体指标之间的平均离差预测。误差的大小可以反映预测的精确程度。因此，在每一个预测结果产生之前，要对预测值的可信度进行估计，在对预测结

果进行评价、修正之后，确定预测值，最后写出预测报告和策略性建议。

四、旅游市场预测的方法

旅游市场预测的方法是指在旅游市场调研的基础上对预测目标进行定性和定量的分析、测算和推断的各种方法的总称。旅游企业市场预测按预测方法的性质不同，可分为定性预测和定量预测两种方式。

（一）定性预测

定性预测，是预测者根据自己挖掘的实际情况，依靠实践经验、专业水平和综合分析能力，对旅游企业发展前景的性质、方向和程度做出的判断，也称判断预测或主观资料预测。定性预测简单明了，不需要数学公式，准确程度取决于预测者的经验、理论、业务水平、掌握的情况和分析判断能力，还能考虑到无法定量的因素。

1. 经验估计法

经验估计法是指与预测内容有关的经验估计人员根据自身的经验进行市场预测的方法。经验估计人员一般由经营管理人员、业务人员、销售人员、消费者构成，凭借他们所拥有的知识、经验、信息与综合判断能力对市场商情进行预测和判断。经验估计法的优点是预测结果比较准确可靠，预测成本低，各种不同的观点都可以表达并加以调和，对市场的变动较为敏感，如果缺乏基本的数据可用这种方法加以弥补；缺点是对市场变化了解不深入，受销售人员情绪和利益的影响比较大，责任较为分散，预测结果有一定局限性，一般仅适用于总额的预测。

例题 3-7

如表 3-3 所示是 3 位销售人员对某个旅游产品的销售预测，请计算出 3 位销售人员的总预测值。

表 3-3　3 位销售人员对某个旅游产品的销售预测

销售人员	销售人员权重	销售预测值/万元						期望值	总预测值/万元
		乐观预测	事件概率	一般预测	事件概率	悲观预测	事件概率		
1	0.4	18	0.2	16	0.5	15	0.3		
2	0.3	19	0.3	17	0.6	15	0.1		
3	0.3	18	0.2	15	0.6	14	0.2		

解：第 1 位销售人员的期望值：18×0.2 + 16×0.5 + 15×0.3 = 16.1（万元）

第 2 位销售人员的期望值：19×0.3 + 17×0.6 + 15×0.1 = 17.4（万元）

第 3 位销售人员的期望值：18×0.2 + 15×0.6 + 14×0.2 = 15.4（万元）

3 位销售人员的总预测值：16.1×0.4 + 17.4×0.3 + 15.4×0.3 = 16.28（万元）

2. 头脑风暴法

（1）头脑风暴法的概念

头脑风暴法又叫畅谈法、集思法等，是采用会议的方式，利用集体的思考，引导每个参加会议的人围绕中心议题广开言路，激发灵感，在自己的头脑中掀起风暴，毫无顾忌，畅所欲言地发表独立见解,形成创造性思维的方法。采用头脑风暴法时,要集中有关专家召开专题会议,主持者以明确的方式向所有参与者阐明问题,说明会议的规则,尽力创造轻松融洽的会议气氛,由专家们"自由"提出尽可能多的方案。

(2)头脑风暴法的类型

头脑风暴法的类型包括非结构化的头脑风暴法和结构化的头脑风暴法。非结构化的头脑风暴法也称自由滚动式的头脑风暴,为团队成员创造自由提出见解和意见的机会,它鼓励成员任意地贡献尽可能多的主意,直至没有人再有新想法提出为止。结构化的头脑风暴法是指团队成员对于团队负责人或会议主持人提出的问题一个接一个地提出自己的见解。

(3)头脑风暴法的步骤

头脑风暴法的步骤,如图3-4所示。

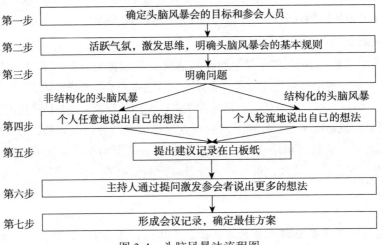

图 3-4 头脑风暴法流程图

①准备阶段。策划与设计的负责人事先对所议的问题进行研究,弄清问题的实质,找到问题的关键,设定解决问题所要达到的目标。同时选定参加会议人员,一般以 5~10 人为宜,不宜太多。然后将会议的时间、地点、所要解决的问题、可供参考的资料和设想、需要达到的目标等事宜一并提前通知与会人员,让与会人员做好充分的准备。

②热身阶段。主持人宣布开会后,先说明会议的规则,然后提出有趣的话题或问题,创造一种自由、宽松、祥和的氛围,让大家的思维处于轻松和活跃的境界。

③明确问题。主持人扼要地介绍有待解决的问题。介绍时须简洁、明确,不可过分周全,否则,过多的信息会限制人的思维,干扰思维创新的想象力。

④重新表述问题。经过一段讨论后,大家对问题已经有了较深的理解。为了使大家对问题的表述能够具有新角度和新思维,主持人或记录员要记录大家的发言,并对发言记录进行整理。通过对记录的整理和归纳,找出富有创意的见解,以及具有启发性的表述,供下一步畅谈时参考。

⑤畅谈阶段。畅谈阶段是头脑风暴法的创意阶段。为了使大家能够畅所欲言,需要制定以下规则。第一,不要私下交谈,以免分散注意力。第二,不妨碍及评论他人发言,每

人只谈自己的想法。第三，发表见解时要简单明了，一次发言只谈一种见解。主持人首先要向大家宣布这些规则，随后引导大家自由发言，自由想象，自由发挥，使彼此相互启发，相互补充，真正做到知无不言，言无不尽。然后对会议发言记录进行整理。

⑥筛选阶段。会议结束后的一两天内，主持人应向与会者了解大家会后的新想法和新思路，以此补充会议记录。

⑦将大家的想法整理成若干方案，再根据设计的一般标准，诸如可识别性、创新性、可实施性等标准进行筛选。经过多次反复比较和优中择优，最后确定1~3个最佳方案。这些最佳方案往往是多种创意的优势组合，是大家的集体智慧综合作用的结果。

3. 德尔菲预测法

德尔菲预测法，也叫专家调查法，是指以匿名方式向一组专家轮番分别征询意见，将专家们对未来的分析判断汇总整理，经过多次反复征询逐步取得比较一致的结果的预测方法。采用德尔菲预测法时，调查者针对某些问题向专家们进行咨询调查，专家们依据其专业知识、实践经验、创造性智慧，采用匿名问卷的形式背靠背地分别对事物进行评估、分析、预测、判断，由公司整理修改，然后将信息又反馈给各位专家，请专家提出再次评测，如此重复进行多次判断，以便专家针对同一事件能不断提炼自己的假设和判断，从而获得客观的意见。

（1）德尔菲预测法的步骤

德尔菲预测法的步骤是：在对所要预测的问题征得专家的意见之后，进行整理、归纳、统计，再匿名反馈给各专家，再次征求意见，再集中，再反馈，直至得到一致的意见（图3-5）。

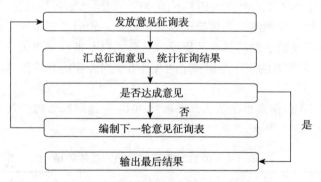

图3-5 德尔菲预测法的咨询流程图

①准备阶段。该阶段要明确预测主题和预测目的，选择专家，准备背景资料，设计调查咨询表。

调查表是调查信息的主要来源，因此，根据调查主题设计专家应答问题调查表是专家调查法的重要环节。编制调查表的问题一般可分为三类：一是要求作出定量估价的问题；二是要求作出一定说明的问题；三是要求作出充分说明的问题。

选择专家是专家调查法的关键。在选择专家时，必须注意以下事项。一是合理选择专家。一般在本领域内连续工作10年以上的人员就是专家。同时不要把专家范围划在很小的一个圈子里，否则将妨碍预测工作。专家人数视调查问题的需要而定，一般以20~50人为宜。二是正确邀请专家。可以先发邀请函，探询专家是否能够参加预测，并让其推荐几位其他专家。

②轮番征询阶段。使用德尔菲预测法进行预测，通常经过四轮征询，专家们的意见便相当一致。有时人们认为不必进行四轮调查，只要专家的意见一致就可以了。

第一轮调查。由组织者发给专家的第一轮调查表是开放式的，不带任何条框，只提出预测问题。请专家围绕预测问题提出预测事件。如果限制太多，就会漏掉一些重要事件。组织者要对专家填好的调查表进行汇总整理，归并同类事件，排除次要事件，并用准确术语提出预测事件一览表，作为第二轮调查表发给专家。

第二轮调查。首先，要根据第一轮调查结果综合归纳出事件一览表，再制定第二份征询调查表并发给各位专家，由专家填写。专家收到第二轮意见后，对意见做统计处理，整理出第三张调查表。第三张调查表包括事件、事件发生的中位数和上下四分点，以及事件发生时间在四分点外侧的理由。

第三轮调查。首先，把第三张调查表发下去后，请专家重审并做以下事情：对上下四分点外的对立意见作出评价；给出自己新的评价（尤其是在上下四分点外的专家，应重述自己的理由）；如果修正自己的观点，也请叙述为何改变，原来的理由错在哪里，或者说明哪里不完善。然后，专家们的新评论和新理由返回到组织者手中，组织者的工作与第二轮十分类似：统计中位数和上下四分点；总结专家观点，重点是双方有争论的意见，形成第四张调查表。

第四轮调查。首先请专家对第四张调查表再次评价和权衡，作出新的预测。是否要作出新的论证与评价取决于组织者的要求。当第四张调查表返回后，组织者的任务与上一轮的任务相同：计算每个事件的中位数和上下四分点，归纳总结各种意见的理由以及争论点。

③结果处理阶段。预测结果处理阶段是要把最后一轮的专家意见加以统计、归纳和处理，得出代表专家意见的预测值和离散程度。然后，对专家意见作出分析和评价，确定预测方案。在该阶段，最主要的工作是用一定的统计方法对专家的意见作出统计、归纳和处理。

例题 3-8

A 景区聘请了 10 位专家用德尔菲预测法对 2018 年旅游人数进行预测，10 位专家三轮预测的具体数据如表 3-4 所示。

表 3-4　10 位专家三轮预测的具体数据　　　　　　单位：万人

专家编号	1	2	3	4	5	6	7	8	9	10
第一轮	130	128	120	134	137	156	134	121	110	123
第二轮	136	139	129	141	139	148	138	135	125	127
第三轮	136	143	131	142	141	141	140	138	136	135

问题：

1. 分析三轮征询中，专家预测值的合理性。
2. 用平均数法确定最终预测值。

解：1. 在第一轮征询中，专家的最大预测值是 156 万人，与最小预测值 110 万人相差 46 万人。

在第二轮征询中，专家的最大预测值是 148 万人，与最小预测值 125 万人相差 23 万人。

在第三轮征询中，专家的最大预测值是143万人，与最小预测值131万人相差12万人。

答：说明经过三轮征询后，专家预测值的差距在逐步缩小，说明预测合理。

2. 用平均数法确定最终预测值。

（136＋143＋131＋142＋141＋141＋140＋138＋136＋135）/10＝138.3（万人）

答：2018年来A景区旅游人数预测结果为138.3万人。

（2）德尔菲预测法的原则

①匿名性。使用德尔菲预测时，进行预测的专家是在完全匿名的情况下交流思想的，这样可以避免专家们受权威理论、学术潮流、会议氛围的影响，专家们可以不受任何干扰地独立对调查表所提问题发表自己的意见，而且有充分的时间思考和进行调查研究、查阅资料。因此，匿名性保证了专家意见的充分性和可靠性。

②反馈性。使用德尔菲预测法时，由于专家之间互不接触，专家意见往往比较分散，不易得出结论。为了使受邀的专家们能够了解每一轮咨询的汇总情况和其他专家的意见，组织者要对每一轮咨询的结果进行整理、分析、综合，并在下一轮咨询中反馈给每个受邀专家，以便专家们根据新的调查表进一步地发表意见。在每次反馈中专家组都可以进行深入研究，使得最终结果基本能够反映专家的基本想法和对信息的认识，所以结果较为客观、可信。

③统计性。使用德尔菲预测法时，对项目的评价或预测既不是由信息分析研究人员作出的，也不是由个别专家给出的，而是由一批有关专家的回答经过统计处理得出的。所以，应用德尔菲预测法所得的结果带有统计学的特征，往往以概率的形式出现，它既反映了专家意见的集中程度，又可以反映专家意见的离散程度。

（二）定量预测

定量预测，也称统计预测，是以大量的历史行为的记录为基础，依靠数学模型和数理统计方法，对各种资料进行计算分析，从而对旅游市场的未来变化趋势作出预测。进行定量预测主要有以下两种方法。

1. 时间序列法

时间序列法包括简单移动平均法、加权移动平均法和指数平滑法。

（1）简单移动平均法。简单移动平均法是按照过去若干历史数据求算术平均数，并把该数据作为以后时期的预测值的预测方法。

简单移动平均法的计算公式如下。

$$F_{t+1} = [F_t + F_{t-1} + \cdots + F_{t-(n-1)}]/n$$

式中，F_{t+1}为某时期的预测值；n为移动期数；F_t为某时期的实际值。

例题3-9

表3-5 某旅游企业1—6月的实际销售额表　　　单位：万元

月份	1	2	3	4	5	6
实际销售额	360	365	410	390	400	420

问题：请运用简单移动平均法，按移动期 $n=3$ 预测 7 月的销售额。

解：$F_7=(F_6+F_5+F_4)/3=(420+400+390)/3\approx 403.33$（万元）

（2）加权移动平均法。加权移动平均法是对观察值分别给予不同的权数，按不同权数求得移动平均值，并以最后的移动平均值为基础，确定预测值的方法。一般来说，距离预测期越近的数据对预测值的影响越大，赋予的权数越高。

加权移动平均法的计算公式如下：

$$F_{t+1}=[W_tF_t+W_{t-1}F_{t-1}+\cdots+W_{t-(n-1)}F_{t-(n-1)}]/[W_t+W_{t-1}+\cdots+W_{t-(n-1)}]$$

式中，F_{t+1} 为某时期的预测值；F_t 为某时期的实际值；W_t 为与某时期实际值 F_t 相对应的权数。

例题 3-10

表 3-6　某旅游企业 1—6 月的实际销售额表　　　　　单位：万元

月份	1	2	3	4	5	6
实际销售额	360	365	410	390	400	420

问题：请运用加权移动平均法，按移动期 $n=3$ 预测 7 月的销售额

解：$F_7=(420\times 1.5+400\times 1+390\times 0.5)/(1.5+1+0.5)\approx 408.33$（万元）

（3）指数平滑法。指数平滑法是通过计算指数平滑值，配合一定的时间序列预测模型对现象的未来进行预测的方法。其原理是任一期的指数平滑值都是本期实际观察值与前一期指数平滑值的加权平均。

指数平滑法的计算公式如下。

$$F_t=\alpha S_{t-1}+(1-\alpha)F_{t-1}$$

式中，F_t 为某期的预测值；S_{t-1} 为上一期的实际值；F_{t-1} 为上一期的预测值；α 为平滑系数（$0\leq\alpha\leq 1$）。

例题 3-11

某企业 9 月的销售预测值为 80 万元，实际销售额为 100 万元，平滑系数 α 值为 0.2，请根据指数平滑法预测 10 月的销售额。

解：$F_{10}=0.2\times 100+(1-0.2)\times 80=84$（万元）

2. 相关分析法

相关分析法包括领先指标法和一元线性回归法。

（1）领先指标法。领先指标是影响预期目标的一种潜在因素，即一种产品销售量的变化会带来另一种产品需求量的变化。这些指标对即将到来的年份里的经济情况可以提供预兆。

例题 3-12

某饭店从历年的统计资料中发现，每接待 50 名顾客，就会增加该商品部销售额 1000 元。已预测 1 月接待顾客人数为 1500 人，试运用领先指标法预测 1 月商品部销售额。

解：该商品部 1 月销售额应为

$$1500\times(1000/50)=30000（元）$$

（2）一元线性回归法。一元线性回归法是利用一个自变量和一个因变量的相关关系进

行预测的方法。一元线性回归预测,就是用一元线性方程对观测的数据进行回归,从一般的现象数据中得到量化的事物变化的规律。进行一元线性回归预测选择的自变量必须是诸影响因素中最本质和最有决定意义的那个因素。

一元线性回归模型的数学表达式如下。

$$Y = a + bX$$

式中,Y为预测对象,是因变量;X为影响因素,是自变量;a,b为回归系数,是需要估计的待定参数。

一元线性回归预测的步骤如下。

第一步:参数估计。

$$\hat{b} = \frac{\sum_{i=1}^{n} x_i y_i}{\sum_{i=1}^{n} x_i^2}, \hat{a} = \overline{Y} - \hat{b}\overline{X}$$

式中,$x_i = X_i - \overline{X}$,$y_i = Y_i - \overline{Y}$,而$\overline{X}$,$\overline{Y}$分别为X_i与Y_i的自述平均值。

第二步:模型检验。

相关系数r用来检验两个变量之间是否有线性关系,即变量的相关程度。

其计算公式为

$$r = \frac{\sum_{i=1}^{n} x_i y_i}{\sqrt{\sum_{i=1}^{n} x_i^2 \sum_{i=1}^{n} y_i^2}}$$

第三步:T检验。

T计算公式为

$$T = \frac{\hat{b}}{S_b}, \text{其中} S_b = \sqrt{\frac{\sum_{i=1}^{n}(Y_i - \hat{Y}_i)^2}{(n-2)\sum x_i^2}}$$

第四步:预测。

米勒啤酒公司市场调查

米勒啤酒公司为了重新进行重新定位战略进行了市场调查。

通过调查发现:啤酒饮用者可分为轻度饮用者和重度饮用者,而前者人数虽多,但饮用量却只有后者的1/8。重度饮用者有着以下特征:多是蓝领阶层,每天看电视3个小时以上,爱好体育运动。

米勒公司决定把目标市场定在重度饮用者身上,并果断决定对米勒的"海雷夫"牌啤酒进行重新定位。"海雷夫"牌啤酒重新定位从广告开始：特约了一个"米勒天地"的栏目，广告主题变成了"你有多少时间，我们就有多少啤酒"，以吸引那些"啤酒坛子"。广告画面中出现的尽是些激动人心的场面：船员们神情专注地在迷雾中驾驶轮船，年轻人骑着摩托冲下陡坡，钻井工人奋力止住井喷，等等。结果，"海雷夫"的重新定位战略取得了很大的成功。

资料来源：https://wenku.baidu.com/view/d00a0915cc7931b765ce1572.html?from=search.

案例思考题

你认为米勒啤酒公司市场调查与预测是否合理？

第三节　旅游市场调查问卷技术

一、调查问卷的概念

调查问卷是用来收集调查数据的一种工具，是调查者根据调查目的和要求所设计的用于收集信息的问题一览表，由一系列问题、备选答案、说明以及数码表等组成。调查结果的准确性主要取决于问卷设计的科学性和选取样本的代表性。

调查问卷设计的目的是帮助调查者在实地调查阶段，使调查问题的用语和提问的程序标准化，并方便数据的统计、分析。调查问卷实际上是提供标准化和统一化的数据收集程序，能够顺利地获得所需的信息并分析信息。

二、调查问卷结构

①标题。即问卷名称，如2022年中国旅行社品牌认知程度的调研表。

②问卷说明（开场白）。问卷说明要表明调查人员的身份、调查目的、解释如何选择调查对象、鼓励激发参与兴趣、承诺感谢等信息。

③调查的问题。调查的问题是依据旅游调查目的和任务设定的一系列问题。

④被调查者的情况。被调查者的情况包括年龄、性别、职业、教育程度、收入等。

⑤问卷的编号。问卷的编号主要用于识别问卷、调查者、被调查者。

⑥调查相关情况。调查相关情况包括调查组织名称、城市编号、访问员、问卷复核人、问卷编码员、录入员、访问日期、访问开始/结束时间等内容。

A风景区旅游综合情况调查问卷

表　号：B旅701表
制表机关：B旅游局
批准机关：B城区统计局

尊敬的女士/先生您好：我是B旅游局的工作人员，为进一步提高A风景区管理服务工作水平，满足广大市民游客对旅游发展的需求，改进管理水平和提高服务质量，促进风景区旅游的健康协调发展，为今后各项政策的制定和落实提供参考依据，现请广大市民游客积极参与,认真填写"A风景区旅游综合情况调查问卷",您的资料仅供研究参考,绝不公开。在完成访问后,我们将赠予您一份纪念品以示感谢!

调查员姓名:

访问地点: 1. 景区大门 2. 商品市场 3. A街 4. C桥 5. D府

调查开始时间: 年   月   日

审核员姓名:

Q1:您的性别:□男 □女

Q2:您的年龄:□20岁以下 □21~40岁 □41~60岁 □61岁以上

Q3:您来自哪里:□本地 □本省 □国内 □国外

Q4:您的教育程度:□大专以下 □大专 □本科 □硕士及以上

Q5:您的月收入:□2000元以下 □2001~4000元 □4001~6000元
　　　　　　　□6001元以上

Q6:您知道本景区吗:□知道 □不知道

Q7:您通过什么途径知道本景区的:□电视广播电台 □报纸杂志
　　　　　　　　　　　　　　　□朋友或家人介绍 □网络 □其他

Q8:您和谁一起来的:□旅行团 □家人 □朋友 □同事 □自己

Q9:您通过什么交通工具到达:□步行 □自行车 □电动车 □公交车
　　　　　　　　　　　　　□私家车

Q10:您对本景区的服务满意吗:□非常满意 □比较满意 □一般 □较差
　　　　　　　　　　　　　□很差

Q11:您认为本景区环境卫生情况如何:□很好 □较好 □好 □较差 □很差

Q12:您认为景区皇家文化氛围浓郁吗:□非常浓郁 □较浓郁 □一般
　　　　　　　　　　　　　　　　□较少浓郁 □很不浓郁

Q13:您对本景区内安全措施是否满意:□非常满意 □较满意 □一般
　　　　　　　　　　　　　　　　□较不满意 □非常不满意

Q14:您对本景区最满意之处:□导游讲解 □服务态度 □旅游资源
　　　　　　　　　　　　□服务设施 □餐饮及娱乐设施

Q15:您还会来本景区旅游吗:□会 □不会

Q16:您对A景区今后发展有什么宝贵意见?谢谢您的合作。

填报说明:

1. 统计范围:本报表由抽选的A风景区游客填报。
2. 填报方式、时间:由调查员即时询问填写,各选择题均为单选题。

三、调查问卷中问题的类型

1. 开放式问题

开放式问题是指对问题的回答未提供任何具体的答案,由被调查者根据自己的想法自由作出回答，属于自由回答型（表3-7）。

表3-7　开放式问题类型表

类型	描述	举例
自由格式	直接了解受访者的态度和观点	你对本旅行社有何意见？
词组联想	说出一个词或词语，让受访者马上说出最先联想到的词	调查者说出"旅行社"一词，要求受访者马上说出或写出能联想到的品牌
完成句子	给出不完整的句子，由受访者按照自己的意愿来完成	选择旅行社我最先考虑的是（　　　）
完成情节	给出不完整的情节，由受访者按照自己的意愿来完成	天气良好的周末，有的人选择去郊外踏青，有的人选择逛街，你将（　　　）

2. 封闭式问题

封闭式问题是将问题的一切可能答案或几种主要可能答案全部列出，被调查者只要从中选取一个或多个答案，或对已有答案进行排序即可，而不需要做答案以外的回答（表3-8）。

表3-8　封闭式问题类型表

类型	描述	举例
二元选择	对一个问题给出两种答案	您以前是否来过本旅行社？ A. 是　B. 否
多项选择	对一个问题给出三个以上答案	您旅游的主要目的是什么？ A. 度假　B. 公务　C. 会议　D. 观光 E. 探亲访友　F.其他
语义差别法	对一个问题给出一系列双向形容词评定等级量表	您对此服务的感受是什么？ A. 很满意　B. 满意　C. 一般 D. 不太满意　E. 很不满意
序数量度法	根据序数或排序来反映被调查者对各种旅游有关因素重要程度的评价	您到此地最想做的三件事依次是_____、_____、_____。 A. 探亲访友　B. 观赏自然风景　C. 烧香求神 D. 购物　E. 做生意　F. 游览文物古迹 G. 了解当地风土人情　H. 品尝当地风味饮食　I. 其他
排序尺度法	列出某些属性由"差"到"好"的次序尺度	旅游的体验是。 A.极好　B.很好　C.好　D.差　E.很差　F.极差

四、设计调查问卷的要求

（一）调查问卷的排列要求

围绕调查目标选取适量主题，对每个主题设计适量问题。一般来说每份调查问卷围绕2～3个主题，提出10个左右的问题比较恰当。调查问卷的排列方式有以下几种。

1. 按问题的性质或类别排列

设计调查问卷时，要按问题的性质或类别排列，而不要将不同性质或类别的问题混杂在一起。例如，把背景材料集中放在问卷的前面或后面，把旅游动机等问题集中放在一起，把旅游行为等问题集中放在一起。

2. 按问题的复杂程度或困难程序排列

设计调查问卷时，应该先易后难、由浅入深；先客观方面的问题，后主观方面的问题；先一般性问题，后特殊性问题；先封闭问题后开放问题；特别是敏感性强、威胁性大的问题，更应该安排在问卷的后面。

3. 按问题的时间顺序排列

设计调查问卷时，应根据调查事物的过去、现在和将来的历史顺序进行排列。当然，也可以反过来排列。

（二）表述问题的基本要求

语言应简明易懂，表达要清晰准确，避免使用模棱两可、含混不清或容易产生歧义的语言或概念，避免过于专业性术语，避免带有诱导性或倾向性言辞；问题的内容要具体、单一，避免出现被访者不能答或者不愿意答的问题，避免涉及私人生活的、有威胁性的、令人窘迫的问题，避免将两个或两个以上的问题混合在一起来提问。

课后练习题

一、即测即练

二、计算题

1. 某饭店对消费过的10000人的满意度进行调查，计划抽取500人作为样本调查。如果采用系统抽样选取样本，如何制定抽样方案？

2. 某厂为了提高某旅游纪念品的销售量，认为应改变原有的陈旧包装，并为此设计了新的包装图案。为测定包装改变的效果，调研人员确定以旅游纪念品商店为实验单位，从40家销售商店中抽取10家商店，其中5家为实验组，5家为控制组，实验长度为30天。实验结果如下。

实验前销量：实验组日平均销售量 $Y_1 = 460$ 件

控制组日平均销售量 $X_1 = 350$ 件

实验后销量：实验组日平均销售量 $Y_2 = 520$ 件

控制组日平均销售量 $X_2 = 370$ 件

问题：

（1）计算实验组与控制组在实验前后日平均销售量的变化。

（2）请加修正系数计算实验组与控制组在实验前后日平均销售量的变化。

（3）请计算实验因素的影响效果。

3. 某地游览面积为 35000 平方米，而人均基本空间标准为 26 平方米/人，风景游览地每日平均接待游客的批数为 6，则该地的日容量为多少？

4. 某旅游企业 1—6 月的实际销售额如表 3-9 所示。

表 3-9　某旅游企业 1—6 月的实际销售额表　　　　　　　　单位：万元

月份	1	2	3	4	5	6
实际销售额	360	365	410	390	400	420

请分别运用简单移动平均法和加权移动平均法，按移动期 $n=3$ 预测 7 月的销售额。

5. 某企业 9 月的销售预测值为 60 万元，实际销售额为 80 万元，平滑系数 α 值为 0.3，请根据指数平滑法预测 10 月的销售额。

三、思考题

1. 什么是旅游市场调查？旅游市场调查的意义是什么？
2. 旅游市场调查程序步骤有哪些？
3. 简述旅游企业市场营销时需要调查的内容。
4. 对比文案调查法和实地调研法。
5. 简述系统抽样的方法。
6. 简述加权移动平均预测法和指数平滑预测法。
7. 简述实地调研法。
8. 简述德尔菲预测法的基本步骤。
9. 如何设计旅游市场调查问卷？
10. 一份完整的调查问卷应包括哪几部分内容？

四、实践练习题

1. 沈阳 A 旅行社想运用问卷法调查外地来沈阳旅游的旅游行为特征，请设计与此有关的 10 个问题。
2. 设计一份大学生旅游行为调查问卷。
3. 进行一次有组织的大学生旅游行为问卷调查活动，并写出一份调查报告。
4. 设计饭店服务满意度调查表，选择一家饭店进行调查，并计算该饭店满意度数值。
5. 联系本校或当地的驻村第一书记，运用访谈法了解当地乡村旅游的现状。
6. 利用德尔菲预测法预测本校大学生假期旅游的投入。
7. 采用观察法对自己家乡的旅游现状进行调查，了解自己的家乡旅游现状，从中感受到家乡旅游的变化，以此来培养对家乡的热爱之情，并写出调研报告。

五、案例分析题

案例分析1　可口可乐公司开发新可乐

可口可乐公司为了开发新可乐配方，进行了针对近20万人的口味试验。在试验中，研究人员在不加任何标识的情况下，对新老口味可乐、新口味可乐和百事可乐进行了比较试验。试验结果是：在新老口味可乐之间，60%的人选择新口味可乐；在新口味可乐和百事可乐之间，52%的人选择新口味可乐。从这个试验研究结果看，新口味可乐应是一个成功的产品。

可口可乐公司将口味较甜的新可乐投放市场，同时放弃了原配方的可乐。在新可乐上市初期，市场销售不错，但不久就销售平平，并且公司开始每天从愤怒的消费者那里接到1500多个电话和很多的信件，一个自称原口味可乐饮用者的组织举行了抗议活动，并威胁除非恢复原口味的可乐或将配方公之于众，否则将提出集体诉讼。

迫于原口味可乐消费者的压力，在新可乐推出的2个月后，可口可乐公司恢复了原口味的可乐，从而在市场上新口味可乐与原口味可乐共存，但原口味可乐的销售量远大于新口味可乐的销售量。

资料来源：https://www.doc88.com/p-77461751418047.html。

案例思考题

1. 新口味可乐配方的市场营销调研中存在的主要问题是什么？
2. 新口味可乐配方的市场调研的内容的选择存在哪些失误？

案例分析2　客流量暴涨，多地景区紧急提醒：先别来了

2021年十一长假第四天，多地景区已经纷纷出现客流量暴涨的情况。

1. 泰山多次暂停售票

泰山风景区10月2日5时的门票预约数量已经达到岱顶最大瞬时承载量（1.9万人）的临界值，因此决定暂停销售10月1日16时至10月2日5时的门票（包括线上、线下门票），已经成功预约该时段门票的游客可正常检票进山。

在十一黄金周前，《泰安日报》发布旅游注意事项，按照"预留空间、确保安全"原则，结合泰山景区实际，确定国庆假日景区单日最大承载量为8.55万人、景区瞬时最大承载量为5.25万人、岱顶最大瞬时承载量为1.9万人、岱庙景区单日最大承载量为3万人。

2. 峨眉山金顶请大家错峰游览

据峨眉山景区官方微博消息，10月3日上午不到10点，峨眉山景区发往雷洞坪车站（金顶）的观光车票已售罄，金顶景区游客量趋于饱和。景区请大家合理安排行程，选择万年寺、清音阁、报国寺等中低山景区和《只有峨眉山》戏剧幻城、数游峨眉体验中心、峨眉山博物馆、峨秀湖旅游度假区等周边景区错峰游览。

3. 上海警方"拉链式人墙"又上线了

国庆假期到来，为应对外滩等区域的大客流情况，上海黄浦警方在南京路步行街沿线

采取"南进北出、慢进快出、交替开关、波次放行"等管控引导措施。通过不同路段波次放行的方式,降低区域内人流步行进入外滩的速度。

据介绍,警方将运用大客流风险洞察系统和LBS客流实时监测系统,根据人流量变化,视情对外滩滨水区采取"南北均衡、东西拦截、远端控制"措施。警方还在外滩设置铁马封闭以陈毅广场为中心的地面区域入口,确保下江堤游客能快速通行离开。

上海市多次提醒游客,今年的国庆假期中,黄浦区外滩等地区均没有"光影秀"等大型活动安排,只有正常的景观照明及彩灯开放。

资料来源:https://m.thepaper.cn/baijiahao_14782349.

案例思考题

1. 从案例出发探讨旅游环境容量预测的重要性。
2. 景区面对客流量暴涨所采取的应对措施是否合理?
3. 针对国庆假期客流量暴涨现象,有人提议通过制度设计将"假日渴求"转化为"细水长流",你是否同意?

六、翻转课堂讨论题

由字节跳动公益与抖音生活服务联合发起的"山里DOU是好风光"项目陆续在广西、四川、河南、山西等地落地,项目通过直播、短视频等方式助力目的地营销,让乡村的好风光看得到、找得到、体验得到,提升村民旅游收入。项目整合乡村的"人、货、场",通过"培养一群本地红人、扶持一群本地商家、打造一组打卡线路、推出一组推广活动、整合一批宣传内容、沉淀一种模式方法"的"六个一"方式,助力乡村文旅产业可持续发展。

资料来源:https://baijiahao.baidu.com/s?id=1742197083332548632&wfr=spider&for=pc.

翻转课堂讨论题

针对"山里DOU是好风光"项目,对熟悉的乡村进行调研,寻找到适合参加此次活动的乡村旅游产品,并写出调研报告,进行调研报告汇报与课堂分组讨论。

第四章 旅游市场STP营销战略

本章导读

在现代市场营销理论中，市场细分（market segmenting）、目标市场（market targeting）、市场定位（market positioning）是构成公司营销战略的核心三要素，被称为STP。STP营销战略是指把市场分割成产品需求和营销策略不同的细分市场，然后评估细分市场并选择一个或多个细分市场作为目标市场，最后进行市场定位并取得在目标市场中的最大战略优势。STP营销战略为企业确定经营方向、明确营销组合资源配置、精确执行营销组合策略奠定了基础。通过本章的教学，使学生树立把消费者需求放在第一位的营销理念，能够通过营销组合来满足旅游市场的需求。

知识目标

1. 了解旅游市场细分的目的、原则、意义，理解旅游市场细分的理论依据，掌握旅游市场细分的标准和方法。
2. 掌握旅游市场细分的一般原理和方法，掌握旅游目标市场的选择过程，了解目标市场范围选择策略，掌握旅游目标市场营销战略，理解影响目标市场策略选择的制约因素。
3. 了解市场定位的策略与方法，掌握产品市场定位的步骤，理解中国文化元素在市场定位工作中的重要性。

能力目标

1. 培养STP分析能力。
2. 培养细分市场、选择目标市场、市场定位的能力。

案例导读

定制化、主题化、个性化旅游产品的开发

随着全民消费水平的提升、出游经验的丰富、旅游方式的改变、旅游消费理念的改变和游客对个性化产品需求的提高，很多消费者已不满足于大众旅游线路。同时，很多旅行社反映：大众旅游线路很多已走入低价竞争的恶性循环中，旅行社只有设计独特个性化旅游产品，通过差异化竞争，才能在激烈的旅游市场竞争中取胜。目前，很多旅行社在遵循以客户体验价值为导向的原则上，在精准的目标人群细分、旅游行为细分、旅游需求细分、

游览兴趣细分、旅游方式细分的基础上,针对不同消费群体、不同消费需求设计不同有针对性的产品,如老年游、亲子游、女性旅游、新婚蜜月游、修学游、医疗保健游、摄影游、邮轮游、海岛游、滑雪游、自驾游、户外运动旅游、红色旅游、乡村旅游、婚礼旅游、婚拍旅游、工业旅游、非遗旅游、小说旅游、奢华旅游、寻婚旅游、暴走旅游、静态旅游、防癌旅游等。定制化、主题化、个性化的旅游产品占整个旅游产品的比例越来越高,并针对不同主题的旅游产品有针对性地对特定消费群体进行营销。

案例思考题:

1. 旅行社为什么会开发定制化、主题化、个性化的旅游产品?
2. 定制化、主题化、个性化旅游产品的开发中,应该如何进行市场细分?应该如何选择目标市场?应该如何进行市场定位?
3. 如何理解"适合的便是最好的?

第一节 旅游市场细分

STP 理论即市场细分(segmenting)、选择目标市场(targeting)和市场定位(positioning)三个英文单词的缩写。STP 理论是指企业在一定的市场细分的基础上,确定自己的目标市场,最后把产品或服务定位在目标市场中的确定位置上的过程。第一步是市场细分,把市场分割成产品需求和营销策略不同的群体。第二步是选择目标市场,评估细分市场,并选择一个或多个细分市场为目标市场。第三步是市场定位,确定企业及其产品在消费者心目中的位置(图4-1)。通过细分市场、目标市场选择、市场定位这一系列过程,旅游企业就可以确定经营方向、合理进行营销资源配置,根据定位精确执行营销组合策略。

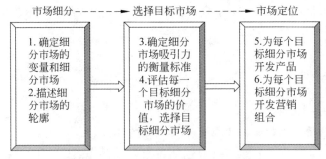

图 4-1 旅游市场 STP 营销战略示意图

一、旅游市场细分概述

(一)旅游市场细分的概念

市场细分,是指企业根据消费者群体之间需求的差异性,把一个整体市场划分为两个或更多的消费者群体,从而确定企业的目标市场的活动过程。

旅游市场细分,是根据旅游者需求、购买行为与习惯爱好等方面的差异,将一个整体市场划分为若干个具有相似需求特点的旅游者群体的活动过程。经过市场细分后,每一个具有相似需求特点的旅游者群体就是一个细分市场。不同细分市场之间顾客的需求、欲望和对营销因素的反应具有明显差异。

旅游市场细分可以从以下几点理解。第一，旅游市场细分的对象是旅游消费者群体而不是旅游产品。第二，旅游市场细分的客观依据是人们对某种旅游产品兴趣的差异性。旅游企业面对的是成千上万的消费者，他们的需求和欲望是千差万别的，并且又是不断变化的。对于这样庞大的市场，任何一个规模巨大的企业或资金雄厚的大公司，都不可能满足全部消费者的需要。因此，有必要将消费者市场依据不同的消费特点细分为若干个群体，将需求基本相同的消费者看作一个细分市场。第三，按一定标准将总体市场细分所得的各个细分市场应该有显著的差异性。第四，旅游市场细分的目的是选择目标市场。旅游企业针对自己的目标市场需求，从事某方面的生产、营销活动。第五，市场细分便于掌握旅游客流的规律，对开拓旅游市场、开发旅游资源和项目产品、制定旅游区的建设规划具有重要意义。市场的不同细分示意图如图 4-2 所示。

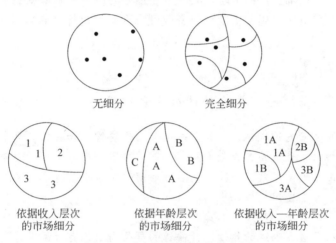

图 4-2　市场的不同细分示意图

（二）旅游市场细分的作用

1. 有利于企业寻找新的市场机会

由于旅游者所处地理条件、社会文化环境、个性、价值观念、收入水平等方面的不同，他们对旅游产品的品种、数量、价格和服务都有着不同的需求与偏好。旅游市场具有十分鲜明且仍在发展的异质特征。只有通过市场细分，企业才可以对每一个细分市场的购买潜力、满足程度、竞争情况等信息进行分析对比，探索出有利于本企业的市场机会，使企业及时做出新产品开拓计划，开拓新市场。

同时，市场机会的大小必须与企业自身的经营实力相匹配。如果一个细分市场机会太大，需要企业投入大量的基础设施、资金规模、人力资源等，而恰逢企业规模较小，旅游企业即使进入该细分市场，由于自身实力不能满足市场需求，也难以形成自身的竞争优势，很快就会被其他竞争对手打败。同样，如果细分市场机会太小，而旅游企业规模与实力较大，企业即使完全占领该市场，仍难以维持企业的生存与发展。因此，通过对旅游市场的细分，旅游企业要对市场机会与企业自身实力进行比较和评估，从而保持市场机会与企业实力之间的相对平衡。

2. 有利于企业制定灵活的竞争策略

市场细分后的子市场比较具体，比较容易了解消费者的需求，企业可以针对消费者需求选择自己的目标市场，确定自己的经营方向，制定相应的营销策略；针对自己的目标市场，企业才能掌握旅游客流的规律，集中人、财、物及资源进入自己的目标市场，制定灵活的竞争策略。

3. 有利于企业适时调整营销策略

首先，兴趣的多样化使旅游者的需求越来越多样化，所以旅游企业要将旅游市场依据不同的消费需求特点细分为若干个群体，将需求基本相同的旅游消费者看作一个细分市场。市场细分后的子市场比较具体，比较容易了解消费者的旅游行为、旅游偏好等信息，可以根据旅游者的需求变化调整营销策略。其次，在细分的市场上，信息能够得到及时反馈，一旦消费者的需求和市场格局发生变化，企业可以迅速改变营销策略。

餐馆为什么生意冷清？

老张看到人家经营餐馆赚钱，也开了一家大众化餐馆。开餐馆的那条街上已有六家餐馆，与别的餐馆相比，老张的餐馆毫无特色：别的餐馆早晨卖早点，中午和晚上卖一些大众菜肴，他的餐馆也一样。做了一段时间后，老张的生意冷冷清清，怎么也红火不起来，无奈之下，老张想关了餐馆，另谋出路。

餐馆为什么生意冷清？应该怎么办？

第一，老张犯了盲目跟风的错误。开餐馆的那条街上已有六家餐馆，生意本来就已饱和，而老张却要硬着头皮跟他们经营一样的项目，生意怎么会好？生意场上的大忌就是当你看到别人赚钱之后，再跟上去毫无创意地做同样的生意。

第二，缺乏市场细分，这是老张失败的主要原因。现在大众化餐馆已经不再吸引顾客的眼球了，不妨另辟蹊径，开一家与众不同的餐馆。

经过调查发现：现在人们对吃越来越讲究，除了吃饱吃好外，还要吃出健康。现代都市女性为了健康，开始提倡素食。佛门信徒也是重要客源。老张把餐馆改为素食餐馆，并取得了成功。

资料来源：王瑞红. 在细分中发现新需求 餐饮企业赢在个性上. 现代营销（经营版），2008(9).

案例评析：老张终于掘到了第一桶金。餐饮营销，赢在市场细分。只有重视市场细分，善于发现新的市场需求，然后根据这种需求推出自己的个性化产品，这样才能形成自己的竞争优势，才能在残酷的市场竞争中脱颖而出，赢得顾客，继而占领市场。

二、旅游市场细分的标准

旅游市场细分的标准是指进行市场细分的有关变量，是对市场进行细分的依据。旅游企业可根据单一因素，也可根据多个因素对市场进行细分（表 4-1）。选用的细分标准越多，相应的子市场也就越多，每一个子市场的容量相应就越小。相反，选用的细分标准越少，子市场就越少，每一个子市场的容量则相对就越大。

表 4-1 旅游市场细分的标准表

细分变量		具体细分旅游市场列举
地理区域变量	国境	国际旅游市场、国内旅游市场
	主要地区	欧洲市场、美洲市场、东南亚及太平洋市场、南亚市场、中东市场、非洲市场
	市场机会	一级市场、二级市场、机会市场
	空间位置	近程旅游市场、中程旅游市场、远程旅游市场
	自然地理	高山、海岸、沙漠、森林、草原
	气候	热带旅游区、亚热带旅游区、温带旅游区、寒带旅游区
	人口密度	都市、郊区、乡村
人口统计因素变量	年龄	6 岁以下、7～11 岁、12～19 岁、20～34 岁、35～49 岁、50～64 岁、65 岁以上
	性别	男、女
	家庭人数	1～2 人、3～4 人、5 人以上
	家庭生命周期	单身阶段、新婚阶段、满巢家庭 1、满巢家庭 2、满巢家庭 3、空巢家庭、孤独阶段
	收入	高等收入者、中等收入者、低等收入者
	职业	专业和技术人员、管理人员、官员和老板、职员、推销员、工匠、领班、操作员、农民、退休人员、学生、家庭主妇、失业
	教育	小学或以下、中学、中专、大专和大学、硕士及以上
心理因素变量	生活方式	舒适安宁型、活跃开放型、探险猎奇型、历史考究型、观光旅游型、宗教朝圣型、观念超前型；保守型、自由型；奋发型、颓废型；进步型、守旧型；城市型、农村型
	气质	急躁型、活泼型、稳重型、沉静型
	性格	内向型、外向型、习惯型、理智型、冲动型、想象型、时髦型、节俭型
行为因素变量	旅游目的	观光、度假、休闲、商务、会议、探亲、访友
	追求的利益	廉价、时髦、安全、刺激、新奇、豪华、健康
	购买时间方式	日常购买者、特别购买者、节日购买者、规则购买者、不规则购买者
	营销因素的敏感度	对服务敏感者、对广告敏感者、对价格敏感者
	待购状态	不知晓者、感兴趣者、计划出游者
	出游者情况	从未出游型、曾经出游型、潜在出游型、初次出游型、经常出游型
	态度	狂热、喜欢、无所谓、不喜欢、敌视
	出游次数	很少旅游者、中度旅游者、大量旅游者
	忠诚程度	完全忠诚者、适度忠诚者、无品牌忠诚者
	购买时机	旅游淡季购买者、旅游旺季购买者、旅游平季购买者
	购买方式	团体旅游市场、散客旅游市场

（一）地理变量细分

地理变量细分是旅游企业按照地理区域、空间位置、气候条件、地理环境等地理变量细分旅游市场。具体可以从以下几方面进行细分。

1. 根据综合地理区域细分市场

综合地理区域是依据潜在客源地区与旅游目的地之间的自然环境的差异进行旅游市场细分的标准。其中，依据国境范围可将旅游市场细分为国际旅游市场和国内旅游市场。依据主要地区进行旅游市场细分，世界旅游组织将国际旅游市场划分为六大区域：欧洲市场、美洲市场、东南亚及太平洋市场、南亚市场、中东市场和非洲市场；按旅游接待量和地区分布，可将旅游市场细分为一级市场（指离本地较近、所占份额最大也最稳定的核心客源市场）、二级市场（指离本地中等距离、所占份额较大的客源市场）和机会市场（指离本地较远、所占份额较小的边缘客源市场）。一般来说，一级市场占目的地接待总人数的40%～60%。

2. 根据空间位置细分市场

自然风光和气候因素往往成为强劲的旅游吸引力。依据客源地与旅游目的地的空间距离可将旅游市场细分为近程旅游市场、中程旅游市场和远程旅游市场。

3. 根据自然地理环境细分市场

各地气候的不同会影响旅游产品的消费，影响旅游者的流向。依据自然地理可将旅游市场细分为高山、海岸、沙漠、森林、草原等市场；依据气候可将旅游市场细分为热带旅游区、亚热带旅游区、温带旅游区和寒带旅游区等。

4. 根据人文地理环境细分市场

依据人口密度可将旅游市场细分为都市、郊区、乡村等市场。人口多、密度大、空间小的地区外出旅游的可能性大。由于城市生活水平较高、经济状况较好、交通发达等原因，城镇外出旅游的人数较农村的多。

5. 根据经济地理环境细分市场

依据经济地理环境可将旅游市场细分为经济发达地区市场与非发达地区市场。

（二）人口统计变量

旅游者的需求与人口统计变量有着密切的联系，并且这些因素比较容易衡量，相对容易获取，因此企业经常以它作为市场细分的重要依据，具体包括以下几个方面。

1. 根据年龄细分市场

根据旅游者的年龄结构将旅游市场细分为老年旅游市场、中年旅游市场、青年旅游市场和儿童旅游市场（表4-2）。消费者在不同的年龄阶段，由于生理、性格、爱好的变化，对旅游产品的需求往往有很大的差别。

表4-2 儿童旅游市场、青年旅游市场、中年旅游市场和老年旅游市场特点

市场	特　点
老年旅游市场	时间充足、收入稳定、旅游可能性很大。拥有怀旧情结，喜欢运动量小的活动，对价格敏感度较高，尽量安排游程节奏缓慢、品牌熟悉的、性价比高的观光型旅游

续表

市场	特点
中年旅游市场	旅游经验较丰富,头脑冷静理智,不易受外界因素的影响。经济富裕,旅游潜力大。商务旅游、度假旅游、短途旅游居多。旅游消费水平较高,逗留时间一般较短
青年旅游市场	空闲时间较多,经济负担较小,旅游愿望强烈。精力旺盛、标新立异,喜欢刺激、新奇、冒险、时尚的产品旅游。自助游、背包游等比较流行。出游人数多,以散客为主。旅游动机以观光娱乐为主,探险、修学等为辅。旅游消费水平有限。旅游度假行为特征明显
儿童旅游市场	儿童旅游需要家人陪伴。选择教育性强、娱乐性强、能扩大视野的旅游项目,十分注重食宿卫生与安全保障

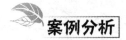

青 年 旅 舍

青年旅舍是为自助旅游者特别是青年旅游者提供住宿的企业,鼓励年轻人从事户外活动以及文化交流,被称作"青年之家""背包客的乐园"。

青年旅舍实行会员制,以"安全、经济、卫生"为特点,接待对象以青年为主。

青年旅舍通常价格比较低廉,以床位论价,一般一个床位收费为当地三星级酒店房价的1/10左右,是预算有限的自助旅游者及背包族可以考虑的住宿地点之一。

青年旅舍室内设备简单,高低床、硬实的床垫和被褥,带锁的个人衣柜,使用集体浴室、洗手间。青年旅舍的服务以自助为主,备有如洗衣机、自助餐厅等。青年旅舍有交谊厅和厨房等公共区域,还有康乐室、公共活动室等,青年人可根据自身特点组织各种文体活动。

青年旅舍向人们提供的不仅仅是一条干净的床单,而是在于鼓励青年人更多地了解、热爱和关心世界,以促进青少年对本国和国外更深的了解。

青年旅舍向人们展示是一种积极健康、回归自然的生活方式:如每晚与来自八方的青年联欢、交流;每天清晨清理"旅舍杂务";自己动手打理生活;不使用一次性用具;强调戒烟、戒酒;爱护青年旅舍的公共财物等。这种生活方式有利于传播青年人朴素、自律和关心他人的美德。

资料来源:https://baike.baidu.com/item/%E9%9D%92%E5%B9%B4%E6%97%85%E7%A4%BE/3793837?fr=aladdin.

案例思考题

根据青年旅游市场的特点分析青年旅舍成功的原因。

2. 根据性别变量细分市场

依据性别变量可将旅游市场细分为男性旅游市场和女性旅游市场。由于生理上的差别,男性和女性在旅游产品需求与偏好上有很大不同。例如,男性精力旺盛,更喜欢冒险类旅游项目,在购买旅游产品时对价格反应较迟钝;女性注重旅游购物,在购买旅游产品时,女性则对价格比较敏感。

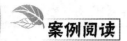

女性客房与女性专用楼层

伦敦的公爵酒店推出了"公爵夫人房"。根据酒店所做的市场调查,安全是单身女性旅客最关心的问题。对此,酒店雇用了女性服务员而非男性服务员为这类顾客提供客房服务,并在酒店餐厅的角落里摆放桌子,供这些谨慎的单身女性用餐者使用。

维京酒店在芝加哥的分店为女性顾客提供以下安全措施:门镜,明亮的走廊,能够隔开女性顾客与送餐、送行李的男服务员的滑动门。并专为女性顾客提供了一些服务设施:更大的衣柜空间,多个装化妆品的抽屉,等等。

美国华盛顿特区的汉密尔顿皇冠假日酒店设置了女性专用楼层,还有电梯专属按键。酒店对这类客户群体提供的专项便利服务包括鲜花、各式时尚杂志、高档美容产品等。

资料来源:http://www.pinchain.com/article/87254.

案例评析:女性的风险意识强于男性,女性更注意行为和打扮,不得不说,这些专门为女性设计的客房和楼层确实能提高女性的安全感与心理认同感。

3. 根据家庭生命周期细分市场

依据家庭生命周期可将旅游市场细分为单身阶段旅游市场、新婚阶段旅游市场、满巢家庭第一阶段旅游市场、满巢家庭第二阶段旅游市场、满巢家庭第三阶段旅游市场、空巢阶段旅游市场、孤独阶段旅游市场。家庭是社会的细胞,也是消费的基本单位,在不同阶段,家庭购买力、家庭人员对旅游产品的兴趣与偏好会有较大差别。

(1)单身阶段。该阶段的年轻人有空闲时间,喜好运动、旅游,几乎没有经济负担。这个阶段的年轻人是新消费观念的带头人,是最具旅游潜力的群体。此时的旅游是为了自身的娱乐、学习、健身、交友、猎奇等需求而展开,喜欢一些新型的旅游项目,如攀岩、探险、蹦极、背包游和自助游等。

(2)新婚阶段。该阶段有空闲时间,购买力强。此时的旅游一般为度假旅游,强调旅游中的浪漫气氛,充分享受二人世界,欣赏迷人的自然风光。

(3)满巢家庭第一阶段。该阶段的家庭很少有空闲时间。年幼的孩子使家庭出行变得极为不便,不大可能考虑远途旅游。

(4)满巢家庭第二阶段。该阶段购买趋向理智型,受广告及其他市场营销刺激的影响相对减少,注重子女的教育投资。此时对旅游目的地的选择非常慎重,旅游活动多为锻炼子女、教育子女,多以主题公园、博物馆、纪念地、历史文化名城等景观为主,旅游方式多是全家出游。

(5)满巢家庭第三阶段。该阶段重储蓄,购买冷静、理智。出游时旅游成员搭配比较灵活,旅游消费水平比较高。

(6)空巢阶段。该阶段收入较高,购买力达到高峰期,娱乐及服务性消费支出增加,"夕阳红"之旅全国遍地开花;后期退休收入减少,多有子女安排外出旅游。

(7)孤独阶段。此时收入锐减,老人出游意愿较低。该阶段的旅游特别注重情感需要及安全保障，注重探亲旅游。

4. 根据收入水平细分市场

依据收入水平可将旅游市场细分为高收入者旅游市场、中等收入者旅游市场和低收入者旅游市场。收入水平的不同，不仅决定其购买旅游产品的性质，还会影响其购买行为和购买习惯。一般来说，收入水平较高的旅游者出游的距离较远，旅游时间较长，消费也较高。

5. 根据职业细分市场

依据职业可将旅游市场细分为专业和技术人员、管理人员、官员和老板、职员、推销员、工匠、领班、操作员、农民、退休人员、学生、家庭主妇、失业者等旅游市场。从事不同职业的人，由于职业特点及收入的不同，其消费需求差异很大。例如，农民旅游者喜欢到城市旅游，而学生、教师则喜欢文化气息浓厚的景区。

6. 根据教育程度细分市场

旅游者由于受教育程度的不同，其兴趣、生活方式、文化素养、价值观念、审美偏好等方面都会有所不同，会形成旅游产品的需求、购买行为及购买习惯的差异化。一般说来，文化程度越高，工作职位越好，经济收入越高，旅游支付能力越强，旅游欲望越旺盛，出去旅游的可能性越大。

7. 根据社会阶层细分市场

社会阶层是指在某一社会中具有相对同质性和持久性的群体。同一社会阶层成员之间的态度、行为、价值观等方面具有相似性。识别不同社会阶层的旅游者所具有的特点，会给旅游产品市场细分提供重要的依据。

除了上述方面，经常用于市场细分的人口变量还有国籍、种族、宗教等。

"合家欢"营销

H饭店是位于某海滨度假区的别墅式饭店。H饭店开业后面对各家饭店对商务客人、旅行团等客人的激烈争夺，采取了"合家欢"的营销形式，面对家庭旅游市场进行营销。饭店为了开发市场，通过各种途径从记录在案的客户中寻找有良好经历的家庭旅游者，饭店推出家庭价套餐，并免费为不同年龄的儿童组织体育活动、游戏、户外活动，为13～17岁的少年免费提供冲浪、潜水、网球等培训课程；此外还通过组织主题比赛、填字游戏和与快餐店共同搞活动等来吸引儿童；饭店在下一年的早期预订或淡季预订时，对携带孩子的家庭给予大幅度优惠。上述活动，使H饭店在当地激烈的市场竞争中达到了年均75%以上的出租率，比其他同行高出十多个百分点。

资料来源：https://www.docin.com/p-2749675270.html.

案例思考题

从细分市场理论出发，谈谈"合家欢"营销获得成功的原因。

（三）心理变量细分

心理变量细分是旅游企业按照旅游者的个性特征、生活方式和购买动机等心理变量细分旅游市场。这种细分能提供更深刻的信息去理解旅游者的行为，制定合理的营销策略。

1. 根据生活方式细分市场

生活方式是指个人的活动兴趣、态度模式和生活方式。作为一种综合性的个体特征，生活方式影响着人们对各种旅游产品的兴趣和态度。

依据消费者个性特征可将旅游市场细分为舒适安宁型、活跃开放型、探险猎奇型、历史考究型、观光旅游型、宗教朝圣型、观念超前型等市场。

依据生活开放程度可将旅游市场细分为保守型生活方式和自由型生活方式市场。

依据价值取向可将旅游市场细分为可分为奋发型生活方式和颓废型生活方式市场。

依据个人与社会的关系可将旅游市场细分为进步型生活方式和守旧型生活方式市场。

依据不同的社区可将旅游市场细分为城市型生活方式和农村型生活方式市场。

2. 根据性格细分市场

性格是一个人对现实的稳定态度和习惯化了的行为方式。

（1）根据心理活动倾向，可以把旅游者划分为内向型旅游者和外向型旅游者。

①内向型旅游者。由于性格沉稳，处事谨慎，不太适应不熟悉的环境和新的事物，以传统的组团旅游方式为多，一般喜欢同亲戚朋友一同出游。在旅游的同时会更多地关注旅游细节上的问题，例如，旅游的餐饮和住宿等详细的情况。对于此类旅游者，开发比较合理的旅游产品、进行详细的旅游说明是很关键的。在旅游中，不宜引入娱乐性和参与性过强的活动，旅游节目应是轻松、舒缓、安全的。

②外向型旅游者。这个类型的旅游者通常活泼开朗，情感外露，对新鲜事物十分感兴趣，新奇的自然景观、神奇的民俗文化、独一无二的人文景观都能引起他们的兴趣。他们能迅速适应环境，快速地结交朋友，是旅游团中的活跃分子。他们不喜欢按部就班的旅游，喜欢有自己自由活动的时间。应当签好合理的旅游合同，以防这类旅游者对所定旅游线路的更改和退订。

（2）根据心理价值观倾向，可以把旅游者划分为习惯型、理智型、冲动型、想象型、时髦型与节俭型（表4-3）。

表4-3 不同心理价值观倾向的消费需求特点表

性格	消费需求特点
习惯型	偏爱某些熟悉与信任的旅游产品。购买定向性强，且反复购买，不太受时尚流行的影响
理智型	理智冷静，不易被外来因素左右，注重了解和比较后决定购买行为，对旅游活动预先计划周密，行程安排得当
冲动型	容易受促销的刺激和购物环境的影响而购买；购买前并没有明确目标，从个人兴趣出发，喜欢追求新的旅游产品
想象型	感情丰富，购物过程易受感情因素的影响；注重旅游产品的美学价值和旅游过程中的审美体验
时髦型	易受相关群体、流行时尚的影响；喜欢显示身份和凸显个性的旅游方式；喜欢新颖、冒险、时尚的旅游产品
节俭型	对价格敏感度较高；喜欢性价比高的旅游产品；购买时会货比三家，权衡利弊

3. 根据个性细分市场

个性是由多层次、多侧面的心理特征结合构成的个人整体性精神面貌（表4-4）。

表4-4 不同个性的消费需求特点表

个性	消费需求特点
急躁型	购物时比较冲动，喜欢新奇的、场面热闹且富于挑战性的旅游活动项目。旅游接待时要敏捷迅速，不与之争辩，在适当时候应当提醒他们不要遗留物品
活泼型	喜欢那些变化大、花样多、参与性强的旅游项目。旅游接待时要办事迅速、说话简洁，尽可能主动交往、主动介绍
稳重型	喜欢环境清幽雅致、游程节奏舒缓、活动轻松、活动日程安排周详的旅游项目。旅游接待时说话语速要适当放慢，重点之处重复一下，但不宜过多主动交谈，切勿催促
沉静型	喜欢有深刻文化内涵和表现手法细腻的旅游产品，不喜欢过于喧闹、激烈的旅游活动。旅游接待时要有耐心，多加关照

（四）行为变量细分

行为变量细分是旅游企业按照旅游者对产品的了解程度、态度、使用和反应等行为变量细分旅游市场。行为因素是细分市场的重要标准，特别是在商品经济发达和广大旅游者的收入水平提高的条件下，这一细分标准越来越显示出其重要地位。行为变量包括旅游目的、追求的利益、购买时间、购买方式，如表4-5所示。

表4-5 行为细分变量考察一览表

变量	作为变量的重要性	测量的困难程度	成本
旅游目的	2	1	3~4
追求的利益	5	2	2~3
购买时间方式	5	4	5
营销因素的敏感度	4	4	4
待购状态	4	4~5	3~4
出游者情况	3~4	3	3~4
态度	3	3	3
出游次数	2	4	4
忠诚程度	4	4	4
购买时机	2	2	2
购买方式	2	4~5	4

注：1~5表示等级，5代表最重要、最困难、成本高，而1则相反。

依据旅游目的可将旅游市场细分为观光、度假、休闲、商务、购物、会议、探亲、访友、宗教、探险、游学、体育等市场。

依据追求的利益可将旅游市场细分为追求廉价、追求时髦、追求安全、追求刺激、追求新奇、追求豪华、追求健康等市场。

依据购买时间方式可将旅游市场细分为日常购买、特别购买、节日购买、规则购买、不规则购买等市场。

依据营销因素的敏感度可将旅游市场细分为对服务敏感、对广告敏感、对价格敏感等市场。

依据待购状态可将旅游市场细分为不知晓者、感兴趣者、计划出游者等市场。

依据出游者情况可将旅游市场细分为从未旅游者、曾经旅游者、潜在旅游者、初次旅游者、经常旅游者等市场。

依据态度可将旅游市场细分为狂热、喜欢、无所谓、不喜欢、敌视旅游者等市场。

依据出游次数可将旅游市场细分为旅游者、中度旅游者、大量旅游者等市场。

依据忠诚程度可将旅游市场细分为完全忠诚者、适度忠诚者、无品牌忠诚者等市场。

依据购买时机可将旅游市场细分为旅游淡季、旅游旺季、旅游平季等市场。

依据购买方式可将旅游市场细分为团体旅游市场和散客旅游市场。

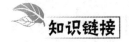知识链接

RFM 模型分析

RFM 模型分析是衡量客户价值和客户创利能力的重要工具与手段。RFM 分析模型主要由三个指标组成：最近一次消费（recency），是指离当前时间点最近一次消费时间点的消费值；消费频率（frequency），是指顾客在一定时间段内的消费次数；消费金额（monetary），是指顾客在一定时间段内的消费金额总数。获取三个指标的数据以后，需要计算每个指标数据的均值，分别以 AVG(R)、AVG(F)、AVG(M) 来表示，最后通过将每位客户的 3 个指标与均值进行比较，可以将客户细分为 8 类（表 4-6）。

表 4-6　RFM 模型分析一览表

客户类型	最近一次消费	消费频率	消费金额
重要价值客户	>	>	>
重要发展客户	>	<	>
重要保持客户	<	>	>
重要挽留客户	<	<	>
一般价值客户	>	>	<
一般发展客户	>	<	<
一般保持客户	<	>	<
一般挽留客户	<	<	<

注："＞"表示大于均值，"＜"表示小于均值。

RFM 模型分析示意图如图 4-3 所示。

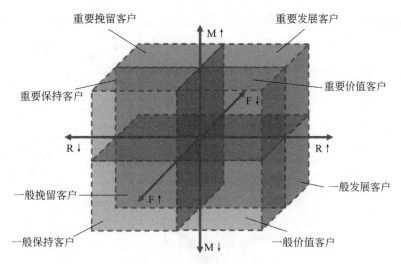

图 4-3 RFM 模型分析示意图

RFM 模型分析如下。

重要价值客户：最近消费时间很近，消费频率和消费金额都很高，是 VIP 客户。

重要发展客户：最近消费时间较近、消费金额高，但频次不高，忠诚度不高，很有潜力的用户，必须重点发展。

重要保持客户：最近消费时间较远，但消费频次和金额都很高，说明这是一位一段时间没来的忠诚客户，需要主动和他保持联系。

重要挽留客户：最近消费时间较远、消费频次不高，但消费金额较高的用户，可能是将要流失或者已经流失的客户，应当采取挽留措施。

资料来源：https://baike.baidu.com/item/RFM%E6%A8%A1%E5%9E%8B/7070365?fr=aladdin。

三、旅游市场细分的方式

（一）单一变量细分法

单一变量细分法（一元细分法），即根据与旅游者需求差异紧密相关的某一最重要的变量因素进行一定市场细分的方法，如儿童乐园里年龄细分。

（二）综合变量细分法

综合变量细分法（交叉细分法、多元细分法），即选择并综合运用与旅游者需求差异紧密相关的两种及两种以上的并列变量对一定旅游市场进行细分的方法，如收入、年龄、动机等。

（三）系列变量细分法

系列变量细分法，即考虑与旅游者需求差异相关的各种因素，并将其依据由大到小、由粗到细的顺序对旅游市场依次进行系列细分的方法。细分市场所涉及的因素是多项的，并且各变量之间在内涵上有从属关系，可由粗到细、由浅入深，逐步进行细分，这种方法称为系列因素细分法（图 4-4）。图 4-5 说明了低档散装酒市场经过系列变量细分法找到自己目标市场的过程。

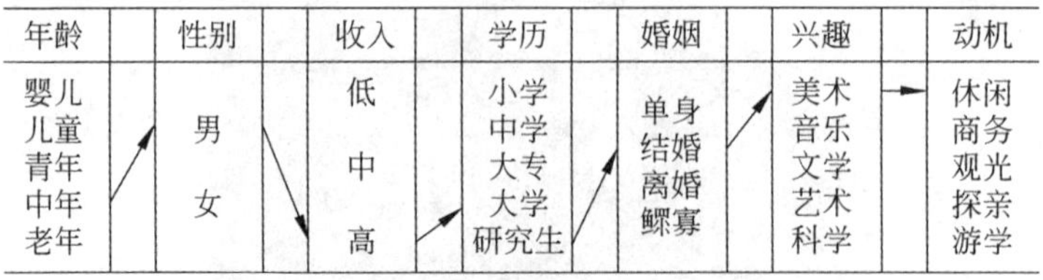

年龄	性别	收入	学历	婚姻	兴趣	动机
婴儿 儿童 青年 中年 老年	男 女	低 中 高	小学 中学 大专 大学 研究生	单身 结婚 离婚 鳏寡	美术 音乐 文学 艺术 科学	休闲 商务 观光 探亲 游学

图 4-4　旅游市场系列变量细分法示意图
资料来源：陈国柱，旅游市场营销学

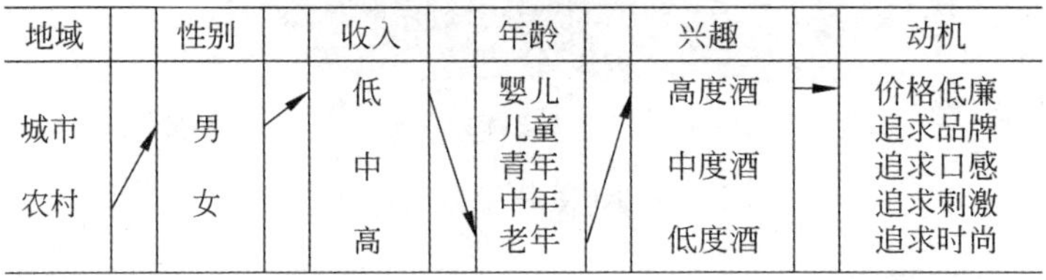

地域	性别	收入	年龄	兴趣	动机
城市 农村	男 女	低 中 高	婴儿 儿童 青年 中年 老年	高度酒 中度酒 低度酒	价格低廉 追求品牌 追求口感 追求刺激 追求时尚

图 4-5　低档散装白酒市场系列变量细分法示意图

（四）完全细分法

完全细分法就是要根据每一位旅游者之间的消费需求的差异，最终给每位旅游者都细分为一个特定的市场。

统一"鲜橙多"的深度市场细分

统一"鲜橙多"通过深度市场细分的方法，选择了追求健康、美丽、个性的年轻时尚城市女性作为目标市场。为此，统一"鲜橙多"选择的是外观精制适合随身携带的 PET 瓶，而卖点则直接指向消费者的心理需求："统一鲜橙多，多喝多漂亮"。统一"鲜橙多"还开展了"统一鲜橙多 TV-GIRL 选拔赛""统一鲜橙多阳光女孩"及"阳光频率统一鲜橙多闪亮 DJ 大挑战"等。

资料来源：https://wenku.baidu.com/view/845902808462caaedd3383c4bb4cf7ec4afeb689.html。

案例思考题

根据上述所给出的材料，分析统一"鲜橙多"采用了哪些市场细分的标准和旅游市场细分的方式。

第二节　旅游目标市场

一、旅游目标市场的概念

目标市场是指在细分市场的基础上，经过评价和筛选所确定的作为企业经营目标而开拓的特定市场，即企业决定要进入的那个市场部分，也就是企业将为之服务的那一类顾客群体。

旅游目标市场是指旅游企业在市场细分的基础上，所选择的作为营销活动领域的某一或某些细分市场，是旅游企业的目标消费群体，也是旅游产品的销售对象。

旅游目标市场选择是指旅游企业从渴望成为本企业的几个目标市场中，根据要求和标准，选择其中某个或某几个目标市场作为经营目标的决策过程。一个理想的旅游目标市场必须具备下列四个条件：有足够的市场需求；市场上有一定的购买力；旅游企业必须有能力满足目标市场的需求；在被选择的目标市场上，本企业具有竞争优势。

二、旅游目标市场的选择

（一）选择目标市场的过程

1. 评估细分市场

选择目标市场的第一步是分析评估各细分市场。对各细分市场的规模和增长率、细分市场结构吸引力以及旅游企业营销目标和资源等方面予以准确评估。

2. 选择目标市场

（1）选择目标市场的依据

①各细分市场的规模和增长率。潜在细分市场要具有适度规模与合适的预期增长率才具有一定的市场发展潜力，才能使旅游企业进入该领域后有理想的长期盈利能力。测量目标市场的发展潜力一般要估算目标市场的需求总量（市场容量），计算公式如下。

目标市场需求总量 = 该市场的旅游者人数 × 旅游购买力 × 旅游者购买意愿

②细分市场结构吸引力。细分市场结构吸引力可以视为对该市场利润的期望值。而吸引力的大小则由行业竞争、替代产品、购买者和供应者所决定的。

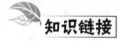

波特五力分析模型

哈佛大学商学院波特教授指出，影响一个市场或一个细分市场的长期盈利有五个因素——同行业中现有竞争力量、潜在竞争力量、替代品竞争力量、买方竞争力量、供货者竞争力量（图4-6）。细分市场结构吸引力可以视为对该市场利润的期望值。期望值高，吸引力大。而吸引力的大小则是上述四个要素在细分市场上强度的一个函数。分析每一个细分市场的吸引力是旅游企业选择目标市场的基础和出发点。

（1）同行业中现有竞争力量。过多旅游企业共同经营同一种旅游产品，它们都把同一个细分市场作为自己的目标市场，实际上就是共同争夺同一个容量有限的市场，从而造成某一种旅游产品的供给大大超过市场需求的状况，结果造成社会劳动和资源的浪费，忽略了其他市场需求，大大提高了企业的机会成本，影响了企业的经济效益。竞争者可分为同行业内现有竞争者和潜在竞争者。

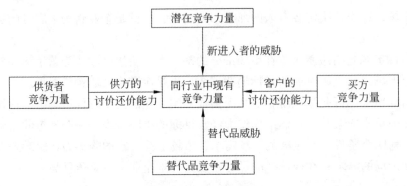

图 4-6　波特五力分析模型图

（2）潜在竞争力量。潜在竞争者既给行业带来新的生产能力，又力争在市场中赢得自己的一席之地，这就会与现有企业发生资源、市场份额的竞争。这会影响企业的经济效益，甚至会对企业生存造成威胁。

（3）替代品竞争力量。如果在一个细分市场上目前或将来存在许多替代性产品，则细分市场缺乏吸引力。

（4）买方竞争力量。购买者相对于销售者具有强有力的讨价还价能力，则细分市场缺乏吸引力。

（5）供货者竞争力量。如果存在一个能控制生产所需的原材料与服务的价格的供应商，则细分市场缺乏吸引力。

资料来源：http://wiki.mbalib.com/zh-tw/.

③旅游市场营销的目标与资源。首先要考虑该市场细分是否符合企业自身的经营目标。其次对适合企业经营目标的细分市场，旅游企业要考虑自身的生产能力以及拥有的各种资源和技术能不能满足该细分市场。

案例阅读

A 酒厂 "降度降价"

A 酒厂的产品是中国的八大名酒之一，销路一直很好。但其并没有被当时的大好形势所陶醉，居安思危，果断地撤出了名酒大战，转而寻找新的市场，努力发现新的市场机会。它对名酒市场进行了细分：国外市场、集团购买、高收入家庭、平民百姓。在这四个市场中，国外市场对中国名酒消费量很少；集团购买和高收入家庭对名酒的要求已经得到满足；只有平民百姓对名酒的需求还没有得到满足。A 酒厂发现了新的市场机会，它决定开发适合平民百姓要求的名酒。那么，平民百姓对名酒的确切要求是什么呢？是适当的低价。但低价又与名酒不太相符。怎样才能把低价与名酒统一在一起？方法之一是降低酒的度数，即所谓"降度降价"。它将 65°A 酒降到 55°，同时价格下降 60%，使其成为中档名酒。低度 A 酒投放市场后十分走俏，A 酒厂因此成为当年同行业中唯一没有亏损、滑坡的企业，并且净赚了 1 000 多万元。

案例评析：

A 酒厂"降度降价"经营名酒取得成功的关键，是选择了最佳的细分市场——平民百姓作为该厂的目标市场。这个目标市场恰好符合选择目标市场的三个条件。

第一，细分市场的规模和增长。潜在细分市场要具有适度规模与合适的预期增长率，才具有一定的市场发展潜力，才能成为服务企业进入的驱动力。低度 A 酒填补了当时的一个空档——对名酒有很大需求的平民百姓这一消费者群，他们的需求尚未得到满足，有发掘市场的潜力。目标市场上竞争不甚激烈，竞争者未进入和控制这个市场，才能有效地占领目标市场。总之，对 A 酒厂来说，平民百姓市场是指规模大、增长速度快的细分市场。

第二，细分市场结构的吸引力。A 酒厂正是为了适应消费者消费名酒的购买力才降度降价的，这就使平民百姓对低度 A 酒有了一定的购买力，使企业有了足够的营业额，具有市场利润。

第三，企业的目标和资源因素。A 酒厂具备开发平民百姓市场所需的人力、财力、物力资源条件，同时符合 A 酒厂最终的发展目标。A 酒厂选择了一个自身有条件进入、能够充分发挥自身资源优势的市场作为目标市场，因此能增强拓展与竞争能力，获得最佳的效益。

由此可见，只有三个条件同时具备的市场才宜选作目标市场。缺乏其中的任何一个都不宜选择，对此切不可马虎从事。目标市场选择得好坏，关系企业的发展命运，必须经过反复权衡、周密思考，方可定夺。

资料来源：http://www.docin.com/p-1976260876.html.

（2）选择目标市场应遵循的原则

①可衡量性原则，是指细分市场的需求特征、购买行为等要能被明显地区分开，各细分市场具有明显的差异性，各细分市场的需求特征、购买行为等要能被明显地区分开来，各细分市场的规模和购买力大小等要能被具体测度，市场细分的标准和细分后的市场都可以被衡量。

②可盈利性原则，是指细分出的市场在顾客人数和购买力上足以达到有利可图的程度，即细分市场要有可开发的经济价值。

③规模性原则，是指各细分市场的容量必须具备一定的规模，目标市场要足够大，当前未曾达到饱和的市场。细分市场的规模达到值得旅游企业采取有针对性的营销措施的程度，才能保证旅游企业保持较长时期的经济效益。

④可进入性原则，是指细分后的市场是旅游企业利用现有的人力、物力和财力可以进入和占领的，旅游企业要与目标市场进行有效信息沟通的可能；旅游企业要具有通畅可达的销售渠道；旅游企业对细分的旅游子市场能够有效接近且为之有效服务。

⑤稳定性原则，是指占领市场后的相当长时期内不需要改变自己的目标市场，市场比较稳定，有利于旅游企业减少营销风险，获得稳定和长期的发展。严格的旅游市场细分是一项复杂而又细致的工作，如果变化太快、太大，会使制定的营销组合很快失效，造成营销资源分配重新调整的损失，并形成企业市场营销活动的前后脱节和被动局面，因此细分的市场具有稳定性。

⑥非重复性原则，是指寻找非重复的细分市场。非重复的细分市场一般是产品或服务用途不同，且差异较大；产品、服务在不同细分市场中所占份额及相对价值不同；对于不

同细分市场，同一产品或服务代表着不同的利益。

天鹅信谊宾馆市以接待入境游客为主的饭店，三星级档次，地理位置较偏，房间小，娱乐实施少，入境游客市场开发成了焦点问题。在这种情况下，总经理带领销售部人员调查市场，走访旅行社了解各客源国客人的爱好、习惯，以确定天鹅信谊宾馆在上海入境旅游市场的位置。

经过调查发现：日本客人喜欢住在日方在沪投资的酒店里。美国客人需要宾馆房间宽敞，喜欢热闹。法国客人对酒店要求环境恬静，房间优雅，特别强调卫生。最终结论是：法国客人的住宿要求都与天鹅信谊宾馆的硬件比较合拍，决定将目标客源市场对准法国市场。

在宾馆内部做了相应的调整：培训员工的法语口语，并让他们了解法国人的生活习性、风俗民情；客房色彩基本上采用冷色调，并在房间内挂上一幅小小的现代山水画，与宾馆外的公园这一人文景观遥相呼应；通过国旅总社，邀请法国旅行社老板来天鹅信谊宾馆考察。这些旅行社老板看了后感到非常满意，当场决定今后让他们来上海的客人全部住"天鹅信谊"。多年来，宾馆不断地推出适合法国人需求的新的服务项目，使"天鹅信谊"的法国客人在整个上海旅游市场上占有较多的份额。

资料来源：https://www.docin.com/p-1524005331.html。

案例评析：天鹅信谊宾馆经营成功的原因在于对旅游目标市场的正确把握，通过旅游市场的调查、分析和预测，取长补短确定了可衡量、可盈利、可进入、稳定且具有一定规模性的目标旅游市场，采取相应的促销策略和专营化策略进行目标旅游市场的市场开拓，从而在激烈的市场竞争中脱颖而出。

（3）描述细分市场

对细分市场的描述主要包括以下内容：细分市场的名称，使细分市场产生差异化的主要因素，对细分市场中群体的简要描述。例如，男性旅游市场描述细分市场轮廓，如图4-7所示。

特征	细分市场		
	细分市场1	细分市场2	细分市场3
人口细分变量： 年龄 性别 收入	26~40岁 男性 高	41~65岁 男性 中	65岁以上 男性 低
行为细分变量： 购物地点 购物频率	网络 低	旅行社 中等	老年社团 高
心理细分变量： 观点 意识	追求时尚 强烈的名牌意识	注重舒适 有时讲究名牌	经济节约、注重安全 很少追求名牌

图4-7 男性旅游市场描述细分市场轮廓图

（二）旅游目标市场范围选择策略

旅游企业评估细分市场后，对目标市场的选择是"由面至线，由线至点"的战略，逐渐缩小目标市场的范围，最后确定旅游企业的目标市场。旅游目标市场范围选择策略，一般可以采用五种策略（图4-8）。

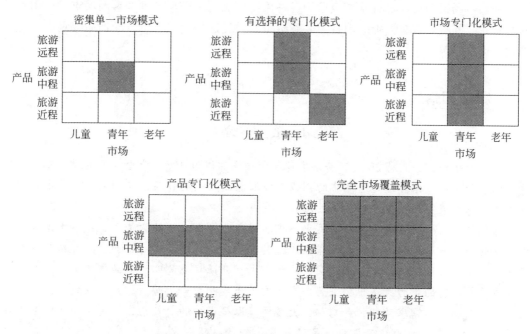

图4-8　旅游目标市场范围选择策略图示

1. 密集单一市场模式

密集单一市场模式是指旅游企业的目标市场无论从产品还是从市场角度都集中在一个细分市场，针对某一特定的消费者群体，只生产一种产品，以此展开市场营销，实行专业化生产和销售。旅游企业通过这种模式，能集中优势力量，降低成本，提高企业和产品的知名度，并能快速地在此领域树立起特别的声誉，巩固市场地位。

2. 有选择的专门化模式

有选择的专门化模式是指旅游企业选择若干个客观上都有吸引力并符合旅游企业目标和资源的细分市场，为不同的旅游顾客群提供不同类型的旅游产品，不同细分市场配有不同的营销组合，尽力满足不同的消费群体的各种需求。旅游企业通过这种模式，每个细分市场都有可能盈利，有利于分散企业经营风险，进一步促进了销售的增长。

3. 市场专门化模式

市场专门化模式是指旅游企业向同一旅游消费群提供各种性能有所区别的或者系列化的旅游产品，专门为满足某类顾客群体的各种需要而服务。旅游企业通过这种模式，可以发展和利用与顾客之间的关系，降低交易成本，从而使企业在这个顾客群体中获得良好的声誉。

4. 产品专门化模式

产品专门化模式是指旅游企业向各类旅游消费者集中提供一种旅游产品和服务。旅游企业通过这种模式，可以拥有优势的资源，降低成本，开展规模化经营。

5. 完全市场覆盖模式

完全市场覆盖模式是指旅游企业用各种旅游产品同时满足各种顾客的需求，运用不同的产品和服务覆盖所有类别的消费者。旅游企业通过这种模式，可以增加品牌曝光机会，扩大市场占有率。

小 说 旅 馆

有一家小旅馆，共有20间客房，其布置和摆设都极为奇特。每个房间的设计都以一位著名作家为主题。旅客通过房间中的摆设可以联想到不同的作品，从而引起一连串遐想。这家小说旅馆吸引了众多爱好读书的游客，生意十分兴隆。

案例评析：小说旅馆采用了密集单一市场模式，具有以下的意义：首先，小说旅馆生意兴隆的原因是这个旅馆与其他旅馆相比独具特色，造就消费者对企业产品的持久形象。其次，小说旅馆依据消费者各不相同的消费需求，开设具有鲜明特色的服务项目，在市场竞争中具有独特的魅力，在市场上为本企业创造出某种竞争优势。适应市场规律，真正满足了某一消费群体需求的"特色店"，大多是能取得成功的。最后，小说旅馆之所以生意兴隆，是由于其独特的经营策略满足了那些爱好读书的顾客，利用自己的长处吸引了消费者。

资料来源：http://www.docin.com/p-1310206248.html。

（三）旅游目标市场营销战略

1. 旅游目标市场营销战略的组成

旅游目标市场营销战略包括无差异营销策略、差异性营销策略和集中性营销策略（图4-9）。

（1）无差异营销策略。无差异营销策略是把市场看成一个没有需求差异的整体，运用单一的旅游市场营销组合满足所有的市场需求。即旅游企业不考虑各细分子市场的独特性，而只注重于市场的共性，决定只推出单一产品，运用单一的旅游市场营销组合，力求在一定程度上适合尽可能多的消费者的需要。无差异营销策略的优势有：规模效应显著，易于形成垄断性的名牌旅游产品的声势和地位。无差异营销策略的缺点有：市场适应能力差，对多数产品不适合，增加了旅游企业的经营风险。无差异营销策略的适用条件是：企业面对的市场是同质市场；消费者需求有差异，但是有足够的相似之处可以作为一个同质的目标市场加以对待；有广泛的销售渠道；产品在消费者中有广泛的影响，且质量好，企业有独特的不易外泄的生产诀窍；产品用于满足人们的基本需求，消费者的需求差异较小。

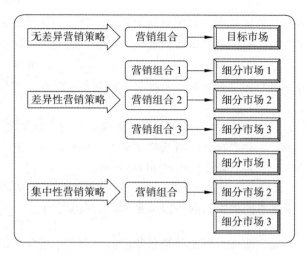

图 4-9　旅游目标市场营销战略示意图

例如，在相当长的一段时间内，可口可乐公司因拥有世界性的专利，仅生产一种口味、一种规格和形状的瓶装可口可乐，连广告词也只有一种。它所实施的就是无差异性市场战略，期望凭借一种可乐来满足所有消费者对饮料的需求。

（2）差异性营销策略。差异性营销策略是在细分的基础上，选择两个或两个以上的子市场作为自己的目标市场，针对不同的细分市场的需求特点提供不同的旅游产品，提供不同的营销组合方案，凭借旅游产品与市场的差异化，获取最大的销售量。差异性营销策略的优点有：有利于针对性地满足不同顾客的需要，扩大销售；有利于树立旅游企业在旅游者心中的形象；可以在一定程度上分散旅游企业的经营风险。差异性营销策略的缺点有：导致生产经营成本与营销宣传费用的增加；使旅游企业管理难度加大；由于多元化分散经营，使旅游企业的资源配置不能有效集中。差异性营销策略的适用条件是：旅游企业的人力、物力、财力比较雄厚，技术水平高超；旅游企业有较好的营销能力；旅游市场需求差异大。

希尔顿细分目标市场

希尔顿集团的饭店主要分以下七类。

（1）机场饭店。机场饭店普遍位于离机场只有几分钟车程的地方。

（2）商务酒店。商务酒店位于理想的地理位置，拥有高质量服务以及特设娱乐消遣项目的商务酒店，是希尔顿旗下的主要产品。

（3）会议酒店。会议酒店负责承办各种规格的会议、会晤及展览、论坛等。

（4）全套间酒店。全套间酒店适合长住型客人。每一套间有两间房，并有大屏幕电视、收音机、微波炉、冰箱等，起居室有沙发床，卧室附带宽敞的卫生间。每天早上供应早餐，晚上供应饮料。价格优惠，两房间的收费只相当于一间房。

（5）度假区饭店。度假区饭店有方便快捷的预订、顶尖的住宿、出色的会议设施及具有当地风味特色的食品和饮料。人们在这里放松、休养、调整，同时也可以享受这里的各种娱乐设施。

（6）假日俱乐部。假日俱乐部为其会员提供多种便利及服务，它的商务及会议等服务也同样令人满意。

（7）花园酒店。花园酒店的目标市场是新近异军突起的中产阶级游客，市场定位是"四星的酒店，三星的价格"。希尔顿花园酒店价位适中，环境优美，广受欢迎。

资料来源：http://www.pfk365.com/lscontent/jiik445.html。

案例评析： "一个尺码难以适合所有的人"。希尔顿在对顾客做了细致分类的基础上，利用各种不同的饭店提供不同档次的服务以满足不同的顾客需求。

（3）集中性营销策略。集中性营销策略是指旅游企业在市场细分的基础上，根据自身的资源及实力只选择一个或少数几个细分市场作为目标市场，集中全部营销力量进行高度的专业化经营，为满足特定的需求服务。集中性营销策略的优点有：能够更充分地利用企业资源，建立巩固的市场地位。集中性营销策略的缺点有：目标市场狭窄，经营者承担的风险较大。集中性营销策略的适用条件是：适合资源薄弱的企业。

案例阅读

分手餐厅特色餐馆生意火

"想好再分手"的餐吧的门口立着一个牌子："情感发生障碍与即将分手的夫妻准入。其他食客免进。"因为该餐厅的客户群锁定在那些情感产生裂痕，或即将分手的情侣或夫妻身上。为了帮助顾客挽回爱情，设计15间包房。为情感发生暂时裂变的情侣，开设了"老地方""勿忘我""情未了"等包间；为即将分道扬镳的夫妻，开设了"今生缘""手牵手""连理枝"等包间。并设计了具有亲和力与温馨感菜品与服务，勾起人们对恋爱时的美好回忆。为那些情感产生裂痕或即将分手的情侣或夫妻提供了分手前一诉衷肠的最佳情感交流氛围。三年来，这家创意独特的餐吧，不仅使58对去意已决的情侣或夫妻言归于好，而且获得很高的经济收益。

资料来源：https://www.795.com.cn/wz/25949.html。

案例评析： 随着竞争的激烈，只有赋予传统的餐馆新的概念，才能捕捉到诱人的商机。这家餐吧经营定位科学准确——顾客群体牢牢锁定那些情感产生裂痕，或即将分手的情侣或夫妻，并通过集中性营销策略取得了成功。

2. 选择目标市场应考虑的因素

三种目标市场的覆盖策略都有利有弊，旅游企业在选择目标市场策略时，应考虑以下几个方面的因素。

（1）企业资源。如果旅游企业资源充足、供应能力强、实力雄厚、经营管理水平高，就可采用差异性营销策略和无差异性营销策略；如果资源不足、实力有限，最好采用集中性营销策略。

（2）产品特点。如果市场上不同旅游企业所生产的产品差异性小，属于同质产品，一般采用无差异性营销策略；如果市场上不同旅游企业所生产的产品差异性大，属于异质产品，最好采用差异性营销或集中性营销策略。

（3）市场特性。如果消费者需要、购买方式、营销刺激反应大体相同，市场是同质的，就可以采用无差异性营销策略；如果消费者需要、购买方式、营销刺激反应有较大的差异，市场是异质的，则宜采用差异性营销策略或集中性营销策略。

（4）产品所处的市场生命周期阶段。在投入期，市场上的产品少，竞争者也少，可采用无差异性营销，可以进一步通过市场的扩大来探测市场需求和潜在需求，从而进一步促进产品的深化开拓。在成长期和成熟期，进入市场的产品增多，竞争者亦趋增多，应采用差异性营销策略。进入衰退期后，为保持原有市场，延长产品生命周期，则以集中性营销策略为主。

（5）竞争者的状况和策略。首先，当竞争者较少时，可采用无差异性营销策略；当竞争者较多时，应选择差异性营销策略或集中性营销策略。其次，一般而言，旅游企业所采取的目标市场营销策略应该与竞争对手有所区别。当竞争对手采用无差异营销策略时，本企业就可采用差异性营销策略。

江小白的品牌营销

作为白酒行业的热门品牌经过调查发现：一些知名的白酒品牌，提供的价值都是雷同的，都提供了高档的口味、高档的价格、高档的包装，拥有较高的知名度，因为，在一样的档次上提供了一样的价值，吸引的目标公众基本一致，市场竞争激烈。江小白选择将"80后""90后"等新生代群体作为目标客户。

江小白没有一开始就像其他传统白酒品牌一样在电视广告、包装、品牌档次上的投入，甚至口味用料也并不高档，但它把这些成本省下来，让利给年轻群体，在"价格实惠度"这个价值上远胜于高端白酒，毕竟一瓶江小白才几十块钱。同时，江小白把渠道铺到烧烤摊而不是高档酒楼里，增加了年轻人的易得性。

江小白增加了一些传统白酒没有的价值。江小白紧跟主流消费群体的意识形态，设计了"我是江小白，生活很简单"的品牌标语，打造了一个戴着黑框眼镜、身穿休闲西装的漫画男生形象；江小白在包装上印上年轻人喜欢的文字，加入了情感因素："一个人的行走范围就是他的世界""年轻时要出去走走，年长后要多回头看看"。这些文案都很好地触动了消费者的情感，引起消费者的好感和共鸣；江小白还围绕该漫画男生形象制作了网络同名动画作品《我是江小白》，在无形中传递了品牌理念，使江小白的品牌形象深入人心。

资料来源：https://zhuanlan.zhihu.com/p/394846820.

案例评价：江小白选择将"80后""90后"等新生代群体作为目标客户，并且江小白实现了差异化营销：减少了没必要的价值实现了低成本运行。江小白借助情感和内容，赋予品牌青春、简单、真我的鲜明人格，让消费者倍感亲切。围绕着品牌定位和人格，江小白不断强化营销，持续创造符合品牌定位的内容。

案例思考题

从旅游目标市场营销战略出发，探讨江小白成功原因。

第三节　旅游市场定位

一、旅游市场定位概述

（一）市场定位的概念

"定位"是由艾尔·列斯和杰克·特劳特提出的，把定位看作对现有产品的创造性实践。菲利普·科特勒认为，定位就是力图使被定位对象攀上这个已存在于消费者心中的形象阶梯，从而被消费者认知，进而才能形成某种形象。市场定位是指企业为其产品确定市场地位，即在目标市场消费者的心目中塑造特定品牌的形象，使产品具有一定特色，适合一定顾客的需求和偏好，并和竞争对手的产品有所区别。总之，定位就是对企业的产品进行设计，从而使其能在目标顾客心目中占有独特的、有价值的位置的行动。

可以从以下几点探讨市场定位的内涵：第一，市场定位实质就是要确定与其他企业的差异化，企业根据市场需求、竞争情况、自身条件，确定本企业所提供的产品在目标市场上的差异性地位，在产品的质量、特色、产品形式、价格及服务属性等方面的进行差异化设计；第二，市场定位就是确定旅游企业及其产品在消费者心目中的位置，为本企业产品塑造与众不同的、印象鲜明的形象，并将这种形象生动地传递给顾客，从而使该产品在市场上确定适当的位置。简言之，就是在客户心目中树立独特的差异化形象。

（二）旅游市场定位的概念

旅游市场定位是指旅游企业在全面地了解、分析竞争对手在目标市场的位置后，为旅游企业及其产品塑造与众不同的鲜明个性，并将其形象生动地传递给消费者，从而使该企业及其产品在市场上确定适当的位置的过程。简单地说，旅游市场细分和旅游目标市场的选择是让旅游企业如何找准目标顾客，而旅游市场定位则是让旅游企业塑造一定的市场形象，以求在目标顾客心目中形成一种特殊的偏好，并最终赢得顾客的营销过程。只有明确市场定位，旅游企业才能确定旅游产品要如何开发改进，才能确定旅游产品要如何定价从而被旅游者接受且收获最大利润，才能确定旅游产品要如何选择合适的渠道从而触达可能购买的目标群体。

（三）旅游市场定位的作用

1. 有利于造就旅游企业产品在消费者心目中的持久形象

旅游市场定位是一个过程，是旅游企业树立形象、传递形象的过程。市场定位有利于树立企业及其产品的市场特色，使其在消费者心目中形成一个与众不同的印象，从而影响顾客的消费行为。

2. 有利于旅游企业营销组合的精确执行

市场定位是企业营销组合策略制定与执行的基础，通过细分市场，选择适合自己的目标市场，并进行市场定位，旅游营销者就可以确定经营方向、营销组合的内容与资源的配置，执行人员也可以根据定位精确执行营销组合策略。旅游市场定位是旅游企业根据市场同类产品的竞争情况，针对消费者对该类产品的某些特征或属性的重视程度，确定自身的营销组合如何接近或吸引旅游消费群体的一种营销活动。

3. 有利于旅游企业建立竞争优势

旅游企业如果不能突出自身优势，不能让自己与竞争对手区别开来，在争夺同样的目标旅游者时，必然会形成激烈的市场竞争。没有进行有效的市场定位，旅游产品品种、服务、人员、形象等方面没有明显的差异，企业间的竞争就会更多地反映在价格上，会出现恶性竞争的局面。企业通过市场定位，塑造鲜明的特色或个性的市场形象，并据此开展集中有效的营销活动，有利于企业建立差异化竞争优势。

传奇盛京 福运沈阳

在《沈阳市旅游发展总体规划（2015—2020年）》中，将沈阳市的旅游形象定位为"传奇盛京，福运沈阳"。

传奇盛京：沈阳史称盛京，见证了满族从骑射民族到大清盛世的历史，见证了张氏父子从山林草莽到一代枭雄的变换，见证了辽沈战役从敌强我弱到解放战争胜利的转折，见证了祖国工业从一无所有到中国创造的辉煌。传奇盛京正在奏响新的乐章，续写新的传奇。

福运沈阳：自然馈赠给沈阳"青山入城，水系串城"的福脉；历史诠释了沈阳"一朝发祥地，两代帝王城"的福地。沈阳山水风调雨顺，鸿运一脉相承；沈阳人民豪爽乐观，好运一生相伴。福运沈阳为旅游者奉献福来运转的旅游环境，留下幸福启运的旅游经历。

资料来源：《沈阳市旅游发展总体规划（2015—2020年）》.

案例评析：城市旅游形象定位是将城市旅游形象经过总结概括、提炼升华、向社会传播，从而在人们心目中确定的形象位置。沈阳的形象定位从自身资源出发，突出城市特色，为沈阳旅游特色化发展指明了方向，对于扩大城市知名度，增强旅游吸引力，激发当地居民归属感，全面塑造城市形象，都具有积极意义。

二、旅游市场定位的方式

（一）以产品特点为导向定位

以产品特点为导向定位是指利用旅游产品本身具备的优势和特点，打造品牌产品特征形象。构成产品内在特色的许多因素都可以作为市场定位所依据的标准，如质量、成本、特征、性能、可靠性、用处等。这种定位可以根据消费者的消费心理进行品牌定位，以建立品牌在目标消费者心目中的形象。例如，中国民俗文化村的宣传定位是"24个村寨，56个民族"；锦绣中华的宣传定位是"一步跨进历史，一日畅游中国"；世界之窗的宣传定位是"世界与你共欢乐；您给我一天，我给您一个世界"。

（二）以旅游企业特点为导向定位

以旅游企业特点为导向定位是指从企业形象、塑造品牌入手进行定位，主要从旅游企业的企业文化，价值观念，员工的能力、知识、言表、可信度等方面进行定位。例如，IBM意味着最佳服务，星巴克的"第三空间"。

（三）以目标市场为导向的定位

以目标市场为导向的定位是指确定旅游企业的目标顾客群，从目标市场出发，对品牌进行定位，可以利用空隙市场或细分市场的优势，准确进行市场区隔。以目标市场为导向的定位瞄准的是消费者，因此首先必须了解消费者希望得到什么样的利益和结果，然后考虑旅游企业能够创造和提供什么产品与利益来满足消费者，以此出发进行定位。这种定位包括从使用者角度定位、从使用场合定位、从消费者购买目的定位和从消费者生活方式定位。"喜之郎"果冻在广告中推荐"工作休闲来一个，游山玩水来一个，朋友聚会来一个，健身娱乐来一个"，让人在这些快乐和喜悦的场合想起"喜之郎"。

（四）以竞争为导向的定位

以竞争为导向的定位是从竞争对手出发，根据市场竞争情况进行竞争性定位，其目的是凸显品牌的差异性，拉开或拉近与竞争对手的距离，确定旅游企业相对于竞争者的市场位置。常见的策略有领先定位、比附定位、对比定位和空隙定位。

案例分析

江南著名水乡的宣传定位

到江南水乡，就会想到流水小桥、斑驳的青石板、撑油纸伞的姑娘们。这个远离城市喧嚣的地方，是非常令人向往的。那么江南最有名的水乡有哪些呢？都是如何进行定位的呢？

（1）周庄。周庄隶属于江苏省苏州市昆山市，是江南六大古镇之一，其典型江南水乡风貌就如同水墨画中的一般，号称是"中国第一水乡"。

（2）乌镇。乌镇位于浙江省嘉兴市桐乡市，是中国十大魅力名镇之一，位于浙江省嘉兴市桐乡市，是典型的中国江南水乡古镇，这里完整地保存着晚清和民国时期的风貌，被定位为"中国最后的枕水人家"。

（3）西塘。西塘位于江浙沪三地交界处，也是江南六大古镇之一，还是古代吴越文化的发祥地，曲折幽深的小巷，一座座体态轻盈的古桥，每一处景色都十分有韵味，号称是"活着千年古镇"。

（4）甪直。甪直位于苏州市东部，是一座有着2500年历史的江南水乡古镇，甪直水多桥多，一直有着江南"桥都"的美称。

（5）木渎。木渎位于江苏省苏州市，木渎既有小桥流水人家的风情，又有苏州园林的精致幽深，素有"吴中第一镇"之称。

（6）朱家角。朱家角隶属于上海市青浦区，是上海四大历史文化名镇之一，在上海繁华的大都市，这样一处古镇无疑是一处世外桃源般的地方，有着"上海威尼斯"的美誉。

资料来源：http://baozizx.wnxfs.com/art_44660_c45b8fa1e26d.html?id=0dc46a52291.

案例评析： 以上江南水乡通过不同的市场定位与宣传达到，加深受众对水乡的印象，树立了水乡的良好，引导新的旅游文化，实现了旅游形象的差异化，避免激烈的市场竞争。

案例思考题

江南著名水乡是如何进行市场定位的？

三、旅游市场定位的基本步骤与常用工具

（一）旅游市场定位的基本步骤

首先，分析目标市场的现状，确认潜在的竞争优势。通过了解目标市场消费者需求及其特点、竞争者优势与劣势、旅游企业本身的竞争优势等，识别旅游企业潜在的自身优势和差别化优势。

其次，准确选择竞争优势，对目标市场初步定位。将所有识别出来的竞争优势罗列出来，按照重要性、效益性、竞争性等要素加以对比分析，剔除开发成本太高，或与旅游企业发展目标不相称的潜在优势，选出最适合本企业的优势项目，以初步确定企业在目标市场上所处的位置。

再次，寻找品牌差异化。市场定位就是为某个特定品牌确定一个区别于竞争品牌的卖点和市场位置，使商品在消费者的心中占领一个特殊的位置，因此必须寻找本品牌与其他品牌差异化，并对自身产品在特殊功能、文化取向及个性差异上的商业性决策，以便建立一个与众不同的品牌形象。

最后，传递本企业的竞争优势，传播市场定位。在确定了市场定位后，通过一系列的宣传促销活动向社会公众显示自身的竞争优势，使其独特的竞争优势在旅游者心目中留下深刻印象，在消费者心目中保留与企业的市场定位相一致的形象。如果宣传出现了偏差或企业自身又重新进行了定位，应该及时纠正与市场定位不一致的形象。例如，一家旅游企业定位于"质量上乘"，就应该在高品质的旅游产品设计、高档的旅游服务，高质量的广告媒体选择、高素质经销商的合作等方面进行宣传，通过营销活动使目标旅游者了解、熟悉、认同这个市场定位，并在旅游者心目中建立与其定位相一致的形象。

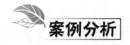

农夫山泉如何做差异化市场定位？

中国的包装饮用水市场越来越大，饮用水市场竞争越来越激烈，那么在当时如此激烈的竞争中农夫山泉如何脱颖而出的呢？

1. 品牌定位差异化

农夫山泉通过"天然水"的高品位，从而突显自己品牌的独特性。农夫山泉公布一项"长期饮用纯净水有害健康"的实验报告并宣布全面停产纯净水，而只生产天然水，从而加强了农夫山泉品牌的独特性和知名度。

2. 口感定位的差异化

农夫山泉最出名的广告词"农夫山泉有点甜"从口感上直接体现了自己特性，既体现了农夫山泉的天然水健康的特点，又进行目标市场定位，即喜欢喝"有点甜"的天然水的顾客。

3. 产品定价的差异化

在中国由于饮用水的市场竞争激烈，各企业在各区域市场大力争夺经销商，厂家大多采取价格战和加大通路成本投入的方式。农夫山泉却反其道而行之，采取的是适度的高价定位，这种定价提升了农夫山泉的品牌价值，而且也符合农夫山泉关于健康的天然水的定位。

4. 终端管理的差异化

对于终端管理，作为一个新兴品牌，大多数总是有点底气不足。农夫山泉反其道而行之，对终端管理采用款到发货的坚定政策，同时配合起在市场上的造势，在短时间内提升市场占有率，使销售商对农夫山泉更有信心。

资料来源：https://www.163.com/dy/article/G3NGDV4B0518H8F0.html。

案例思考题

农夫山泉是如何做差异化市场定位的？

（二）旅游市场定位的常用工具

1. 市场定位图分析法

市场定位图以矩阵表为基础设计，描述本产品与竞争对手的相对位置和市场份额，描绘出消费者或潜在消费者对产品的直观的、形象化的感知图像。

第一步：调查影响市场定位因素。此时一般用 3C 分析法。

1C：消费者分析（customers analysis）。了解消费者的人口统计特征、消费者的个性特征、消费者的生活方式、消费者的品牌偏好与品牌忠诚、消费者的消费习惯与行为模式等。

2C：竞争者分析（competitors analysis）。了解竞争品牌的产品特征、目标市场、品牌形象等。

3C：企业分析（corporation analysis）。了解企业的产品特征、企业现有的目标市场和企业品牌形象。

第二步：确定产品定位的依据。

第三步：明确目标市场竞争状况。在对竞争者调查、分析的基础上，把现有竞争者的定位情况在定位图上标示出来（图4-10）。

第四步：市场定位图分析。

①运用对抗定位策略，采用 H1 定位方案。对抗定位策略是指旅游企业根据自身的实力与市场上占支配地位的竞争对手发生正面竞争，从对手手中抢夺市场份额，最终自己取

而代之。如果市场上对产品需求量较大，且本企业比竞争对手能开发出更好的产品，就可以采用对抗定位策略。

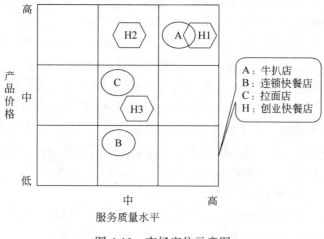

图 4-10　市场定位示意图

②运用填补定位策略，采用 H2 定位方案。填补定位策略是指旅游企业为避开强有力的竞争对手，寻求具有足够的需求规模且竞争对手无暇顾及的目标市场的"空隙"部分，在消费者或用户心目中迅速定位。如果企业本身实力弱，则可以避开竞争，寻找竞争对手无暇顾及的市场空缺，采用填补定位策略。

③运用并列定位策略，采用 H3 定位方案。并列定位策略是指旅游企业将产品定位在现有竞争者的同一位置上，但是产品特色不同，和竞争者共同满足同一个目标市场。如果本企业的实力有限，和竞争者的产品特色有所不同，可以与竞争者平分秋色，这种情况常采用并列定位策略。

2. 定位钻石模型分析法

波特钻石模型是由美国哈佛商学院著名的战略管理学家迈克尔·波特提出的。定位钻石模型是市场定位战略综合模型，是定位分析的有效工具（图 4-11）。

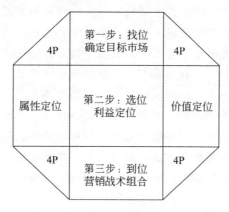

图 4-11　定位钻石模型图

第四章　旅游市场 STP 营销战略

第一步：找位。找到目标市场（目标顾客）。在市场研究的基础上，找到目标市场（目标顾客群），并了解他们对4P各方面的需求特征。选择目标顾客有两种方法：一是分析哪些消费者对产品有需求，二是分析竞争者的目标顾客是谁。前者圈定了目标顾客的范围，后者是在已经圈定的目标顾客群中找到与竞争者不同的部分。

第二步：选位。选择顾客利益（市场定位）。选择顾客利益同样有两种方法：一是满足目标顾客的需求，二是与竞争对手形成差异化。具体分析包括产品、价格、渠道和沟通四个方面的内容，最终把哪一个要素作为定位（不是到位）的要素，取决于在哪方面存在差异化的可能性。这里重点从产品角度进行分析。细分目标顾客利益并选择满足目标顾客的利益点，根据这个利益点确定价值定位、利益定位和属性定位。其中价值定位是从归属感、爱、自尊、成就感、社会认同、享受、安全、快乐等角度定位；利益定位是从功能利益、体验利益、财务利益、心理利益等角度定位；属性定位是从原材料、形态、制造过程、服务、品牌、包装、价格等角度定位。

第三步：到位。实现营销组合（定位到位）。要使准备开发的产品真正实现到位，就要围绕着目标顾客和相应的市场定位，进行4P营销要素的合理组合，每一个要素都必须符合目标市场和市场定位的要求，通过营销战术组合实现已经确定的定位。

常州恐龙园的市场定位

目前全国的主题公园有70%处于亏损状态，20%持平，只有10%左右盈利。常州恐龙园便是10%中的一员。在一个不出恐龙，且没有多少旅游自然资源的常州市，运营10余年的中华恐龙园年接待游客近200万人次，成功打破了国内主题公园"一年兴，两年平，三年衰，四年关门"的生命周期。可以说这和恐龙园的营销是分不开的。

常州中华恐龙园建设伊始，就确立了"以科普拉动游乐，以游乐促进科普"的主题定位，将恐龙及科普娱乐的主题贯穿全园，让游客仿佛置身于恐龙生活的时代，无时无刻不体验到恐龙园的主题。大到恐龙馆的建设，小到恐龙园的一草一木，每个景观带都有恐龙造型的点缀，让游客仿佛置身于恐龙生活的时代。同时紧扣恐龙主题，将科普展览、游学体验、科技互动、亲子夜宿等元素融为一体，如亲子户外历险项目"勇闯恐龙山"、大型亲子古生物体验项目"恐龙科学实验室"，让孩子亲手体验化石发掘、组装；"夜宿恐龙馆"体验夜间博物馆的奇妙……让游客有了全新的体验。此外，恐龙园每天都有鲁布拉路人秀、卡通恐龙路秀等，也有专门的设计团队，创作与恐龙园主题符合的旅游纪念品。总之，通过对恐龙文化的延展与解构，不断强化主题性体验。

在目标市场方面，常州中华恐龙园将自己的目标市场按区域划分，每一个城市或区域都有自己的营销经理。在渠道合作方面，与旅行社等建立了良性互动的合作体系。

资料来源：https://www.163.com/dy/article/GAMC3D180514IJ84.html.

案例思考题

运用定位钻石模型方法分析常州恐龙园的市场定位。

3. 消费者关联模型分析法

在美国进行的一项实证研究结果证明：每一笔交易当中，消费者十分关注产品、服务、价格、便利、沟通和环境利益，这种站在消费者角度进行营销要素组合的方法被称为消费者关联方法（consumer relevancy method）。运用这一工具，对各营销要素的表现打分，总分数为 5 分者即为定位点，是目标顾客关注且具有比较竞争优势的某个营销要素；低于 5 分者为非定位点（表4-7）。

表4-7 消费者关联模型分析一览表

等级	产品	服务	价格	便利	沟通	环境
消费者追逐（5分）	产品出色或丰富	超越顾客期望	有购买代理降低价格	到达和选择很便利	沟通亲切体现关怀	令人享受
消费者偏爱（4分）	产品值得信赖	顾客满意	价格公平可信	到达和选择较便利	关心顾客	使人舒适
消费者接受（3分）	产品具有可信性	适应顾客	价格诚实	便利进出，容易寻找	尊重顾客	安全卫生
消费者抱怨（2~1分）	产品质量低劣	顾客不满意	价格误导和欺诈	进出困难，找货不易	不关心顾客	不想停留

资料来源：https://wenku.baidu.com/view/0120575d6ddb6f1aff00bed5b9f3f90f76c64d30.html?_wkts_=1685443575942.

四、旅游市场定位的传播

旅游市场定位是旅游企业根据市场同类产品的竞争情况，针对消费者对该类产品的某些特征或属性的重视程度，确定自身的产品及营销组合如何接近或吸引旅游消费群体的一种营销活动。旅游企业不仅要确定自己的定位，还要积极地传播自己的定位。传播就是流传、传扬，把已经塑造成的定位传播出去，使更多的社会公众了解旅游企业。要保证传播的真实性和有效性，让旅游企业的定位在传播过程中不被扭曲和失真，并在传播过程中促进定位和塑造。

（一）传播的相对独立性

旅游企业形象定位的传播具有相对独立性，既可以超前也可以滞后，利用得好，可以大大促进旅游企业的发展。例如，一个企业把自己的远景规划、对社会做的贡献、对公众所作的保证公之于众，使社会公众受到鼓舞，并对该企业寄予很大的期望。这种期望对企业及员工通常会形成一股强大的精神动力，推动企业前进，使其不负众望。

（二）传播执行的特点

首先，要注意传播执行是一个动态过程，是由一系列文化工作构成的过程，需要不断地根据实际情况调整。无论多么周密细致的计划，即使经过多次论证和实验，在传播执行时也会与实际情况存在差异。其次，要注意传播过程中的创造性，传播执行需要充分发挥主动性和创造性。最后，要注意传播执行具有广泛的影响性，要考虑对社会的影响。

丽江玉龙雪山景区营销成功案例分析

玉龙雪山既是丽江旅游的核心品牌，又是5A级景区。玉龙雪山旅游开发区先后投资10亿元，在50平方千米范围内，开发了甘海子、冰川公园、蓝月谷、云杉坪、牦牛坪等景点以及雪山高尔夫球场和《印象·丽江》大型实景演出。丽江玉龙雪山景区客流量年均增长超过25%。玉龙雪山景区的成功并不是偶然的，其营销管理体系所形成的综合竞争力已使其成为中国旅游景区行业的市场领跑者。

（1）面向大陆市场。重点与中央电视台和新浪、搜狐等知名门户网站建立常年合作关系；面向北京、上海、广州和深圳等大城市，主要在机场、火车站和高速公路出入口进行广告宣传；面向省内和周边市场，重点加强在城际列车、城际飞机和高速公路旁的宣传力度，竖立制作精美的大型广告牌。

（2）面向港澳台市场。重在建立与旅游代理商、旅游网站和当地媒体的合作关系，主推"云南最神圣的雪山"品牌，突出神秘原始的东巴文化和原生态的雪山风光。其中，针对港澳台地区的中产阶级，着重宣传玉龙雪山的冰雪奇迹，主推"北半球最南的雪山"品牌，策划"东巴文化旅游节""雪山天籁音乐会"等活动，媒体选择以旅游杂志、重要社区、娱乐场所和俱乐部为主。

（3）面对欧美市场。通过"玉龙雪山国际摄影大赛""中瑞姊妹峰节"等文化交流活动，吸引和邀请欧美国家的外事人员与国际组织人员、媒体人员和专业人员。同时，策划"徒步虎跳峡""南国雪山探秘""雪山高尔夫"等探险旅游活动，吸引具有冒险精神的国际游客。其中，针对欧洲游客享受自然、重视在旅游过程中增长知识的心理，主打"原生态的东巴文化，原生态的玉龙雪山"品牌；针对美国游客喜欢探险和体验多样性旅游项目的心理，以"壮丽的雪山、神奇的虎跳峡"为主题，在美国《国家地理》定期开设专栏。此外，借助丽江国际东巴文化旅游节、世界遗产论坛、纳西族"三朵节"等民族节庆与会展活动，吸引海外媒体、旅行商和国际游客，并在飞往主要客源地国家的国际航班上免费赠送多语种的玉龙雪山旅游资料。

（4）面对日本市场。重点加强与日本旅行社和观光协会的联系，主推丽江古城世界文化遗产和东巴文化世界记忆遗产。其中，面向日本的"银发市场"，主推"神秘东巴，古老神山"品牌。面向日本的高端客源，加强对玉龙雪山、东巴文化特色商品、纳西特色餐饮的宣传力度。

（5）面对东南亚市场。针对泰国中青年游客喜欢刺激和创新、热爱登山滑雪的心理，以"彩云之南，玉龙雪山"为品牌，突出东巴神山的资源独特性和神秘性，突出包价旅游的价格优势。针对新加坡游客重视旅游品味、服务质量、旅游知识含量的心理，以"神秘的东巴文化，壮丽的玉龙雪山"为品牌，突出玉龙旅游的知识含量、生态环境和民俗风情。

资料来源：https://wenku.baidu.com/view/d7599f2d5627a5e9856a561252d380eb62942379.html.

案例评析：丽江玉龙雪山在市场细分的基础上，针对每个具体市场的特性，选择最适合的媒体，采用该市场的潜在消费群体容易接受的方式，开展宣传活动。

五、旅游市场营销定位战略

（一）市场领导者战略

市场领导者是指在某一产品或服务市场中占有最大的市场份额，在价格变化、新产品开发、分销渠道建设和促销战略等方面对本行业其他公司起着领导作用的企业。它是市场竞争的先导者，也是其他企业挑战、效仿或回避的对象，如软饮料市场的可口可乐公司等。市场领导者的地位是在竞争中自然形成的，但不是固定不变的，必须面临竞争者的无情挑战。为保持优势地位，常会采用扩大市场需求量、维护现有市场份额、提高市场占有率的战略。

1. 扩大市场需求量

处于市场领导地位的领先企业，其营销战略首先是扩大市场，即增加总体产品需求数量。当一种产品的市场需求量扩大时，受益最大的是处于领先地位的企业。例如，消费者如果增加饮用碳酸饮料的数量，受益最大的将是可口可乐，因为可口可乐不仅是全球销量排名第一的碳酸饮料，而且也是全球最著名的软饮料品牌。当人们对碳酸饮料的需求量增加时，自然会选择可口可乐。

（1）开发新用户。通过发现新用户来扩大市场需求量，其方法如下：一是转变未使用者，即说服那些未使用本产品的人开始使用，把潜在顾客转变为现实顾客；二是进入新的细分市场，挖掘顾客；三是进行地理扩展，寻找尚未使用本产品的地区，强势营销，进入新的地理市场。

（2）寻找新用途。处于市场主导地位的领先企业可以设法找出产品的新用法和新用途，以扩大需求量。市场领导者往往最有能力根据市场需求为自己的产品寻找新的用途。

（3）增加使用量。处于市场领导地位的领先企业可以促进或说服消费者增加使用量来扩大需求。通常有三种办法：一是促使消费者在更多的场合使用该产品；二是增加使用该产品的频率；三是增加每次消费的使用量。

2. 维护现有市场份额

在领先企业面临的竞争对手中，总会有相对实力雄厚的竞争者，领导者必须防备竞争对手的进攻和挑战。维护自己现有的市场份额是领先企业守住阵地的有效竞争策略。有以下六种防御战略可供市场领导者选择。

（1）阵地防御。阵地防御就是市场领导者在现有阵地周围建立防线，如可以运用技术壁垒、低价渗透等方法使其他企业无法进入自己的市场。这是一种静态的防御，是防御的基本形式。

（2）侧翼防御。侧翼防御是指市场领导者建立某些辅助性的基地作为防御阵地，或必要时作为反攻基地。特别要注意保卫自己较弱的侧翼，防止竞争对手乘虚而入。

（3）先发防御。先发防御是"先发制人"式的防御，是指市场领导者抓住竞争对手的弱点，在竞争对手尚未动作之前主动攻击，在竞争中掌握主动地位。先发防御策略的使用时机如下：当某一竞争者的市场占有率达到对本企业可能形成威胁的时候，竞争者可能要向本企业采取进攻时,在竞争对手推出新产品或推出重大促销活动之前。预防胜于治疗,先发防御策略在竞争对手尚未构成严重威胁时抢先主动出击,以削弱或挫败竞争对手,必要时还可以采取连续不断的正面攻击。先发防御策略往往会达到事半功倍的效果。

(4)反攻防御。反攻防御是指市场领导者受到竞争者攻击后采取反击措施。面对竞争对手发动的降价或促销攻势,市场领导者可以采取两种策略:一是延迟反击,如果竞争对手的攻击行动并未造成本公司市场份额迅速下降,可采取延迟反击;二是迅速反击,如果竞争对手的攻击行动造成本公司市场份额迅速下降,应该迅速反击。反攻防御要主动反攻入侵者的主要市场阵地。可实行正面回击战略,也可以向进攻者实行"侧翼包抄"或"钳形攻势",以切断进攻者的后路。

(5)运动防御。运动防御是指市场领导者扩展到一些有潜力的市场阵地,或扩展到新的市场领域,以作为将来防御和进攻的中心。市场扩展可通过两种方式实现:一是市场扩大化,将服务和产品的市场扩大化;二是市场多角化,旅游企业的经营范围超过原有领域,同时经营两个以上业务,以利分散风险、增加利润。

(6)收缩防御。收缩防御是指旅游企业主动从实力较弱的、对旅游企业不重要的、疲软的市场撤出,将力量集中于实力较强的、主要的、能获取较高收益的市场。

3. 提高市场占有率

市场领导者应设法扩大企业的市场份额,提高企业的市场占有率,这是增加收益、保持领先地位的一个重要途径。一般而言,如果单位产品价格不降低且经营成本不增加,企业利润会随着市场份额的扩大而提高。

旅游企业在提高市场占有率时应考虑如下条件。一是提高市场占有率是否会引发反垄断行为。许多国家都有反垄断法,当旅游企业的市场占有率超过一定限度时,就有可能受到指控和制裁。二是提高市场占有率是否会大幅度提高经营成本。当市场份额超出某一限度仍然继续增加时,经营成本的增加速度就大于利润的增加速度,旅游企业的利润会随着市场份额的提高而降低,应该避免这种现象。三是提高市场占有率所采取的营销策略是否准确。有些市场营销手段对提高市场占有率很有效,但却不一定能增加收益,应该避免这种现象。

(二)市场挑战者营销战略

市场挑战者是指那些在行业中占据第二位及以后位次,有能力对市场领导者和其他竞争者采取攻击行动来扩大其市场份额的企业,如软饮料市场的百事可乐公司。处于次要地位的旅游企业如果选择这种战略,必须确定自己的策略目标、挑战对象和进攻策略。

1. 选择战略目标和挑战对象

(1)攻击市场领导者。市场挑战者把市场领导者作为自己进攻的目标,一般是针对领先企业的弱点和失误发起进攻。这种进攻风险很大,然而吸引力也很大,一旦成功,挑战企业的市场地位将会发生根本性的改变。市场挑战者进攻市场领导者必须要满足以下基本条件:市场领导者在其目标市场的服务效果较差而令顾客不满;市场领导者对某个较大的细分市场未给予足够关注;市场挑战者拥有一种持久的竞争优势,有某种办法部分或全部抵消市场领导者的其他固有优势；市场挑战者具备某些阻挡市场领导者报复的办法。

（2）攻击与自己实力相当者。市场挑战者挑选与自己势均力敌的企业，抓住有利时机向其发动进攻，把竞争对手的顾客吸引过来，夺取它们的市场份额，壮大自己的市场。市场挑战者可选择与自己势均力敌的企业中经营不善发生亏损者，或资金不足者作为进攻对象，设法夺取它们的市场阵地。

（3）攻击实力较弱的企业。当某些实力较弱的企业出现经营不善、资金缺乏的情况时，市场挑战者可以争取它们的顾客，甚至是采取兼并、收购等方式，夺取这些企业的市场份额，以壮大企业自身的实力和扩大市场占有率。

2. 选择进攻战略

市场挑战者可以选择正面进攻、侧翼进攻、包围进攻、迂回进攻和游击进攻等战略。

（1）正面进攻。市场挑战者集中优势资源向竞争对手的强项市场正面发动进攻。例如，市场挑战者以更好的产品、更低的价格及更大规模的广告攻击对手。为了确保正面进攻的成功，进攻者需要有超过竞争对手的实力优势，如产品、广告、价格、渠道等主要方面大大超过竞争对手，才有可能成功。

（2）侧翼进攻。侧翼进攻就是市场挑战者寻找竞争对手的弱点，集中优势力量攻击对手的弱点。侧翼进攻的基础是寻找竞争对手的弱点，即寻找竞争对手力量薄弱的地区，或寻找竞争对手绩效不佳的产品，或寻找竞争对手还未覆盖的细分市场，以此作为攻击点和突破口。侧翼进攻也是一种最有效和最经济的战略，可以使企业的业务更加完整地覆盖各细分市场，而且避免了攻守双方为争夺同一市场而造成两败俱伤的局面。

（3）包围进攻。包围进攻是市场挑战者在多个领域同时开展全方位、大规模的进攻，以夺取对手市场的策略。市场挑战者采用包围进攻需要满足以下基本条件：市场挑战者必须拥有优于竞争对手的资源，能向市场提供比竞争对手更多的质量更优、价格更低的产品；能配合大规模商业促销活动。

（4）迂回进攻。迂回进攻是指市场挑战者完全避开竞争对手现有的市场阵地而迂回进攻。具体做法有三种：一是实行产品多角化经营，发展某些与竞争对手现有业务不同关联度的产品；二是实行市场开发策略，把现有产品打入新市场；三是用竞争对手尚未涉足的新产品取代现有产品，可以避免与竞争者产生正面冲突。

（5）游击进攻。游击进攻是指市场挑战者以小型的、间断性的进攻干扰对方，逐渐削弱对手，不间断地掠取对方市场。游击进攻战略的特点是持续不断地骚扰对手、牵制对手、误导对手，逐渐削弱对手的实力，打乱对手的战略部署，而且企业不会冒太大的风险。

（三）市场跟随者营销战略

市场跟随者是指以模仿或跟随竞争对手的产品或经营模式，力求占领部分市场的企业。市场跟随者的主要特征是安于次要地位，不愿扰乱市场形势，不正面挑战竞争对手，因为它们的目标是盈利而不是市场份额。市场跟随者愿意跟随在市场主导者后面自觉维持共处局面，在产品、技术、价格、渠道和促销等大多数营销战略上模仿或跟随市场领导者，在"和平共处"的状态下求得尽可能多的收益。市场跟随者还必须提防市场挑战者的攻击，因为市场跟随者的位置是市场挑战者的首选攻击目标。

1. 紧密跟随战略

紧密跟随战略，又称复制者战略，即在尽可能多的细分市场和营销组合领域中模仿市场领导者，完全不进行任何创新，具有不创新、紧随模仿的特点，它从不激进地冒犯市场领导者的领地，避免与市场领导者发生直接冲突。紧密跟随战略是利用市场领导者的投资和营销组合策略去开拓市场，自己跟在市场领导者的后面分一杯羹，故被看作依赖市场领导者而生存的寄生者。

2. 距离跟随战略

距离跟随战略，又称模仿者战略，即在主要市场和产品创新、一般价格水平和分销等主要方面追随领导者，但仍与之保持若干差异，保持某些距离。距离跟随者在主要方面，如市场、产品创新等策略上紧随主导旅游企业，只在一些次要方面，如包装、广告等策略上和主导者有一定距离。这种策略对市场很少干预，不像紧密跟随者那样会影响主导者的市场领导者的地位，领导者乐意让它们占有一些市场份额。距离跟随战略具有较少创新、差异化模仿、不触怒强势旅游企业的特点。

3. 选择跟随战略

选择跟随战略，又称调整者战略，即在某些方面紧跟领导者，但有时又走自主创新的路，积蓄实力，缓慢挑战。这类旅游企业具有跟随和自主创新相结合的特点，不是盲目跟随，而是择优跟随，在对自己有明显利益时追随市场领导者，在跟随的同时还不断地发挥自己的创造性，但会避免与市场领导者正面交锋。这种追随者通过改进并在别的市场壮大实力后有可能成长为市场挑战者。

（四）市场利基者战略

1. 市场利基者概念

市场利基者也称市场补缺者，指专门为规模较小的或大企业不感兴趣的细分市场提供产品和服务的企业。市场利基者战略与领导者、挑战者和跟随者相比，在人力、物力、财力、技术力、生产力、管理力等方面比较薄弱，因此，如何充分利用既有的资源，确定合理的资源组合以达到资源增值的效果，便成为重大的战略问题。为了避免与强大的竞争对手正面冲突，选取被大旅游企业忽略的、需求尚未得到满足的小市场作为其目标市场，根据自身所特有的资源优势，通过专业化的服务与专业化经营来占领利基市场，从而最大限度地获取收益的竞争战略。

市场利基者选择的目标市场具有以下特点：有足够的市场规模，市场成长潜力大，市场不被大竞争者重视，本企业有能力为该市场的消费者服务，本企业能建立起顾客信誉，本企业有能力抵御进攻者的进入。

2. 市场利基者战略的类型

实行市场利基者战略可以灵活巧妙地开发高度专门化需求的市场，见缝插针，从而实现高额利润，包括以下几种类型。

（1）最终用户的专业化——专门针对某类最终用户的产品。

（2）垂直层面专业化——专门致力于分销渠道中的某些层面。

（3）顾客规模专业化——专门为某一种规模(大、中、小)的客户服务。

（4）特定顾客专业化——只对一个或几个主要客户服务。

（5）地理区域专业化——专门为某一地区、地点服务。

（6）产品或产品线专业化——只生产一大类或小型、微利产品。

（7）定制专业化——专门按客户订单生产预订产品。

（8）服务专业化——专门提供一种或几种其他旅游企业没有的服务项目。

（9）分销渠道的专业化——专门为某一分销渠道生产产品。

睡 眠 管 家

A 经济型酒店入住的客人 90%是商务客人。经过调查发现有 75%商务客人因为在陌生环境中存在睡眠障碍，A 酒店因此尽一切努力为客人提供优质的睡眠环境。例如，专门增设了"睡眠管家"为客人服务，酒店设置"枕头菜单"由客人选择，床垫是由科技含量高的钢丝弹簧泡沫和高级丝线缝制而成有助睡眠，浴室里充满薰衣草芳香能帮助客人松弛神经，酒店的 SPA 和按摩中心为客人提供舒弛筋骨的服务，提供睡前食用牛奶和著名的曲奇饼干，床头贴着写着快速入睡呼吸法的小贴纸。

案例评析：A 经济型酒店采用市场利基者战略，专门为失眠商务客人细分市场提供产品和服务，因而取得了成功。

一、即测即练

自学自测   扫描此码

二、思考题

1. 简述旅游市场细分的标准。
2. 简述旅游市场细分的作用。
3. 简述旅游目标市场的选择依据。
4. 简述选择目标市场应遵循的原则。

5. 简述旅游市场细分的方法。
6. 论述旅游企业目标市场营销的三种战略。
7. 简述无差异营销策略、差异性营销策略和集中性营销策略的适用条件。
8. 什么是旅游市场定位？有什么作用？
9. 列举旅游市场定位的方式，并举例说明。
10. 简述针对竞争者的旅游市场定位的三种策略。
11. 论述旅游市场主导者的竞争战略。
12. 市场挑战者选择攻击对象有哪几种？
13. 简述紧密跟随营销战略、距离跟随营销战略和选择跟随营销战略的特点。
14. 论述市场跟随者的竞争战略。
15. 举例说明市场利基者战略的类型。

三、实践练习题

1. D大学旅游管理专业要成立A旅行社，任选一个具有竞争相关的旅行社，画出品牌定位图，并采用市场定位策略策划出A旅行社的三种市场定位，每一个市场定位用一句话概括。

2. 运用单一变量细分法对你所在城市的旅游市场进行市场细分，至少列出10种市场细分。

3. D大学旅游管理专业要建立A旅行社，准备采用集中目标市场战略将A旅行社打造成旅游市场的利基者。
（1）根据需要，采用系列变量细分法对A旅行社所面临的市场进行市场细分。
（2）根据旅游目标市场的选择原则选择出A旅行社的目标市场。
（3）制定A旅行社市场定位的内容及传播口号。

4. 利用市场细分标准，对某一旅游景区产品进行"市场细分表"的设计与分析，确定产品的目标市场，确定市场定位策略，并综合运用市场细分、目标市场选择、市场定位的知识撰写STP报告。

5. 联系本校或当地的驻村第一书记，运用访谈法了解当地乡村市场定位的现状，并对其市场再定位提出建议。

四、案例分析题

案例分析1　娃哈哈"非常可乐"

娃哈哈却进入了碳酸饮料领域，推出了娃哈哈"非常可乐"。非常可乐避开了"两乐"非常强势的城市市场，转而致力于广大农村市场的开拓，并采用了与之相对应的低价策略，从而取得了巨大的成功，已经成为娃哈哈的支柱产品以及主要利润来源。

资料来源：https://www.zhuangpeitu.com/article/109897082.html.

案例思考题

请运用市场定位图分析法推演出娃哈哈是如何进行市场定位的？

案例分析 2 华山景区的市场细分

陕西省的华山景区是国家首批颁布的 44 家风景名胜区之一,多年来和许多名山大川一样在国内旅游市场中拥有较高的地位。现结合华山的实际情况,探讨市场细分的四类因素。

(一)地理因素

1. 按国境划分,华山景区可细分为国内旅游市场和国际旅游市场

华山地处我国北方地区,有"奇险天下第一山"的美称,是较为独特的山岳风景区,目前面对的市场主要是国内旅游市场,国际旅游市场占有份额非常小。国外旅游市场的营销必须突出区别于其他景区(点)的旅游产品,华山攀岩就是一个推向国际市场相当好的产品,举办的华山围棋论赛就是占领日、韩市场的起点。

2. 按主要地区划分,华山景区可细分为黄河金三角地区、西北地区、华北地区、华南地区旅游市场

国内旅游市场以市场占有额相对稳定的黄河金三角地区为中心,近年来,在陕西、山西、河南的主要城市设立华山旅游服务咨询中心,与当地有一定影响的酒店、旅行社建立旅游协作关系,并通过一定形式的广告、信息宣传,使该地区成为华山旅游的重要客源市场。今后的营销目标应进一步向外延伸,主打交通较为便捷的西北、华北、华南地区,使之成为华山旅游市场的新亮点。

3. 按气候划分,华山景区可细分为南方旅游市场和北方旅游市场

华山地处北温带地区,可根据自身优势把旅游市场划分为南北两大市场。春夏的市场营销重心放在北方地区和交通较为便捷的地区,用秋冬品牌主打长江以南地区,效果会非常明显。

(二)心理因素

按心理因素细分旅游市场,主要将旅游者个性特征、兴趣和爱好、生活方式等因素作为划分旅游者的基础,注重了解同一区域需求差异性。但具有相同心理因素的旅游者通常是分散于不同的地理区域,增加了景(区)点针对各细分市场布置营销力量的难度,而且,心理因素是动态的,不如地理因素容易把握。因此,在旅游市场细分中,应着重考虑将心理因素与地理因素结合起来。

(三)购买行为因素

购买行为因素是指根据旅游者的旅游动机、旅游组织方式、购买时机、对企业营销的敏感程度、购买频率、购买数量和对品牌的信赖程度等因素进行市场细分。

1. 按旅游动机划分,华山景区可细分为探亲访友、观光旅游、度假旅游、公务旅游和奖励旅游市场

(1)探亲访友市场。探亲访友市场旅游客观条件影响较大,不作重点论述。

(2)观光旅游市场。观光旅游市场是最常见、最主要,也是最原始的旅游市场。自汉武帝分封五岳开始,华山就迎来了成千上万的观光旅游者。这属于相对稳定的市场,需要景区的长期巩固,要经常性地将风光介绍、图片、交通、价格、特色旅游活动等旅游信息通过媒体、旅行社推向目标市场,加大对旅游者的视觉冲击力,增强旅游者的选择信心。

（3）度假旅游市场。度假旅游市场主要以休闲、疗养、健身为目的，更强调宁静、安全的环境，对价格、距离、活动安排都有一定的要求。近年来华山非常关注度假旅游市场，每年对学生寒暑假旅游市场调整价格、专题促销宣传，投入很大的营销精力，成效较为突出。但是对带薪阶层旅游度假市场只能适应，营销手段处于被动。

（4）奖励旅游市场。奖励旅游市场是一个新兴旅游市场，潜力较大，发展势头很猛。华山景区可以先行一步，对全国劳模、各大中城市的先进典型实行大幅度的旅游优惠，甚至可以全程免费服务。通过对这些先进典型的传播，通过各地电视台的跟踪采访，华山不难做好奖励旅游市场这篇文章。

2. 按旅游组织方式划分，华山景区可细分为团体旅游市场和散客旅游市场

（1）团体旅游市场。团体旅游市场在华山旅游市场中占较大的比例，应进一步挖掘团队旅游市场潜力，建立目标市场的旅行社营销网络，使华山旅游品牌遍地开花。另外，在提供给旅行社的华山旅游线路上尽最大可能地拉长时间，力争改变"华山一日游"的现状。

（2）散客旅游市场。华山可在散客聚集地进行固定、长期的旅游标识宣传，合理引导游客，保障游客进得来出得去。

3. 按购买频率划分，华山景区可细分为淡季旅游市场、旺季旅游市场和平季旅游市场

在当前市场条件下，华山可尝试使用淡旺季门票价格平抑淡旺季旅游市场。同时充分利用华山季节变化形成的风光优势，进一步包装旅游产品，炒热淡季旅游。

（四）人口因素

按年龄划分，华山景区可细分为青年旅游市场（15～24岁）、成年旅游市场（25～34岁）、中年旅游市场（35～54岁）和老年旅游市场（55岁以上）。青年旅游市场以求知、猎奇为主要动机，如探险、骑自行车、武术、修学旅游等颇受青年人欢迎。但华山旅游产品包装过于单一，深层次地反映了华山文化内涵的旅游产品挖掘不够，旅游者来华山除了爬山就是看山，其他旅游项目寥寥无几、缺乏活力。老年旅游市场是一个长期稳定的市场，休疗、消遣、度假、寻根是旅游主要目标。寻根旅游是老年旅游市场和海外华侨旅游市场的一个亮点。"天下杨氏出华阴"，前些年华山曾尝试举办过一次杨氏寻根祭祖活动，在国内引起较大反响，杨振宁博士还专门发来信函。找准切入点，进一步挖掘杨氏先祖在华阴的踪迹，通过多种形式对外宣传，提高杨氏寻根旅游市场的效应，同时与道教文化相辅相成，也是对华山旅游产品的强有力补充。

资料来源：http://blog.sina.com.cn/s/blog_6e6020c30100mm7z.html。

案例思考题

1. 华山景区的市场细分的合理性体现在哪里？
2. 根据上述的细分结论，结合华山景区的其他资源条件，请你对华山景区的目标市场选择和市场定位进行分析与讨论，并提出合理化建议。

五、翻转课堂讨论题

乡村旅游行业迎来万亿级市场

乡村旅游是我国旅游消费中发展最快、潜力最大、带动性最强、受益面最广的领域，近年来旅游人数和旅游收入年均增幅都超过 20%。根据农业农村部数据，目前乡村旅游行业经营单位超过 290 万家，全国休闲农庄、观光农园等各类休闲农业经营主体达到 30 多万家，7300 多家农民合作社进军休闲农业和乡村旅游。但从乡村旅游资源占全国旅游资源 70%，旅游人数还只占国内旅游总人数 30%，旅游消费还不到国内旅游消费总额的 20%，因此，我国乡村旅游的发展空间和增长潜力还很大。《全国乡村产业发展规划（2020—2025 年）》指出，到 2025 年，年接待游客人数超过 40 亿人次，经营收入超过 1.2 万亿元，乡村旅游年均增长增速将达到 3.8%。开发乡村旅游意义如下。

首先，现代乡村旅游对农村经济的贡献不仅仅表现在给当地增加了财政收入，还表现在给当地创造了就业机会，同时还给当地衰弱的传统经济注入了新的活力，现代乡村旅游对农村的经济发展有积极的推动作用。

其次，发展乡村旅游是解决"三农"问题一个全新的突破口：一是可与全面建设小康社会、解决"三农"问题和扶贫开发紧密结合起来，将发展乡村旅游作为改造农村和使农民就地走向现代化的新途径；二是可与加快发展旅游业结合起来，成为一些地区的旅游优势和品牌；三是可使乡村旅游成为落实科学发展观的新样板，成为实现五个统筹的最佳载体，形成特殊产业，减少城乡差距，增强农民的环保意识，促进可持续发展。

资料来源：https://www.chinairn.com/scfx/20220817/160019918.shtml.

翻转课堂讨论题

1. 结合上述资料谈谈选择乡村旅游作为目标市场应考虑哪些因素？
2. 结合本章知识探讨乡村旅游应该怎样进行市场细分？应该如何选择目标市场？应该如何进行市场定位？

第五章 旅游产品策略

 本章导读

旅游产品是旅游企业提供给旅游者的完整旅游经历,它是旅游市场营销组合中的一个重要因素,是旅游企业赖以生存和发展的基础。制定合理有效的旅游产品策略,直接决定着旅游产品价格策略、旅游产品分销渠道策略和旅游促销策略。旅游企业应根据旅游目标市场的需求和外部环境的变化,有效地利用旅游企业各种资源,制定合理的产品策略,并在旅游市场营销组合的复杂运行过程中与其他策略互相协调配合,产生最大的综合效用。通过本章教学,使学生明确旅游业高质量发展战略的内涵,掌握在世界范围内树立中国品牌的工具与方法,不断提升中国旅游产品和旅游服务的质量与影响力。

 知识目标

1. 理解旅游产品整体概念。
2. 掌握旅游产品生命周期及其相应的营销。
3. 了解旅游新产品的类型和开发步骤。
4. 了解旅游产品品牌策略。
5. 了解旅游产品组合策略。

 能力目标

1. 培养运用生命周期制定营销策略的能力。
2. 培养旅游新产品设计开发的初步能力。
3. 将中国传统文化、地域特色文化、红色文化等融入旅游产品设计的能力。

 案例导读

上海春秋国旅"爸妈之旅"的成功

我国已渐渐进入老龄化社会。生活好了,老人不愁吃不愁穿,旅游成为儿女孝敬父母的最好方式。老人时间充裕,可以选在几个高峰季节以外的时间出游,对旅行社来说正好"削峰填谷",弥补淡季客源不足。因此,上海春秋国旅策划了"爸妈之旅"。

在媒体广告上刊登了《致离退休爸爸妈妈的一封信》,其大意是爸爸妈妈辛苦了大半辈子,好不容易把儿女拉扯大,如今退休后难免寂寞,但儿女又忙于工作,无法经常陪伴父母出门游玩，所以作为旅行社，愿意代儿女尽这份孝心，让老人们把旅行社人员当作是自己的儿女。

由于是淡季，包机组团价格要低得多，从上海赴海南每人只要1 200多元。广告刊出后，咨询和为父母报名的孝顺儿女络绎不绝。在1月份约两个星期的旅游淡季中，"爸妈之旅"就创下了先后接待2 000名老人赴海南旅游的业绩。春节长假过后一个多月都是每天一架包机，提前十几天就"客满"。

"爸妈之旅"适应老年人特点，旅游团配备了专门的医务人员和摄像师。游程节奏安排比较缓慢，针对老年人的特点，在食、住、行、游、时间长短、体力的强度上都考虑得十分周全。

资料来源：https://wenku.baidu.com/view/5caa767d0b4e767f5bcfce56.html?sxts=1525584283813.

案例思考题
1. 从整体旅游新产品理论出发，谈谈上海春秋国旅"爸妈之旅"策划成功的原因。
2. 你认为"爸妈之旅"的生命周期应该如何延长呢？

第一节　旅游产品概述

一、旅游产品的概念

很多学者和专家对旅游产品的概念提出了自己的观点。如学者林南枝从供需角度探讨了旅游产品，认为：从供给者角度来说，旅游产品是指旅游经营者凭借一定的旅游资源和设施，向旅游者提供的满足其在旅游过程中综合需要的全部服务；从需求者角度来说，是指旅游者支付一定的金钱、时间和精力所获得的满足其旅游欲望的经历。有的学者从总体旅游产品与单项旅游产品角度探讨了旅游产品，认为：总体旅游产品是指旅游者在旅游活动中所需要的各种接待条件和相关服务的总和；单项旅游产品则是指旅游企业向旅游市场提供的产品和服务。有的学者从广义与狭义角度探讨了旅游产品，认为：广义的旅游产品是指旅游经营者在旅游市场上销售的物质产品和劳动提供的各种服务的总和，其核心是食、住、行、游、购、娱；狭义的旅游产品是指由物质生产部门生产，由商业劳动者所销售的物品。旅游产品包括旅游消费品、旅游日用品和旅游纪念品等。

总之，旅游产品是为了满足旅游者在旅游活动中的各种需求，通过开发、利用旅游资源而向旅游市场提供的各种旅游吸引物与服务的组合。旅游产品质量由旅游产品的使用价值、产品持续时间、产品的可靠性和安全程度及产品的价格决定。旅游产品组合是指对实现旅游活动所需要的旅游产品各构成要素进行科学组合，以时间和空间为主线制订旅游计划和设计旅游线路，安排相应的游览景点、导游服务、食宿、购物、娱乐、旅游交通等。旅游产品是旅游企业一切经营活动的主体，旅游企业在确定旅游市场营销组合策略时，首先面临的问题是企业能够提供什么样的旅游产品或服务去满足旅游市场的需要。

根据国家旅游局的界定，旅游产品可以分为观光旅游产品、度假旅游产品、专项旅游产品和生态旅游产品四种类型。依据旅游范围，旅游产品可以分为国内旅游和国际旅游。依据旅游规模的大小，旅游产品可以分为团队旅游和散客旅游。依据产品生产方式，旅游产品可以分为人工旅游产品和自然旅游产品。依据旅游方式,旅游产品可以分为传统旅游产品和专项旅游产品。

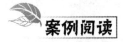

静 态 旅 游

在人们的印象里,旅行就是走在路上背着大包小包,不知疲倦地在各个景点之间奔波,看不同的风景。小几千块钱的团费就能游很多城市与景区,让消费者觉得物超所值。

不过近年来,人们旅行的目的不再是打卡多少景点,而是找一个景色优美、安静惬意的地方小住几日,享受这种完全放松的感觉,这便是静态旅游。所谓"静态旅游",即旅游者与家人或亲朋好友结伴远足,躲开喧闹的都市和城镇,到人迹罕至的大自然中去静静地"泡"上几天。某旅游公司就针对城市游客推出了静态旅游,避开那些热闹的旅游景点和人文景观,到原始的森林、草原、深山、河流及湖泊等大自然中去。远离喧嚣的城市和人群,没有丰富的行程,或晒晒太阳怡然自得,或博览群书冥思苦想,或摇橹荡舟出没清波,或野炊煮鱼炒菜,或悠然撒网垂钓。这种旅游不东奔西跑,只在目的地安营扎寨,住上几天,自己起火做饭,住在房车或帐篷里。

资料来源:https://baijiahao.baidu.com/s?id=1749332672715079087&wfr=spider&for=pc。

案例思考题

从整体旅游产品概念出发,谈谈静态旅游营销获得成功的原因。

二、整体旅游产品概念

产品整体概念是现代市场营销学的一个重要理论。整体旅游产品概念体现了以顾客为中心的现代营销观念,为旅游企业开发出适合消费者需要的旅游产品、挖掘出新的旅游市场机会、实现旅游产品的差异化、完善旅游产品售后服务等都提供了新的思路。以往,学术界用核心产品、形式产品、延伸产品三个层次来表述产品整体概念。近年来菲利普·科特勒等学者提出的核心产品、形式产品、期望产品、延伸产品和潜在产品五层次理论备受青睐,具体如图5-1所示。

(一)旅游产品三层次整体概念

可以把旅游产品看作满足游客需求的整体,而这个整体可以划分为三个层次(图5-2)。

1. 产品核心层

产品核心层是产品系统的最基本层次,体现产品的本质,是满足顾客需要的核心内容,即能提供给顾客的,也是顾客追求的最基本的实际效用和利益。旅游产品的核心层是向旅游者提供基本的、直接的使用价值,以满足其旅游需要。旅游者购买旅游产品是为了得到它所提供的"观赏和享用"或"操作和表现"的实际利益,满足自己"旅游感受"和"旅游经历"的需要,食、住、行、游、购、娱六大要素构成了旅游产品的核心层次。

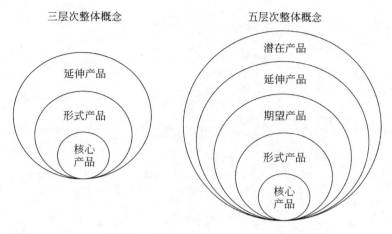

图 5-1 整体旅游产品概念示意图

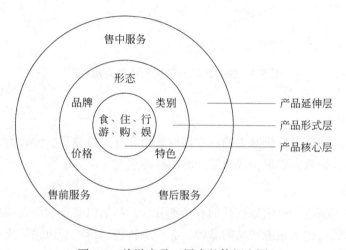

图 5-2 旅游产品三层次整体概念图

2. 产品形式层

产品形式层是核心产品的载体、实现形式、具体表现形态,是产品出现在市场上的外貌,是满足顾客需求的实体内容的总和,属于旅游服务产品的第二个层次。旅游产品形式层是指旅游企业向市场提供的旅游产品的具体构成项目和旅游服务的外在表现形式,品牌、品质、特色、形态、风格、声誉等构成旅游产品的形式层。

3. 产品延伸层

产品延伸层是体现产品的服务性部分,是指顾客通过购买产品能得到的或期望得到的各种附加服务和附加利益。

(二)旅游产品五层次整体概念

近年来菲利普·科特勒等学者提出了核心产品、形式产品、期望产品、延伸产品和潜在产品五层次理论(图 5-3)。

第五章 旅游产品策略

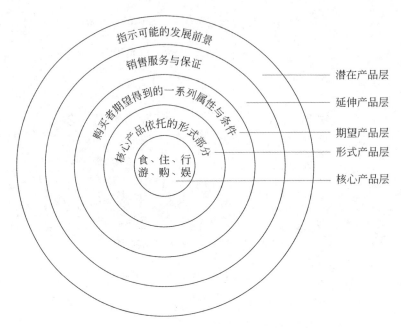

图 5-3 旅游产品五层次整体概念示意图

1. 核心产品

核心产品是向旅游者提供基本的、直接的效用和利益以满足旅游者的旅游需求，食、住、行、游、购、娱六大要素构成旅游产品的核心层次。

2. 形式产品

形式产品是指核心产品借以依托的有形部分，产品借以实现的形式或目标市场需求借以满足的特定形式，包括旅游产品的品牌、品质、特色、形态、风格、声誉等。

3. 期望产品

期望产品是指消费者购买产品时希望得到的与产品密切相关的一整套属性和条件。

4. 延伸产品

延伸产品是指旅游产品所包含的附加服务和利益，是顾客购买形式产品和期望产品时附带获得的各种利益的总和。延伸产品包括付款条件、推销方式、优惠条件等，能把本企业的产品与其他旅游企业的产品进一步区分开来。

5. 潜在产品

潜在产品是指最终产品的潜在状态，也是旅游产品未来的发展前景。

三、旅游产品特点

旅游产品特点如表 5-1 所示。

表 5-1 旅游产品特点表

特 点	表 现	营 销 启 示
组合——连续性	在旅游过程中需要食、住、行、游、购、娱的连续提供	旅游业供给要配套供应、环环紧扣
购买——租借性	旅游买卖交易并不发生所有权的转移,而只是使用权的转移,故旅游产品的"出售"实质是租借	营销过程应注重顾客体验,强化旅游者的感受,吸引消费者二次购买
价值——时效性	旅游产品只有当旅游者购买并在现场消费时,旅游产品才能实现其价值和使用价值	充分发挥营销策略,以游客需要为出发点,有计划地组织各项经营活动
使用价值——无形感受性	旅游产品是各种旅游企业为旅游者提供的设施和服务。无形的部分在旅游产品中起主导作用。因为旅游产品的主要功能是提供给旅游者一种无形的感受	旅游企业要开发独具特色的旅游产品,提供给旅游者完美的服务,提升旅游产品形象,向顾客提供高质量的体验

第二节 旅游产品生命周期策略

一、旅游产品生命周期概述

(一)旅游产品生命周期概念

旅游产品生命周期就是指旅游产品从进入市场直到被市场淘汰的全部过程,是旅游产品在市场上停留的整个过程。旅游产品的生命周期理论上可分为投入期、成长期、成熟期和衰退期四个阶段。旅游产品在旅游市场上也有类似于动植物那样"生、长、衰、亡"的生命周期,旅游产品的生命周期现象是一直困扰旅游企业发展的重大难题。

(二)旅游产品生命周期曲线

旅游产品生命周期曲线如图 5-4～图 5-7 所示。

P_1 是成长—顿挫型旅游产品生命周期曲线,代表的是时尚型旅游产品,如春游、秋游、节日游。这种类型的旅游产品生命周期短,销售量很大。

P_2 是缓慢爬升型旅游产品生命周期曲线,代表的是超前型旅游产品,如出境游、太空游。这种类型的旅游产品开发费用高,成熟期很短。

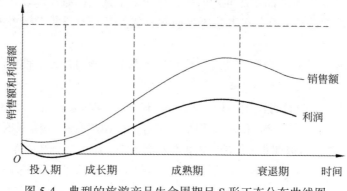

图 5-4 典型的旅游产品生命周期呈 S 形正态分布曲线图

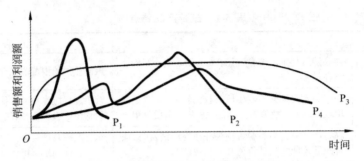

图 5-5　不同旅游产品的生命周期曲线图

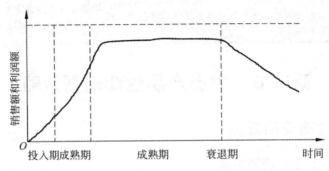

图 5-6　最佳的旅游产品生命周期分布曲线图

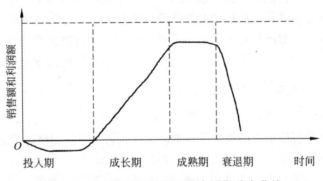

图 5-7　不理想的旅游产品生命周期分布曲线

P_3 是市场稳定型旅游产品生命周期曲线，代表的是常规旅游产品，如观光旅游、度假旅游。这种类型的旅游产品介绍期和发展期较短，成熟期相对较长，销售量的变动比较有规律。

P_4 是波动型旅游产品生命周期曲线，代表的是季节性旅游产品。曲线随着季节的变动而变动。

最佳的旅游产品生命周期分布曲线呈现的特点有：投入期和成长期短，研制开发费用较低，产品销售额和利润增长迅速，初期即可获得很大利润。成熟期可持续相当长时间，实质上延长了获利期和利润数额。衰退期非常缓慢，销售和利润下降，而不是突然跌落。

不理想的旅游产品生命周期分布曲线呈现的特点有：投入期和成长期长，产品开发周期时间长，相应要付出高成本。成熟期短，衰退快，呈现突然跌落式下滑。

（三）旅游产品生命周期的划分

1. 销售额对时间的弹性划分法

销售额对时间的弹性划分法是根据销售量的变化值与销售时间的变化值的比率来划分产品生命周期。

计算公式如下。

$$E_t = (Q_1 - Q_0)/(t_1 - t_0)$$

式中，$Q_1 - Q_0$ 为销售量的变化值；$t_1 - t_0$ 为销售时间的变化值。

若 $0 < E_t < 1\%$，产品处于投入期（Ⅰ）。

若 $E_t > 10\%$，产品处于成长期（Ⅱ）。

若 $1\% < E_t < 10\%$，产品处于成熟期（Ⅲ）。

若 $E_t < 0$，产品处于衰退期（Ⅳ）。

2. 销售增长率划分法

销售增长率是指企业本年销售增长额与上年销售额之间的比率，反映销售的增减变动情况，是评价企业成长状况和发展能力、划分产品生命周期的重要指标。

销售增长率的计算公式如下。

$$\eta = (Q_1 - Q_0)/Q_1 \times 100\%$$

式中，η 为销售增长率；Q_0 为本期销售额；Q_1 为上期销售额。

若 $\eta \leqslant 10\%$，产品处于投入期（Ⅰ）。

若 $\eta > 10\%$，产品处于成长期（Ⅱ）。

若 $0.1\% < \eta < 10\%$，产品处于成熟期（Ⅲ）。

若 $\eta < 0$，产品处于衰退期（Ⅳ）。

3. 产品普及率

产品普及率是产品在某一地区人口或家庭的平均普及率，可以用普及率来判断该产品处于生命周期的哪个阶段。

产品普及率的计算公式如下。

$$普及率（P）= 社会持有量/人口总数 \times 100\%$$

$$普及率（P）= 社会持有量/家庭户数 \times 100\%$$

社会持有量 = 历年生产累计量 + 历年进口累计量 − 历年出口累计量 − 历年购买累计量

若 $P > 5\%$，产品处于投入期（Ⅰ）。

若 $5\% < P < 50\%$，产品处于成长期（Ⅱ）。

若 $50\% < P < 90\%$，产品处于成熟期（Ⅲ）。

若 $P > 90\%$，产品处于衰退期（Ⅳ）。

（四）旅游产品生命周期的特点

旅游产品生命周期的特点如表 5-2 所示。

表 5-2 旅游产品生命周期的特点表

周期特征	投入期	成长期	成熟期	衰退期
竞争者	竞争者稀少	竞争者渐多	竞争者最多，稳中有降	竞争者渐少
顾客	先锋型	大众型	普及型、保守型	怀旧型
销售额	销售量低	销售量剧增	销售量最大且缓慢增长	销售量衰退
单位成本	单位顾客成本高	单位顾客成本降低	单位顾客成本低	单位顾客成本上升
利润	利润低或亏本	利润激增	利润达到顶峰，缓慢下降	利润快速下降或亏损

1. 旅游产品的投入期

旅游产品的投入期是指旅游产品进入市场的初始阶段。在旅游产品的投入期，旅游产品进入市场，顾客对产品还不了解，产品知名度不高，只有少数追求新奇的先锋型顾客购买；销售额增长缓慢且不稳定；由于前期投资和广告费较多，可能会出现亏损；该阶段同行竞争者相对较少。

2. 旅游产品的成长期

旅游产品的成长期是指新的旅游产品逐渐被消费者接受，旅游产品的生产设计基本定型的阶段。在旅游产品的成长期，顾客开始对产品熟悉，新的旅游产品逐渐被消费者接受，大众型顾客开始购买；市场逐步扩大，已具备大批量生产的条件，销售增长率快速上升，企业利润大幅度提高；销售额迅速上涨，利润由负转正或较快增长；随着旅游产品销售量的增长，单位成本下降，企业盈利增长；更多的竞争对手开始进入该市场，展开激烈的竞争。

3. 旅游产品的成熟期

旅游产品的成熟期是指旅游产品的主要销售阶段。旅游产品成为名牌产品或老牌产品，产品质量稳定；消费者更趋大众化，连保守型人士也愿意购买；产品销售额逐渐达到高峰而趋于缓慢增长，甚至开始下降；旅游企业的生产能力发挥到最大，产品拥有很大的市场占有率；竞争者纷纷加入市场竞争，市场开始达到饱和，旅游企业间的竞争处于最激烈的阶段；价格有所下降，营销费用增加，因此利润增长达到顶峰后，增长停滞甚至开始下降。

4. 旅游产品的衰退期

旅游产品的衰退期是指旅游产品逐渐退出市场的阶段。在旅游产品的衰退期，旅游产品已无法满足人们不断变化的需求，只有一些怀旧型客人才肯光顾购买；销售量锐减，销售增长率出现负数；单位成本快速上升，利润迅速下降甚至发生亏损；许多旅游企业在市场竞争中被淘汰，退出了旅游市场；市场出现新的产品或替代产品。

二、旅游产品生命周期各阶段的市场营销策略

旅游产品生命周期各阶段营销策略如表 5-3 所示。

（一）投入期的市场营销策略

投入期的营销重点是扩大市场面。新产品投入市场，顾客对产品还不了解，销售量很低，因此需要加大促销力度，扩展产品销路，扩大市场面。

表 5-3　旅游产品生命周期各阶段市场营销策略表

周期策略	投入期	成长期	成熟期	衰退期
策略重点	扩大市场面	增加市场渗透	维护市场面	收缩市场面
产品策略	提高品质	名优品质	差异化品质	维持品质
促销策略	提高产品知晓度	塑造优质产品形象	塑造知名企业	减少促销成本
分销策略	广泛性	选择性	积极疏通	选择式和专营式
价格策略	相对高价 相机而定	渗透定价	竞争定价	驱逐定价 维持定价

投入期的产品策略是提高品质。根据产品实验的结果，继续改进产品，力求尽快做好产品定型，以提高产品品质。

投入期的促销策略是提高产品知名度。旅游企业需要进行大量的广告宣传工作，运用各种促销手段。宣传产品的特点是宣传能给旅游者带来某些方面的利益，以期尽快使顾客包括中间商认识和了解产品，提高产品知名度，打开销路占领市场。

投入期的分销策略是广泛性渠道策略。中间商不愿在看不准市场的情况下帮助企业推介和代理新产品，因为旅游企业这时还无法判断何种分销渠道为最佳选择，所以采用广泛性渠道策略有利于旅游企业迅速扩大市场面，通过全方位推销策略找到较为理想的销售渠道。

投入期的价格策略是相对高价，择机而定。大多旅游产品在投入期都采取高价策略，以弥补较高的生产成本和推销费用。但高价策略必然会导致潜在竞争者的进入，旅游企业应随着销量的增加而适时降价，旅游产品投入期的价格策略有以下几种。①快速撇取策略，是指旅游企业以高价格和高促销费用推出旅游新产品的策略。这种策略旨在让旅游产品每单位销售额中获取最大利润来并尽快收回投资，运用高促销费来快速建立旅游新产品的知名度并占领市场。旅游企业实施这种策略的条件是旅游产品的知名度很低，比替代的产品有明显的优势，目标顾客求新心理强且愿意支付高价，市场上有较大的需求潜力，潜在的竞争威胁较大，需要及早树立品牌形象。②缓慢撇取策略，是指旅游企业以高价格和低促销费用推出旅游新产品的策略。这种策略旨在撇取旅游产品的最大利润。旅游企业实施这种策略的条件是旅游产品的市场容量小，产品已有一定的知名度，旅游产品在市场上具有高度垄断性，潜在的竞争威胁不大，潜在的旅游者愿意支付高价购买产品。③快速渗透策略，是指旅游企业以低价格和高促销费用推出旅游新产品的策略。这种策略旨在实现先发制人的优势，以最快的速度打入市场，取得尽可能大的市场占有率，然后再随着销量和产量的扩大产生规模效益。旅游企业实施这种策略的条件是：旅游产品的市场容量相当大，潜在的旅游者对旅游产品不了解，潜在的旅游者对价格十分敏感，潜在的竞争激烈，规模经济效益明显。④缓慢渗透策略，是指旅游企业以低价格和低促销费用推出旅游新产品的策略。这种策略旨在运用低价来扩大销售，运用低促销费用来降低营销成本、增加利润。旅游企业实施这种策略的条件是旅游产品的市场容量较大；旅游产品在旅游目标市场上已有较高的知名度；潜在的旅游者对价格敏感；有一定数量的潜在竞争者，但威胁不大。旅游产品投入期的价格策略图如图5-8所示。

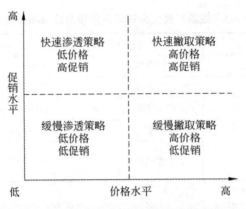

图 5-8　旅游产品投入期价格策略图

巴黎迪士尼乐园开业便陷入亏损，问题到底出在哪里呢？

1. 选址问题

巴黎迪士尼乐园距巴黎只有不到 70 英里，而巴黎却是世界上最著名的旅游胜地之一，这样一来，迪士尼乐园就成了人们巴黎游的其中一站而已。与美国相比，法国的公共交通更为便利，因此游客很自然地选择在公园进行一日游，省去一笔昂贵的酒店住宿费用。只有很少的游客需要或者愿意在迪士尼公园停留过夜。与美国的迪士尼乐园有多个停车场相比，巴黎迪士尼乐园只有一个停车场，再加上高昂的停车费，使欧洲游客来也匆匆，去也匆匆。

2. 度假问题

巴黎迪士尼乐园的游客呈现典型的季节性，夏天小孩子放假时是高峰期，没有假日时则是低谷。与美国人不同，法国人喜欢较长的假期，不愿意总是带孩子度假。而美国人外出度假的频率要比欧洲人高得多。

3. 食品问题

巴黎迪士尼乐园错误地认为法国人不在饭店的餐厅用早餐，结果造成了客人排队和等候时间过长，激起了客人的不满和投诉；又错误地认为法国人中午不吃正餐，公园的餐饮店只提供快餐，但实际上，每到中午 1 点钟就会有很多人要求用正餐。另外，公园所有的餐饮设施都禁酒，这与法国传统的每餐必有葡萄酒的习惯格格不入。

4. 纪念品问题

巴黎迪士尼乐园的纪念品销售收入大大低于美国的和日本东京迪士尼乐园，尤其是东京迪士尼乐园。最主要的原因是欧洲人对购买纪念毫无兴趣，不像日本人热衷于购买纪念品作为礼物赠给亲朋好友。

5. 门票问题

巴黎迪士尼乐园最初的财务计划方案过于乐观，随着各项成本的增加，为了完成预期的目标,巴黎迪士尼乐园盲目提价。巴黎迪士尼乐园的门票为 42.25 美元,而美国、日本的迪士尼乐园日常门票仅 30 美元;旅店定价很高,平均一间客房约需 340 美元,相当于巴黎高级旅店的消费水平;乐园内部食品定价居高不下。

6. 文化问题

巴黎迪士尼乐园开业前期的报告中明确规定了员工要按照迪士尼乐园的要求着装,并对员工的发型有严格的要求。这种全球化的原则被法国人认为是一种侮辱,因为这有悖于法国文化中的个人主义和保护隐私的传统原则。

法国知识分子谴责迪士尼乐园扼杀了年轻人的想象力,把孩子们都变成消费者。还有人指责迪士尼乐园的人物形象玷污了法国的文化。

资料来源:http://www.guancha.cn/ZhangXiaoBao/2015_02_10_309086.shtml。

案例思考题

1. 运用投入期营销理论分析巴黎迪士尼乐园初期亏损的原因。
2. 一大堆的问题摆在巴黎迪士尼乐园的面前,你认为应该怎么办呢?

(二)成长期的市场营销策略

成长期的市场营销策略重点应放在增加市场渗透上。这时大量的新顾客开始购买,产品大批量生产,利润也迅速增长,企业纷纷进入市场参与竞争,销售增长率快速上升,企业要降低产品价格,进行市场渗透。

成长期的产品策略是打造产品的名优品质。旅游企业需要根据产品反馈信息及时发现和纠正产品的不足,进一步完善和改进产品的品质,创立企业的名牌产品,提高产品的竞争能力,满足顾客更广泛的需求。旅游企业还应注意保持旅游产品质量的一致性和稳定性,切忌以牺牲质量为代价赚取短期利润。

成长期的促销策略是塑造优质产品形象。旅游企业需要把广告宣传的重心放在争取潜在顾客和增强旅游消费者对旅游产品的信任感上,宣传重点从介绍产品转到建立产品形象上来,树立产品名牌,维系老顾客,吸引新顾客。

成长期的分销策略是选择性渠道策略。旅游企业需要选出对生产商和产品销售都有利的中间渠道,并对选定的中间商给予相应的优惠。

成长期的价格策略是渗透定价策略。旅游企业需要以较低的价格迅速渗透市场,给予一定优惠以激发那些对价格比较敏感的消费者产生购买动机和采取购买行动,较大地提高市场占有率,并以合理的价格防止竞争者进入市场。

(三)成熟期的市场营销策略

成熟期的市场营销策略重点是维护市场。进入成熟期,竞争逐渐加剧,市场需求趋向饱和,潜在的顾客已经很少,促销费用增加,此时旅游企业应该维护和保持自己的市场,获得最大利润。

成熟期的产品策略是差异化策略。旅游企业需要对旅游市场进一步细分,以寻找新的旅游目标市场。企业应集中力量改进产品质量,提高服务水平,增加产品的附加值,通过差异化的产品来赢得竞争优势。

成熟期的促销策略是塑造知名企业形象。成熟期的旅游品牌已得到受众的认可，品牌发展与运营平稳，此时期适合应用持续型广告投放策略。持续传播重在提高顾客品牌忠诚度，塑造知名企业形象。

成熟期的分销策略是积极疏通营销渠道。旅游企业需要认真评价旅游中间商，为中间商培训推销人员，对绩效显著的中间商给予奖励。此时，旅游企业的分销渠道由选择性渠道策略向专营性渠道策略转变。

成熟期的价格策略是竞争定价。旅游企业为了在市场中取得竞争优势，可以采用绝对低价策略扩大市场占有率，也可以人为地运用高额定价来突出企业产品的形象。

麦当劳快餐食品的营养问题

麦当劳是全球大型跨国连锁餐厅，但数据表明，麦当劳正面临着严重问题。营养专家和一些社会人士认为，广受儿童青睐的巨无霸和薯条等快餐食品缺乏儿童生长发育必需的营养，而且高脂、高糖，大大地提高了儿童患肥胖症、糖尿病的概率，有人甚至称其为"垃圾食品"。

麦当劳因此积极创新自己的产品：为客户提供全方位营养信息，并通过 800 免费电话和互联网持续提供广泛的营养信息；公司赞助一系列教育节目，倡导健康的饮食和积极的生活形态；支持各种国际性和区域性的体育健康运动项目，如篮球三人赛；设立了"麦当劳家庭慈善基金"，发现并支持能直接改善儿童健康和幸福的项目，被美国 Worth 杂志评为全美前 100 家慈善机构之一。在过去 20 年中，RMHC（麦当劳叔叔之家慈善机构）为儿童健康事业捐款已达 3.2 亿美元。

资料来源：http://www.docin.com/p-1367908233.html。

案例思考题

从成熟期的市场营销策略入手，分析麦当劳应对快餐食品的营养问题的做法是否科学、有效。

（四）衰退期的市场营销策略

衰退期的市场营销策略重点是收缩市场。随着新产品或新的代用品出现，顾客的消费习惯发生改变而转向其他产品，从而使产品的销售额和利润迅速下降。

衰退期的产品策略是维持品质。对于现有的产品出现销量突然下降的情况要进行全面分析，找出原因，对症下药，使销量得以恢复。也可以积极进行产品的更新换代，了解旅游者的消费心理和现代旅游追求个性化、多样化、参与与自助的特点，开发新的旅游产品。

衰退期的促销策略是塑造知名企业，减少促销成本。

衰退期的分销策略是选择式与专营式分销策略，保留最忠诚的中间商。

衰退期的价格策略是驱逐定价与维持定价，保持原有价格或降价。

衰退期企业放弃策略

对没有前途、无法挽救、给企业造成亏损的旅游产品应果断结束业务，采用迅速放弃战略；对还有一定销路的旅游产品，则可采取逐步放弃的策略。

1. 迅速放弃策略

迅速放弃策略是指企业在衰退的初期，通过分析某产品或业务确实没有发展前途，难以通过转变战略扭转局面，采取果断措施，回收资金，另谋出路的战略。或当采用转变战略失败后，在衰退的初期就退出市场，能够最大限度地获得净投资额的回收。

2. 撤退和淘汰疲软产品

疲软产品会占用企业大量资源，使企业无法将有限的资源实现效益最大化，企业应采取撤退或淘汰的措施。

3. 逐步放弃策略

对于现有的产品出现销量突然下降的情况要进行全面分析，找出原因，在企业能力范围内是否可以解决，如果可以，则应对症下药，使销量得以恢复。

4. 自然淘汰策略

不主动放弃原有产品，而是根据生命周期的发展趋势，继续维持原有市场、销售渠道、价格和促销手段，直至该产品完全衰竭。

（1）继续策略。继续策略是旅游企业仍执行原来的市场营销组合策略，直至完全退出市场。

（2）集中策略。集中策略是旅游企业将企业能力和资源集中在最有利的细分市场与销售渠道上。集中力量于一点，最后一搏。

（3）收缩策略。收缩策略是旅游企业从目前的战略经营领域收缩与撤退，大幅度降低促销力度，减少营销费用，以增加目前利润。

（4）榨取策略。榨取策略是急剧降低营销费用或适当提高价格，以增加目前利润，加快其退出市场的速度。

资料来源：https://wenku.baidu.com/view/7f0ae73a581b6bd97e19ea16.html.

酒店的生命周期

第一阶段，如某内地酒店刚推出西餐时，当地旅游业还不发达，基本上没有外国游客，除当地少量"海归"人士偶尔来品尝外，其他游客很少问津。第一个月平均每天只有50多人来就餐，亏损很大。第二阶段，这个内地酒店通过一系列的广告促销以及价格优惠，随着旅游业的发展，为旅游消费者所熟悉，知名度有所提高，销量也明显增长，逐渐转亏为盈，但当地的其他酒店也相继推出了西餐业务。第三阶段，所在地区西餐厅越来越多，市场达到饱和,这个酒店的西餐厅销量缓慢增长,竞争更加激烈。第四阶段,这个酒店由于菜品陈旧,服务单调,旅游消费者逐渐失去了品尝的兴趣,这时,当地有几家西餐厅退出了市场。

案例思考题

请分析酒店的不同生命周期,并指出该生命周期应该采取怎样的市场营销策略?

三、延长旅游产品生命周期策略

(一)产品改革策略

产品改革策略是通过对处于不同生命周期的旅游产品进行改进。其中,每进行一方面的改进,就相当于刺激出一个新增长点,可以吸引、保持及扩大旅游市场,从而延长产品的生命周期。旅游产品改革策略的产品生命周期分布曲线,如图5-9所示。

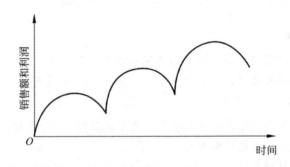

图5-9 旅游产品改革策略的产品生命周期分布曲线图

(二)升级换代策略

根据市场上不断涌现的新需求,不断开发新产品,不断实现产品的升级换代,开发二代到三代旅游新产品,进行产品生命周期的战略转移。旅游产品一般都会经历由传统的观光旅游产品到主题观光旅游产品到非观光旅游产品升级换代的过程,换代旅游新产品意味着旅游产品在向高级阶段发展。旅游产品升级换代策略的产品生命周期分布曲线如图5-10所示。

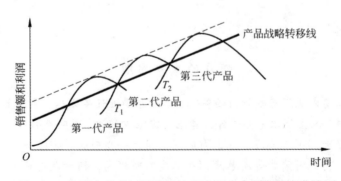

图5-10 旅游产品升级换代策略的产品生命周期分布曲线图

（三）市场改变策略

市场改变策略是推行旅游市场改革策略，不断寻找新的市场来弥补旧的市场的萎缩空间，从而使产品的生命周期获得延长。可以为原有产品寻找新的使用者，开发新市场，也可以将产品重新定位，以便吸引更大的或者增长更快的细分市场。

（四）市场营销组合改进策略

市场营销组合改进策略是对可控的营销组合因素加以改变，使旅游产品焕发新的生命力，从而使产品的生命周期获得延长。

肯德基市场营销模式分析

一、产品战略

第一，产品统一模式，肯德基所有的产品都会有相同的标准，并且肯德基几乎每月都有新产品更新，销量不好或者利润较低的产品会被淘汰。

第二，施行健康理念与本土化的产品战略。成立了中国健康食品咨询委员会，致力于开发本体化新品。如结合中国人的饮食习惯推出炸鸡系列产品，2022年春节还在在武汉推出的热干面。

二、价格战略

第一，肯德基初始价格策略为中高端定价战略，并以促销折扣，套餐组合定价来吸引顾客。将主食与各种小吃、饮料、甜点等组成多种套餐，通过抓住消费者心理特点，也加快顾客点餐速度，提高餐厅的工作效率。

第二，近年来，肯德基开始推行部分低价策略：如6元早餐，超值午餐，6元小食来吸引新顾客。

第三，采用了价格差别定制策略，经济发展水平高的地区，同一产品的价格高一些。

三、渠道策略

第一，肯德基目前的营销渠道分为线上与线下两方面。线下销售时，肯德基的选址多为大城市中心地段、商业繁茂区，因为人流量大，且人均消费水平高，且相比于商业繁茂区位的其他餐厅，肯德基的价位就显得并没有那么高，使得其价格竞争优势更强，对顾客的吸引力更大。并且肯德基还会通过查询地区资料进行商圈规划，其采取计分的方法来对商圈进行分类，如商圈内商场营业额，有无公交线路、地铁线路等，并对其加权赋分。以北京为例，有市级商业型（西单、王府井等）、区级商业性、定点（目标）消费型，还有社区型、社商两用型、旅游型，等。

第二，肯德基在线上打造了自己的宅急送品牌，并且专门负责肯德基食品的配送服务，使得消费者可以快捷订餐。

四、促销策略

第一，公益促销。肯德基为残障青年提供友善开放的工作环境和平等发展的就业机会；

设立关爱留守、流动儿童的肯德基小候鸟基金,助力青年大学生成长成才的肯德基曙光基金;进行"城市唤醒者"早餐关爱季等。

第二,广告促销。针对传统的中国文化在中国顾客内心根深蒂固的现象,肯德基确立了要将中国自然环境和人文环境相融合的广告制作目标。例如,让广告反映了人们每天的日常生活,让消费者从广告中看到自己生活中故事的呈现,表现出肯德基是人们生活的一部分。

第三,价格促销。开展顾客忠诚计划、限定玩具赠品等活动。在淘宝上开设了官方旗舰店,将商品转化为电子券码出售,还开展直播、发放红包、秒杀等常活动。

资料来源:https://zhuanlan.zhihu.com/p/547448502.

案例思考题

1. 请分析肯德基营销组合策略中存在的问题。
2. 针对上述问题,为了延长旅游产品生命周期,肯德基在未来营销中应该做出哪些改进策略?

第三节 旅游新产品开发策略

一、旅游新产品的含义

旅游新产品是指同现有产品相比较,在原理、构成、方法、手段等方面有显著改进和提高,能给消费者带来某种新满足和新利益的产品。旅游新产品包括旅游生产者初次设计生产的产品,也包括对原有的旅游产品做了重大改进并与原有旅游产品存在一定差异的产品。旅游新产品开发,对于提高旅游业的整体水平,实现旅游企业的创新,满足旅游消费者的需求,提升旅游企业的竞争力,都有着重要的意义。例如,迪士尼的一个著名的口号是"永远建不完的迪士尼",它多年长期坚持采用"三三制",即每年都要淘汰 1/3 的硬件设备,新建 1/3 的新概念项目,每年补充更新娱乐内容和设施,不断给游客新鲜感,利用这种经营策略来吸引回头客。

二、旅游新产品的类型

(一)改进型旅游新产品

改进型旅游新产品是指在原有旅游产品的基础上,对局部进行改进的旅游产品。这种形式的旅游产品的实质在整体上没有大的改变,这种改进可能是配套设施的改善,可能是服务方面的改进,也可能是旅游项目的增减,等等。

(二)仿制型旅游新产品

仿制型旅游新产品是指对旅游市场上已经存在的畅销产品进行模仿而生产出的产品。也就是仿制市场上已有的旅游产品,做局部的改进和创新,但总体属仿制性质。

(三)换代型旅游新产品

换代型旅游新产品是在原有旅游产品基础上作出重大变革,充分利用其基础设施和基本设想，局部采用新的科技成果，使旅游产品的性能有重大改进，设计出更新换代的新产品。

（四）全新型旅游新产品

全新型旅游新产品是指采用新原理、新设计、新方法生产的市场上前所未有的旅游产品。它包括新开辟的旅游线路、新开发的旅游景点、新推出的特色旅游项目等。全新型旅游产品是能够满足消费者新需求的新产品，但其开发周期较长，所需投资较多，而且风险较大。

特色酒店案例集锦

（1）Treetops 酒店。酒店会邀请客人与酒店工作人员在酒店的庭院里植树。植过树的客人顺理成章地成了这棵树的主人，从而享受众多优惠待遇，可以给树取名。客人返回住所地时，一定会时常回忆起自己在新西兰的牵挂——自己拥有的那片绿色。

（2）丽思·卡尔顿酒店。为了给客人解压，为每间客房的客人提供 30 个高弹棉特制枕头，为客人的"枕头战"做好准备。很多客人一改往日的斯文端庄，拿起枕头当"武器"，相互投掷任意厮打。酒店会在客人大打"枕头战"时，免费送上牛奶、饼干、巧克力和香槟。

（3）V8 酒店。V8 酒店是一个汽车为主题的酒店，是很多汽车迷的最佳选择。

（4）胶囊公寓。为了解决加班晚了赶不上末班车及酒后不能开车的人临时住宿过夜需求，开发了"胶囊公寓"，每间面积不到两平方米，是很多低收入人群及游客的经济旅宿场所。

（5）免费旅馆。一家旅馆明文公告：只要夫妇两人体重合起来不足 200 磅就可以不付钱舒舒服服地住上一晚。实际上，能享受此优待的夫妻并不多，但由于有了这个告示，"免费旅馆"的名声大振，生意特别红火。

（6）"隐形"酒店。"镜立方"是建在树上的"隐形"酒店。酒店外墙四面都用闪亮的镜子打造，外墙镜子反射林中景色，使酒店与大自然可谓融为一体，配合得天衣无缝，旁人看着像是隐形。

案例思考题

分析以上酒店新产品的类型与开发策略。

三、开发旅游新产品的一般程序

（一）收集创意

旅游企业可围绕企业长期的发展战略和市场定位来确定新产品开发的重点，收集旅游新产品的创意和构思。一个成功的新产品，首先要有创新性的构思，人无我有，人有我新，人新我奇。只有具备独创性，才会有竞争性。新产品创意主要有以下来源：顾客、先进的科研成果、竞争对手、营销中介、企业相关人员。

（二）筛选创意

收集到若干旅游新产品的创意后，应根据企业自身的战略发展目标和拥有的资源条件对新产品创意进行评审与选择。一般从产品的可销售性、生产能力、市场吸引力和获利能力等方面进行评价与筛选,可借助创意评分因素表(表5-4)进行。

表5-4　旅游新产品创意评分因素表

创意评分因素		加权分	创意评分等级										得分
			1	2	3	4	5	6	7	8	9	10	
可销售性	a 企业的国际产品销售能力												
	b 对现有国际产品销售的影响												
	c 与现有产品系列的关系												
	d 与现有销售渠道的关系												
	e 周围环境的允许生产能力												
生产能力	a 生产技术专长												
	b 必需的生产知识和人员												
	c 原料来源												
市场吸引力	a 市场容量												
	b 市场占有率												
	c 今后5年的市场增长率												
	d 竞争者的威胁												
	e 进入市场的难易程度												
	f 预计可获得的最终用户获利能力												
获利能力	a 投资回收的可能性												
	b 今后5年的盈利可能性												
合计		1.00											

注:0~4分为平庸创意;4.1~7.5分为一般创意;7.6~10分为优秀创意。

北京修学旅游创意评分

目前,很多家长为了让孩子提前感受名牌大学的氛围,利用假期送孩子到名牌大学参观、体验。北京B旅行社推出新的北京旅游线路,即寒暑假中小学生修学北京游。推出理由如下。

1. 目标市场潜力大

目标市场是在校的中小学生以及他们的家长,市场广阔。

2. 旅游目的地及旅游景区、景点级别高

北京是我国的首都,其城市规模、级别、知名度等方面在国内首屈一指。北京修学旅游除了安排如故宫、长城、颐和园等常规旅游景点外,重点安排学生和家长参观北京的名牌高校,如北京大学、清华大学、中国人民大学、北京师范大学等,还要安排参观北京众多的博物馆,如中国科技馆、自然博物馆、地质博物馆、天文馆、气象台等。

3. 活动内容多

可安排丰富多彩的活动，如与大学生交流座谈、听专家教授的讲座，了解大学生活、改进学习方法、端正学习态度、树立明确的学习目标等；在天安门广场参加升国旗仪式，进行爱国主义教育；等等。

4. 旅游费用低

利用北京修学旅游专列来降低旅游交通费用，还可利用高校放假期间学生宿舍空出的有利条件，安排修学旅游的学生入住高校学生宿舍，不仅可大幅度降低住宿费用，增强学生对高校生活的体验，还可以培养学生的自理能力。

资料来源：https://max.book118.com/html/2016/0402/39407984.shtm。

案例思考题

请按照创意评分因素表给这一创意打分。

（三）产品概念的生成

产品概念是指从消费者的角度对构思所做的详尽描述，如用文字、图形、模型等来阐述。形成产品的概念，并广泛征求意见，尽可能早地发现和放弃错误的构想，以便将资源集中在有开发前途的产品上。征求意见的主要内容有：您是否觉得这个产品概念简单明了，容易理解；您是否相信这个产品概念所描述的利益；您是否认为这个产品确实给您的生活带来了便利，满足了您的某种需要；目前，是否有其他产品满足了您的这个需要，满足情况如何；您觉得价格是否合理；您是否会购买该产品；哪些人可能会使用这个产品；产品在什么时间购买；产品在什么时间使用；产品的使用频率……

（四）初拟市场营销战略

初拟市场营销战略包括以下内容：描述目标市场的规模、结构，消费者的购买行为和特点；产品的市场定位以及短期（如3个月）的销售量；概述产品在第一年的预期价格、分销渠道、策略及营销预算；概述较长时期（如3～5年）的销售额和利润目标，以及不同阶段的市场营销组合策略；等等。

（五）商业分析

进行产品的商业分析，既要防止对那些好设想的潜在价值估计不足而失去机会，又要防止误选了缺乏营销前途的设想，以致造成失败。商业分析包括以下内容：一是预测销售额，预测目标市场的规模、结构与行为，预测消费者对产品的需求量以及产品销售量；二是推算成本，推算新产品的生产成本和营销成本；三是推算利润，推算出该产品的盈利水平和投资回收期。

（六）新产品研制

将新产品概念研制成一个或几个模型，希望找出一个符合下列标准的样品：消费者认为该样品体现了产品概念报告书中所描述的关键属性；在正常使用情况下，该产品能安全地发挥其功能；该产品能以预计的制造成本生产出来。

（七）产品试销

产品试销是把一种产品小批量地投放到经过挑选的、具有代表性的小型市场试销售，以检验旅游者可能的反应。试销的目的是使新产品失败的风险最小化。产品试销后按照图 5-11 进行处理。

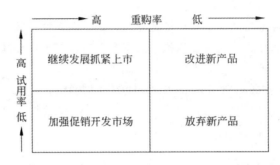

图 5-11　市场试销后产品试用率/重购率矩阵图

（八）正式投放

新产品试销效果良好，符合预期的要求，就可投放市场。要确定适当的投放时间和投放地区。

1. 正确选择投放时机

如果某种新产品是用来替代旧产品的，就应等旧产品的存货被处理掉时再将这种新产品投放市场，以免对旧产品形成冲击；如果某种新产品属于季节性产品，就应在销售季节来临前投放市场。

2. 正确选择投放地区

一般是先在主要地区的市场推出，以便占领市场，取得立足点，然后再扩大到其他地区。

3. 正确选择目标市场

根据罗杰斯模式，最有潜力的消费者群总是最早或较早采用新产品的，是大量使用的，具有一定的传播影响力的，价格敏感度较低的人群（图 5-12）。

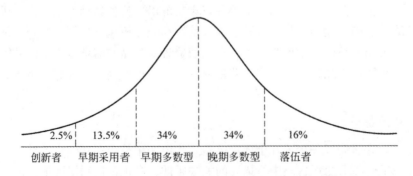

图 5-12　罗杰斯模式——新产品扩散采用过程

第四节　旅游产品品牌策略

一、旅游产品品牌的含义

旅游产品品牌是用以识别销售者的产品或服务，并使之与竞争对手的产品或服务区别开来的商业名称及其标志。品牌是由文字、标记、符号、图案和颜色等组成的，包括品牌名称、品牌标志和商标。

旅游产品品牌名称是指品牌可用语言表达的部分，如"迪士尼""希尔顿"等。

旅游产品品牌标志是指品牌可被识别但不能用语言表达的部分，包括符号、图案或专门设计的颜色、字体等。在西方认为品牌或品牌的一部分在政府有关部门依法注册后，称"商标"；在我国认为品牌=商标，商标又包括注册商标和未注册商标。

对于消费者而言，品牌代表产品一定的质量和特色，便于购买者选购与追查责任，提高购物效率。对于生产者而言，品牌便于卖者进行经营管理，建立稳定的顾客群。对于整个社会而言，品牌可促进产品质量的不断提高，品牌可加强社会的创新精神，商标专用权可保护企业间的公平竞争。

知识链接

公司品牌名称来源及文化意义

苏宁：苏即江苏，宁即南京，意为公司在江苏南京。

红豆：红豆相思节就是以此传说为背景的一个中国人的"情人节"，其文化内涵包括：对爱情的忠贞，对亲人的相思，对团圆的期盼，对智的追求，对美好生活的向往。

海尔：海尔的商标是两个小孩，海尔是"孩儿"的谐音。"Haier"的音译是"越来越高"。

奇瑞：英文名称是 chery，该词来源于英语单词"cheery"。至于"奇瑞"，"奇"在中文里有"特别的"之意，"瑞"有"吉祥如意"之意，合起来是"特别吉祥如意"。

百度：百度创始人李彦宏很喜欢唐诗宋词，非常认同中国传统文化。"百度"二字，来自于 800 年前南宋词人辛弃疾的一句词：众里寻他千百度。

资料来源：http://www.360doc.com/content/11/0202/22/4745798_90472938.shtml。

二、旅游产品品牌设计的要求

要使旅游产品品牌充分发挥其功能，体现出应有的价值，在品牌设计时须符合以下要求。

1. 美观新颖

旅游产品品牌要美观大方、构思新颖、别致有趣、不落俗套，才能引人注目，在消费者心目中树立良好的企业形象和商品形象，激发购买欲望。品牌要简单鲜明、构思流畅、色彩明快，便于顾客记忆和识别，留下深刻的印象。

2. 体现商品特色

旅游产品品牌应能充分体现商品的性质、特点和风格，这是品牌设计成功的基础。只有体现商品特色的品牌，才能对顾客产生吸引力。这一特色可通过商品的结构和形状来反映，也可以间接地以它物为象征加以表达，还可以借用某种机智趣味的形象来描述。

3. 与目标市场相适应

旅游企业的一切活动包括品牌设计在内，都是围绕目标市场运作的，因此，商品的品牌须与企业的目标市场相适应，包括商品的名称、图案、色彩、发音等都要考虑目标市场的风俗习惯、审美观点、语言等方面的要求。这样设计出的品牌，才能为消费者所接受，达到预期的目的。

4. 符合法律规范

国家制定的《中华人民共和国商标法》(以下简称《商标法》)，是进行品牌设计的重要依据。如《商标法》规定：商标不能使用与国家和国际组织的名称、国旗、国徽、军旗、勋章等相同或类似的文字、图形，不能使用在政治上有不良影响的文字、图案，要尊重民族风俗习惯，内容文明、健康等，都是商标设计所必须遵循的。

三亚海棠湾商标之争

海南省人民政府批准将海棠湾定位为"国家海岸"国际休闲度假区。国务院正式同意把海棠湾作为海南国际旅游岛的一个基本旅游景区来建设。

正当三亚市如火如荼地投资建设海棠湾时，海棠湾管委会突然被告知海棠湾作为商标已经被一个叫李隆丰的人向国家工商总局商标局成功申请注册了。

三亚海棠湾管委会根据《中华人民共和国商标法》第八条的规定，以李隆丰恶意抢注商标为由，向国家工商总局商标评审委员会提出申请，要求撤销李隆丰注册的两件海棠湾商标。

对于三亚海棠湾管委会提出的争议商标撤销申请，李隆丰向国家工商总局商标局做出了异议答辩：第一，海棠湾作为县级以下地名，完全可以进行商标注册，本人已成功注册两件海棠湾商标，受法律保护；第二，本人申请海棠湾商标4年后，异议人才发现，注册时也没有人和我竞争，我不是抢注而是先注，符合《商标法》遵循在先注册的原则。

对此，国家工商总局商标评审委员会（以下简称商评委）在审理调查中认为，商标注册在先和商标抢注不能仅凭注册时间先后来做判断；三亚市政府已经对海棠湾进行了规划开发，使之具有了商业价值，包括形成的商业信誉，也就说这正是投资者对它感兴趣的地方。李隆丰先生在这里得知这一消息之后注册了这一商标，关键点还是在于有了商业价值，而不是地名，所以说其实还是应该定义为抢注，而并非所谓的先注。与此同时，商评委在审理中还认为，我国注册商标从根本上来说是要保护商标的真正权利人，而并非仅仅是形式上的商标持有人。被海南省政府定位为"国家海岸"的海棠湾，截至目前已经投资超过

260亿元，而作为县级以下行政单位的海棠湾，可以被注册成商标，它的注册费用只需要1 000元。这起海棠湾商标之争，其中一个很大的焦点就是海棠湾商标的价值，而作为一个商标，"海棠湾"最大的价值在于使用。

商评委经过一年多的审理调查后，做出裁定：撤销李隆丰注册的两件海棠湾争议商标。

资料来源：http://blog.sina.com.cn/s/blog_16aa0d0ef0102wz29.html。

三、旅游产品品牌化战略过程

旅游产品品牌化战略过程如图5-13所示。

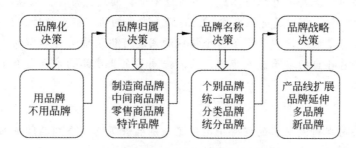

图5-13　旅游产品品牌化战略过程

1. 品牌化决策

品牌化决策是考虑用品牌与不用品牌的问题。

（1）用品牌。一般产品都有品牌，有品牌的产品更容易得到消费者的信任。

（2）不用品牌。不用品牌的商品大致有以下几种：不可能在生产过程中形成一定的特性，与其他商品没有太多差别的商品；一次性销售的商品；考虑节省成本的商品；人们长期习惯于无品牌的商品。

2. 品牌归属决策

品牌归属决策是确定品牌归谁所有的问题。

（1）制造商品牌。制造商品牌即制造商决定使用自己的品牌。

（2）中间商品牌。制造商决定将其产品卖给中间商，中间商再用自己的品牌将货物卖出去。

（3）零售商品牌。零售商品牌是指大型零售企业拥有的，且由特定零售渠道所经营的品牌。

（4）特许品牌。特许品牌是指拥有品牌的特许人以一种契约方式将品牌使用权授权给被特许人，允许被特许人在一定时期和地域范围内使用特许品牌进行经营的方式。

3. 品牌名称决策

品牌名称决策是指为新产品选择特定名称的决策。

（1）个别品牌名称。个别品牌名称即企业决定企业名称与所有产品名称均使用不同品牌。

（2）统一品牌名称。统一品牌名称即企业决定企业名称与所有产品名称均使用同一品牌。

（3）分类品牌名称。分类品牌名称即企业决定各产品线分别采用统一品牌。

（4）统分品牌名称。统分品牌名称即企业名称与个别品牌名称并用，企业决定其各种不同的产品分别使用不同的品牌名称，而且各种产品的品牌名称前面还冠以企业名称。

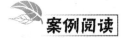

广州宝洁公司的个别品牌

广州宝洁公司的洗发水有三种品牌：海飞丝（广告词为"头屑去无踪，秀发更出众"），飘柔（广告词为"令您的头发更飘更柔"），潘婷（广告词为"拥有健康，头发当然亮泽"）。同为洗发水，各有个响亮的牌子，各有个特殊的用途可供消费者各取所需。这三种不同品牌的洗发水，沿着各自的路子走入市场，共同提高了企业产品的市场占有率，使产品迅速覆盖了大江南北。

案例评析：

广州宝洁公司在对洗发水的经营中运用了个别品牌策略。个别品牌策略是指企业根据商品的不同情况而采用不同的品牌。其妙处在于以下几点。

（1）具有较强的灵活性。没有一种产品是十全十美的，也没有一个市场是无懈可击的。广袤无垠的市场海洋，为企业提供了许多平等竞争的机会，关键在于企业能否及时抓住机遇，在市场上抢占一席之地。见缝插针便是个别品牌策略灵活性的一种具体表现。广州宝洁公司从洗发水的功能出发，及时地向市场推出了不同功能和不同品牌的洗发水，满足不同目标市场上消费者的不同需求。多个品牌沿着各自的路进入市场。

（2）能充分适应市场的差异性。消费者的需求是千差万别、复杂多样的。广州宝洁公司运用个别品牌策略，充分适应了市场的差异性。

（3）有利于提高产品的市场占有率。首先，宝洁公司在同一市场上同时推出两种或三种不同品牌的同一产品，使之相互"呼应"，配合默契地争夺市场，创造出一股竞争的"合力"，使销售总量大幅度提高。其次，宝洁公司在不同的市场上同时推出不同的品牌，各自吸引一部分消费者，扩大了本企业产品的市场容量。最后，能迎合一些人求新的心理，把那些经常更换品牌的顾客争夺过来，进一步扩大产品的市场覆盖率。

资料来源：http://www.doc88.com/p-3993568004613.html.

4. 品牌战略决策

品牌战略决策是指企业根据自身实力、行业特点、市场的发展、产品特征等要素，选择合适的品牌发展战略（图5-14）。

（1）产品线扩展决策。产品线扩展决策即在同一品牌、同一产品线中增加新的产品。

（2）品牌扩展决策。品牌扩展决策即企业将品牌用于与原来产品不相关的新产品开发上。

（3）多个品牌决策。多个品牌决策即企业决定同时经营两个或两个以上相互竞争的品牌。

（4）新品牌决策。新品牌决策即企业决定重新设计、开发品牌。

图 5-14 品牌战略决策图示

第五节 旅游产品组合策略

一、旅游产品组合的概念

旅游产品组合是旅游企业提供给市场的全部产品线和产品项目的组合。

旅游企业根据旅游消费者的需求、旅游企业的生产能力、旅游企业的目标市场、竞争企业的状况等要素,对不同规格、不同档次的旅游产品进行科学整合与组合搭配,使其更能适应旅游市场的需求,实现旅游企业的最大经济效益。旅游产品组合涉及以下几方面概念。

(1)产品线,是指产品组合中的某一产品大类,是一组密切相关的产品。

(2)产品项目,是指产品线中不同品种、规格、质量和价格的特定产品。

(3)产品组合的宽度,是指企业有多少条不同的产品线。

(4)产品组合的长度,是指企业在产品组合中的产品项目总数。

(5)产品组合的深度,是指产品线中的每一种产品有多少个品种。

(6)产品组合的关联度,是指企业各个产品线在最终用途、生产条件和分销渠道等方面的相关程度。

二、旅游产品组合的常用策略

旅游产品组合策略是旅游经营者根据自身目标、资源条件及市场需要和竞争状况,对旅游产品组合的宽度、深度和关联度进行最佳决策。

1. 旅游产品组合的广度策略

旅游产品组合的广度也称旅游产品组合的宽度,是指旅游企业生产或经营旅游产品线的总数,即具有相似的功能,能满足同类旅游者需求的一系列旅游产品的总数。旅游产品线多者为宽,少者为窄。如一家旅行社如果同时经营观光旅游、度假旅游、会议旅游及修学旅游等旅游产品,那么这家旅行社产品线的广度就比较宽;如一家旅行社只经营体育旅游和探险旅游,那么这家旅行社就只有两条产品线,产品线的广度就比较窄。

2. 旅游产品组合的长度策略

旅游产品组合的长度是指一条旅游产品线中包含旅游产品项目的总数。旅游产品项目多者为长，少者为短。如一家旅行社的观光旅游产品线中包含文化古迹游、自然风光游、现代建设成就游等旅游产品项目，那么这家旅行社旅游产品线的长度就比较长；如果产品线只包含自然风光游，此产品线的长度就比较短。

3. 旅游产品组合的深度策略

旅游产品组合的深度是指旅游产品线中的每一产品项目的品种总数。旅游产品项目品种多者为深，品种少者为浅。如一家旅行社的海南游分为五日游、六日游和七日游，那么这家旅行社旅游产品线的深度就比较深；如果产品线只包含七日游，此产品线深度就比较浅。

4. 旅游产品组合的关联性策略

旅游产品组合的关联性是指旅游企业的各个旅游产品线，在最终用途、生产条件、分销渠道、满足旅游者需求等方面存在的相关程度。如旅行社的观光旅游产品线和度假旅游产品线之间存在较强的相关性。旅游产品组合结构如图5-15所示。

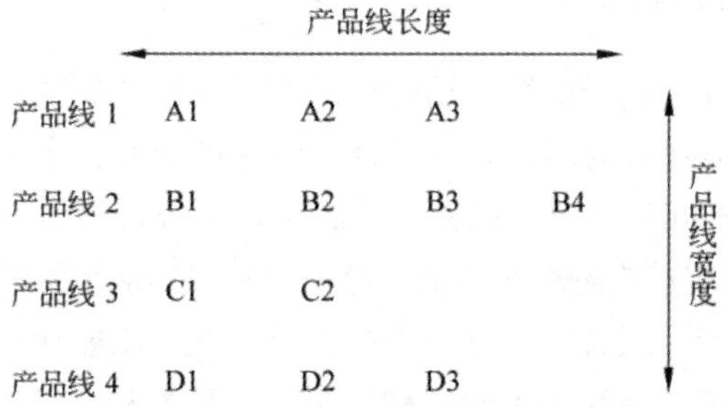

	产品线长度			
产品线1	A1	A2	A3	
产品线2	B1	B2	B3	B4
产品线3	C1	C2		
产品线4	D1	D2	D3	

图 5-15　旅游产品组合结构图

三、旅游产品组合策略的改变

（一）扩大旅游产品组合策略

扩大旅游产品组合策略就是旅游企业通过增加旅游产品组合的广度或加深旅游产品组合的深度来满足不同旅游者的需求，增强旅游企业的应变能力和竞争能力。扩大旅游产品组合策略包括以下内容：一是增加旅游产品组合的广度，就是在原有旅游产品组合中增加旅游产品线，扩大经营范围；二是加深旅游产品组合的深度，就是在原有旅游产品线中增加新的旅游产品项目；三是扩大旅游产品组合策略，就是充分利用企业人、财、物等资源，从多方面满足旅游者的需求。扩大旅游产品组合策略的优点是可以减少旅游市场变化带来的风险，增强旅游企业的竞争能力。但扩大旅游产品组合的经营成本较高，易使旅游企业资源分散。

（二）缩减旅游产品组合策略

缩减旅游产品组合策略就是旅游企业通过缩减旅游产品线或减少旅游产品线中的旅游产品项目，集中力量生产或经营一个或少数几个旅游产品线和较少的旅游产品项目，实行专业化的经营。缩减旅游产品组合策略包括以下内容。一是缩减旅游产品线，即旅游企业根据自身的实力和旅游市场的需求，取消过时的、利润减少的旅游产品线。二是缩减旅游产品项目，即旅游企业取消旅游产品线中一些利润低的旅游产品项目，重点经营利润较高的旅游产品项目。缩减旅游产品组合策略可使旅游企业集中资源生产和经营获利多的旅游产品线与旅游产品项目，加快资金周转，减少销售费用，提高旅游产品质量。但采用此策略将加大旅游企业的经营风险。这是因为当旅游市场需求发生变化时，旅游企业会因生产或经营的旅游产品线或产品项目减少而陷入被动。

（三）改进现有旅游产品策略

旅游企业根据旅游市场的需求，有计划、有选择地对现有的旅游产品加以改进。改进现有旅游产品策略投资少，见效快，而且风险小。采用此策略，既能使旅游产品组合向深度发展，又能提高旅游产品的声誉，取得较高的市场占有率。

（四）高档旅游产品策略

高档旅游产品策略就是旅游企业在原有的旅游产品线中增加高档旅游产品项目，以提高旅游产品的知名度和旅游企业的声望。采用高档旅游产品策略，不但能满足旅游者对高档旅游产品的需求，而且还能带动现有低档旅游产品的销售，从而增加旅游企业的经济效益。但是，靠高档旅游产品策略改变旅游产品在旅游者心目中的地位是相当困难的，如处理不当，很可能影响旅游企业现有旅游产品的市场声誉，给旅游企业带来一定的风险。

（五）产品线延伸策略

每个旅游企业的产品线只是该行业整个产品范围的一部分，如果旅游企业超出现有范围来增加它的产品线长度，就叫产品线延伸。产品线延伸策略包括以下内容：一是向下延伸，原生产高档产品向中低档产品扩展；二是向上延伸，原生产中低档产品向高档产品扩展；三是双向延伸，原生产中档产品向高档和低档产品两个方向扩展。

首旅集团的产品线延伸策略

首旅集团是1998年2月组建的全国第一家省级国有独资综合型旅游企业。首旅集团控股着四家大型全资质旅行社——中国康辉旅行社、神舟国旅集团、中国海洋国际旅行社和中国民族旅行社。首旅集团控股的首汽集团是中国最大的旅游汽车公司之一；首旅集团所属的北京展览馆是北京最早的大型多功能展览馆之一；首旅集团旗下的饭店包括以凯宾斯基为品牌管理的五星级高档酒店，以首旅建国为品牌管理的三星、四星级中档酒店，以如家和欣燕都为品牌管理的100多家经济型酒店；首旅集团的餐饮业汇集全聚德、仿膳、丰泽园、四川饭店、东来顺等著名品牌；首旅集团旅游商业包括燕莎友谊商城、贵友大厦和古玩城等颇具特色的旅游商业。

资料来源：http://www.baike.com/wiki/%E9%A6%96%E6%97%85%E9%9B%86%E5%9B%A2.

案例思考题

分析首旅集团的产品组合策略。

四、优化产品组合的分析方法

（一）产品线销售额和利润分析

产品线销售额和利润分析主要是指分析、评价现行产品线上不同产品项目所提供的销售额和利润水平。

（二）产品项目市场地位分析

产品项目市场地位分析是指将产品线中各产品项目与竞争者的同类产品作对比分析，全面衡量本公司各产品项目的市场地位，从而确定或调整公司产品组合。

（三）产品—市场战略矩阵分析

根据产品—市场战略矩阵分析图，可以形成9个象限，形成9个战略（图5-16）。

	原有产品	相关产品	全新产品	
	市场渗透战略	产品发展战略	产品革新战略	原有市场
	市场发展战略	多角化经营战略	产品发明战略	相关市场
	市场转移战略	市场创造战略	全方位创新战略	新兴市场

图 5-16　产品—市场战略矩阵分析图

市场渗透战略是根据旅游企业现有产品和现有市场所制定的战略。

产品发展战略是根据企业原有市场和相关产品所制定的战略。相关产品主要是指其他企业已经开发而本企业正准备投入生产的新产品。

产品革新战略是企业在原有目标市场上推出新一代产品的战略。

市场发展战略是根据现有产品和相关市场组合而制定的战略。

多角化经营战略是指旅游企业利用现有资源和优势，向不同行业的其他业务发展的战略，可分为技术关系多角化、市场关系多角化和复合关系多角化。

产品发明战略是要求旅游企业发明别的企业从未推出过的新产品，并进入别的企业已经成熟的市场的战略。

市场转移战略是指旅游企业将现有产品投入别的企业尚未进入的或刚刚开始形成的市场的战略。

市场创造战略是指企业在新兴市场上投放别的企业已经在成熟市场上经营的产品的战略。

全方位创新战略是市场创造战略和产品发明战略的组合。

（四）四象限评价法——波士顿矩阵法

旅游企业需要在各个旅游产品与服务之间进行合理的资源分配，需要对旅游产品的开发、维护、收获和废弃进行科学的决策，这就需要根据每个旅游产品的潜在利润来确定其在旅游企业中的地位。波士顿矩阵法就是评估产品潜在利润与投资组合的有效性的模型。波士顿矩阵法是根据市场增长率和相对市场占有率两个指标构建企业矩阵，用于企业产品分析、优化和对企业内各战略资源进行配置决策的分析模型。它是波士顿咨询公司（BCG）于1970年提出的一种规划企业产品组合的方法，因其评估的有效性，逐渐被引入情报分析领域，扩大了评估对象的范围（图5-17）。

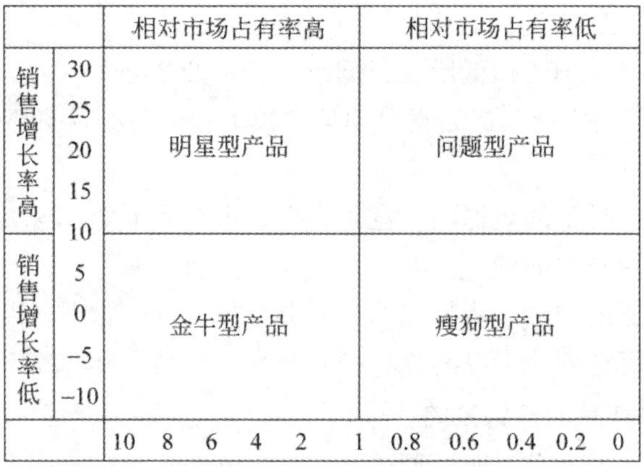

		相对市场占有率高	相对市场占有率低
销售增长率高	30 25 20 15 10	明星型产品	问题型产品
销售增长率低	5 0 -5 -10	金牛型产品	瘦狗型产品
		10　8　6　4　2　　1　0.8　0.6　0.4　0.2　0	

图5-17　波士顿矩阵图

1. 波士顿矩阵图中的产品的特点

（1）问题型产品（question marks，指高增长、低市场份额的产品）

定义：问题型产品是指通常处于最差的现金流量状态的产品，收益低，不稳定。

特征：问题型产品因为高增长而需要大量投资来支持生产，占有率低则表明能够用于生成的资金有限；问题型产品未来不确定性高，因为它虽然享有高成长率，但是现阶段竞争力较弱，市场占有率不高；问题型旅游产品组合的市场需求很旺盛，但在市场上还不具备强劲的实力，需要投入大量现金来提高市场占有率，旅游企业若采取正确的营销策略，这类旅游产品组合将会成为明星型产品。

战略方案：对符合企业长远发展目标，具有优势资源且能够增强企业核心竞争力的产品群加大投入以获取市场，使之成为"明星型"；如果产品毫无前景，则应采取收缩战略。

（2）明星型产品（stars，指高增长、高市场份额的产品）

定义：明星型产品处于产品生命周期的成长期，拥有快速增长的市场，并占有支配地位的市场份额的产品。

特点：明星型产品处于迅速增长的市场，市场增长率和占有率都很高，具有很大的市场份额，市场潜力大，可能变成现金牛型产品，是企业资源耗费和获利的主要阶段；明星型产品具有发展前途，但目前需要大量资金以扶植其快速增长。

战略方案：应当优先保证资源的供给，继续投入资源稳固市场份额，积极扩大经济规模，提高竞争力，促使销售量迅速增长，等到它的销售量增长率变低后即可转为厚利产品。

（3）金牛型产品（cash cows，指低增长、高市场份额的产品）

定义：金牛型产品是指市场机会大、拥有很好的前景、收益高、稳定的产品，这类产品群是企业的主要经济来源。

特点：金牛型产品通常处于成熟的低速增长阶段；由于市场已经成熟，企业不必大量投资来扩展市场规模，同时作为市场中的领导者，因享有规模经济和高边际利润的优点而给企业带来大量现金流；金牛型产品无须投入太多就可保持稳定的销售量，因此也被称为金牛产品或摇钱树产品，但未来的增长前景是有限的。

战略方案：企业应采用稳定战略，维持或增加市场份额，维持这类产品的现有地位并努力改进，提高盈利，延长其使用寿命。

（4）瘦狗型产品（dogs，指低增长、低市场份额的产品）

定义：瘦狗型产品是指处于产品衰退期且增长率和市场占有率都很低的产品，收益低，不稳定。

特征：瘦狗型产品处于的衰退期；竞争力低，占有率下降；这类产品不能产生大量的现金，常常是微利甚至是亏损的。

战略方案：采取紧缩战略，将类似的产品群合并，统一管理，以便把资源转移到更有利的领域。同时，应有计划地予以淘汰，同时开发新产品，开辟新市场。

2. 波士顿矩阵中产品的营销策略

波士顿矩阵中问题型产品、明星型产品、金牛型产品和瘦狗型产品在不同产品生命周期中应该采用不同的市场营销策略（表5-5）。

表5-5　波士顿矩阵中不同产品类型在不同产品生命周期的营销策略

营销策略	引入期	成长期	成熟期	衰退期
问题型产品	强化分销网络；控制广告宣传的费用	加大宣传力度；与主要竞争对手比，定价应该稍微偏低	追求产品差别化和系列化，完善分销渠道	严格控制营销投入；选择时机退出市场
明星型产品	控制广告宣传的费用	及时降低价格，以市场份额为主要目标	控制投入，追求效益最大化，可以牺牲一定市场份额	严格控制投入；以利润为主要追求目标；退出部分销售渠道
金牛型产品	强化分销网络	大幅降低价格；强化分销网络；加快新产品推出速度	开发新的细分市场；扩展新的地区市场	控制营销投入，最大限度截取利润；退出部分销售渠道
瘦狗型产品	改进产品；强化分销网络；控制生产成本	大幅降低价格；增加产品的技术含量和多样性	减少批量，逐渐撤退	退出市场

资料来源：https://baike.baidu.com/item/%E6%97%85%E6%B8%B8%E4%BA%A7%E5%93%81/884414?fr=aladdin.

（五）三维空间分析法

判断旅游产品组合优劣通常是以各项经济技术指标来衡量的，这些指标主要包括衡量组合发展性的销售增长率、衡量组合盈利性的企业资金利润率、衡量组合竞争性的市场占有率等（图 5-18）。

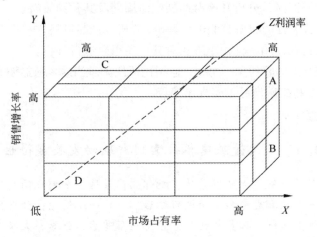

图 5-18　三维空间分析图

一、即测即练

二、思考题

1. 简述整体旅游产品概念。
2. 简述旅游产品投入期、成长期、成熟期的营销策略。
3. 对比改进型旅游新产品、创新型旅游产品和仿制型旅游产品。
4. 简述衰退期企业的放弃策略。
5. 简述世界旅游产品发展历程。
6. 简述新产品开发程序。
7. 简述个别品牌名称策略的优势。

三、实践练习题

1. D 大学旅游管理专业要建立 A 旅行社，根据开发旅游新产品的一般程序策划一款新的旅游产品。

2. D大学旅游管理专业要建立A旅行社,准备采用集中目标市场战略将A旅行社打造成旅游市场的利基者。请你根据市场细分标准对A旅行社所面临的市场进行市场细分,选择出A旅行的目标市场,对其进行市场定位以及传播口号的制定,并制定出A旅行社的新产品营销策略。

3. 选择一款旅游产品,分析其旅游产品生命周期及其营销策略。

4. 选择一家有代表性的旅游企业进行调研,分析其产品策略,并完善其产品组合策略。

5. 选取一家旅行社,用波士顿矩阵法对其产品组合进行分析。

6. 联系本校或当地的驻村第一书记,运用访谈法了解当地乡村旅游开发的旅游产品有哪些?对如何完善乡村旅游产品策略提出建议。

四、案例分析题

案例分析1　云天渡玻璃桥依靠创新驱动发展赢得世界赞誉

云天渡玻璃桥位于张家界大峡谷景区,毗邻热门景区,如何在同质化的竞争中走出与众不同的路?经过一番认真思考和市场调研之后,得出一个结论:让世界看见,必须得是世界级的景区。看到美国科罗拉多大峡谷有U形玻璃平台,张家界大峡谷开始设想在峡谷之间建设一座全透明的人行玻璃桥。但是如何在跨度400多米、相对高度高达300多米的大峡谷之上建设一座能吸引到世界目光的桥梁呢?在对全世界建筑设计师进行搜索之后,以色列馆"海贝壳"的设计者、以色列建筑设计大师渡堂海进入了视野。通过考察、设计、分析等无数次的碰撞,形成了"一座看不见的桥""大音希声,大象无形""人造景观不能喧宾夺主""中华文化,国际理念"等诸多关键词,最终,一个基于中华文化梦想设计、脱胎于伟大创意的"透明、隐形、薄如蝉翼却十足震撼"的张家界大峡谷玻璃桥跃然纸上。2016年8月20日,张家界大峡谷玻璃桥正式开工建设,张家界大峡谷玻璃桥成功试运行,并开始接待中外游客。

从设计方案的提出到建设,张家界大峡谷景区围绕"玻璃桥营销"也走出了一条迥异于其他景区的营销之路。

第一,形象植入。在"玻璃桥"尚未正式诞生前,大峡谷景区就已经找好了新产品的"魂",明确了筑"梦"的方向,尝试构筑话题,不断凭借效果图、"阿凡达取景地"影视IP蹿红网络,巧妙地将"世界最高最长的玻璃桥"形象植入消费者的心中,不断强化它的新奇特,营造出"世界唯一""世界最长""世界最震撼"的产品形象。

第二,征名活动。紧紧围绕这些产品特色和品牌核心,张家界大峡谷景区很好地利用了新媒体传播特点设计话题,开展就是"一字一万"的征名活动。通过征集活动,有了"云天渡"这个名称后,张家界大峡谷玻璃桥项目在受众中树立起了初步品牌形象。

第三,现场直播。作为一项科技含量很高、体验感刺激和前卫的旅游产品,摆在面前的一道难题是:大多数游客还只是抱着看热闹的心理的,处于"想来又不敢来""如何来"等产品认知障碍。如何破除这些障碍?景区采取的策略是:暴力捶打或者碾压玻璃,并现场直播!当2吨重的越野车在桥面玻璃上来回碾压,同时现场邀请20多人猛砸玻璃之时,极具暴力美学的体验活动以现场直播的方式迅速向亿万观众直观地展示了产品质量和形象,成功地搭建了和中外游客信任、信心桥梁,为后续游客前来游览体验扫除了心理障碍!

第四，申请认证。天渡玻璃桥被吉尼斯世界纪录认证为"世界最高人行桥"；并作为少有的中国元素入选"吉尼斯世界纪录年鉴"；CNN将其列入世界上11座最壮观的桥之一；被评为"国家优质工程奖"；在第35届世界桥梁大会上荣获被誉为桥梁界"诺贝尔奖"的唯一创新性奖项"亚瑟海顿"奖。

云天渡玻璃桥从项目创意的提出、策划执行，到项目建设落地，及之后的市场运营，始终以创新驱动发展，不断开辟发展新领域新赛道，打造了一个展现中国智造、中国文化等于一体的世界级景区IP。据目前不完全统计，从云天渡玻璃桥投入市场以来，累计接待游客1240多万人，产值累计达到19.89亿元，累计上缴各种税费5亿多元。同时带动近4000人从事旅游服务业⋯⋯

资料来源：https://baijiahao.baidu.com/s?id=1748169644681710056&wfr=spider&for=pc。

案例思考题

1. 云天渡玻璃桥作为旅游新产品，属于什么类型的旅游新产品？
2. 分析云天渡玻璃桥开发程序中的成功之处。
3. 正式投放后，景区营销推广方面的做法有哪些成功之处？

案例分析2 为什么上海迪士尼这么成功？

上海迪士尼开园第一个年度就接待游客1100万人次，成为华特迪士尼主题乐园业务增长的主要"功臣"之一。为什么上海迪士尼能取得如此绝大成功？

1. 突出经营细节

上海迪士尼有着许多令人津津乐道的经营细节：免费为游客送货、设置fastpass服务（游客无需排队即可快速入场）、员工帮忙照相、"偷偷"解决儿童丢失问题、员工都是蹲下来和小孩子说话、园区地图烂熟于胸等。

2. 开发新项目

上海迪士尼创造出一个又一个新奇的吸引人的项目，更有不少全球首发游乐项目，如：首个以幻想曲为主题的旋转木马、首个"创极速光轮"游乐项目和具有创新特色的穹顶、首个花园主题园区、首次化身中国生肖动物、全新射击系统和"太空巡逻艇"、全新的"玩具盒欢宴广场""创界：雪佛兰数字挑战"等。

3. 重视本土文化

上海迪士尼度假区的入园游客中，1/3为生活在上海的市民，大部分为国内其他地区游客，来自上海以外的国内游客达到60%以上，游客在乐园平均花费的时间超过9个小时。因此，上海迪士尼为中国游客量身打造，具体事例有：白玉兰在上海本土文化中占据着重要地位，因此园区广场树立了白玉兰路灯；建立奇想花园十二朋友园与中国的十二生肖一一呼应；在奇幻童话城堡封顶的顶端放置中国国花：一朵金色的牡丹；将上海传统石库门建筑风格融入到了迪士尼小镇的设计当中；在上海迪士尼乐园酒店，将童话中的南瓜马车呼应七夕鹊桥相会中的喜鹊。

4. 持续输出新内容

以迪士尼小镇为例，先后推出迪士尼巨星CP米奇米妮在迪士尼小镇首秀、"迪士尼小镇彩蛋节"、米奇喷雾拱廊、百老汇音乐剧《狮子王》中文版演出等。

资料来源：https://www.sohu.com/a/271987880_823359?winzoom=1&spm=smpc.content.huyou.9.16628180025196DebolJ.

案例思考题

对比巴黎迪士尼谈谈上海迪士尼在投入期获得成功的原因？

五、翻转课堂讨论题

栾川"乡村运营" 一场青年与乡村的双向奔赴

多年来，栾川美丽乡村建设大规模铺开，随着旅游方式加速迭代，年轻一代成为消费主力。以往固守赏山水、品土菜、忆乡愁"老三篇"的乡村旅游模式，已难以满足青年人的新需求。

经过一番头脑风暴，一个基本判断逐步形成共识：未来乡村形态必然是"青年友好型乡村"，要以青年人视角审视乡村，以年轻化业态引流消费。

几经调查研究后，栾川找到了切入点。一纸"来栾川，做绿水青山合伙人"的乡村运营招募令面向全国发布，以51个乡村旅游精品村的生态资源，广揽青年运营人才，全面挖掘乡村文化价值、美学价值、生态价值和经济价值。康养村、民俗村、摄影村、垂钓村、风车村、童话村……在招募中，一纸乡村运营招募令登上热搜。

"英雄帖"一出，揭榜者纷至沓来。一批青年大学生纷纷奔赴乡村，以民宿管家、旅游主播、研学导师、剧本杀主持人、新型农民等身份，化身"绿水青山合伙人"，形成了大学生返乡创业就业的热潮。

当地旅游跳出"小而全"老路子，形成30多个"专而精"乡村业态新方向。从以生态搭建舞台，以青年吸引青年，以运营激活乡村，这场青年与乡村的双向奔赴必将结出美丽乡村的甜美果实。

资料来源：https://www.xytv.cn/h5/pages/article/detai/?id=26105.

翻转课堂讨论题

乡村振兴背景下，应该如何开发乡村旅游新产品？

第六章

旅游产品定价策略

旅游产品定价策略是提升旅游产品的竞争力的重要营销策略。在旅游消费者和旅游经营者的交换关系中,价格是保证交换能够顺利进行的前提条件。旅游产品定价方法与策略选择得正确与否,直接关系着旅游企业的经济效益能否有效提高,关系着旅游企业的目标能否顺利实现,因此,旅游企业为了实现自己的营销目标和经营战略,需要根据不同的营销环境,尤其是市场需求和市场竞争的变化,采取灵活多样的定价策略。通过本章教学,让学生理解恶性价格竞争对旅游高质量发展的伤害,引导学生遵守与营销有关的法律法规、商业规范、契约精神和规则意识,加强学生的职业道德修养。

1. 了解旅游产品价格的概念。
2. 掌握旅游产品定价的步骤与影响因素。
3. 掌握旅游产品定价方法。
4. 掌握旅游产品定价策略。

1. 掌握运用定价方法和策略为旅游产品进行合理定价的能力。
2. 培养学生整体定价规划能力,学会合规经营与社会公平法则,培养学生大局观念、诚信经营的职业操守。

栾川老君山:"一元无人售卖餐"赢得游客点赞

旅游黄金周期间,老君山景区游客剧增,景区推出"一元无人售卖农家面",吸引上千名游客前来排队就餐,场面温馨感人,文明有序。当日,景区支起四口大锅,现场赶制当地农家特色——糁汤面条饭。在售卖处,无人看守,只有一个收款箱,上面写着"一元午餐,无人值守,自觉投币,自助找零"。

一碗糁汤面条饭远不止一元钱,这样做就是为游客提供实惠和暖心服务。但为什么要用一元钱,而不是免费?实际上是为了引导游客,根据用餐需要领餐,避免食物浪费和破坏游览环境。无人值守，让游客自觉投币，自助找零，是给予游客最大的信任，用真心换真心。景区工作人员后期清点投币箱时，意外发现游客投币量远远超出预期，比平均每人一元的标准高出很多。

此举一经推出，社会各界给予广泛好评，一些游客在网上留言："想不到，栾川的旅游服务这么好，这个国庆节到栾川旅游真是值了，以后有机会还来栾川！"

资料来源：https://www.henan.gov.cn/2017/10-09/381288.html.

案例思考题

1．"一元无人售卖餐"的定价策略对老君山景区吸引游客起到了哪些作用？
2．"一元无人售卖餐"体现了哪些旅游产品定价方法与定价策略？

第一节　旅游产品定价概述

一、旅游产品价格概念

旅游产品价格，就是旅游者为满足自身旅游活动的需要而购买的旅游产品的价值形式，它是由生产该类旅游产品的社会必要劳动时间决定的。旅游定价方法选择的正确与否，直接关系着旅游定价目标能否顺利地实现，关系着旅游业的经济效益能否有效地提高。

旅游产品价格包括单项旅游产品的价格和组合旅游产品的价格。单项旅游产品只是旅游者在旅游活动中所涉及的住宿、餐饮、交通、娱乐、购物等当中的某一项，无论哪一种单项旅游产品，其价格都是由成本和盈利两部分构成的。组合旅游产品的价格是由购进成本加上旅行社的自身经营成本和利润构成的。

二、旅游产品价格的特点

（一）综合性

旅游产品价格的综合性是由旅游产品的综合性决定的。首先，旅游价格是旅游活动中食、住、行、游、购、娱等价格的综合表现；其次，旅游产品是由各种旅游资源、旅游设施和旅游服务构成的；最后，旅游产品是由众多的相关行业和相关部门共同生产的。

（二）季节性

旅游产品往往依赖自然旅游资源吸引游客，如果旅游产品处于四季分明的地区，则旅游产品受季节性波动影响比较大。在旅游淡季，游客的数量减少，为使不能储存的旅游产品销售出去，应充分发挥价格杠杆的调节作用，实行季节差价，即淡季降低价格销售，甚至有时可以低于成本的价格销售。而在旅游旺季，可适当提价，以控制有时无法满足的需求量。

（三）垄断性

旅游产品中的文物、古迹、名胜、风景、风情等旅游资源由于其特殊的历史、社会和自然因素，既不可能再生产，又不可能用现代劳动创造出无法弥补的历史价值，因此在价格上表现为一种垄断性。

（四）高弹性

由于旅游需求受诸多不可预测因素的影响，旅游供给却又相对稳定，于是这种供求之间的矛盾造成了一种现象，即相同旅游产品在不同的时间里价格差异较大，从而使旅游价格具有较高的弹性。

（五）多重组合性

旅游价格体系是由一系列相互联系、相互制约的旅游产品价格所形成的有机整体，从而造成了旅游价格的多重组合性的特点，并使旅游产品在不同时间必然有不同的旅游价格。

三、影响旅游产品定价的因素

（一）旅游企业可控因素

旅游企业可控因素一般是指旅游企业内部影响产品价格的各种因素。对旅游企业来说，这些因素基本处于企业可控范围之内。

1. 旅游产品成本

制定旅游产品价格时，要考虑本企业旅游产品的成本，成本是影响旅游产品定价决策的一个重要因素。旅游产品成本是由旅游产品的生产过程和流通过程所花费的物质消耗与支付的劳动报酬所形成的，它包括固定成本和变动成本。旅游企业在确定旅游产品的价格时，要使总成本得到补偿并获取利润，旅游产品的价格就要超过旅游产品的成本。如果旅游产品的定价低于成本，那么企业不仅无盈利可言，甚至亏损，企业其他的一切营销和发展目标也均无法实现。

2. 企业战略

首先，旅游企业在市场经营中采取不同的经营发展战略，对定价策略的要求也不一样。其次，新产品开发一般会相应地提高产品价格，以增加销售额。所以，旅游企业必须随时调整或确立新的价格以适应企业战略发展的需要。最后，产品定位战略也是旅游企业经营发展战略的一个重要组成部分，而价格则是产品形象的重要代表。因此，产品定位战略深刻影响着旅游产品的定价决策。例如，星巴克的消费者定位是"白领阶层"，这些顾客大部分是高级知识分子，爱好精品、美食和艺术，而且是收入较高、忠诚度极高的消费阶层，因此星巴克价格定位是"多数人承担得起的奢侈品"。

3. 旅游企业营销目标

旅游企业会根据不断变化的旅游市场需求和自身实力状况来制定企业总目标以及营销目标，旅游企业在制定价格时要考虑企业总目标以及营销目标。例如，若旅游企业以尽早收回投资为目标，所确定的旅游产品的价格就远远高于成本；如果旅游企业以维持生存为目标，则通过大规模的价格折扣，只要其价格能弥补可变成本和一部分固定成本，企业的生存便可得以维持；若旅游企业以获取理想利润为目标，企业会制定较高价格，迅速获取最大利润；若旅游企业以稳定市场为目标，应该以稳定的价格来获取合理的利润；若旅游企业以市场占有率为目标，会制定尽可能低的价格或优惠价来扩大市场占有率；若旅游企业以塑造领导品牌与优质形象为目标，一般采用高价策略。

4. 旅游产品品质和特色

首先，产品特色、产品声誉、产品的独立性、产品的市场定位等特点会直接对定价产生影响。一般说来，凡是那些具有独特性，能够在消费者心目中享有与众不同的地位，市场认知形象好的旅游产品或服务，可选择定高价；品质一般、市场认知形象一般的旅游产品或服务可定中低价。其次，旅游产品生命周期的不同阶段要求旅游企业制定不同的价格。例如，旅游产品投入期，会相应地制定较低的价格，这样才有可能在市场中确立某种竞争优势。

5. 非价格竞争策略

非价格竞争策略有很多形式，如加强促销、疏通销售渠道、提升服务品质、提供辅助产品或额外利益、造就产品特色等，这些非价格竞争策略的采用会提升产品的价格。

（二）旅游企业不可控因素

旅游企业不可控因素会间接地影响旅游企业的产品定价。

1. 旅游市场需求

首先，旅游产品的价格取决于旅游者的需求程度和支付能力，因而旅游企业对产品的定价应随需求程度的变化而调整。其次，旅游市场需求与旅游产品价格的关系主要通过旅游产品的需求弹性来反映，不同类型旅游产品的需求弹性也不同。一般来说，旅游景点产品、旅游购物、旅游娱乐的需求弹性相对较高，旅游企业可用降价来刺激旅游者的需求，扩大销售；而旅游餐饮、旅游住宿、旅游交通的需求弹性相对较低，价格的变动对旅游者的需求变化无太大影响。最后，旅游者的消费观念和对旅游产品价值的理解也对旅游产品定价有较大的影响。

2. 宏观经济状况

物价因素、汇率因素等宏观经济状况对旅游产品价格有一定影响。例如，汇率变动对旅游产品价格的变动有着明显的影响，若外国货币升值，对海外旅游者有利，有利于促进海外旅游者人数的增加；若旅游目的地国家的货币升值，就有可能造成入境旅游者减少。又如，旅游目的地的通货膨胀会造成旅游企业产品的生产成本、经营费用增加，从而迫使旅游企业提高旅游产品的价格，导致旅游者人数减少。

3. 市场竞争状况

旅游市场竞争状况是影响旅游产品定价的重要因素。在市场供大于求、客源竞争激烈的情况下，除非本企业产品具有不可替代的特色，其常规产品的定价会低于竞争者的同类产品。

4. 政府宏观管理

政府对旅游产品价格的宏观管理，主要是运用税收政策、货币供给、物价政策、财税政策等手段来调控的。例如，政府对娱乐业乱收费的整治以及对旅游产品开发的税收政策都属于政府宏观管理的范畴。又如，为维护市场秩序，规范市场行为，限制旅游企业不正当竞争或牟取暴利，维护旅游企业和旅游者的利益，政府以行政、法律手段制定旅游产品的最高限价和最低限价。企业在产品定价上虽有自主权，但不能违反政府的有关政策与法规。再如，政府颁布的有关财税政策（如旅游税、营业执照费等）往往也会影响旅游产品的价格。

乌镇借势突围

乌镇从1999年尚未开发的衰败古镇，到21世纪初成为享誉国内外风情旅游古镇，被联合国专家考察小组誉为"乌镇模式"，乌镇用几年的时间创造了中国旅游业的奇迹。在周边各古镇在门票价格提升上大做文章的时候，乌镇景区门票价格10年未变，但近年来旅游收入年均增幅超过30%。乌镇旅游的启发其实就在于跳出了门票经济，从"景区时代"向"目的地时代"转变。

第一，乌镇在开发中坚持"历史遗产保护和再利用"，具体实施了遗迹保护工程、文化保护工程、环境保护工程等"三大工程"，令乌镇充分再现了19世纪末20世纪初的水乡古镇风貌，由此形成一个吃、住、行、游、购、娱为一体的休闲观光区。

第二，乌镇不断完善和充实景区品牌文化内涵上进行创意突破，除向世人展示乌镇特有的民居水阁、老宅深巷、船拳皮影和民间作坊以外，还深层次地挖掘了民间传统文化，把许多鲜为人知的民间节俗、寿俗、礼俗、婚俗、衣俗等和丰富多彩的"蚕文化"推向旅游前沿，让茅盾笔下的"老通宝家乡风情"走出千百年尘封的古镇。乌镇还举办了"第五届茅盾文学奖颁奖仪式"；连续两年举行了民俗风情浓郁的"乌镇香市"，从而获得了媒体及游客的极大关注。

第三，在营销传播上乌镇更是加大了投入，聘请影视明星刘若英做形象代言人，以"一样的古镇，不一样的乌镇"为诉求，在传播上与竞争对手形成差异化，取得了突破性成功。

资料来源：https://www.163.com/dy/article/GAMC3D180514IJ84.html。

案例评析：乌镇的成功主要在于顺应旅游发展趋势，在其他古镇着眼于"门票经济"发展的同时，乌镇立足于"区域经济"发展的目标，并进行客源地市场的精耕细作，抓住了旅游发展的先机。

案例思考题

结合所给材料，分析影响乌镇定价的因素有哪些？

四、旅游产品定价的步骤

（一）确定定价目标

旅游产品定价目标是指旅游企业在制定或调整旅游产品价格时所要达到的预期目标。旅游产品定价目标是旅游企业营销目标的基础，也是旅游企业选择定价方法和制定价格策略的依据。

1. 以提高市场占有率为目标

旅游企业以提高市场占有率为目标一般会制定低价格策略。这种价格主要目的是维持和扩大旅游产品的市场销售量,并为提高旅游企业利润提供可靠的保证。事实证明,旅游产品市场占有率高,可以取得规模效应,降低成本,增加利润。因此,提高市场占有率往往是旅游企业选用的定价目标。

2. 以维护市场和谐为目标

旅游企业为了维护市场和谐、稳定市场、保护自己,一般会制定稳定的价格。这种价格主要目的是避免价格战带来的不利影响,保持稳定的利润,树立良好的旅游企业形象。在旅游产品的市场竞争和供求关系比较正常的情况下,旅游企业一般不会轻易提高或降低旅游产品的价格。市场上经营同类旅游产品的几家主要的旅游企业可能会相互默契地制定较为稳定的价格来取得合理的利润,以消除价格战来稳定市场。

3. 应付或防止竞争为目标

旅游企业为了应付或防止竞争,往往以对旅游市场有决定影响的竞争对手的价格为依据来制定旅游产品的价格。事实证明,削价竞争只能使旅游企业两败俱伤,同时会破坏正常的旅游市场供求格局,而提高价格则很有可能不为市场所接受。

4. 塑造领导品牌与优质形象为目标

旅游企业为了塑造领导品牌与优质形象,通常会采用高价策略。为了提高潜在消费者的认知价值,创造高品质的形象,企业会把价格定成高价。通常著名企业和名牌商品会采用这种方法,因为消费者往往有崇尚名牌的心理,会以价格来判断质量。哈根达斯宣传自己的冰激凌原料取自世界各地的顶级产品,100%的天然原料。"爱我,就请我吃哈根达斯"广告语席卷各大城市,高价位的哈根达斯成了的时尚食品。

5. 取得适当投资利润率为目标

旅游企业为了取得适当的投资利润率,会在一定时间内使产品的价格制定能够获取一定的投资报酬。在这种定价目标下,旅游企业在制定旅游产品价格时就必须考虑旅游产品的投资总额,并估算怎样的旅游产品价格才能在预定期内收回投资。此时的价格高低往往取决于旅游企业确定的投资收益率的高低。

6. 以当期利润最大化为目标

旅游企业为了获取当期利润最大化,会期望通过制定较高的价格来迅速获取最大限度的销售利润。这种定价目标适用于以下条件:在旅游市场上享有很高声誉的旅游产品;在旅游市场竞争中处于绝对有利地位的旅游企业;旅游消费者对旅游产品需求强烈。

7. 鼓励消费者试用

旅游企业为了鼓励消费者试用,在某一限定的时间内将新产品的价格维持在较低的水平。这种价格目标是要降低消费者的购买风险,通过试用建立起企业良好的口碑,通过试用以赢得消费者对该产品的认可和接受,通过试用让消费者成为企业的忠实顾客。该策略也经常为服务性企业所采用,如开业之初的特惠价等。

(二)测定需求量

由于目标市场的购买力是有限的,因此,如果旅游企业将产品价格定得过高,顾客无力购买，购买行为也就不可能产生，营销目标也就不能实现了。旅游企业必须测定需求量，即测量在一定时期内，在各种可能的价格水平下，人们愿意并且能够购买的商品量。旅游企业通过对需求的价格弹性进行分析，测定目标市场的需求数量及需求强度，分析旅游者对价格的接受程度，以此作为制定合适价格的参考依据。此时需要测定需求价格弹性系数。

需求价格弹性系数反映需求量对价格的敏感程度，即计算在一定时期内当一种商品的价格变化1%时所应引起的该商品需求量变化的百分比。通常用 E_d 代表需求价格弹性系数。

需求价格弹性系数的公式如下。

$$需求价格弹性系数 = \frac{需求量变化的百分比}{价格变化的百分比}$$

$$E_d = \frac{Q_1 - Q_0 / Q_0}{P_1 - P_0 / P_0}$$

式中，E_d 为需求价格弹性系数；Q 为需求量，$Q_1 - Q_0$ 为需求量的变化量，Q_1 为变动后的需求量，Q_0 为变动前的需求量；P 为价格，$P_1 - P_0$ 为价格的变化量，P_1 为变动后的价格，P_0 为变动前的价格。

$|E| > 1$，富有弹性，价格↓销售收入↑；反之亦然。

$|E| < 1$，弱（无）弹性，价格↑销售收入↑；反之亦然。

$|E| = 1$，价格和需求量成比例变动，最好维持原价不变。若价格需求弹性系数大于1，说明这种产品富有弹性，降价可以大幅度增加销售量或销售额；若价格需求弹性小于1，说明这种产品缺乏弹性，提高产品价格，产品销售量下降幅度较小，销售收入却会增加；若价格需求弹性等于1，说明价格和需求成比例变动，最好保持价格不变。

（三）成本分析

成本分析就是通过产品单位成本的估测来确定产品最低价格。成本是生产单位产品所需费用的总和，旅游产品的生产成本包括三个组成部分：第一部分是旅游接待设施设备、交通运输工具、建筑物以及各种原材料、燃料、能源等的成本；第二部分是旅游企业从业人员的工资，是对于人员提供劳务的价值补偿，是活劳动的耗费部分；第三部分是旅游企业的经营管理费用，是企业在生产经营活动中必须支付的一定费用。

（四）分析竞争者

要充分了解竞争对手的生产条件、服务状况、产品价格、产品质量等情况，作为定价的参考依据。要随时了解并参照主要竞争对手同类产品的价格，以此来制定或调整本企业产品的售价。

（五）选定定价方法

选定定价方法是指旅游企业在特定的定价目标指导下，根据企业的生产经营成本、市场需求、竞争状况等选出适合本企业旅游产品的定价方法。旅游定价方法有以下几种：成本导向法是以成本为依据，在成本的基础上加上一定的利润和税金来制定价格的方法；需求导向定价法是以消费者对产品价值的理解程度和需求强度为依据的定价方法；竞争导向定价法是以市场上相互竞争的同类产品价格作为基本依据的定价方法。

（六）确定最终价格

经营者在综合考虑国家的政策法令、国内外的经济形势、货币流通状况、产品生命周期、旅游产品市场竞争力、旅游者的心理感受、经销商的态度、竞争对手可能作出的反应、政府有关价格的法律法规的限制以及行业自律组织的约束后，就可运用适当的价格策略来确定旅游产品最终价格。同时，由于市场环境和顾客需求的变化，也需要企业运用一定的策略去调整市场供求关系，引导消费。

第二节　旅游产品定价方法

旅游产品定价方法是旅游企业在特定的定价目标指导下，根据企业的生产经营成本、面临的市场需求和竞争状况，对旅游产品价格进行计算的方法。

一、成本导向定价法

成本导向定价法通常是在算出产品成本后，再确定一个能收回成本并包含一定利润的加成百分比，然后制定出产品的价格。成本导向定价法在具体应用中可以分为成本加成定价法、边际成本定价法、盈亏平衡定价法、投资回收定价法、目标效益定价法、千分之一定价法和赫伯特公式定价法。

（一）成本加成定价法

成本加成定价法是按产品单位成本加上一定比例的利润制定产品价格的方法，销售价格与成本之间的差额即为利润。这种方法主要用于制定饭店食品、旅行社旅游产品等产品的价格。

成本加成定价法计算公式如下。

$$单位成本价格 = 单位产品成本 \times (1 + 成本利润率)$$

考虑到税率计算公式如下。

$$单位成本价格 = \frac{单位产品成本 \times (1 + 成本利润率)}{1 - 营业税率}$$

例题 6-1

某宾馆有客房 500 间，全部客房年度固定成本总额为 400 万元，单位变动成本为 15 元/（间·天），预计客房出租率为 80%，成本利润率为 30%，营业税率为 5%。假设宾馆营运天数为每年 365 天，请运用成本加成定价法确定客房的价格。

解： 客房的价格为

$$\left(\frac{4000000}{500 \times 80\% \times 365} + 15 \right) \times (1 + 30\%) = 55.12(元)$$

考虑到税率，客房的价格为

$$\frac{55.12}{1 - 5\%} \approx 58.02(元)$$

（二）边际成本定价法

边际成本定价法是指旅游企业根据单位产品的变动成本来制定产品的价格的方法。边际成本定价法定价时只考虑变动成本，而暂时不考虑固定成本。一般说来，制定出来的价格只要高于单位产品的变动成本，企业就可以继续生产和销售，否则就应停产、停销。边际成本是定价的最低下限，如果边际成本高于市场价格，就应停产、停销，因为做得越多亏得越多。总之，边际成本定价法是保证旅游产品的单价大于单位变动成本的定价方法。

例题 6-2

一家汽车旅游公司经营一日观光游的旅游大客车运输，假定旅游大客车有 60 个座位，每往返一趟的总成本为 500 元，其中变动成本为 360 元。随着旅游淡季的到来，市场需求开始出现下降。为此，该公司决定从基于总成本进行定价转为基于变动成本进行产品定价，既能继续生产和销售，又能用低价格吸引游客。假定每一个班次的运营以 40 名乘客为基础，该公司在淡季基于边际成本定价法对一日游旅游大客车的票价进行定价，应该怎样定价？

解：$360/40 = 9$（元）

将该一日游产品大客车的票价淡季价格降为 9 元/人，每一个班次的运营只要能达到 40 名乘客，便足以使变动成本得到补偿，企业就可以继续生产和销售。

（三）盈亏平衡定价法

盈亏平衡定价法是指旅游企业在既定的固定成本，平均变动成本和旅游产品估计销量的条件下，实现销售收入与总成本相等时的旅游产品价格。该种方法是根据盈亏平衡点原理进行定价，是实现销售收入与总成本相等时的旅游产品价格。盈亏平衡点又称保本点，是指在一定价格水平下，企业的销售收入刚好与同期发生的费用额相等、收支相抵、不盈不亏。总之，这种定价法是旅游企业不赔不赚时的产品价格，一般是市场不景气时采用的定价方法。

盈亏平衡定价法的公式如下。

$$单位产品价格 = \frac{固定成本总额}{预计销量} + 单位变动成本$$

例题 6-3

某饭店有客房 400 间，每间客房分摊固定成本为 160 元/（间·天），单位变动成本为 45 元/（间·天），饭店年均出租率为 70%，运用盈亏平衡定价法计算，饭店房价定为多少才能使饭店盈利？

解：饭店房价为

$$\frac{160 \times 400}{400 \times 70\%} + 45 \approx 274(元)$$

因此，房价高于 274 元，才能使饭店盈利。

（四）投资回收定价法

投资回收定价法是指旅游企业为确保投资按期收回，并获得预期利润，根据投资生产的产品的成本费用及预期生产的产品的数量，确定能实现营销目标价格的定价方法。所确定的价格在投资回收期内不仅包括了单位产品应摊的投资额,也包括了单位产品新发生或经常性的成本费用。

以饭店为例,投资回收定价法的公式如下。

$$单位客户日收费 = \frac{单位客房每年经营费用}{年日历数 \times 客房出租率}$$

$$单位客房每年经营费用 = \frac{投资总费用}{客户数 \times 回收期} + 单位客房服务管理费$$

例题 6-4

某旅游城市新建三星级饭店 1 座,共投资 8000 万元,拥有标准客房 350 间,预计投资回收期为 6 年。预计在这 6 年中,年平均客房出租率可达 60%,每间客房分担的服务管理费为每年 8000 元。假设饭店营业天数为每年 365 天,试计算能保证投资按期收回的单位客房日收费标准。

$$单位客房每年经营费用 = \frac{投资总费用}{客户数 \times 回收期} + 单位客房服务管理费$$

$$= \frac{80000000}{350 \times 6} + 8000 \approx 46095.24(元)$$

$$单位客户日收费 = \frac{单位客房每年经营费用}{年日历数 \times 客房出租率} = \frac{46095.24}{365 \times 60\%} \approx 210.48(元)$$

(五)目标效益定价法

目标效益定价法是根据旅游企业的总成本和估计的总销售量,确定一个目标收益率,作为定价的标准。

目标效益定价方法用公式如下。

$$单位产品价格 = \frac{总成本 + 目标利润}{产品数量}$$

例题 6-5

某三星级饭店有客房 400 间,一年应由客房负担的固定费用为 500 万元,单位变动成本为 30 元/(间·天),目标利润为 270 万元,客房出租率为 60%,假设饭店营业天数为每年 360 天,运用目标效益定价法计算客房价格应为多少?

解:$$客房价格 = \frac{5000000 + 30 \times 400 \times 360 \times 60\% + 2700000}{400 \times 360 \times 60\%} \approx 119(元)$$

(六)千分之一定价法

千分之一定价法又称千分之一规则或四分之一经验公式定价法,是根据客房造价来确定房间出租价的一种定价方法,即将每间客房的出租价格确定为客房平均造价的千分之一。千分之一定价法存在明显的应用局限性,主要在于旅游目的地一般物价上涨较快,而此方法把当前产品的价格与过去的建筑费用联系在一起,而且没有考虑其他各种设施设备、各种设备投资比例的差异,没有考虑到供求关系,没有考虑到市场竞争等相关因素,显然没有对旅游企业的运行费用和机会收益进行估计,因此往往只能作为简便、粗略的产品定价方法。

千分之一定价法的计算公式如下。

$$\text{平均每间客房的租价} = \frac{\text{建造总成本} \div \text{客房总数}}{1\,000}$$

例题 6-6

某饭店总造价 5000 万元，有客房 200 间，则每间客房价格为多少？

解：每间客房的价格 $= \dfrac{50000000 \div 200}{1000} = 250$ (元)

（七）赫伯特公式定价法

赫伯特公式定价法是美国饭店协会创造的一种用于确定饭店客房价格的定价方法，它是以目标效益率作为定价的出发点，在保证实现目标利润的前提下，预测饭店经营的各项收入和费用，根据计划的销售量、固定费用和须达到的合理的投资率来测算出客房的平均价格。

赫伯特公式定价法的计算公式如下。

年客房预计销售额 = 合理投资收益 + 企业管理费 + 客房经营费用 + 折旧费 −
客房以外其他部门经营利润

计划平均房价 = 年客房预计销售额/（可供出租客房数 × 预计出租率 × 年天数）

例题 6-7

某饭店有客房 100 间，全年管理费用为 2600000 元，税收和保险费为 350000 元，折旧费为 1400000 元，合理投资收益额为 2100000 元，客房以外其他部门的经营利润为 960000 元，预计年均出租率为 70%。假设宾馆营运天数为每年 365 天，试运用赫伯特公式计算客房房价。

解：年客房预计销售额 = 2100000 + 2600000 + 350000 + 1400000 − 960000
= 5490000（元）

平均房价 = 5490000/（100 × 70% × 365）≈ 215（元）

二、需求导向定价法

需求导向定价法是指以旅游产品的市场需求状况为主要依据，依据旅游者对旅游产品价值的理解和需求强度、可支付的价格水平来定价。

（一）理解价值定价法

理解价值定价法是根据旅游消费者对旅游产品价值的理解程度和认可程度来制定旅游产品的价格。

理解价值定价法的步骤：首先综合运用多种旅游市场营销手段，树立旅游产品品牌形象，使旅游消费者对旅游产品认可，形成对企业有利的价值观念，然后再根据产品在消费者心目中的价值来制定价格。注意，产品的价值除了自身之外，还可以通过品牌溢价、品牌故事、精美包装等提高产品价值。采取这一定价方法的旅游企业必须正确估计消费者的"理解价格"。一般来说，旅游产品在旅游消费者心目中的理解价值主要取决于四个方面：一是产品的效用，即产品能带给旅游消费者何种利益、多少利益，这是最主要的方面；二是产品的特色,即区别于其他旅游产品的独特之处;三是产品的吸引力,拥有能够吸引消费者的地方;四是产品的市场形象。

例题 6-8

假设有 A、B、C 三家旅游企业生产同一种旅游商品,现抽一组用户作样本,要求它们就三家企业产品的效用、产品特色、产品的吸引力和产品的市场形象四种属性作出评价(表 6-1),该产品的市场平均价格为 100 元。请计算三个企业旅游商品的价格。

表 6-1 同旅游商品的不同属性评价表

权数	产品属性	对 A 景区产品的评价(%)	对 B 景区产品的评价(%)	对 C 景区产品的评价(%)
40	产品的效用	40	30	30
20	产品特色	35	40	25
30	产品的吸引力	45	30	25
10	产品的市场形象	50	30	20

解:A 认知价值:$40 \times 40\% + 35 \times 20\% + 45 \times 30\% + 50 \times 10\% = 41.5$
B 认知价值:$30 \times 40\% + 40 \times 20\% + 30 \times 30\% + 30 \times 10\% = 32$
C 认知价值:$30 \times 40\% + 25 \times 20\% + 25 \times 30\% + 20 \times 10\% = 26.5$
确定三个企业的价格:
A 价格:$100 \times 41.5 / 33 \approx 125.76$(元)
B 价格:$100 \times 32 / 33 \approx 96.97$(元)
C 价格:$100 \times 26.5 / 33 \approx 80.30$(元)
(33 为认知价值的平均数)

(二)可销价格倒推法

可销价格倒推法是指旅游企业根据产品的市场需求状况和旅游消费者可接受的价格而确定其销售价格的定价法。企业要通过价格的预测、试销和评估确定消费者可以接受与理解的价格,然后倒推批发价格和出厂价格的定价。因其定价程序与一般成本定价法相反,故也称反向定价法、倒算定价法。

例题 6-9

某种商品对消费者的价格为 5000 元,零售商的经营毛利率为 20%,批发商的批发毛利率为 5%,则零售商可接受的价格为多少元?

解:零售商可接受的价格为 $5000 \times (1-20\%) = 4000$(元)
批发商可接受的价格为 $4000 \times (1-5\%) = 3800$(元)

(三)价格需求弹性定价法

一般来说,当旅游产品价格变动后,其市场的需求量或多或少地总会有所改变,价格需求弹性定价法就是利用价格需求弹性系数值的大小来判断产品定价的合理性,以便为企业提高价格或降低价格提供决策依据。

例题 6-10

假设荔枝每千克 10 元时市场需求量为 100 千克,经调查分析,需求价格弹性为 -2,此时总收益为 1 000 元。当价格降至多少元，需求量将增加至 220 千克？此时总收益 Z 为多少？

解： $E_\mathrm{d} = \dfrac{Q_1 - Q_0 / Q_0}{P_1 - P_0 / P_0}$

式中，E_d 代表需求价格弹性系数，Q 表示需求量，$Q_1 - Q_0$ 是需求量的变化量，P 表示价格，$P_1 - P_0$ 是价格的变化量。

$$-2 = \frac{(220-100)/100}{(P_1-10)/10}$$

则 $P_1 = 4$（元），$Z = 4 \times 220 = 880$（元）

答： 当价格降至 4 元时，需求量将增加至 220 千克，此时总收益 Z 为 880 元。

三、竞争导向定价法

竞争导向定价法是指旅游企业以旅游市场竞争对手的价格为基础的定价方法。这种定价方法是以旅游市场竞争为中心，同时结合旅游企业的自身实际状况、发展战略等因素来制定价格，主要包括率先定价法和随行就市定价法。

（一）率先定价法

率先定价法是一种主动竞争的定价方法，是指旅游企业根据自身旅游产品的实际情况以及与竞争对手旅游产品的差异状况率先制定旅游产品价格的定价方法，力争夺取定价的主动权。这种方法所确定的旅游产品的价格若能符合市场的实际需要，会在竞争激烈的市场环境中获得先发制人的优势，居于主动地位。

率先定价法一般为实力雄厚或产品独具特色的旅游企业所采用，率先定价的旅游企业会在竞争激烈的市场环境中获得较大的收益，居于主动地位。

（二）随行就市定价法

随行就市定价法是指旅游企业根据旅游市场上同类旅游产品的平均价格水平或市场流行的价格水平来确定旅游产品价格的定价方法。

随行就市定价法适用实力较弱的旅游企业，追随"领导型"的价格，可以减少风险。这种定价方法既可使本企业价格与同行业的价格保持一致，又可避免恶性价格战产生的风险，容易被市场接受。这种定价方法还使企业之间的竞争避开了价格之争，而集中在企业信誉、销售服务水平的竞争上。

第三节　旅游产品定价策略

一、新产品定价策略

（一）新产品定价策略的组成

1. 撇脂定价策略

撇脂定价策略是一种高价格策略，即在旅游新产品投放市场时制定高于产品成本很多的价格，目的在于在短时间内获取高额利润。这种定价策略犹如从鲜奶中撇取奶油，因而被称为撇脂定价策略。

撇脂定价策略的优点：短期可获得厚利，尽快收回投资；降价空间较大，掌握降价的主动权；高价有利于映衬产品高品质形象。

撇脂定价策略的缺点：价格过高会抑制市场需求，影响市场开拓；难以保证企业长期利润的稳定增长；风险大，易吸引竞争者加入，会导致产品积压；可能损害企业形象。撇脂定价策略适用于具有独特的技术、不易仿制、生产能力不太可能迅速扩大等特点的旅游新产品；存在高消费或时尚性消费要求的旅游产品。

2. 渗透定价策略

渗透定价策略是一种低价格策略，即在旅游新产品投入市场时，以较低的价格吸引消费者，从而很快打开市场。

渗透定价策略的优点：使旅游者获得超值价值，以低价吸引购买者，增强产品的竞争力；有利于迅速打开旅游新产品的销路，扩大市场销售量；阻止或减缓竞争者加入。

渗透定价策略的缺点：受销路影响较大，会导致投资回收期延长；易引发恶性价格战；易使旅游者形成低价低质的错觉；收回投资的时间长，有一定的风险性。

渗透定价策略适用于能尽快大批量生产、特点不突出、易仿制、技术简单的新产品，如旅行社的观光类产品、低星级饭店的客房产品等。

3. 满意定价策略

满意定价策略是介于撇脂定价策略与渗透定价策略之间的定价策略，即旅游企业所制定的旅游新产品的价格比撇脂定价低，比渗透定价高，旅游企业与旅游者都能接受，因而被称为满意定价策略，有时也称温和价格或君子价格。

满意定价策略的优点：兼顾生产者、中间商和消费者的利益，令各方都较为满意，有利于吸引旅游者；有利于减轻价格竞争压力，促进旅游新产品的销售，保证旅游企业取得适当的平均利润。

满意定价策略的缺点：很难掌握买卖双方都感到满意的价格水平；难以适应复杂多变的旅游者的需求或竞争激烈的旅游市场营销环境；对各方面兼顾过多，过多关注各方利益；保守型定价策略，价格上无特色。

满意定价策略适用于需求弹性适中，销售量稳定增长的产品。

（二）新产品定价策略的适用条件

新产品要根据产品需求弹性、产品单位成本与销量的关系、拥有产品技术秘密的竞争者、新产品的供给能力、潜在市场规模和竞争对手的情况来确定采用哪种定价方式（表6-2）。

表6-2 新产品定价策略的适用条件表

项　目	撇脂定价策略	满意定价策略	渗透定价策略
产品价格	高	中	低
产品需求弹性	小	中	大

续表

项　　目	撇脂定价策略	满意定价策略	渗透定价策略
产品单位成本与销量的关系	低	中	高
拥有产品技术秘密的竞争者	少	中	多
新产品的供给能力	弱	中	强
潜在市场规模	小	中	大
竞争对手的情况	少	中	多

二、折扣定价策略

折扣定价策略是指旅游企业在既定的产品价格基础上打折优惠购买者的定价策略。购买者包括旅游者、中间旅游商以及相关配套的旅游企业，是旅游企业为了吸引旅游者，加强与中间商的合作关系，吸引相关产业的合作，对提高企业的竞争能力、扩大销售、增加利润而采用的定价策略。常见的折扣定价策略主要有以下几种。

（一）数量折扣

数量折扣，也称批量折扣，是指旅游企业为了鼓励旅游者或旅游中间商大量购买旅游产品，对达到一定购买数量的组织和个体给予一定价格优惠的定价策略。数量折扣鼓励消费者大量购买或者集中购买，按照消费者购买数量的多少，分别给予不同的价格折扣，购买数量越多，折扣越大。数量折扣常用于购买频率高，产品之间相关程度大的产品。数量折扣分为两种形式：累计数量折扣和非累计数量折扣（一次性折扣）。

例如，目前很多酒店都积极开展常旅客计划，酒店向经常住宿的顾客推出积分累计奖励，顾客根据不同的积分情况可以享受到迎宾礼遇、延时退房、奖励住宿折扣、房型升级、奖励住宿、赢得航空里程、兑换礼品、现金抵用券等一系列的待遇。常旅客计划是吸引公商务旅客、提高酒店竞争力的一种市场手段。常旅客计划所带来的客户巨大的消费量，可以产生规模经济效应，为酒店创造更大的利润。同时，常旅客计划利用会员体系，培养了客户忠诚度，实现了让客户持续消费的目的。

（二）同业折扣

同业折扣也叫功能性折扣、业务折扣，是指旅游产品和服务的生产企业根据各类中间商、相关配套的旅游企业在市场营销中担负的不同职责，给予不同的价格折扣。同业折扣是利用同行的有利条件，刺激各类旅游中间商充分发挥各自组织市场营销活动的功能，扩大自身的业务经营。一般来说，旅游生产企业给批发商的折扣较大，给零售商的折扣较小。例如，为了减少营销费用，旅行社对提供宣传、推销等营销功能的中间商，给与一定的价格折扣。

（三）季节折扣

季节折扣是指旅游企业对销售淡季进行购买的顾客给予折扣优待，以鼓励中间商及消费者提早购买的定价策略。在淡季，由于客源不足，服务设施闲置，为了吸引旅游者，旅游企业就会制定低于旺季时的旅游产品价格以刺激旅游者的消费欲望。这种策略适用于销售季节性强的旅游产品,有利于减轻库存,促进企业均衡生产。例如,如滑雪度假胜地,在淡季给出的旅游价格很低。

(四)地区折扣

地区折扣是指旅游企业给予前往冷点旅游地区的游客的折扣优惠定价策略。客流量在不同地区的不均衡是影响旅游企业经营稳定的一个不利因素。在冷点地区,旅游企业客源不足,为刺激旅游消费者的消费欲望,旅游企业往往会制定低于热点地区的产品价格,有利于减少产品储存成本,使各个地区能均衡销售。

(五)现金折扣

现金折扣又称付款期限折扣,是指旅游企业为鼓励旅游者或旅游中间商以现金付款或及时付款而给予的价格折扣定价策略。该折扣对于现金付款、提前付款、按期付款的旅游购买者给予不同程度的折扣率,对于违约的旅游购买者会收取不同程度的违约金。这种策略可以加速旅游企业的资金周转,有利于扩大再生产。例如:"5/30,Net/90"的意思是,买方在成交后30天付款,可得到原价5%的折扣,最迟应在90天内付清全部货款。

12人报名参加旅行社"7天6晚呼伦贝尔大草原定制旅游"的全包价旅游团,旅游团费为总价4.2万元。但出发前有一人因生病不能参加这次旅行,也就是团队的总人数变为了11人。

案例思考题
1. 原本4.2万元的旅游团费可否减去一人的费用,变为3.85万元?
2. 除去退款,还有没有更好的解决方法?

三、心理定价策略

心理定价策略是指在对购买心理进行调研分析的基础上,根据消费者的心理特点去激发消费者购买动机的定价策略。常见的心理定价策略有以下几种。

(一)尾数定价策略

尾数定价策略也称非整数定价策略,即旅游企业给旅游产品制定一个以零头数结尾的非整数价格。尾数定价策略的优点是:使消费者感到便宜,旅游者会觉得旅游企业经过精确计算,对旅游者负责。尾数定价策略的缺点是:使消费者怀疑产品的品质,交易中找零也不太方便。尾数定价策略适用于价值较低,且消费者对价格较为敏感的旅游产品。

(二)整数定价策略

整数定价策略是指旅游企业把旅游产品的价格定为整数的一种定价策略。整数定价策略适应了旅游消费者认为价高质优的心理,在交易中找零也方便。但是,可能会给消费者形成计算不准确、价格存在水分的印象。这种定价策略适合于价格高低不会对需求产生较大影响的中高档旅游产品。

（三）声望定价策略

声望定价策略是指对消费者心目中享有一定声望，具有较高信誉的旅游产品制定较高的价格的定价策略。声望定价策略适合豪华旅游产品、高级名牌旅游产品和稀缺旅游产品，如豪华旅游、高档酒店、总统套房、名人字画、旅游工艺品、珠宝古董、天价套餐等，在消费者心目中享有极高的声望价值，使用者希望显示其尊贵的身份和地位，适合采用声望定价策略。声望定价策略符合了旅游者认为价高质必优的心理、求名心理和炫耀心理，能使旅游企业取得超额利润，有利于提高旅游产品的形象。但是，高价格会影响产品的销售量。这种定价策略适合名牌旅游产品或需求弹性较小的旅游产品。

怎样销售这批珠宝？

一家珠宝店宝店进了一批由珍珠质的手镯、耳环和项链。该宝石同商店以往销售的绿松石宝石不同，它的价格也更低。副经理为了让顾客感觉物超所值，她在考虑进货成本和平均利润的基础上，为这些商品确定了销售价格。

一个月过去了，商品的销售情况令人失望。副经理决定尝试运用她本人熟知的几种营销策略。比如，把这些珠宝装入玻璃展示箱，摆放在店铺入口醒目的地方；向销售人员详细介绍了这批珠宝的特性，下发了书面材料，以便他们能更详尽、更准确地将信息传递给顾客；把商品半价出售。但以上措施都没有奏效。

后来店主建议：将那批珠宝的价格在原价基础上提高两倍再进行销售。

结果珍珠质的手镯、耳环和项链很快销售一空。

资料来源：https://www.datiyi.cn/article/2712038.html。

案例思考题

1. 产品定价方法有哪几种？副经理采用的是什么定价方法？定价失败的关键原因是什么？

2. 产品定价策略有哪几种？店主后来采用的是什么定价策略。定价成功的关键原因是什么？

（四）习惯定价策略

习惯定价策略是指旅游企业根据长期被消费者接受和承认的已成为习惯的价格来定价的方法。习惯定价策略适用于对消费者已经习惯了的价格，降低价格会使消费者怀疑产品质量有问题；提高价格会使消费者产生不满情绪。习惯定价法符合消费者的习惯与心理承受能力。在市场供求关系发生变化或成本变动时，企业往往通过降低质量或减少数量的方式赚取利润，容易引起消费者的不满。这种定价策略适用于地方土特产、小吃及旅游小工艺品等的定价。

凤凰古城收费

凤凰古城始建于1704年，距今已有300多年历史，是中国最美的古城，也是湖南十大文化遗产之一。2013年4月10日，凤凰古城景区正式实施门票新政，原来"免费进城，进景区买票"的收费模式改为收取148元/人的通票。新政的实施带来了巨大反响，在接下来的五一小长假中，凤凰古城不仅没有出现以前人满为患的状况，反而游客数量大减。伴随凤凰古城门票新政而来的，不仅是政府门票收入的损失以及商家利润的下降，影响更为长远的还有凤凰古城在广大消费中的品牌和声誉的下降。2016年4月10日，凤凰古城取消了这种售票方式，前往凤凰古城景区不再需要购买通票，游客只需要购买相应的小景点门票即可。

资料来源：https://baike.baidu.com/item/.

案例评析：消费者在面对单独收取的门票变为通票时，尽管最终的花费基本保持不变，但这打破了他们固有的习惯定价模式，容易引起消费者的不满情绪。所以旅游企业一定要谨慎对待提价。

（五）招徕定价策略

招徕定价策略是指旅游企业有意将某种或某几种旅游产品的价格定得低于市场上的同类产品，甚至低于成本，以吸引顾客、扩大销售的一种定价策略。招徕定价以低廉的价格迎合旅游者的求廉心理，经常会用部分商品降价来吸引旅游者，借机带动和扩大其他旅游产品的销售。虽然几种低价产品不赚钱，甚至亏本，但从总的经济效益看，由于低价产品带动了其他产品的销售，企业还是有利可图的。但是，使用招徕定价策略不能欺骗顾客，不能损害消费者的利益。这种定价策略适用于具有求廉心理的游客和具有较强连带性的旅游产品。

知识链接

《中华人民共和国旅游法》（2018修正）第三十五条规定：旅行社不得以不合理的低价组织旅游活动，诱骗旅游者，并通过安排购物或者另行付费旅游项目获取回扣等不正当利益。旅行社组织、接待旅游者，不得指定具体购物场所，不得安排另行付费旅游项目。但是，经双方协商一致或者旅游者要求，且不影响其他旅游者行程安排的除外。发生违反前两款规定情形的，旅游者有权在旅游行程结束后30日内，要求旅行社为其办理退货并先行垫付退货货款，或者退还另行付费旅游项目的费用。

四、差别定价策略

差别定价策略是指旅游企业根据旅游者对旅游产品的需求强度和需求弹性，对同一产品针对不同的顾客、不同的市场和不同时间段制定不同价格的策略。简单点说，就是将旅游产品分为几档，每档定一个价格，使消费者觉得各种价格反映了质量的差别。

（一）差别定价策略的组成

1. 地理差价策略

地理差价策略是指旅游企业对同一种旅游产品在不同地点采用不同价格的策略。经营者根据游客对旅游地点的偏爱程度，对于处于不同地点的同一旅游产品制定不同的价格。采用这种策略有利于减少产品储存成本，使各个地区能均衡销售。

2. 时间差价策略

时间差价策略是指旅游企业对同一种旅游产品在不同季节、不同时期，甚至不同钟点采用不同价格的策略。在不同的时间，旅游者对同一种旅游产品的需求有明显的差别，因此旅游企业对同一种旅游产品在不同的时间应该制定不同的价格。采用这种定价策略有利于增加旅游淡季的销售收入。例如，有家商场规定，在午休时间及晚上商品降价，吸引了大量上班族消费者，给商场带来了巨大的销售量。

案例阅读

法林自动降价商店

有一个法林自动降价商店。商店中的商品并非低劣货、处理品，但也没有什么非常高档的商品。商品价格随着陈列日期的延续而自动降价。在商品开始陈列的头12天，按标价出售。若这种商品在12天内未能卖出，则从第13天起自动降价25%。再过6天仍未卖出，即从第19天开始自动降价50%。若又过6天还未卖出，即从第25天开始自动降价75%，再经过6天，如果仍无人问津，这种商品就会送到慈善机构处理。

案例评析：法林自动降价商店此招何以取得成功？

一、降价具有艺术性。从心理学角度来分析，消费者最关心的是降价幅度。一般商店都在30%以内降价，但这样降价未免太落俗套，未必能引起消费者的注意。法林自动降价商店独具匠心，以时间长短来降价，在一个月内降价三次，直至免费送到慈善机构为止。

二、变压力为动力。法林自动降价商店这样做等于给自身施加压力，使该店所进商品能适销对路。因为如果进货不合理，那么必然购者寥寥，或不积极购买。该店的降价方法大大增加了职工压力，迫使其进好货，销好货，服务周到，变压力为动力，促使商品快销，加速资金周转，尽快尽多地获取利润。

资料来源：https://baike.baidu.com/item/%E8%87%AA%E5%8A%A8%E9%99%8D%E4%BB%B7%E5%95%86%E5%BA%97/3626010?fr=aladdin。

3. 对象差价策略

对象差价策略是指旅游企业对同一种旅游产品针对不同的游客采用不同的旅游价格的策略。采用这种定价策略可以稳定客源，有利于开拓新市场。

（二）差别定价的适用条件

实行差别定价必须满足一定条件。市场必须能够细分出两个或者两个以上市场；对旅游产品的分级中，要使不同等级的产品在质量、性能、额外利益等方面有明显的区别，使旅游者确信价格等级的差别是合理的；旅游产品分级级数不宜过多，档次的差别不宜过大或过小；对价格弹性大的市场，价格定得低一点儿，价格弹性小的市场，价格定得高一点儿；获得低价的细分市场人员不得将产品转手或转销给高价的细分市场；在高价的细分市场中，竞争者不得以低于本企业的价格出售，不得与本企业进行价格竞争；细分和控制市场的费用不应超过差别定价所得的额外收入；这种定价法不会引起顾客反感和敌意；差别定价的特定形式不应是非法的。

五、产品线定价策略

产品线定价策略是指经营者为使整个产品线能获得最高利润，根据产品线内各项目之间在产品特性、顾客认知、需求强度、对利润的贡献程度等方面的不同，参考竞争对手的价格，确定各个产品项目之间的价格差距，以使不同的产品项目形成不同的市场形象，吸引不同的顾客群，扩大产品销售，争取实现更多的利润。

（一）产品大类定价策略

产品大类定价策略是指产品线中不同产品项目确定不同的价格。当企业开发出的产品是一个系列时，由于系列产品存在需求和成本的内在关联性，为了充分发挥这种关联性的积极效应，对一组相互关联的产品依照每个产品的不同特色确定价格差异，可采用产品大类定价策略。

（二）选择品定价策略

许多企业在提供主要产品的同时，会附带一些可供选择购买的产品或服务，如果要购买这些选择品，除了支付购买主要产品基价的资金外，还需要额外支付购买资金。

（三）补充产品定价策略

企业可以将主要产品的价格定得较低，将补充产品的价格定得较高，通过低价促进主要产品的销售来带动补充产品的销售。

（四）分部定价策略

分部定价是指将价格分为固定使用费和可变使用费两部分。例如，将固定使用费定得较低，以推动人们购买，利润从可变使用费中获取，服务性企业经常采用分部定价策略。又如，100元可购买5个袜子组装的套盒，由于单价过高，并非所有消费者可以马上购买。如果设置为20元/每双，当消费者看到单价低可以产生购买的欲望。

（五）副产品定价策略

在产品开发生产过程中，生产主产品时会产生副产品。如果这些副产品对某些顾客群具有价值，必须为这些副产品寻找市场，并制定相应的价格，只要能抵偿副产品的储运等费用即可。

（六）组合定价策略

组合定价策略是指旅游企业为了实现整个产品组合（或整体）利润最大化，在充分考虑产品之间的关系及潜在利润的基础上，将两种或两种以上的相关产品捆绑打包出售，并制定一个合理的价格出售这组产品的定价策略。实施组合定价策略，要求捆绑的产品具有一定的市场支配力。例如：利用销量高产品和销量低的产品绑定一起售卖，产品 A、B 是颜色或规格不同的类似产品，产品 A 销量高，单价为 20 元，产品 B 销量低，单价为 16 元，将两者绑定组合产品 C 单价为 18 元，组合后的产品套装会比原本两者单独售卖时的销量更高。

旅行社产品价格的类型

（1）全包价＝房费＋综合服务费＋城市间交通费＋专项附加费。

综合服务费主要包括餐饮费、杂费、市内交通费、全陪费、翻译导游费、组团费、领队减免费、接团手续费和宣传费。

专项附加费包括汽车超公里费、特殊游览点门票费、游江游湖费、专业活动费、风味餐费、旅游保险费、加收文娱费和不可预见费。

（2）半包价＝组团包价＋正餐费。

（3）小包价＝房费＋接送服务费＋城市间交通费＋手续费。

（4）单项服务费（委托代办费）。

（5）特殊形式的旅游收费。

六、产品降价与提价策略

旅游企业处在一个不断变化的环境之中，为了生存和发展，有时候需主动降价或提价，有时候又需对竞争者的价格变化做出适当的反应。

（一）企业主动降价与提价的原因

企业主动降价与提价的原因如表 6-3 所示。

表 6-3　企业主动降价与提价的原因表

类　　型	引　发　原　因
主动降价	1. 需求价格弹性大
	2. 市场需求萎缩，生产能力过剩，产品积压
	3. 出现规模经济，产品生产成本下降
	4. 维持或提高市场占有率
	5. 外币贬值

续表

类　　型	引　发　原　因
主动降价	6. 通货紧缩，导致成本下降
	7. 清理市场
主动提价	1. 需求价格弹性小
	2. 市场需求扩大，产品供不应求，需求拉动明显
	3. 提升产品档次，树立产品形象
	4. 获取产品利益的最大化
	5. 外币升值
	6. 通货膨胀，导致成本上升
	7. 成本推动

一次成功的客房提价

三星级的 A 饭店共有单人间 60 间，其中有 35 间是新近装修的，其他 25 间是较早时期装修的，房间硬件设施反差较大。由于历史原因等诸多因素，新旧单人间的协议价同样是 228 元。结果可想而知，旧单间的客房销售情况不佳，而新单人间销售情况很好。每天上午，新单间就被预订，没有预订的老客户因拿不到新单间意见很大，特别是住过新单间的客人不愿意住同样价格的旧单间。鉴于上述情况，饭店领导及时召集销售部和相关部门经理协商。

一种观点认为不应该提价，理由有以下几点。①客户长期以来已认同 228 元的房价，提价会导致客人不能接受或产生不满，还可能会失去部分客户，影响饭店营业收入。②客户会认为，饭店生意好了之后就不顾及客人利益，使客人产生逆反心理，不再支持饭店工作等。

另一种观点则认为可以提价，理由有以下几点。①旧单间 228 元客人已经完全接受，新旧应有一定的差别。②新单间销售非常理想，按新单间 90%的住房率计算，每间提价 30 元，一年就可多创利 344 925 元，这可是一笔不小的数字。为避免决策失误给饭店带来不必要的损失，饭店领导要求销售部门做好全面的市场调研工作。

经过 15 天的调研，反馈回来的结果如下：①客户对新单间提价普遍有一定的异议；②客户普遍认为新单间 228 元房价是偏低一些；③客户对新单间的装修风格、档次普遍认同；④客户认为新旧单间环境、条件相差太大；⑤部分客户认为新单间提一点儿价也是可以接受的。

基于上述调研，饭店几经协商，决定对新单间进行适度提价，调整到 258 元，同时赠送免费自助早茶。但在具体执行时须有个时间上的过渡，让客户有心理调整和接受的过程。销售部以书面和口头的形式通知客户，两个月后开始执行新单间价格，并密切注意观察市场动态，做好相关解释工作。后来的事实证明了他们的决策是正确的，客户接受了这次涨价。

资料来源：王大悟，刘耿大. 酒店管理180个案例品析[M]. 北京：中国旅游出版社，2007.

案例思考题

1. 你认为 A 饭店客房价格上调为什么会成功?
2. 本案例说明饭店在进行涨价的时候应注意什么问题?

(二)企业对竞争者降价的反应

面对竞争者的降价,企业一般有以下几种战略可供选择。

1. 维持价格不变

面对竞争者的降价,旅游企业维持价格不变,尽管对市场占有率有一定的影响,但以后还能恢复市场阵地。当然,在维持价格不变的同时,还要改进产品质量、提高服务水平、加强促销沟通等,运用非价格手段来反击竞争者。许多企业的市场营销实践证明,采取这种战略比降价和低利经营更合算。

2. 降价

面对竞争者的降价,旅游企业采取降价策略。主要是因为:降价可以使销售量和产量增加,从而使成本费用下降;市场对价格很敏感,不降价就会使市场占有率下降,市场占有率下降之后,很难得以恢复。但是,企业降价以后,仍应尽力保持产品质量和服务水平(图 6-1)。

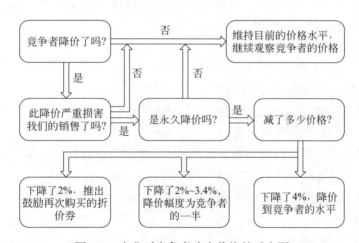

图 6-1　企业对竞争者改变价格的反应图

3. 提价

面对竞争者的降价,旅游企业采取提价策略。主要是因为:提价可以提升产品的形象,提高产品质量,合理的价格上调只要应用得当,可以在为企业创造更多利润的同时,保持和扩大旅游企业原有的市场份额。

4. 非价格竞争

所谓非价格竞争,是指旅游企业运用价格以外的营销手段,使本企业产品与竞争产品相区别,并使之具备差别优势,以推动产品销售的竞争方式。非价格竞争包括产品创新、产品品牌个性化、产品服务竞争、大力发展广告、拓宽销售渠道等。具体地说,非价格竞争表现为:在各类商品面前,以款式新颖、适销对路取胜;在同等商品面前,以质优取胜;在同等质量商品面前,以价廉取胜;在同一价格商品面前,以优质服务取胜。

一、即测即练

二、思考题

1. 简述旅游产品价格制定原理。
2. 简述旅游产品价格影响因素。
3. 为了应付与防止竞争目标,实力较强的旅游企业应该如何定价?
4. 定价目标有哪些基本类型?这些不同类型定价目标的基本特点是什么?
5. 简述旅游产品定价的步骤。
6. 简述渗透定价策略的优点与缺点。
7. 简述撇脂定价策略的优点与缺点。
8. 简述满意定价策略的优点与缺点。
9. 旅游产品的定价方法可分为哪些基本类型?
10. 旅游产品定价策略有哪些?
11. 什么是差别定价?旅游企业对其产品实行差别定价的目的何在?实施差别定价有哪些条件?
12. 简述撇脂定价策略、渗透定价策略、满意定价策略的适用条件。

三、计算题

1. 某旅店有客房500间,全部客房年度固定成本总额为500万元,单位变动成本为50元/(间·天),预计客房出租率为70%,成本利润率为20%,假设酒店营业天数为每年360天,请运用成本加成定价法确定客房的价格。

2. 某酒店有客房400间,每间客房分摊固定成本为150元/(间·天),单位变动成本为42元/(间·天),预计酒店年均出租率为60%,酒店房价定为多少才能使酒店盈利?

3. 某旅游城市新建1座三星级酒店,共投资8 000万元,拥有标准客房350间,预计投资回收期为6年。预计在6年中,年平均客房出租率可达60%,每一客房分担的服务管理费为每年8 000元。试计算能保证投资按期收回的单位客房日收费标准。

4. 某三星级酒店有客房300间,一年应由客房负担的固定费用为400万元,单位变动成本为30元/（间·天），目标利润为250万元，客房出租率为70%，假设酒店营业天数为每年360天，请运用目标效益定价法确定客房价格。

5. 某酒店有客房120间，全年管理费用为300万元，折旧费为150万元，税收和保险费为36万元，合理投资收益额为230万元，客房以外其他部门的经营利润为100万元，预计年均出租率为70%，试用赫伯特公式计算酒店客房房价。

6. 假设荔枝每千克10元时市场需求量为100千克，经调查分析，需求价格弹性系数为-2，此时总收益为1 000元。当价格降至多少元，需求量将增加至220千克？此时总收益Z为多少？

7. 假设有A、B、C三家旅游企业生产同一种旅游商品，现抽一组用户作样本，要求它们就三家企业的产品吸引力、产品可靠性、产品美观性和服务质量四种属性作出评价（表6-4），该产品的市场平均价格为100元。请计算三家企业旅游商品的价格。

表6-4 同旅游商品不同属性评价表

权数	产品属性	A景区产品	B景区产品	C景区产品
30	产品吸引力	40	30	30
20	产品可靠性	35	40	25
23	产品美观性	40	30	30
27	服务质量	50	20	30

四、实践练习题

1. D大学旅游管理专业要建立A旅行社，决定以大学生旅游作为自己的主打旅游产品，请根据旅游产品定价步骤、旅游产品定价方法和旅游产品定价策略制定A旅行社大学生旅游产品的价格。

2. 选择一家有代表性的旅游企业进行调研，分析其定价策略，并完善其定价策略。

3. 联系本校或当地的驻村第一书记，运用访谈法了解当地乡村旅游的定价策略，并对如何完善乡村旅游定价策略提出建议。

五、案例分析题

案例分析1 庐山游定价策略简析

深圳计划开通庐山（九江）直航班机，面对这一商机，深圳旅游集团海外部准备开通庐山游。以往去庐山旅游，均由南昌进出，路上耗费不少时间，往往在山上住一晚就匆匆离去，现在，面对即将开通至庐山脚下九江的航班，如何做才能形成自己的相对优势，不至于转瞬又陷入价格战的旋涡中？

首先，旅行社进行了市场分析。一是分析了旅游目的地。庐山是一个很适宜休闲度假的地方，和黄山相比，虽然风景可能略逊一筹，但山上的度假条件却得天独厚，拥有各种档次的酒店，还有一个上万人的小镇，交通良好。二是分析了市场。深圳人很忙，工作节奏快，喜欢直航。深圳人容易接受新事物，新概念，易被引导。

其次，经过分析，旅行社决定在市场上以"专业"和"全面"的形象出现，根据目的地特色和市场情况，设计出几种套餐：一是自助游。庐山的接待条件非常适合自助游，对于平日紧张惯了的深圳人而言，早上不用按时起床，想走就走，想停就停，无疑是很有吸引力的。庐山上拥有从各类疗养院到星级酒店多种选择，适宜不同客人需求。只需要庐山酒店派车到机场接送，无须增加旅行社的地接成本。在价格上，从疗养院的1380元起至三星级酒店1780元，形成了无敌价。庐山直航的定价1380元绝对是市场最低的，它有效地遏制了后来者的价格竞争策略。最低价的制定并不影响其在主推产品（三星酒店1780元）上的获利，前者主要是为自己形成壁垒，后者才是盈利的主要来源。二是推出的全包团。由于在市场上率先推出，有酒店和航空公司的支持，其产品也就成了市场上的标准，而谁制定了标准，谁就有了优势。

一系列的策划和强有力的推广，使该旅行社很快取得了庐山直航线的绝对优势，在庐山线上成了最大的赢家。

资料来源：https://www.docin.com/p-614473027.html。

案例思考题：

1. 庐山游采用了哪些新产品定价方法和定价策略？
2. 请分析庐山游定价的成功之处在哪里？

案例分析2　B旅行社银川一日游产品价格分析

B旅行社开展银川一日游，设计了两条线路：线路一是镇北堡西部影视城、贺兰山岩画、拜寺口双塔、西夏王陵一日游；线路二是贺兰山岩画、拜寺口双塔、苏峪口国家森林公园一日游，其产品价格分析如下。

为了能够以统一的标准评价这两条类似的旅游线路，作出如下假设：旅游线路一次15人成团，游客在报团时不议价，并且无儿童。

交通价格方面参照各大汽车租赁公司价格：15座中巴车（含司机）每天650元。

门票价格方面参照同城价的价格：贺兰山岩画54元，西夏王陵50元，拜寺口双塔10元，苏峪口国家森林公园54元。由于镇北堡西部影城没有同城价，因此暂按60元计。

导服和保险以各大旅行社一日游标准计：导服费为60元/天，保险费为10元/人。

应纳税费方面：由于企业所得税是旅行社每一纳税年度的各项营业收入和营业外收入总额减除（经税务机关核准）准予扣除的各项费用、支出后的余额，因此，在这里暂不考虑企业所得税，只计算营业税、城市维护建设税和教育费附加。

根据前面介绍过的计算方法可以得到表6-5所示。

表6-5　不同路线利润所得

项目	费用（元） 线路一	线路二
交通	15座中巴（包括司机）650	
门票（同城价）	2 610	1 770
导服	60	60
保险	150	150

续表

项目	费用（元） 线路	
	线路一	线路二
服务成本合计	3470	2630
营业额	850	1540
应纳税费	46.75	84.7
利润	803.25	1455.3
单位总成本	234.45	180.98
旅行社报价	288	278
单位利润	53.55	97.02

从表中可以看出：尽管线路一比线路二多一个景点，但其最终所得利润却低于线路二。

这两条线路主要是针对银川市及周边市县的散客。这部分消费群体对银川的旅游状况比较了解，因此旅行社在向这部分消费者推介旅游产品时，应主要从线路和价格方面来吸引消费者。

旅行社把这两条线路放在一起销售，线路一都是一些人文旅游景点，线路二由自然与人文旅游景点相结合。对于当地游客来说，人文旅游景点的吸引力要逊色于自然旅游景点，大多数消费者会选择线路二。线路二定价低一点，但与线路一相比它的成本要低很多。这样旅行社就会有较大的利润空间。

资料来源：https://wenku.baidu.com/view/bc96a3e981c758f5f61f6743.html。

案例思考题

分析银川一日游两条旅游线路的定价方法与策略。

案例分析3　休布雷公司巧定酒价

休布雷公司生产的史密诺夫酒在伏特加酒的市场占有率中达23%。另一家公司推出了一种新型伏特加酒，其质量不比史密诺夫酒低，而每瓶酒的价格却比史密诺夫酒低一美元。

按照惯例，休布雷公司面前有三条对策可用：第一，降低1美元，以保住市场占有率。第二，维持原价，通过增加广告费用和推销支出与竞争对手竞争。第三，维持原价，听任市场占有率降低。由此看来，不论休布雷采取上述哪种策略都很被动，似乎将是输定了。

但是，该公司的市场营销人员经过深思熟虑后却采取了令人意想不到的第四种策略，将史密诺夫酒的价格再提高一美元，同时推出一种与竞争对手的新伏特加价格一样的瑞色加酒和另一种价格更低的波波酒。

这一市场营销策略的妙处体现在以下：其一，这种做法使史密诺夫酒从单产品演变成了系列产品，大大提高了产品的声望与地位。这三种酒在消费者心目中留下不一样的印象。其二，它使另一家公司推出的新型伏特加酒在价格上处于休布雷公司产品的"夹击"之中，消费者无论是想喝好一点的伏特加酒还是便宜一点的伏特加酒，或者喝原先水平的伏特加酒，都有可能选购休布雷公司的产品，况且休布雷公司的品牌已在消费者心目中有一定的印象。其三，休布雷公司这一做法从无差异目标市场策略转向了差异性目标市场策略，这对于更为广泛地占领市场奠定了坚实的基础。

资料来源：https://www.doc88.com/p-6901157244160.html?r=1.

案例思考题

1. 面对竞争对手的价格优势，休布雷公司怎样变不利为有利从而瓦解竞争对手的价格优势？

2. 休布雷公司怎样实现了无差异目标市场策略向差异性目标市场策略的转变？

案例分析4　西湖景区免门票

众所周知，目前我国的大部分景区的收入来源仍然是依靠"门票经济"。但是，西湖景区却是免门票的 5A 景区。要知道，景区门票不仅是景区经营者的经济来源，也是当地政府的财政收入，所以很多人表示，如果免收门票，肯定会是一笔不少的损失。其实，从长远角度来看，免门票能吸引更多的旅游者前来，逗留的游客越多、时间越长，在旅游周边项目（如住宿、购物、交通、饮食）上的花销就会相应增加。就以西湖景区为例，自从取消门票后，杭州市的旅游收入不仅没有亏本，反而带来意想不到的综合收益。

除西湖外，杭州还免费开放了六大博物馆、纪念馆，还启动了城市社会资源转化为旅游产品的活动，社会资源点，从西湖免费开放游览到开发社会资源作为旅游产品，杭州旅游实现了由"门票经济型发展模式"向"区域经济发展模式"的转变，并由"景区旅游"转变成了真正的"目的地旅游"。

顺应才能发展，随着全民休闲时代的到来，"门票经济"已经成为旅游发展的瓶颈，免票不仅是对景区消费的拉动，更是对整个旅游产业链的完善和拉动。放弃了景区小收入，带来的将是区域大发展。

资料来源：https://baijiahao.baidu.com/s?id=1747823434740106095&wfr=spider&for=pc.

案例思考题

在许多景区门票涨价的情况下，西湖景区不收门票的做法带给我们哪些思考？

六、翻转课堂讨论题

汉书有云，"籴甚贵，伤民；甚贱，伤农。民伤则离散，农伤则国贫。"在民间，有这样的说法，丰收年，农民收入反而会减少，因为 "谷贱伤农"。而民以食为天，粮食贵了，又难免"米贵伤民"。

翻转课堂讨论题

结合所给的材料，讨论乡村旅游商品——土特产品的定价策略。

第七章 旅游分销渠道策略

本章导读

旅游分销渠道是连接旅游企业和旅游者的桥梁,对于扩大旅游消费需求,降低旅游产品流动费用、加速旅游企业资金周转都起着重要的作用。因此,旅游产品只有在渠道上正常地运转和流通,旅游企业才有可能在实现产品交换的基础上获得经济效益和社会效益,才能从根本上杜绝产品滞销带来的诸多问题,才能获得发展必需的基石和动力。旅游产品分销渠道是其他营销策略的基础,其他营销策略要靠产品分销渠道来推动实施。通过本章教学,让学生明确分销渠道在我国深化流通的重要作用,理解共赢理念在渠道建设中的重要意义,知道不正当竞争分销活动对社会经济发展的危害性,提升学生的职业道德水平和职业能力,自觉实践职业精神和职业规范。

知识目标

1. 了解旅游分销渠道的概念、职能和类型。
2. 了解旅游中间商的概念、功能和类型。
3. 掌握旅游分销渠道策略及其影响因素。

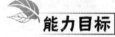
能力目标

1. 掌握选择中间商和搭建分销渠道的能力。
2. 能够搭建销售通道,帮助旅游企业缩短触客途径,有效获客。

案例导读

天山天池最美网络营销

随着互联网的普及、网民人数的暴增,网络逐渐成为人们获取信息的重要渠道。天山天池风景区也认识到了这一点。但是从天山天池风景区相关负责人检查互联网天山天池信息统计,关于天山天池有价值的信息仅占13%,且多为广告或景区介绍,可信度不高。有关网友自发性的风土人情及旅游线路信息的介绍几乎为零,不能充分发挥电子商务平台的优势以达到预期效果,更不能带动天山天池的旅游。而且天山天池旅游景区刚刚建立起来的网络电子商务平台不为人知。怎样以最快的速度广而告之，通过网上售票管理系统为天山天池景区带来更多的游客呢？

天山天池景区迅速制定一系列网络分销渠道执行方案。首先，重新打造天山天池网站，使其成为新疆旅游第一品牌。其次，结合天山天池的相关资料普及大众对景区的了解，在百度、新浪、天涯等知名网站及论坛中开设景区知识有奖问答。再次，与一游网和丝绸之路官方网站合作，带来直接的用户流量和人气。同时，在中国旅游网、新浪旅游等知名旅游网站或门户网站的旅游频道进行全面的广告交换与投放。最后，通过即时消息工具设立网上热线，与网友和游客建立联系，处理电子订单和客户咨询。开发网上门票、酒店、机票预订业务，通过手续费实现网站直接盈利。

经过一系列得当的网络营销措施，提升了天山天池景区在人们心中的形象，激发了网友的热情，天山天池景区的旅游人数比往常激增了 10 倍。

资料来源：https://wenku.baidu.com/view/736d5fcbed630b1c58eeb568.html.

案例思考题

1. 天山天池景区采用了什么分销渠道策略？
2. 天山天池景区网站为了吸引顾客，采用了哪些有效的手段？
3. 谈谈天山天池景区进行分销渠道的搭建的成功之处。

第一节　旅游分销渠道概述

一、分销渠道的概述

分销渠道是指商品从生产企业流转到消费者手中的全过程中所经历的各个环节和推动力量的总和，是促使产品顺利达到消费者手中的一整套相互依存的组织。理解产品的分销渠道应把握以下要点：分销渠道的起点是生产者，终点是消费者和用户，是指商品从生产企业流转到消费者手中的全过程中所经历的各个环节和推动力量的总和；分销渠道主要是由参与商品流通过程的各种类型的机构组成的，包括各种批发商、代理商、零售商、经纪人和实体分销机构等，但不包括供应商和辅助商；分销渠道是指旅游产品或服务从旅游企业向消费者转移过程中，取得旅游产品或服务的所有权和使用权，或帮助旅游企业转移旅游产品或服务的所有权和使用权的所有企业、中介组织或个人；在分销渠道中，产品的运动以其所有权和使用权的转移为前提，分销者与生产企业的关系是一种契约关系；分销渠道不是生产商与中间商之间相互联系的简单结合，而是企业之间为达到各自或共同的目标而进行交易的复杂行为和过程；分销渠道中存在实体流（物流）、所有权流（商流）、现金流、信息流和促销流五种以上的物质或非物质形态的"流"（图7-1）。分销渠道的各个环节可以促成买卖双方的交易，减少信息查询的时间，节约资金和交易成本，满足旅游市场需要，实现企业的营销目标。

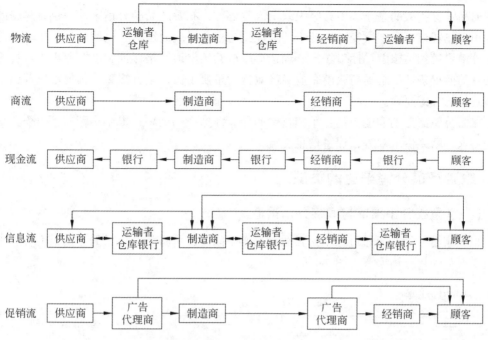

图 7-1 分销渠道中的物流、商流、现金流、信息流和促销流

企业所生产的产品，必须及时地转移到消费者手中才能实现产品的价值，企业才能够扩大再生产。如果分销渠道不畅通，产品搁置，就会严重影响企业的再生产，无法实现企业战略目标，也不能满足消费者的需求。分销渠道承担营销职能，促进产品销售，为零售商提供多种产品组合。分销渠道应满足市场的多种需求，紧密联系供求双方，促进产品供给者和购买者的信息交流。分销渠道的职能如表 7-1 所示。

表 7-1 分销渠道的职能表

职　能	具 体 工 作
推销	新产品市场推广、现有产品推广、向最终消费者促销、建立零售展厅、价格谈判与销售形式的确定
物流	存货、订单处理、产品运输、与最终消费者的信用交易、向顾客报单、单据处理
风险承担	存货融资、向最终消费者提供信用、存货的所有权、仓储实施投资
渠道支持	市场调研、地区市场信息共享、向顾客提供市场信息、与最终消费者洽谈、选择经销商、培训经销商的员工
产品修正与售后服务	提供技术服务、调整产品以满足顾客需求、产品维护与修理、处理退货、处理取消订单

二、旅游产品分销渠道的概念

旅游产品分销渠道又称旅游产品的销售渠道，是指旅游产品和服务从生产企业向旅游消费者转移的过程中所经过的路线和环节，这个路线和环节由一系列取得这种商品与服务的所有权或帮助所有权转移的所有企业、中介组织和个人组成。所以，又可以说，一切与旅游商品转移相关的企业、中介组织或个人都可称为旅游产品的分销渠道,也就是旅游产品使用权在转移过程中所经过的各个环节连接起来而形成的通道,旅游产品需要通过这种旅游分销渠道到达旅游目标市场。合理选择旅游营销渠道,是保证旅游企业再生产过程顺利进行的前提条件,是提高旅游企业经济效益的重要手段,是直接影响其他市场营销策略实施效果的关键要素。

旅游分销渠道的职能包括:承担营销职能,促进产品销售;提供多种产品组合,满足市场需求;联系供求双方,促进信息交流。

三、旅游产品分销渠道的类型

(一)直接分销渠道与间接分销渠道

根据旅游产品在流通过程中是否通过旅游中间商,可将旅游产品的分销渠道分为直接分销渠道与间接分销渠道(图7-2)。

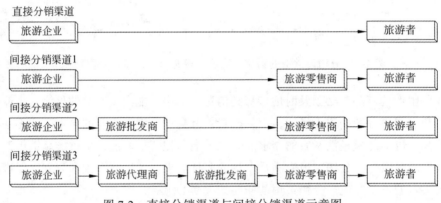

图7-2 直接分销渠道与间接分销渠道示意图

1. 直接分销渠道

直接分销渠道是指旅游企业在旅游市场营销活动中不通过任何一个旅游中间商,而直接把旅游产品销售给旅游者的分销渠道,是指没有渠道中间商参与的一种渠道结构,也就是所谓的零层次分销渠道。直接分销渠道的优点有:可以与顾客建立一种直接的关系,可以让顾客能够直接与厂家互动,可以直接了解旅游者意见并获得旅游者的信息,能塑造旅游企业的形象,节省了中间环节所需要的费用。直接分销渠道的缺点有:生产者与旅游市场接触面有限,销售量有限。直接分销渠道适用于生产规模小或接待量有限的企业,是大型或贵重产品及技术复杂、需要提供专门服务的产品销售采取的主要渠道。

直接分销渠道可以划分为三种形式。

(1)旅游者到生产现场购买。旅游者直接到旅游产品生产者所在的生产现场,旅游产品生产者向登门来访的旅游者直接销售其旅游产品。

(2)旅游者通过各种直接预订方式购买,这种形式的应用也在不断扩大。随着现代信息技术的发展和推广应用,尤其是网络技术的运用,旅游者通过电话、电传、计算机预订系统直接向旅游产品生产企业预订产品,主要方式有上门推销、展示会、邮购、电视直销和网络直销。

(3)旅游者通过旅游企业自设零售系统购买。旅游产品生产者通过在自己的目标市场设立销售网点、官方网站、自媒体销售平台,旅游者在销售点现场就可以购买产品。

2. 间接分销渠道

间接分销渠道是指旅游企业通过旅游中间商把旅游产品销售给旅游者的分销渠道。间接分销渠道是目前最主要的旅游产品销售渠道。销售渠道越长,旅游产品市场扩展的可能性就越大,销售范围就越广,但旅游产品生产者对旅游产品销售的控制能力就越弱,信息反馈的清晰度就越差,销售费用和流通时间相应增加。

间接分销渠道有:旅游企业→旅游零售商→旅游者,旅游企业→旅游批发商→旅游零售商→旅游者,旅游企业→旅游代理商→旅游批发商→旅游零售商→旅游者等多个种类。

多级多层分销渠道十分繁杂,共分为 5 个层次、12 个中间环节(图 7-3)。①第一个层次为:旅游企业→旅游代理商→旅游批发商→旅游零售商→旅游者。②第二个层次为:旅游企业→旅游批发商→旅游零售商→旅游者。③第三个层次为:旅游企业→旅游批发商→旅游者。④第四个层次为:旅游企业→旅游零售商→旅游者。⑤第五个层次为:旅游企业→旅游者。

图 7-3 多级多层分销渠道示意图

(二)短分销渠道和长分销渠道

根据旅游产品在流通过程中通过中间环节的多少,可将旅游产品的分销渠道分为短分销渠道和长分销渠道(图 7-4)。

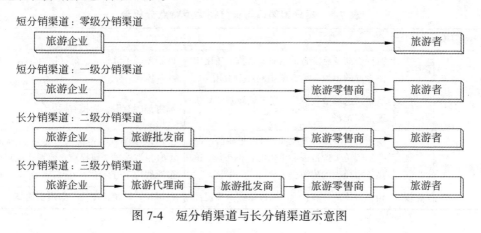

图 7-4 短分销渠道与长分销渠道示意图

第七章 旅游分销渠道策略

1. 短分销渠道

短分销渠道是指旅游企业在旅游市场营销活动中没有或只通过一个中间环节，包括零级分销渠道、一级分销渠道。短分销渠道的优点有：信息传递快，能加速商品流通，减少商品损耗，销售及时，利于与中间商建立直接的合作关系，利于控制。短分销渠道的缺点有：如果旅游企业承担的销售任务较多，短分销渠道会使销售范围受到限制，增加了直销费用，不利于旅游产品大量销售。短分销渠道适合在小地区范围销售产品和服务。

（1）零级分销渠道，是指旅游企业在旅游市场营销活动中不通过任何一个旅游中间商。零级分销渠道有利于获得旅游者的信息，有利于强化旅游企业的形象，节省了中间环节费用。但是，零级分销渠道对市场拓展不够，人、财、物力分散，承担较大经营风险。

（2）一级分销渠道，一级分销渠道的模式为：旅游企业→旅游零售商→旅游者，亦称单层次或一层次销售渠道。旅游产品生产者向零售商支付佣金，由旅游零售商把旅游产品销售给旅游者。一级分销渠道环节较少，有利于把旅游产品快速推向市场。但是，一级分销渠道销售范围有限，规模有限，仅适用于营销批量不大，市场狭窄或单一的旅游产品。

2. 长分销渠道

长分销渠道是指旅游企业在旅游市场营销活动中通过两个或两个以上的中间环节，把旅游产品销售给旅游者的分销渠道，也就是二级以及二级以上的分销渠道。在长分销渠道中，旅游中间商完成大部分营销职能，但信息传递慢，流通时间长，旅游企业难以控制分销渠道。长分销渠道适用于较大范围和更多细分市场销售的产品与服务。

（1）二级分销渠道。二级分销渠道的模式为：旅游企业→旅游批发商→旅游零售商→旅游者，也称双层次或两层次销售渠道。旅游企业只同旅游批发商有直接业务联系，大型的旅游批发商往往分销网点分布广泛，分销力量雄厚，比旅游零售商更具有明显优势。

（2）三级分销渠道。三级分销渠道的模式为：旅游企业→旅游代理商→旅游批发商→旅游零售商→旅游者，也称三层次或多层次销售渠道。这种分销渠道增加了代理商，代理商在分销能力、控制分销地域及其忠诚度方面都影响分销渠道的效果。

短分销渠道与长分销渠道的特点如表 7-2 所示。

表 7-2 短分销渠道与长分销渠道特点分析表

渠道模式		优　点	缺　点
短分销渠道	零级	有利于获得旅游者的信息；有利于强化旅游企业的形象；节省了中间环节费用	市场拓展不够；人、财、物力分散；承担经营风险
	一级	营销渠道环节较少，有利于把旅游产品快速推向市场	销售范围有限，规模有限
长分销渠道	二级	生产者借助旅游批发商，可以把旅游产品分销到更大的范围和更远的目标市场，适用于规模大的旅游企业	生产规模小或供给能力有限的旅游企业不宜采取这种渠道模式，流通速度较慢，渠道费用上升
	三级	销售范围进一步扩大，销售量进一步提高	渠道长，推销速度慢，渠道费用高

（三）窄分销渠道和宽分销渠道

根据旅游产品在流通过程中分销渠道的每一层次使用相同类型旅游中间商的数量，可将旅游产品的分销渠道划分为窄分销渠道和宽分销渠道（图7-5）。

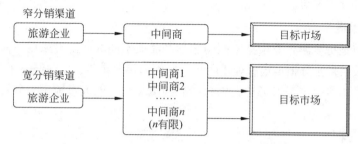

图7-5　窄分销渠道和宽分销渠道示意图

1. 窄分销渠道

窄分销渠道是指旅游企业在旅游市场营销活动中，分销渠道的每一层次只使用一个旅游中间商。使用窄分销渠道可使旅游企业与中间商之间关系密切，产生较强的依附关系，生产和销售相互促进，便于控制价格和促销活动，并监督占领市场。但窄分销渠道会使企业选择余地比较小，市场的销售面受到限制，风险较大，因此一般适用于专业性较强或费用较高的旅游产品的销售。

2. 宽分销渠道

宽分销渠道是指旅游企业在旅游市场营销活动中，分销渠道的每一层次使用两个或两个以上相同类型的旅游中间商。使用宽分销渠道，有利于中间商展开竞争，不断提高产品销售效率，能大量地接触旅游者，大批地销售旅游产品，旅游产品在市场上销售面较广，不断提高产品销售效率。但中间商数目较多，会使中间商推销产品不专一，生产商与中间商之间的关系松散，不容易取得所有中间商的合作，需要花较多的精力处理与中间商的关系。一般的、大众化的旅游产品主要是通过宽分销渠道进行销售。

（四）单分销渠道和多分销渠道

根据旅游产品在流通过程中使用旅游产品分销渠道类型的数量，可将旅游产品的分销渠道划分为单分销渠道和多分销渠道（图7-6）。

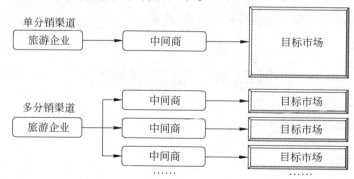

图7-6　单分销渠道和多分销渠道示意图

1. 单分销渠道

单分销渠道是指旅游企业使用单一的分销渠道,如所有的旅游产品全部由自己直接销售或全部交给旅游批发商销售。一般情况下,旅游企业经营的旅游产品较少或经营能力较弱时,可采用单分销渠道。

2. 多分销渠道

多分销渠道是指旅游企业根据不同的旅游产品或不同的旅游者采用不同的分销渠道,如对本地业务采用直接分销渠道,对外地业务采用间接分销渠道,或同时采用长分销渠道、短分销渠道。采用多分销渠道可扩大旅游产品的覆盖面,能大量地销售旅游产品。

一家普通的区域酒企的渠道解决方案

一家酒厂坐落在一个普通的县级市场,同时当地还有一家悠久历史的老品牌作为对手,企业年销售额在3000万左右。由于缺乏产品的差异化定位,在市场上基本上是跟随策略,90%以上的销量来自于传统流通渠道。为了提高销路,提出了以下解决思路。

第一,深化用户端的推广与运营。开展以下三大主题活动:畅饮节+回厂游——派发邀请函邀请消费者,实现引流回厂;谢师宴+回厂游——用老师引流,展开一些高考志愿填报指导等服务;采摘节+回厂游——邀请消费者走进企业酿酒的核心原料产地,了解到原料的高品质,增加品牌信心,在回厂的时候用定金卡模式提升转化率。同时在三大主题的活动中间穿插大量的各种社群/社区推广的各种小型回厂游、线下品鉴会、线下主题活动等。

第二,引流到线上。赠送一些商品和礼品,需要扫码登录商城,收集基础数据,引流到线上,开展线上销售。

第三,开展以自媒体为主的主题性传播、事件性传播、系列化传播,实现传播的最大化。

第四,酒厂配合回厂游、厂容厂貌等基础建设升级等方面的工作及线上商城/小程序的配套,以及对组织职能重新定位、架构、考核等管理配套完善。

资料来源:https://wen.51tietu.net/wenku/984379.html。

案例思考题

1. 酒厂选择的分销渠道是哪种类型的分销渠道?
2. 酒厂分销渠道的搭建是如何取得成功的?

第二节 旅游中间商

一、旅游中间商概述

(一)中间商的概念

菲利普·麦克威曾说:中间商不属于由制造商所铸成的锁链中被雇用的一个环节,而是一个独立的市场,并成了为一大群顾客购买的焦点。

中间商是介于生产者和消费者之间、专门从事商品由生产领域向消费领域转移业务的经济组织,是生产者向消费者或用户销售产品时的中介环节。

许多生产者缺乏进行直接营销的财力资源,会借助中间商建立自己的销售渠道,因为中间商能凭借自己的销售关系、销售经验、销售专业知识比生产者更好地建立自己的销售渠道。中间商的存在可以减少交易联系的次数并帮助企业建立高效的分销渠道(图 7-7)。

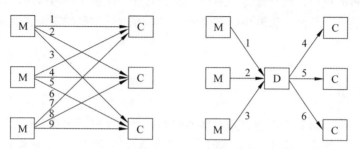

M 为制造商(manufacturer);C 为顾客(customer);D 为分销商(distributor);无中间商分销渠道交易联系次数为 M×C = 3×3 = 9;有中间商分销渠道交易联系次数 M+C = 3+3 = 6

图 7-7 无中间商分销渠道和有中间商分销渠道的交易对比图

(二)旅游中间商的概念

旅游中间商是指处于旅游生产者与旅游消费者之间、参与旅游商品流通业务并促使旅游产品买卖行为发生和实现的企业、中介组织或个人。

旅游中间商是客源市场不断扩大化和旅游活动更加社会化的产物,目前大多数旅游产品不是都由旅游生产企业直接供应给旅游消费者,需要通过旅游中间商将旅游产品更有效的提供给目标市场。例如,酒店的中间商就有酒店预订中间商、航空票务公司、携程网、艺龙网、12580 等,它们通过与买方与卖方的双方的洽谈,促使酒店产品的买卖活动得以实现。

二、旅游中间商的功能

(一)促进销售

旅游中间商一般拥有自己独立的销售网络和目标消费者群,可以为旅游产品供应商在市场调查、广告宣传、产品销售和为购买者服务等方面分担部分营销职能,从而实现产品的销售,并使旅游生产企业有更多的精力用于产品的改造及扩大再生产。旅游中间商在此环节中,可以帮助旅游产品供应商减少交易次数,节省时间和人力,降低旅游销售费用,减轻旅游产品供应商业的营销压力,便旅游产品的营销效果得以放大。

(二)市场开拓

旅游中间商利用自己广泛的渠道优势把各旅游企业生产的产品集中起来,利用自己拥有独立的销售网络和目标消费者群将各种旅游产品按不同的细分市场加以配送,向旅游消费者提供多种服务,全面满足旅游者的需求,促进产品销售,开拓旅游市场。

(三)市场调研

旅游中间商是联系旅游产品供给者和购买者的纽带与桥梁。一方面,旅游中间商可以向旅游消费者提供多种服务信息,促进产品销售;另一方面,在销售旅游产品的过程中,旅游中间商可以及时地向旅游生产者或供应者提供信息,帮助旅游生产者或供应者对市场的变化作出及时的反应,指导旅游产品的生产和消费,使旅游产品的生产和服务不断适应旅游消费者的需求。总之,旅游中间商能使供需双方进行信息的交流,并进行相关的市场营销。

A 酒店通过第三方网站对预订酒店客房的客人开展了以下的服务:网站"日历检索"服务,客户可以选择在长达 31 天的范围内,查看酒店客房的最优惠价格和折扣情况;"E Check-in"服务,通过网上预订的顾客可以直接办理网上办理登机手续;延后退房服务,通过网上预订的顾客可以拥有延后 2 小时退房权利;"最优惠价格"服务,预订酒店客房的客户,如果在预订 24 小时之内发现其他预订渠道存在更低价格,将按照后者价格执行,并获得礼券。

案例思考题:
1. A 酒店以及第三方网站为了吸引顾客,采用了哪些有效的手段?
2. 根据此案例探讨旅游中间商的功能有哪些?

三、旅游中间商的类型

依据旅游中间商在销售渠道中有无所有权的转移,可将旅游中间商分为旅游经销商和旅游代理商两种(表 7-3)。

表 7-3 旅游经销商和旅游代理商比较表

类型	含 义	特 点	收 入 来 源	风险的承担
旅游经销商	旅游经销商是指买进旅游产品再转卖出去的旅游中间商	旅游产品所有权在买卖双方间转移	购买取得旅游产品所有权,收入来自一买一卖的差价	独立承担产品再转卖的所有风险
旅游代理商	旅游代理商是指受旅游产品生产者或提供者委托,在权限内代理销售旅游产品的旅游中间商	旅游代理商不取得旅游产品所有权	收入来自根据代理销售量多少所取得的由被代理企业支付的佣金	不承担因旅游产品销售不出去而产生的价值损失

1. 旅游经销商

旅游经销商是指将旅游产品买进以后再卖出的旅游中间商,实质上是拥有产品所有权的旅游中间商。它的利润来源是旅游产品购进价和销售价之间的差额。旅游经销商与旅游企业共同承担市场风险。

旅游经销商按照从事业务不同，可分为旅游批发商和旅游零售商。

（1）旅游批发商是指从事旅游产品批发业务的旅行社或旅游公司。西方学者在《旅游批发行业研究》中指出："旅游批发商是一种企业实体，其业务是将航空公司或其他交通运输企业的服务产品与旅游目的地旅游企业的地面服务组合为一整体性旅游产品，然后通过某一销售途径推向广大公众。"旅游批发商是连接旅游企业与旅游零售商的桥梁，不直接服务最终消费者的旅游经销商。旅游批发商有能力从其他委托商或供应商处批量购买拥有巨大折扣的旅游产品和旅游服务，批量订购旅游景点门票、航班座位、饭店的客房、航班中转服务等旅游产品，并享受批量折扣的价格优惠，然后组合成包价旅游产品向旅游零售商批发出售，由零售商销售给旅游者。

（2）旅游零售商是指直接面向广大旅游者从事旅游产品零售业务的旅游中间商，它与旅游者联系最为紧密，根据旅游者的需求帮助旅游者挑选适宜的旅游产品。旅游零售商要与各类旅游企业保持良好的联系，并根据旅游市场及旅游者的需要相应地调整服务。旅游零售商的主要业务范围是：熟悉各种旅游产品的详情与优劣状况，向旅游者提供旅游咨询服务；接受旅游者委托，为旅游者代办入境、出境及签证等手续；为旅游者安排交通、游览、住宿、饮食、购物、娱乐服务，提供导游服务、个人陪同服务、各种专项旅游服务；并根据旅游市场及旅游者的需求相应地调整服务。

2. 旅游代理商

旅游代理商是指那些接受旅游企业的委托，在一定区域内代理销售其旅游产品的旅游中间商，它通过与买卖双方的洽谈，促使旅游产品的买卖活动得以实现。旅游企业在自己销售能力不能达到的地区，或在新产品上市初期，或在旅游产品销路不好的情况下，可利用旅游代理商寻求营销机会。

旅游代理商具有三大特点：①对旅游产品没有所有权，只施行"代销"的职责，不需要承担市场风险；②只是代理旅游产品，旅游产品经营费用较低；③依靠被代理企业对其支付的佣金获得收入。

常见的旅游中间商盘点

1. 旅行社

世界旅游组织将旅行社定义为：向公众提供旅行、居住和相关服务的零售代理机构。我国《旅行社管理条例》中指出，旅行社是以营利为目的，从事旅游业务的企业。旅行社市场呈现出上层批发商、中层代理商、下层零售商的金字塔形结构。旅行社争做旅游中间商，有带动更多旅游供应商的发展和壮大，从而实现整个旅游产业结构优化；有利于旅行社跳出单纯价格战的恶性循环，使旅行社获得更多的利润；有利于旅行社自身的品牌建设，减少对大型旅游企业产品、线路的克隆和依赖，实现旅游市场竞争的良性发展；有利于旅行社扩大市场份额，形成规模优势，树立品牌形象；有利于游客节约费用开支，降低购买风险。

2. 旅游经纪人

旅游经纪人是在旅游中介活动中得到佣金的经纪人，即专门从事将旅游产品由生产供给者转移给消费者的公民、法人和其他经济组织。旅游经纪人是一种特殊的旅游中间商，他们不拥有旅游产品的所有权，只是为交易双方牵线搭桥，促成交易以获取佣金，不承担任何风险。旅游经纪人主要从事以下工作：旅行社业务代理，旅游咨询，旅游广告代理，旅游保险代理，旅游交通代理，旅游培训，旅游酒店管理咨询，旅游票务代理，景区景点招商。

3. 特殊中间人

特殊中间人是介于供给者与需求者之间，对旅游产品销售的时间、地点、方式等具有影响作用的机构或个人。它包括企业工会、对外交流机构、会议组织者、饭店销售代表、航空销售代表、铁路公司销售代表、旅游爱好者各种协会和俱乐部。

4. 在线旅游企业

在线旅游企业又称在线旅行社、在线旅行商（online travel agent，OTA），是指在互联网开放的网络环境下，以互联网为基本业务平台，以计算机网络及通信技术和移动电子商务等高新技术为支持，具有在线订购与交易、在线咨询、在线支付、在线搜索等业务的旅游企业。随着用户群体从PC（个人计算机）端向智能手持设备方面的大量转移在线旅游以及旅游用户预订习惯的改变，移动互联时代下的在线旅游市场极大改善了用户的消费体验之外，移动互联在OTA模式中占据了重要位置。例如，携程、同程旅行、去哪儿、途牛等这些线上平台都是酒店业的OTA平台，其实就像是电商平台一样，酒店在OTA平台售卖房间，客人通过OTA预订房间，酒店给OTA平台佣金。

5. 旅游分销系统

旅游分销系统是指通过互联网将供应商与经销商有机地联系在一起，为企业的业务经营及与贸易伙伴的合作提供了一种全新的模式。旅游分销系统是应用于民航运输及整个旅游业的大型计算机信息服务系统。通过旅游分销系统，遍及全球的旅游销售机构可以及时地从航空公司、旅馆、租车公司、旅游公司获取大量的与旅游相关的信息，供应商、分支机构和经销商之间可以实现实时地提交业务单据、查询产品供应和库存状况，并获得市场、销售信息及客户支持，实现供应商、分支机构与经销商之间端到端的供应链管理，有效地缩短了供销链，从而为顾客提供快捷、便利、可靠的服务。

6. 联盟/同业销售系统

联盟/同业组织是各大型旅游集团或者旅行社为了应对激烈的市场竞争，联系国内旅游行业其他旅行社、销售代理商，自发组成的联盟性组织。为了支持集团化管理和业务规模扩张的需求，为联盟组织、同业组织提供了业务往来的支持。

7. 电子商务平台

电子商务平台是指为企业或个人提供网上交易洽谈的平台。电子商务平台能够采用

B2B、B2C、C2C、B2M、O2O、M2C、ITM、B2A、C2A、ABC等模式有效地在互联网上构建起进行商务活动的虚拟网络空间和保障商务顺利运营的管理环境，可以帮助旅游企业甚至个人独立营销一个互联网商城，提供更专业的电子商务平台解决方案。电子商务平台具有网上订购、网上支付、电子账户、服务传递、广告宣传、在线展会、虚拟展会、咨询洽谈、意见征询、交易管理等功能，可为旅游企业提供网络基础设施、支付平台、安全平台、管理平台等共享资源，从而有效地、低成本地帮助旅游企业进行网上商业活动，为旅游企业提供网上交易和管理等全过程的服务。

8. 新媒体运营平台

新媒体运营平台是指通过现代化移动互联网手段传播和接受信息，利用新兴的数字化媒体工具进行产品宣传、推广、营销运营的平台。新媒体运营平台可以利用计算机、手机等终端向客户广泛或者精准推送消息，完成高度传播性的内容和线上活动，利用粉丝经济，扩大流量，达到相应营销目的。新媒体运营平台主要包括短视频平台、直播平台、音频平台、社交类平台、自媒体平台和问答类平台等，只要充当旅游产品供应商和旅游消费者之间的中介角色，就可以当作旅游中间商。

四、旅游中间商的管理

（一）旅游中间商的选择

选择旅游中间商时要考虑以下因素。

1. 地理位置及销售覆盖面

在选择旅游中间商时，要考虑中间商所在的地理位置是否有利于充分沟通旅游产品生产者与目标顾客之间的联系。

2. 合作意向

在选择旅游中间商时，要看中间商是否具备与本企业合作的诚意，是否有经销本产品的积极性。

3. 销售对象

在选择旅游中间商时，要考虑中间商的主要旅游消费主体与旅游产品供给者的目标顾客是否一致，也就是要考虑经销商的服务对象与自己的目标市场是否一致。中间商的目标市场及活动范围最好与旅游企业的目标市场一致。

4. 财力与资信

在选择旅游中间商时，要充分考虑中间商对旅游消费者的服务状况、与其他企业合作的信誉、财务资金情况、从业人员的素质水平、设备设施状况、经营管理水平等方面的状况。旅游企业应尽量将销售能力强、信誉好、工作热情高的中间商纳入旅游企业的分销渠道，作为旅游企业的批发商。对销售能力较弱、信誉较好、工作热情较高，但不能大批量订购旅游产品的中间商，可将其发展成为批发商和零售商。

5. 经营历史及提供信息的能力

在选择旅游中间商时，要考虑中间商从事旅游市场营销的经验是否丰富，对中间商的销售能力的现况、潜力等因素进行综合考虑。如果旅游中间商的发展潜力巨大，对旅游企业及其他中间商的发展都有好处。

6. 经营本业务的比重

在选择旅游中间商时，要考虑旅游中间商经营本企业旅游产品的比重，要考虑中间商主要经营的产品类型是否有竞争者的产品，要考虑中间商所经营的其他旅游产品与本企业产品之间的差异。

巴黎迪士尼乐园的经营者在经营初期认为，其欧洲的竞争对手无法和迪士尼的声望与规模相比，所以把门票价格定得比竞争对手高了两倍左右。并且由于在美国前往迪士尼的游客大多数是自驾车，巴黎迪士尼乐园效仿美国迪士尼乐园的分销渠道，只注重乐园门票的销售，很少向长途客车与旅游经营商在定价、订票系统上做出让步。

但是和大多数美国人开车到乐园游玩的情况不同，欧洲旅游市场上长途客车和旅游经营商担任着重要的角色。因此，巴黎迪士尼乐园的做法导致游客数量很少。

资料来源：https://wenku.baidu.com/view/05f68eb5960590c69ec376e6.html.

案例思考题

巴黎迪士尼乐园在中间商的选择方面存在哪些问题？应该如何搭建分销渠道？

（二）旅游中间商激励

旅游企业与旅游中间商从根本上存在着一致的经营目标，存在相互关联的经济利益。旅游企业应加强与旅游中间商的合作，尊重中间商的利益，将中间商的利益与其所经营的旅游产品的销售额挂钩，开展各种针对中间商的促销活动，支持协助中间商，信守对中间商的承诺，尽力减少中间商的风险损失，调动旅游中间商的积极性和主动性。对旅游中间商可以采取直接激励和间接激励两种手段。

1. 直接激励

直接激励是指通过给予中间商物质、金钱的奖励来激发中间商的积极性，从而实现旅游企业的销售目标。直接激励的方式包括返利政策、价格折扣、开展促销活动、提供市场基金、设立奖项、发放补贴、评选最佳中间商进行奖励、组织中间商旅游、减收或免收预订金、领队优惠（按国际惯例，凡满15名付费旅客的旅行团，可以增加一名领队，享受免费旅游）等。

例如，某企业不直接付给经销商25%的销售佣金，而是按下列标准支付：如保持适当的存货，则付5%；如能达到销售配额，则再付给5%；如能有效地为顾客服务付5%；如能及时报告最终顾客的购买水平，则再付5%；如能对应收账款进行适当管理，则再付5%。

例如，地下河景区按照各旅行社收客人数的多少给予旅行社补贴广告费，同时对旅行社的广告做出了相应要求：旅行社将景区纳入广告常规线路行程之中，在广告当中出现景区的形象宣传图片。

2. 间接激励

间接激励是指通过帮助中间商进行销售管理，从而提高销售绩效，激发中间商的积极性。间接激励包括合作广告补助、内部展示的报酬、提供店内及橱窗展示材料、开展促销活动、支付店铺固定设备的费用、对新开店铺或原有店铺改进的资助、附加赠品、实行销售三包、支付销售人员部分薪水、提供向零售店铺或批发商运货的费用、提供销售管理方面的培训、提供销售人员的培训、由本企业销售人员在零售店铺或物流领域内进行销售等。

（三）旅游中间商的评价

旅游企业应采取切实可行的方法，对旅游中间商的工作绩效进行检查与评价，才能达到对旅游中间商的激励、控制的目的。

对旅游中间商评价的主要依据有：旅游中间商销售指标完成情况、旅游中间商为旅游企业提供的利润额和费用结算情况、与企业培训计划的合作情况、旅游中间商对旅游企业产品的宣传推广情况、旅游中间商对客户的服务水平以及满足需要程度、旅游中间商之间的关系及配合程度等方面的状况、为企业推销产品的积极性、占企业产品销售量的比重的大小。

通过评价，旅游企业可以了解旅游中间商工作中的优势与不足，并采取相应的激励措施或调整旅游产品分销渠道结构。

统一嘉园为何衰落？

开业不到4年的无锡统一嘉园景区破产倒闭了。该景区占据了极佳的山水资源，在城市旅游环境日趋改善的今天，为什么会经营失败呢？

统一嘉园成功地说服了无锡本地区的部分旅行社，采用在华东四日游、五日游、七日游线路中"送太湖新景统一嘉园"的方式向游客大力推荐景区。与此同时，统一嘉园成功地说服了上海、南京等地的部分旅行社为景区组团，并有意向逐步将统一嘉园纳入华东线。这时候，如果统一嘉园景区趁势加强对旅行社的服务，积极稳妥地谋求发展，景区分销渠道就可初步建立，在国内旅游市场也会有所突破。

然而，面对这样的有利形势，统一嘉园景区的营销人员为了在"黄金周"期间获得短期利益，竟然置早已跟旅行社签订的协议于不顾，突然抬高旅游团队优惠票价，以致让已经发团的旅行社陷入进退两难的尴尬境地。更有甚者，由于景区内部的人事变动，相关决策者竟然宣布已经派发出去的大量赠券作废，造成许多不必要的争执。景区初步建立起来的旅游分销渠道因此土崩瓦解。

资料来源：http://www.bjdcfy.com/qita/yxalfx/2015-12/506745.html.

案例思考题

请分析统一嘉园在处理与旅游中间商的关系时，出现了哪些失误。

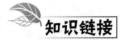

经销商管理的难题与应对

1. 中间商之间削价竞争

进行区域划分，限制发展一定的销售网点；制定市场最低价格并确保各方面赞同；说服克服短期观念，着眼长远并列举削价造成的弊害；落实区域管理，执行处罚。

2. 中间商代理品牌太多

提出选择本品牌的好处；分析公司能给予的支持；协助其开发网点、收款等；经常提供公司发展计划、信息以提高其信心；安排老板拜访，建立友好关系；提供达标奖励计划并协助他完成。

3. 中间商资金不足

帮助制订收款计划，协助加快客户回款周期；合理安排促销活动，加快资金流转；建议多批次、少批量购进；鼓励其集中资金于主要品牌，放弃无生命力的产品；建议其他货款方式筹集资金或银行提供担保；把区域或渠道缩小，由另一个经销商做；加强/改善客情关系。

4. 中间商要求更高单位利润

分析中间商的盈利状况；制订合理的销售目标及奖励计划；鼓励其多做销量以提高利润，而不是专注于单位利润；协助开拓其他渠道或领域以改善利润；协助改善管理如提高销量、降低成本等；合理安排促销活动，加快资金流转。

5. 中间商库存太低

如由于"资金不足"，以"第3条情况处理"；调查及讨论销量流失问题；强调客户不满的后果；以加强促销力度来提高其积极性；重申公司的立场。

6. 中间商拒绝非畅销产品

针对不畅销产品提供奖励计划；联合客户促销这产品以提高市场需求量；提高该产品当地促销活动；协同经销商人员到店建立品牌形象，增加信心。

资料来源：https://www.doc88.com/p-90329083601417.html.

第三节 旅游分销渠道的选择与管理

一、旅游分销渠道的选择

（一）影响旅游分销渠道选择的因素

1. 旅游产品

旅游产品是旅游企业进行分销渠道选择时首先考虑的因素，应该根据旅游产品的类型、性质、等级、价格、服务水平和市场声誉来选择分销渠道。旅游景点、商务型饭店、旅游餐厅等旅游企业通常采用直接分销渠道销售产品，渠道较短；对于度假型饭店、游船旅游等，由于其市场范围较大，通常采用间接分销渠道。

2. 旅游市场因素

旅游市场因素对选择旅游产品分销渠道会产生很大影响。

首先，目标市场范围的大小会影响分销渠道的选择。市场范围大，潜在购买者多，可采用长而宽的渠道；相反，则可采用直接分销渠道。

其次，旅游者的集中程度会影响分销渠道的选择。如果市场上消费者和用户相对比较集中，可采用直接分销渠道或较短的分销渠道；相反，应采用长而宽的渠道。

再次，消费者的购买习惯会影响分销渠道的选择。对消费者购买次数较多、销售量较大的大众旅游产品，可采用长而宽的分销渠道，以方便消费者购买；相反，则宜采用短而窄的渠道。

最后，竞争者所采用的渠道类型影响分销渠道的选择。旅游企业可以利用竞争者已经成功使用的分销渠道。如果竞争者已经控制了某些销售渠道，企业应另辟蹊径，避开竞争对手。

3. 旅游企业自身状况

首先，旅游企业产品组合状况会影响分销渠道的选择。旅游企业产品组合较深、较宽，即可采用较短些的分销渠道；反之，则应采用较长的分销渠道。

其次，旅游企业的经营实力会影响分销渠道的选择。旅游企业的规模越大，资金实力越雄厚，愿意与旅游企业合作的旅游中间商增多，旅游企业选择分销渠道的灵活性增大；反之，旅游企业在选择分销渠道时就会受到限制。

再次，旅游企业形象和社会信誉会影响分销渠道的选择。旅游企业形象和社会信誉越好，就越有可能挑选和利用各种有利的分销渠道；反之，旅游企业在选择分销渠道时就会受到限制。

最后，旅游企业的管理能力会影响分销渠道的选择。如果旅游企业对旅游产品市场营销活动的管理能力较强，旅游企业形象和社会信誉较好，则可以采用直接分销渠道；反之，宜采用间接分销渠道。

4. 旅游中间商的状况

旅游中间商的性质、功能及对旅游产品的销售服务能力都会影响旅游产品分销渠道的选择。一般高品质的旅游产品适合具有高水平服务和设备的旅游中间商。

5. 外界环境因素

外界环境因素主要包括人口、经济、政治、自然环境、技术等，它们都会对旅游企业的渠道决策产生很大的影响。如互联网技术、移动互联网技术的进步，导致销售渠道的变革，出现了新零售。又如，在经济繁荣时，企业可选择合适的渠道进行销售；在经济衰退时，则宜减少不必要的中间环节，采用较短的渠道。

（二）旅游产品分销渠道选择策略

1. 分销渠道长度的决策

旅游企业分销渠道的长度取决于旅游产品从旅游企业传递给旅游者所经过的中间环节

的多少。若经过的中间环节多,则分销渠道就长;反之,分销渠道就短。短渠道策略有利于生产者了解市场,渠道费用较节省,但是销售范围较窄、销量有限,会牵制生产者的精力。长渠道策略销售范围广,可借助中间商的网点营销产品,但是需要支付差价作为中间商报酬或佣金,生产者与旅游者之间难以直接沟通,营销速度较慢。渠道长短设计的影响因素如表7-4所示。

2. 分销渠道宽度的决策

旅游产品分销渠道的宽度是指旅游产品分销渠道的每一层次利用相同类型旅游中间商数目的多少,可将分销渠道分为广泛分销、选择分销和独家分销三个类型(图7-8)。

表7-4 渠道长短设计的影响因素表

因素	选择短渠道的原因	选择长渠道的原因
市场需求特点	市场规模小 目标市场集中 需求特殊 订货次数少	市场规模大 目标市场分散 无特殊需求 频繁订货
产品特性	特殊商品 技术复杂 易腐性商品 流行商品 非规格化商品 单位价值高 笨重商品 附加服务多 产品生命周期短	便利商品 技术简单 耐久性商品 大宗、常用商品 规格化商品 单位价值低 轻便商品 附加服务少 产品生命周期长
企业状况	具有营销管理的技能和经验 需要高度控制渠道 企业财力雄厚 企业声誉高	缺乏营销管理的技能和经验 对营销渠道的控制要求不高 企业资金紧缺 企业知名度低

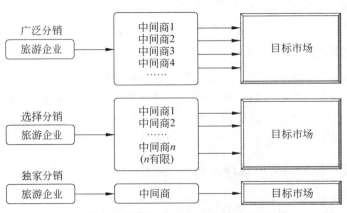

图7-8 分销渠道宽度的决策示意图

（1）广泛分销渠道

广泛分销是指旅游企业在分销渠道的每一层次中选择尽可能多的旅游中间商作为渠道成员。这种策略通过选择尽可能多的中间商来扩大市场覆盖面或快速进入一个新市场，可以使旅游产品更接近目标顾客，更方便消费者购买，可以扩大旅游产品的销售量。但中间商合作不固定，销售费用较大，旅游企业容易对旅游产品营销失去控制。广泛分销渠道策略适用于旅游产品开辟新市场时期，或者是产品同质性较强的大众化观光旅游产品，或者注重产品的品牌旅游企业。

（2）选择分销渠道

选择分销渠道是指旅游产品生产者择优选择一部分旅游中间商作为渠道成员。旅游产品生产者根据旅游市场情况，通过对旅游中间商的调研和筛选，选择对经销本企业产品有兴趣、拥有良好市场声誉、工作效率高、有推销经验以及服务好的中间商作为企业产品销售渠道的成员。该策略要委托部分中间商来经销产品，有利于旅游企业与旅游中间商建立良好的关系，可加强对分销渠道的控制，扩大旅游产品的销售。但在激烈的旅游市场竞争中，如果旅游企业的规模不大，知名度不高，挑选满意的旅游中间商就会受到限制。选择型分销渠道适用于销路稳定、价格较高、服务质量要求也较高的旅游产品，或者旅游者较少但相对集中的旅游市场。

（3）独家分销渠道

独家分销渠道是指旅游企业在一定的旅游市场区域内只选择一家有丰富经验和较高信誉的旅游中间商作为渠道成员。一些旅游产品生产企业有目的地限制经销其产品的中间商数量，其极端形式即独家经销渠道策略，这是最窄的分销渠道形式。独家分销可以密切旅游企业与旅游中间商的协作关系，有利于旅游产品开拓市场和提高信誉，有利于旅游企业对分销渠道的控制。但是只与一家旅游中间商进行合作，销售面窄，风险较大。独家分销渠道适用于旅游产品成熟期和某些客源比较集中的特殊高价旅游产品。

渠道宽窄设计的影响因素如表 7-5 所示。

表 7-5　渠道宽窄设计的影响因素表

因　　素	选择窄渠道的原因	选择宽渠道的原因
市场需求特点	市场规模小 市场聚集度弱 购买频率低 市场潜力小	市场规模大 市场聚集度强 购买频率高 市场潜力大
产品特性	价值大 标准化强 周期短 技术性强 耐用度低 服务要求高 品牌忠诚度高	价值大 标准化弱 周期长 技术性弱 耐用度高 服务要求低 品牌忠诚度低
企业状况	需要高度控制渠道	不需要高度控制渠道

3. 旅游产品分销渠道的调整决策

首先，随着旅游市场的变化，旅游企业从提高分销效率的角度考虑，可以缩减一些销售效率低下、分销作用不大的渠道。相反，当发现现有分销渠道过少，影响旅游产品销售时，则应增加新的分销渠道。

其次，旅游企业会因消费者的购买方式的变化、企业规模的扩大、竞争者渠道宽度的扩大、创新分销战略的出现以及产品生命周期的改变，相应地增减改变旅游分销渠道。

最后，当旅游企业对原有营销策略进行重大调整，或者原有的旅游产品分销渠道功能严重丧失时，都有必要对原有的旅游产品分销渠道进行重新设计与组建。

二、旅游分销渠道的冲突

（一）旅游分销渠道的冲突类型

1. 垂直渠道冲突

垂直渠道冲突是指同一渠道模式中，不同层次旅游中间商之间的利害冲突。表现为旅游产品生产者与批发商、零售商之间，旅游批发商与零售商之间回款、折扣率、信贷条件、淡旺季产品供应、市场推广支持、渠道调整等方面的冲突。例如，旅游产品生产者对销售政策的调整，会对旅游批发商及零售代理商产生极大的影响；旅游产品生产者则会抱怨中间商改变了既定的销售政策及方针；旅游零售赢、代理商可能会抱怨旅游批发商所给付的佣金太少。例如，有家博物馆曾经实行一项政策，即拒绝所有旅行社导游在馆内讲解，讲解工作由该博物馆馆专门招聘的文博讲解员承担。同时，旅行社团队进入景区必须购买价值约40元/张的讲解票，引起了很大反响。

2. 水平渠道冲突

水平渠道冲突是指同一渠道模式中，同一层次的旅游中间商之间的冲突。表现为同一层次的旅游中间商之间价格差异、产品供应、促销差异、跨区域销售等方面的冲突，如酒店与酒店之间、酒店与酒店之间、旅行社之间因为客源的争抢而发生的冲突等。

3. 多渠道冲突

多渠道冲突又称交叉冲突，是指旅游生产企业建立多个营销渠道后，不同渠道形式的成员之间在向同一市场销售同一类旅游产品时的相互竞争与冲突。

（二）旅游分销渠道冲突的根本原因

1. 目标不一致

旅游生产企业与渠道企业之间，以及各类型的旅游渠道企业之间在经营目标上存在差异，是产生渠道冲突的根本原因。例如，旅游生产企业为了保持其品牌形象，希望旅游产品的价格保持相对的稳定。但是旅游中间商出于自身利益的考虑，会在旅游淡季大幅度地降低旅游产品价格，这样就引起了价格上的冲突。

2. 职权划分不清楚

首先，渠道企业之间任务分工不明确。旅游生产企业在开发同一旅游市场时，一般会选择几家旅游中间商，这样就形成了几家中间商抢占同一目标市场的局面。特别是如果中间商之间的市场区域划分不明确，各自的分工、责任和权利划分得不明确，就会产生争占同一目标市场的冲突、争夺大客户的冲突等。

其次，旅游企业与渠道企业分工不明确。如果旅游企业与渠道企业各自的分工、责任和权利划分得不明确，也会产生冲突。例如，旅游生产企业在与旅游中间商进行交易时，生产企业希望中间商在预订旅游客房和门票等产品时能够支付预付款，而旅游中间商则希望得到旅游者的产品价款之后再向旅游生产企业付款，这样就产生了交易或付款方式冲突。

3. 知觉差异

旅游生产企业主要掌握旅游产品开发生产的信息，而旅游销售商则更加了解旅游者的需求信息。由于二者掌握信息的差异，导致二者对市场状况的理解不同。旅游生产企业可能认为某种旅游新产品会具有很大的市场潜力，希望旅游分销商积极分销这个产品。但是旅游分销商从目前市场状况出发，认为该产品没有市场而不愿意积极分销，从而引起冲突。

（三）克服旅游分销渠道冲突的主要方法

旅游企业要做好市场布局的总体规划，建立合理的利益分配机制，避免产生争占同一目标市场的冲突；旅游企业与渠道成员以某种方式签订一个以追求共同目标为指导的协议，细化各个渠道成员的责任和权利，将限定销售区域的条款列入协议；旅游企业严格内部分销系统管理，对避免冲突的渠道成员实施激励；加强同渠道成员的相互沟通，避免因误解而产生冲突；制定冲突解决政策，加强协商、协调或仲裁解决各种冲突。

三、旅游分销渠道的发展趋势

分销渠道不是一成不变的，新型的批发机构和零售机构不断涌现，全新的渠道系统正在逐渐形成。

（一）垂直渠道分销系统

垂直渠道分销系统是渠道协调的一种形式，是指将旅游产品营销渠道中的生产商、批发商、零售商等各个环节联合成一个整体的渠道分销系统。垂直渠道分销系统是由生产制造商、批发商和零售商组成的一种统一的联合体，其成员属于同一家公司，或为专卖特许权授予成员，或为有足够控制能力的企业。每个成员都把自己视为分销系统中的一分子并关注整个系统的成功（图7-9）。一般有公司式、管理式和合同式三种垂直分销系统类型。

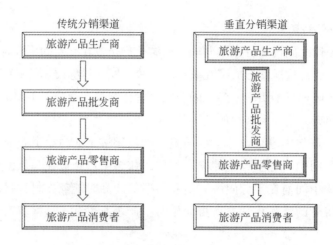

图 7-9　传统分销渠道和垂直分销渠道对比示意图

1. 公司式垂直分销系统

公司式垂直分销系统是由同一个公司名下的相关的生产部门和分销部门构成的营销系统。依赖单一所有权公司体系组成一系列的生产及分销机构,形成一个独立的分销系统。

2. 管理式垂直分销系统

管理式垂直分销系统是由某一家规模大、实力强的企业出面组织的,由一个或少数几个实力强大、具有良好品牌声望的大公司依靠自身影响,通过强有力的管理将众多中间商聚集在一起而形成的渠道关系。

3. 合同式垂直分销系统

合同式垂直分销系统是由各自独立的企业在不同的生产和分销水平上组成的,以合同为基础来统一它们的行为,以求获得比其独立行动时所能得到的更大的经济效益和更好的销售效果。这种分销系统内的企业与分销商之间通过法律、契约、合同来确定它们之间的分销权利与义务,形成一个独立的分销系统。合同式垂直分销系统包括批发商倡办的自愿连锁组织、零售商合作组织、特约代营组织三种形式。

景区和旅行社的合作模式

(1) 松散联系模式。主要表现为景区与旅行社签署协议,旅行社向景区输送客源,景区给旅行社一定的折扣票价。属于合作的初级阶段。

(2) 紧密合作模式。主要表现为景区与旅行社两者之间签订实际性的契约,明确双方的权利、义务与责任,如规定旅行社每年必须向景区输送游客的数量,景区为旅行社团队提供的服务保障或返点奖励等,以及联合促销、互动广告等具体办法。

(3) 合资参股模式。主要表现在旅行社与景区之间相互参股,互为股东,逐步走向投资与市场开拓一体化，这样便将双方绑定为利益共同体。也有景区自己成立旅行社，或投资旅行社，从而将自己的市场营销功能独立出来，完全由旅行社进行运作，景区则专注于自身功能完善，完全恢复到具体的接待服务工作。

资料来源：https://www.sohu.com/a/602263383_100245666。

（二）水平渠道分销系统

水平渠道分销系统又称共生型营销渠道关系，是处于同一层次而无关联的渠道成员，为了充分利用各自的优势与资源结成战略同盟，进行的横向联合，联手开发旅游市场，共同开发新的营销机会的分销渠道系统。有些企业缺乏资本、技能、生产能力或营销资源，如果独自经营会承担较大风险，它们发现与其他公司联合可以产生巨大的协同作用，因此由两家或两家以上的公司横向联合形成新的机构，发挥各自优势开发营销机会，实现分销系统有效、快速地运行。水平渠道分销系统实际上是一种横向的联合经营，可以通过联合发挥资源的协同作用规避风险。比如中国旅行社、中国国际旅行社、中国青年旅行社三大旅行社曾联手开发国际旅游市场；我国旅游企业与东南亚旅游企业联合开发欧美旅游市场等。

（三）多渠道分销系统

多渠道分销系统是指对同一或不同的细分市场，旅游企业采用多条渠道的分销体系。为了到达一个或多个目标市场，旅游企业建立两个或更多的营销渠道，特别是增加了适合其销售特征、顾客要求的渠道，可以扩大市场覆盖面。

（四）集团型联合分销系统

集团型联合分销系统是指旅游产品的生产者以组建企业集团的形式，联合多个企业形成集团型分销系统，促使旅游企业营销渠道的发展和改造。由于是多个企业组成的企业集团，因此具有计划、生产、销售、服务、信息和科研等多种分销功能，核心层与非核心层的内外协调能力很强，分工明确，协调运作，大大提高了产品分销的整体实力和企业效益。但这种渠道联合策略规模太大，容易产生信息流动慢、沟通不畅的现象，导致"大企业病"。

（五）网络分销渠道

1. 网络分销渠道的含义

网络分销渠道就是以互联网为通道，通过电子手段进行和完成旅游活动的交易的一整套相互依存的具体通道或路径。与传统的营销渠道相比较，网络分销渠道提供了双向的信息传播模式，使生产者和消费者的沟通更加方便畅通。同时，网络分销渠道的结构相对比较简单，从而大大减少了流通环节，降低了交易费用，缩短了销售周期，提高了营销活动的效率。网络分销渠道可分为网络直接分销渠道和网络间接分销渠道。

2. 网络分销渠道的优势

（1）分布区域广泛。现在人们的日常生活越来越离不开互联网，互联网无比巨大的信息容量使它能为商家和顾客提供所需的信息，为实现在线销售创造了条件。网络分销渠道遍布人们的生活，分布区域广泛。

（2）满足消费者需求。随着社会的发展和信息技术的推陈出新，消费者的需求由原来的单一化、同质化转向多样化、个性化。为了更好地满足消费者的这种需求，制造商需要一种能快速响应市场的渠道模式，网络分销渠道因其交易过程的便捷性和信息处理的时效性而成为最适合的一种渠道模式。

（3）降低渠道成本。基于互联网的网络分销渠道极大地降低了收集和处理信息的成本、库存成本、交易成本、渠道运行和管理的成本，从而降低了整个营销渠道的总成本。

（4）提高渠道效率。网络分销渠道使生产商和消费者能直接沟通，减少了原有某些渠道成员"暗箱操作"的现象，信息透明度大大提高，信息流、商流和资金流能在网上瞬间完成，显著地缩短了流通的时间，有助于提高渠道效率。

3. 网络分销渠道的分类

网络分销渠道可分为网络直接分销渠道和网络间接分销渠道（图 7-10）。

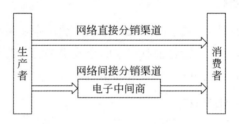

图 7-10 网络分销渠道的示意图

（1）网络直接分销渠道，是指生产商只借助联机网络、计算机通信和数字交互式媒体，而不通过其他中间商，直接把产品销售给消费者的分销渠道。网络直接分销渠道不需要借助任何中间机构进行产品流通，因此被称为零级渠道。它使生产者和最终消费者直接连接和沟通，将网络技术的特点和直销的优势巧妙地结合起来，直接实现营销目标。

网络直接分销渠道包括三个种类。一是自建网站直销模式。企业建立自己独立的网站，由网络管理员专门处理有关产品的销售事务。主要内容包括在线商店、信息资源、客户服务、电子杂志、在线目录、超链接等。二是依托平台直销模式。企业委托信息服务商在其网站上发布信息、与客户联系、直接网络派送。在这一渠道虽然有信息服务商参加，但主要销售活动仍然是在买卖双方之间完成的，属于直接销售产品的直接分销渠道。三是混合直销模式，将自建网站直销模式和依托平台直销模式有机地结合起来，形成混合直销模式。

网络直接分销渠道是企业在互联网上建立自己独立的具有交易功能的网络营销网站，通过专门的网上交易系统实现产品的销售工作，具体流程如图 7-11 所示。

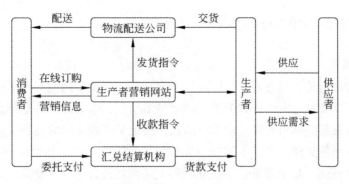

图 7-11 网络直接分销渠道流程

（2）网络间接分销渠道，也称网络中介交易渠道，是企业通过网络交易中心，或通过融入互联网技术后的中间商机构，将自己的产品销售给消费者的一种分销模式。网络间接分销渠道可以为客户提供市场信息、商品交易、仓储配送、货款结算等全方位的服务。具体流程如图 7-12 所示。

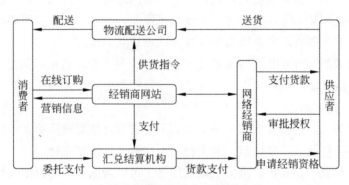

图 7-12 网络间接分销渠道流程

庆国庆迎盛会　成都人游成都

2022年十一期间，成都文旅国庆活动直播正式开启，让广大市民可以沉浸式"赏天府秋色、游天府秋景、享天府秋韵、品天府秋实"。本次直播活动统合了成都秋季特色景区（点）、线路、展览、产品，涵盖中国农民丰收节节庆秋，秋季美食、文博观展、研学旅行推广等方面。在本场直播中，还推出国庆丰收特色线路及假期活动，看点满满。

成都博物馆联合全国 20 家文博单位共同策划的"空明流光——宋瓷·五大名窑特展"，通过"云游走"在展厅内，欣赏"大俗大雅"的宋代都市风尚。

直播达人走进成都川菜博物馆，带领屏幕前观众领略麻、辣、鲜、香的成都风味。

案例思考题

1. 结合案例探讨旅游企业的网络营销渠道选择。

第七章　旅游分销渠道策略

2. 结合案例探讨旅游直播如何达到良好的效果。

4. 电子中间商

电子中间商是指基于网络的、能够提供中介功能的新型中间商。电子中间商作为交易的一种媒体，不直接参与生产者和消费者的交易活动，它主要提供的是信息交换场所，为生产者传递产品服务信息和消费需求购买信息，简化了市场交易的流程，高效促成生产者和消费者的具体交易实现。电子中间商种类如下。

（1）目录服务商。目录服务商是将互联网上的网站进行分类并整理成目录的形式，利用互联网上的目录化的 Web 站点提供菜单，使用户能够方便地从中找到所需要的网站。目录包括通用目录、商业目录、专业目录三种。

（2）搜索服务商。搜索服务商为用户提供基于关键词的检索服务，站点利用大型数据库分类存储各种站点介绍和页面内容，如百度、谷歌等。搜索站点不允许用户直接浏览数据库，但允许用户向数据库添加条目。

（3）虚拟商业街。虚拟商业街是指在一个站点内连接两个或两个以上的商业站点，可以是某一地理位置和某一特定类型的生产者与零售商，在虚拟商业街销售各种商品，提供不同服务。站点的主要收入来源依靠其他商业站点对其的租用。

（4）网上出版商。网络出版 Web 站点可以提供大量有趣和有用的信息给消费者，因此出版商利用站点做互联广告或提供产品目录，并以广告访问次数进行收费。如网络内容服务商（ICP）属于此类型。

（5）虚拟零售店。虚拟零售店（网上商店）拥有自己的货物清单，直接销售产品给消费者。虚拟零售店包括电子零售型、电子拍卖型和电子直销型三种。

（6）站点评估商。站点评估商提供站点评估，可以帮助消费者根据以往数据和评估等级选择合适站点访问。通常一些目录和搜索站点也提供站点评估服务。

（7）电子支付服务商。电子支付服务商主要提供方便、安全和快捷的网上支付服务，实现各类银行的网上支付和解决电子商务中的支付"瓶颈"问题，实现买方和卖方之间的授权支付。现在授权支付系统主要有信用卡（如 VISA、MasterCard）、电子等价物（如填写的电子支票）、现金支付（数字现金），或通过安全电子邮件授权支付。目前我国的商业银行提供了电子支付服务，还有腾讯财付通渠道、支付宝渠道、微信渠道等。

（8）虚拟市场。虚拟市场提供一个虚拟场所，任何只要符合条件的产品都可以在虚拟市场站点内进行展示和销售，消费者可以在站点中任意选择和购买，站点主持者收取一定的管理费用。

（9）智能代理商。智能代理商是一种软件，它根据消费者偏好、搜索要求和别人的搜索经验预先为用户自动进行初次搜索，帮助用户在纷繁复杂的互联网站点中进行合理的选择。

（10）购物服务商。由专业网站收集在线销售同一商品的多个商家的信息和商品的价格信息，供用户在比较后依据价格、距离和服务等选择不同的商家，如淘宝网购物网站。

课后练习题

一、即测即练

自学自测 扫描此码

二、思考题

1. 对比旅游经销商和旅游代理商。
2. 简述广泛性销售渠道策略、选择性销售渠道策略和专营性销售渠道策略的适用条件。
3. 列举对旅游中间商的直接激励方法。
4. 列举对旅游中间商的间接激励方法。
5. 中间商代理品牌太多,旅游企业应该怎么办?
6. 中间商要求更高利润,旅游企业应该怎么办?
7. 列举企业产品营销选择短渠道的原因。
8. 列举企业产品营销选择长渠道的原因。
9. 网络分销渠道有哪些特征?
10. 简述网络分销渠道的基本类型。
11. 电子中间商包括哪些种类?
12. 如果中间商代理品牌太多,旅游企业应该怎么办?
13. 如果中间商资金不足,旅游企业应该怎么办?
14. 如果中间商要求更高单位利润,旅游企业应该怎么办?
15. 如果中间商库存太低,旅游企业应该怎么办?
16. 如果中间商拒绝非畅销产品,旅游企业应该怎么办?
17. 如果中间商之间削价竞争,旅游企业应该怎么办?

三、实践练习题

1. D大学旅游管理专业要建立A旅行社,决定以大学生旅游作为自己的主打旅游产品,请帮助A旅行社选择中间商和分销渠道策略。
2. 选择一家有代表性的旅游企业,进行调研,分析其分销渠道策略,并完善其分销渠道策略。
3. 联系本校或当地的驻村第一书记,运用访谈法了解当地乡村旅游的分销渠道策略,并对如何完善乡村旅游分销渠道策略提出建议。
4. 自选一个电子商务网站,进行购物体验,并记录整个交易过程和步骤。

四、案例分析题

案例分析1　三位游客来到北陵公园的分销渠道分析

北陵公园的游客群中传来一阵笑声，只见三位游客紧紧地拥抱在一起，小王、小张、小李三位先生曾经是大学同学，不期而遇欢聚于北陵公园。那么，他们是怎么来到北陵公园的呢？小王及其妻子是参加由小王观光旅游社组织的全包价团队游来到沈阳的；小张因为工作业绩突出而受公司奖励来沈旅游的；小李是背包旅游爱好者，通过互联网预订机票和旅馆，孤身一人来沈阳观光的。

案例思考题：
1. 什么是旅游产品的分销渠道？
2. 请分析小王、小张、小李各自购得旅游产品的途径，绘出示意图，并说明其分销渠道类型。

案例分析2　《印象·丽江》的分销控制

《印象·丽江》在营销管理方面有何独到之处？

一、对旅行社的门票优惠政策和销售奖励措施

作为一台新推出的大型实景演出，《印象·丽江》票价高达190元，又尚未形成口碑效应，其营销难度可想而知。景区制定门票价格政策的两难选择是：如果不给旅行社大幅让利，团队市场很难在短期内有较大起色；如果给旅行社让利太多，又会造成净利润流失，甚至出现"赔钱赚吆喝"。更大的市场风险还在于，如果一开始门票优惠幅度过大，等到市场起来之后再提高团队票价，势必会影响景区商业信誉，不利于跟旅行社的长期合作。《印象·丽江》采取了一种超强势的，也是非均衡的门票价格政策。其基本思路是"抓大放小"，门票优惠政策和销售奖励措施向战略合作旅行社大幅度倾斜。例如，大型地接社全年团队人数超过5万人，就能享受逐级累进的门票优惠和销售奖励；中小旅行社全年团队人数低于5万人，就很少或不能享受门票优惠。

二、渠道控制

《印象·丽江》在市场营销过程中，分销渠道模式是"有选择的分销"，景区并不针对所有旅行社实行分销，而是抓住旅游分销链上的某些关键环节，与少数旅游代理商合作，逐步建立多层次的分销渠道。

《印象·丽江》深入客源地市场，针对大型组团社直接促销。如在珠三角地区，与南湖国旅·西部假期合作，将《印象·丽江》纳入其西部旅游常规线路。同时，借助其同业宣传平台，面向珠三角地区的其他组团旅行社大力宣传包括《印象·丽江》在内的线路品牌。

《印象·丽江》销售平台前移至昆明，以授予代理权的方式，与大型地接社建立战略合作关系。这样，既体现了景区对龙头旅行社行业地位的充分认可，又确保了团队客源的大幅增长，还消除了中小旅行社低价竞争的市场空间。

从上述分析可以看出，《印象·丽江》营销思维的基本出发点一直是在旅游分销链上寻找市场突破口，并且尽量选择有品牌、有客源的少数旅行社作为代理商。这一点体现的

是一种垂直分销的市场思维，有别于国内景区目前过于扁平化的渠道体系。

资料来源：https://wenku.baidu.com/view/d7599f2d5627a5e9856a561252d380eb62942379.html.

案例思考题

1. 评价《印象·丽江》的非均衡的门票价格政策。

2.《印象·丽江》是如何有效地进行渠道控制的？

五、翻转课堂讨论题

直播带货实现农产品产地直销

新年伊始，不少农户和农企为搭建一条农产品出村进城的"绿色通道"，或借力淘宝、京东等大平台，或开展社区团购，或开通直播，实现了农产品产地直销。

淘宝上线"吃货助农"会场，消费者在淘宝 APP 上搜索"吃货助农"便能直达农户页面。开辟了物流绿色通道，让农产品通过快递的方式直达消费者手中。淘数据显示，"吃货助农"会场上线 3 天销售农产品超过 150 万千克。

一些走在移动互联网尖端的养殖户，利用线上社群营销，打破了农产品滞销困局。广西某土麻鸡商户联合广西新农人社群，以南宁市区为市场，利用社区团购销售土鸡，覆盖近 20 个社群，快速裂变传播，日销活鸡近千只，销量是平日的 3 倍左右。

一些小农户和网红达人则开启直播带货模式，"杀"出一条农产品上行通路。所谓直播带货指的是通过视频直播平台，进行现场直播卖货的模式。目前直播带货平台以淘宝、快手、抖音为主。农户或网红达人利用线上互联网让广大网友看到瓜果蔬菜在田间的生长状态，借助相关助农渠道进行产地直销。

案例评析：生鲜电商与直播带货为农产品待销滞销开辟了新渠道，广大农户、农企要有创新意识，抛开传统的以务农为主的工作内容，充分利用现代化科技手段选择适合的渠道。如果是数量较大、标准化、大众化的农产品，选择大平台较适合；如果是那些数量少、个性化的农产品则可以选择社区团购等渠道；如果有特色的人设或资源，也可以自行开通直播实现销售。当然，每一种渠道都有其优缺点，农户和农企亦可根据情况选择组合型销售渠道。

资料来源：https://zhuanlan.zhihu.com/p/280746783.

翻转课堂讨论题

1. 结合案例探讨乡村振兴战略背景下乡村旅游的网络营销渠道选择。

2. 结合案例探讨直播带货助农增收的意义。

3. 探讨如何进行直播带货。

第八章 旅游促销策略

 本章导读

促销策略是旅游市场营销组合的基本策略之一，发挥着提供旅游信息、刺激旅游需求、强化竞争优势、引导旅游消费等作用。旅游促销是旅游营销者将有关旅游地、旅游企业及旅游产品的信息传递给旅游产品的潜在购买者，从而激发消费者的购买欲望，并最终促使其实现购买目的。促销策略可以帮助企业突出产品特点、强化竞争优势，树立良好形象、巩固市场地位，刺激旅游需求、引导旅游消费，具有重要的意义。通过本章教学，让学生明确"诚实守信、合规经营"在旅游营销推广沟通工作中的指导作用，能够讲好中国旅游品牌的中国故事，将社会责任、家国情怀、中国文化植入旅游促销理念中，培养诚实守信、开拓创新的职业品格。

 知识目标

1. 掌握旅游促销的概念和作用，掌握旅游促销组合策略。
2. 了解旅游广告的目标决策、预算决策、信息决策、媒体决策与效果评估的技巧。
3. 了解营业推广的特征及作用，掌握营业推广的策划过程与推广方式。
4. 了解人员推销的基本形式与过程。
5. 掌握公共关系的概念、特征、模式和方式。

 能力目标

1. 掌握为旅游企业制定促销策略的能力。
2. 能够将中华文化的精神融入旅游促销工作，增添中国传统文化的自信心和自豪感。

 案例导读

北京的希尔顿酒店就曾经以小说《环游世界80天》作为设计源泉，策划了富有特色的营销活动。《环游世界80天》是法国著名的小说家凡尔纳在1872年完成的，他讲述的是一位英国人与其仆人打赌说他能在80天内环游世界以及后来他在80天的旅行途中发生的一系列离奇古怪的趣闻轶事。得益于小说中那极富想象力的构思，北京希尔顿酒店大胆地以小说为活动设计思路，也为客人拉开了一个环游世界80天的序幕，一个充满幻想、令人兴奋的世界7个国家和地区美食之旅在北京希尔顿各餐厅依次隆重推出。在餐厅美食旅行结束后,去过的6个"国家"客人还会有幸运抽奖,使都有机会赢得一个"真正"的环游世界之旅。

资料来源:https://www.docin.com/p-2252147448.html.

案例思考题

该案例采用了哪些促销手段?体现了哪些促销原理与技巧?

第一节 旅游促销概述

一、旅游促销的概念

促销就是营销者向消费者传递有关本企业及产品的各种信息,说服或吸引消费者购买其产品,以达到扩大销售量的目的。促销实质上是一种沟通活动,即营销者把信息传递到一个或更多的目标对象以影响其态度和行为。

旅游促销是旅游营销者将有关旅游地、旅游企业及旅游产品的信息,通过各种宣传、吸引和说服的方式,传递给旅游产品的潜在购买者,促使其了解、信赖并购买自己的旅游产品。

旅游促销含义如下。第一,旅游促销的核心是沟通信息。旅游促销的实质就是要实现旅游营销者与旅游产品潜在购买者之间的信息沟通,即营销者(信息提供者或发送者)发出作为刺激消费的各种信息,把信息传递给一个或更多的目标对象(信息接受者),以影响其态度和行为。第二,从市场营销角度看,促销是将企业的旅游产品信息及购买途径传递给目标顾客,引发、刺激消费者的消费欲望和兴趣,甚至创造一系列的购买需求,使其产生购买行为的活动。第三,旅游促销的方式有人员促销和非人员促销两大类。人员推销是指企业的销售人员直接接触潜在消费者,面对面地介绍产品,促进其产生购买行为;非人员促销主要包括广告、营业推广、公共关系等。第四,促销策略是旅游企业开发旅游市场的关键,能否把旅游市场做大,不仅取决于旅游产品是否适销对路,还取决于宣传促销是否准确到位。因此,促销策略对于旅游产品销售、扩大市场份额、提高市场占有率都有着重要的意义。

二、旅游促销的作用

1. 传递信息,提供情报

旅游促销的实质就是实现旅游营销者与旅游产品潜在购买者之间的信息沟通。一方面,旅游企业通过各种促销手段将有关旅游地、旅游企业及旅游产品的信息传递给消费者,促使其了解、信赖并购买自己的旅游产品,从而为企业产品销售的成功创造条件;另一方面,旅游企业及时收集消费者的意见,使其可以根据消费者的消费需求改进产品,找到更合适的市场定位。

2. 刺激消费,扩大销售

首先,旅游产品属于弹性需求的商品,旅游企业应针对消费者的心理动机,灵活运用各种有效的促销方法,刺激消费者的消费欲望和兴趣,使其产生购买行为。此外,通过企业的促销活动还可以创造需求,即采取各种促销手段使人们的潜在需求得到激发,借此促进产品销售。

3. 突出特点,诱导需求

随着旅游市场竞争越来越激烈,同一大类中不同品牌的产品在产品设计、产品功能、旅游服务、营销手段上相互模仿而使产品同质化比较严重,不利于消费者识别。面对同质化发展趋势,旅游企业在营销策略上一定要强化市场推广和广告的作用,突出本企业产品的特色、优势以及能给消费者带来的独特利益,让消费者对本产品产生偏好,提高企业的市场竞争能力。

4. 塑造形象,稳定销售

恰当的促销活动可以树立良好的企业形象,使消费者对企业及其产品产生好感,从而培养和提高用户的忠诚度,形成稳定的用户群,不断扩大市场份额,巩固企业的市场地位。

三、旅游促销的组合策略

(一)旅游促销的基本策略

1. 推式策略

推式策略是旅游企业利用推销人员与旅游中间商把旅游产品和服务推入渠道,即从旅游景点推向中间商,再由中间商推给消费者的策略。这种策略也称人员推销策略,促销重点是旅游企业紧盯旅游中间商,积极开辟营销渠道,运用各种物质和精神手段激发旅游中间商对本企业产品的兴趣,并积极经销或代理,再由销售人员向潜在客户介绍产品的各种特性与利益,促成潜在客户的购买决策。按照这种方式,产品顺着分销渠道逐层向前推进,旅游企业将自身的多种旅游产品排成锥形阵容迅速突破市场,然后分梯级连带,层层推出丰富多样的旅游产品。这种策略以人员推销、营业推广为主,辅之以广告宣传的促销组合策略。

2. 拉式策略

拉式策略是指旅游企业运用非人员推销方式把旅游消费者拉过来,使消费者对其旅游产品和服务产生需求,促使消费者主动向旅行社、中间商、旅游景点靠近的策略。这种策略也称非人员推销策略,促销重点是消费者。他们往往花费大量的资金从事广告宣传和营业推广等促销活动,以激发旅游者的购买欲望,促使其主动向中间商指明想要的服务,最终达到把旅游消费者、中间商逆向拉引到企业身边来的目的。这种策略以广告宣传和营业推广为主,辅之以公共关系活动等。

3. 推式策略与拉式策略的选择

一般来说,对需求比较集中、销售量大的旅游产品,宜采用推式策略;对需求比较分散、销售量小的旅游产品,宜采用拉式策略。

推式策略强调的是旅游企业的能动性,表明旅游者的需求是可以通过旅游企业的积极促销而激发和创造的;拉式策略强调的是旅游者的能动性,表明旅游者的需求是决定旅游产品生产的基本原因。旅游企业在旅游市场营销的过程中,应综合运用这两种基本的旅游促销策略。推式策略和拉式策略示意图如图 8-1 所示。

（二）旅游促销组合

旅游促销组合是指旅游企业根据自己的营销目标与营销环境，有目的、有计划地将人员推销、广告、公共关系、营业推广等促销手段，进行灵活选择、有机组合和综合运用，形成整体的促销攻势，以期提高促销的整体效果。由于各种促销手段都有其不可避免的利弊之处，因此在整个促销过程中，旅游企业必须制定旅游促销组合策略。旅游促销组合就是旅游企业为了达到最佳的促销效果，而对各种促销方式（广告、人员推销、营业推广和公共关系）进行不同的组合和选择，根据市场的具体特点，制定出有效的促销组合策略（表 8-1）。促销组合是一种组织促销活动的策略思路，主张企业运用广告、人员推销、公

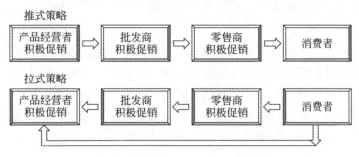

图 8-1　推式策略和拉式策略示意图

表 8-1　旅游促销组合表

方式	定义	方式	优点	缺点
广告	广告是有计划地通过媒体向消费对象宣传有关产品、服务或企业，唤起顾客的注意，从而说服顾客购买或使用的宣传方式	告知型广告、劝导型广告、提醒型广告	宣传面广，传递信息快，利于实现快速销售；反复传播，节省人力，提高知名度；形式多样，表现力强	促销投入较高；与消费者进行单向信息传递，说服力弱；难以形成即时购买
人员推销	人员推销是指推销人员运用各种推销技巧和推销手段，说服推销对象接受购买和服务的过程	派员推销、营业推销、会议推销	方式灵活，针对性强；易强化购买动机，及时促成交易；互动性强，易培养与顾客的感情，建立稳定的联系	人员编制大，费时费钱；传播效率低
营业推广	营业推广是指为劝诱消费者购买产品或服务而推出的各种短期性促销方式	免费营业推广、优惠营业推广、竞赛营业推广、组合营业推广	吸引力大，作用快速，刺激消费效果强，及时促成交易	临时改变顾客购买习惯，效果短期；组织工作量大，耗费较大，营销面窄；不利于塑造产品形象
公共关系	公共关系是指为了协调各方面的关系，在社会上树立良好的形象而开展的一系列专题性或日常性活动	宣传型公共关系、交际型公共关系、服务型公共关系、社会型公共关系、征询型公共关系	可信度高，有利于塑造良好形象；影响面广、影响力大	活动设计难度大，组织工作量大，活动牵涉面广，控制起来有难度；不能直接产生销售效果

第八章　旅游促销策略

关宣传、营业推广四种基本促销方式组合成一个策略系统，使企业的全部促销活动互相配合、协调一致，最大限度地发挥整体效果，从而顺利实现企业的促销目标。旅游促销组合策略的制定一般需要以下步骤：确定目标受众、制定促销目标、确定促销费用、选择促销组合和控制促销活动。

（三）影响旅游促销组合决策的因素

1. 促销目标

促销目标是影响促销组合决策的首要因素，每种促销工具都有各自独有的特性和成本，营销人员必须根据具体的促销目标选择合适的促销工具组合。例如，为了迅速增加销售量，促销组合往往更多地选择使用广告和营业推广；为了树立或强化企业形象，需要制定一个较长远的促销方案，需要建立广泛的公共关系和强有力的广告宣传。

2. 目标市场

目标市场的特点，如旅游市场的地理范围、旅游市场的类型、潜在旅游者的数量、消费者的购买习惯等因素都决定了旅游市场的性质，也决定了旅游促销组合策略。一般来说，旅游目标市场范围小、潜在的旅游者有限，应开展人员推销；反之，旅游目标市场大、潜在的旅游者多而分散，则应以旅游广告为主。又如，在分散的市场，宜采用广告和营业推广；在团体市场，宜采用人员推销。

3. 产品类型

由于产品性质的不同，企业所采取的促销组合也会有所差异。生活消费品的技术结构比较简单，购买人数众多，可以较多地使用广告宣传；生产资料的购买者多为专门用户，促销活动主要是向用户宣传产品的质量、技术性能及该产品能为用户增加利润的程度，宜采用人员推销方式。

4. 产品生命周期

在旅游产品投入期，产品刚刚投放市场，旅游产品设计尚未定型，尚未被消费者了解和接受，竞争者较少。此时促销目标是使旅游者认识旅游新产品，提高产品的知名度，因此促销内容主要是介绍旅游产品。旅游产品投入期，多采用广告让顾客了解旅游产品，并采用营业推广作为辅助手段来吸引旅游者购买。

在旅游产品成长期，旅游产品逐渐定型并形成一定特色，其他旅游企业看到有利可图纷纷组合相同的旅游产品，市场上竞争者增多。此时促销目标是增进旅游者对本产品的兴趣与偏好，宣传产品特色，扩大旅游产品的销售量。因此，此时旅游广告仍须加强，但旅游广告的重点在于宣传旅游产品的品牌和特色，同时强化公共关系的作用，旅游营业推广活动则应相应减少。

在旅游产品成熟期，旅游产品中的名牌产品形成，但仿制品、替代品不断出现，旅游市场已趋饱和，企业竞争日趋激烈。此时促销目标是使旅游者对自己的产品达到偏爱的程度，突出与竞争对手的差异化，塑造知名企业。在旅游产品成熟期，公共关系的重要作用凸显，需要发挥广告的提醒作用，以稳定旅游产品的销售。营业推广活动则应相应减少。

在旅游产品衰退期，旅游产品逐渐老化，旅游消费者兴趣转移，许多旅游企业在市场竞争中被淘汰而退出市场。此时促销目标是保留老顾客,努力保持市场。旅游产品衰退期,针对老顾客保留提示性广告依然有其作用,公共关系的作用已经消退,销售人员对这一产品仅给予最低限度的关注,然而营业推广要继续加强,才能吸引旅游者继续购买旅游产品,以便回收更多的资金。

5. "推动"策略和"拉引"策略

促销组合在较大程度上受旅游企业选择"推动"或"拉引"策略的影响。推动策略是把促销的重点放在旅游营销渠道上,旅游企业紧盯旅游中间商,积极开辟营销渠道,要求促销策略以人员推销为主,辅之以上门营业推广活动、公关活动等。拉引策略首先设法引起旅游者对旅游产品的兴趣和欲望,使旅游者向旅游中间商预订这种产品,最后促使旅游中间商向旅游企业认购旅游产品。此时要求促销策略以广告宣传和营业推广为主,辅之以公共关系活动等。

案例分析

古北水镇的古镇旅游开发

古北水镇有"北方乌镇"之称的古北水镇以其古式的建筑、典雅的环境、独特的历史文化、厚重的人文内涵以及浓郁的民俗民风,吸引了成千上万的游客,成为密云、北京乃至中国旅游行业的一匹"黑马"。北京密云古北水镇旅游曾面临着承载压力过大、保护相对滞后、旅游产品偏少、景区管理不善等现实问题,北京密云古北水镇形态主题公园模式,在拉动经济的同时,也为古镇旅游走出了一条特色新路。

首先,古北水镇依托司马台遗留的历史文化进行深度挖掘,将9平方公里的度假区整体规划为"六区三谷",分别为老营区、民国街区、水街风情区、卧龙堡民俗文化区、汤河古寨区、民宿餐饮区与后川禅谷、伊甸谷、云峰翠谷,成为集观光游览、休闲度假、商务会展、创意文化等多种旅游业态于一体,服务与设施水平较高,参与性和体验性较好的综合性特色休闲国际旅游度假目的地。

其次,古北水镇针基于对景区普遍存在的淡旺季问题的考虑,推出夜游长城索道、夜游船、温泉、灯光水舞秀、传统戏剧、杂技等常规类项目;以"圣诞小镇""古北年夜饭""长城庙会"为冬季主题品牌活动,开发出雪地长城观赏、庙会、冰雕节、美食节、温泉等一系列冬季旅游产品,强化冬季氛围,提升景区人气。通过统筹景区内各类资源,有效实施收益管理,以调节北方景区存在较为普遍的淡、旺季客流不均衡现象,实现了"淡季不淡、旺季更旺"的经营目标。

再次,在营销推广上做足了文章。比如,不断充实景区内容,加快推进商铺招商工作,拓宽销售渠道,增加地铁广告、互联网广告投放;继冬季的温泉、冰雪等项目以后又推出新的游览设计和夜游票方案;加强同OTA的合作;承接《奔跑吧兄弟》《真心英雄》等多个综艺节目的录制,等等。这些卓有成效的措施,使古北水镇旅游的参与性、娱乐性不断增强,景区知名度和影响力有了较大提升。

最后,2022年儿童节期间,古北水镇景区和司马台长城景区针对14周岁及以下儿童实行免票政策，持续到 6 月底。针对其他客群也推出了多款旅游产品，这些产品使用有效期长、性价比高、过期自动退，有效解决了游客的后顾之忧。

同时，古北水镇发力线上营销，在自有平台开展直播带货业务，拓展销售链路；在景区内架设三个高清摄像头，全天慢直播古北水镇夏日风景和司马台长城壮美落日。除此之外，古北水镇也联合时差岛、B 站，共同策划"考前 5 小时"许愿慢直播，在司马台长城上开通高考许愿电台，接听全国同学、家长来电，共同祈愿全国疫情消散，期盼高考考生完美发挥，收获佳绩。

资料来源：http://www.wtown.com/pc/about/details.html?id=1662.

案例思考题

1. 简述古北水镇的旅游促销组合包括哪些内容？
2. 影响古北水镇旅游促销组合决策的因素有哪些？

第二节 旅游广告

一、旅游广告的概念

旅游广告是指旅游部门或旅游企业以付费的形式，通过一定形式的媒介向旅游目标市场的公众传播有关旅游企业或旅游产品的信息，进而影响旅游者的购买行为，有效地推动旅游产品销售的促销方式，是旅游企业投资发布的、推动旅游产品销售的一种重要手段。旅游广告是推动旅游产品销售的一种重要手段，可以帮助旅游企业获得经济利益，并提升品牌价值。

二、旅游广告的作用

（一）传播旅游信息，广泛招揽顾客

现代社会广告媒体的多样性、信息传播的高效性都为旅游者获取广告信息提供方便与快捷。旅游广告是传播旅游产品信息的主要工具，消费者借助广告可以认识和了解旅游企业的产品质量、用途、利益，以及购买方式、价格等信息，可以引导和刺激旅游消费。特别是由于广告传播面非常广，可以传递给更多的消费者，且具有强烈的表现力和吸引力，能最大限度地激发出潜在消费欲望，甚至在一定程度上创造需求。

（二）促进市场开拓，提高销售业绩

通过广告宣传，可以着重强调旅游企业产品的独特性，强调给消费者带来的特殊利益，以便使消费者在面对众多产品时易于选择，从而使旅游企业产品更具有竞争力。通过广告宣传可以提高旅游企业自身知名度，塑造良好的企业形象，有利于市场开拓，增加旅游商品的销售。

（三）传播社会文化，丰富文化生活

旅游商品的基本内涵是旅游资源，因此旅游广告通过宣传旅游商品，表现出旅游资源

的历史性、民族性、艺术性等，达到推销商品的目的，在此过程中旅游广告起到传播文化、提高审美情趣的作用。

 案例阅读

杭州宋城有一句剑走偏锋的宣传口号

杭州宋城是以一幅《清明上河图》为蓝本的宋城主题公园，真实再现了南宋遗风，以"主题公园＋旅游文化演艺"为主营模式。在产品设计上以"建筑为形，文化为魂"，紧紧抓住宋文化做文章。夜场产品有室内立体全景式大型歌舞《宋城千古情》，以杭州历史典故、神话传说为基点，融合歌舞、杂技艺术于一体。

在游客未来宋城前真正引发游客决策的则是"给我一天，还你千年"的传播语，"给我一天，还你千年"一句话蕴含了宋城之"魂"，很大程度上激发了游客出游决策。

资料来源：https://baijiahao.baidu.com/s?id=1747824116303344475&wfr=spider&for=pc.

案例评析：一句打动人心的传播语堪比千军万马，再好的资源和产品都离不开它的撬动，这就是一句话战略的力量。宋城在传播上的迅速突围，正是得益于"给我一天，还你前年"的传播驱动。

三、旅游广告的决策

（一）旅游广告目标决策

旅游广告目标决策，即确定旅游广告目标，分析确定旅游广告的宣传目的及所期望达到的效果。旅游广告目标很多，大致可以归纳为以下三个种类。

1. 告知型

告知型广告是以告知新产品、新用途、价格情况、旅游服务项目、品牌形象、购买地点为主要目标的广告。

告知型广告主要应用于旅游产品投入市场的初始阶段或者旅游企业开业、旅游新产品发布时，通过向旅游者介绍旅游新产品、新的旅游服务项目、带给旅游者的新利益、企业的市场地位、对旅游者采取的便利性措施等方面的描述和宣传，树立良好的产品市场形象，使旅游者了解旅游产品并产生购买行为。

2. 说服型

说服型广告是以说服购买、说服偏好转移、消除旅游者疑虑、修正旅游者印象、改变旅游者态度、树立品牌形象为主要目标的广告。

说服型广告主要应用于旅游产品的成长期和成熟期或者市场竞争激烈时，这类广告主要突出旅游产品的特色及给旅游者带来的利益，说服旅游者建立对企业和产品的偏好，以激发旅游者的购买欲望和消费需求。

3. 提醒型

提醒型广告是以保持较高知名度、提醒旅游需要的存在、提醒新老顾客注意、提醒旅

游者购买、保持产品印象为主要目标的广告。

提醒型广告主要应用于旅游产品的衰退期或者旅游企业具有一定的知名度、产品成熟时,通过提醒使旅游者保持对旅游企业及其产品的记忆,并适时提醒旅游者记住购买时机和购买地点,以促使旅游者完成购买行为。

(二)进行旅游广告预算

旅游广告预算决策是确定旅游广告所需的经费总额、使用范围和使用方法。为了实现成本与效果的最佳结合,以较低的广告成本达到预定的广告目标,旅游企业必须进行合理的广告预算,即投放广告活动的费用计划,它规定了各种经费额度和使用范围等。

1. 量力而行法

量力而行法是企业根据自身的财务状况来决定广告预算的方法。

量力而行法的优点:简便易行,不会超出企业的资金承受能力,不会导致企业资金链的紧张。

量力而行法的缺点:容易造成广告费用和真正需要的费用的脱节,没有考虑竞争状况及企业目标的不同对广告组合的影响,导致企业每年广告预算的随意性;只适合小型企业及临时的广告开支。

2. 销售百分比法

销售百分比法是指把某一销售额(当期、预期或平均值)的一定百分比作为广告预算,或是将其设定为销售价格的百分比。

销售百分比法的计算公式为

$$广告预算 = \frac{计划年度销售额 + 上年度销售额}{2} \times 广告费占份额的百分比$$

销售百分比法的优点:使广告费用与销售收入挂钩,计算简单,容易掌握;考虑了广告费用与销售额、利润之间的关系,还会因销售额及价格的变化而变化,有一定的弹性。

销售百分比法的缺点:颠倒了广告费用与销售额二者的关系,在市场机会或突发事件面前缺乏灵活性;如若没有可靠依据作为确定百分比的基础,则会导致预算的失误。

3. 目标任务法

目标任务法是根据实现广告目标所必须完成的任务及为完成这些任务所需要的费用来决定广告预算。这种方法是根据企业的市场战略和销售目标,具体确立广告的目标,再根据广告目标要求所需要采取的广告战略,制订出广告计划,再进行广告预算。

目标任务法的计算公式为

$$广告费 = 目标人数 \times 平均每人每次广告到达费用 \times 广告次数$$

目标任务法的优点:具有较强的科学性,注重广告效果;可以灵活地适应市场营销的变化,使预算能满足实际需求。

目标任务法的缺点:费用的确定必须要以科学的决策为前提,带有一定的主观性,且预算不易控制。

4. 竞争平衡法

竞争平衡法是以竞争对手的广告费用支出为参照来确定本企业的广告预算。其具体的计算方法包括市场占有率法、增减百分比法两种。

市场占有率法的计算公式如下。

广告预算＝（对手广告费用/对手市场占有率）×本企业预期市场占有率

增减百分比法的计算公式如下。

广告预算＝（1±竞争者广告费增减率）×上年广告费

竞争平衡法的优点：把竞争对手的广告费用考虑进来，有利于与竞争对手在同一平台上对话，保持在广告促销中处于平等或优势地位，使企业在广告方面可以与竞争对手抗衡。

竞争平衡法的缺点：过于关注竞争者费用的支出，可能会忽视竞争者广告费用的不合理性以及与竞争者之间的差异性，进而忽略了广告预算与其他因素的关系，市场风险较大。

（三）旅游广告信息决策

广告信息决策是指广告信息推广内容的决策，包括信息内容决策、广告诉求表达方式决策和广告创意的决策。

1. 信息内容决策

（1）信息种类

旅游广告的信息很多，大致可以分为以下三类。

①旅游企业形象概念广告。旅游企业形象概念广告主要是针对某一旅游企业而进行的，具有整体性、系统性、有组织的宣传广告。

②旅游企业的品牌广告。旅游企业主要是经营或生产旅游产品的企业，如旅游饭店、旅行社、旅游交通公司等。旅游企业的品牌广告主要是展现企业服务形象，通过不同形式的广告表现向消费者展示旅游企业的服务定位和服务水平，塑造企业的品牌形象。

③旅游产品的营销广告。旅游产品的营销广告在性质上与普通商品的营销广告类似，对旅游线路、旅游交通、旅游饭店、旅游纪念品等产品内容进行广告推广。旅游企业对此类广告的投资额度相对较小，发布频率较高，更新快。但是，此类广告个性化不强，多见于报纸、杂志及宣传单等经济性较强的宣传媒介。

④旅游目的地营销广告。旅游目的地营销广告是指为加强宣传营销工作，提升旅游品牌知名度和影响力，助力旅游高质量产业化发展，而发布的宣传旅游目的地的营销广告。随着我国经济高速增长，旅游目的地对招商引资、吸引人才、提升城市影响力等方面有了更高的需求。于是，越来越多的旅游目的地希望在国内甚至国际上打响名声，以撬动更多资源来支持本地建设。

没有萤火虫的夏天是不完整的

萤火虫是很多人童年时期最美好的回忆，但据一项调查显示，如今90%以上的城市孩子从未见过萤火虫。想要见到萤火虫，必须保证它们基本的生存环境的稳定。

萤火虫水洞·地下大峡谷旅游区抓住暑期旅游黄金季，以"没有萤火虫的夏天是不完整的"为主题，在推出萤火虫特色景观的同时，呼吁人们重视环境保护。

腾讯、网易、《齐鲁晚报》、大众网、齐鲁网、半岛网、中国江苏网、河北新闻网等六省一市50余家媒体同时刊发"没有萤火虫的夏天是不完整的"广告语，并配以旅游新闻。久无踪影的萤火虫成了盛夏的代言人，而萤火虫水洞·地下大峡谷旅游区借此成为"赢家"。该事件引发强烈反响，小小萤火虫将公益环保与大众需求巧妙地结合起来，引发公众共鸣，是一次富有情怀、实效显著的走心营销。

资料来源：https://baijiahao.baidu.com/s?id=1593653038593278329&wfr=spider&for=pc。

案例思考题

请分析该旅游广告的目标决策类型和信息类型。

（2）信息特点

①相关性。广告相关性是指广告必须与产品个性、企业形象相关联。广告创意把概念化的主题转换为视听符号，但也产生了多义性。为了避免产生歧义，广告创意时要符合相关性要求，即广告传递的信息，必须与商品或企业相关，让人一看（或听）就知道是某商品或某企业的信息，而不能含混不清或喧宾夺主。

②原创性。作为广告，只有其信息内容和表现形式具有创意，具有原创性，才容易吸引大众的眼球。要做到这一点，就要突破常规，出人意料，与众不同。切忌抄袭雷同，让受众感觉似曾相识。

③震撼性。广告震撼性是指广告创意能够深入受众的心灵深处，对他们产生强烈的冲击。没有震撼性，广告就难以给人留下深刻的印象。

④简明性。广告创意主题要突出，信息要凝练，诉求重点要集中，语句要简洁，才能使人过目不忘，印象深刻。广告大师伯恩巴克认为："在创意的表现上光是求新求变、与众不同并不够。杰出的广告既不是夸大，也不是虚饰，而是要竭尽你的智慧使广告信息单纯化、清晰化、戏剧化，使它在消费者脑海里留下深而难以磨灭的记忆。"最好的广告创意往往是最简单的创意。因为在信息爆炸的当代社会，受众被湮没在信息的海洋中，只有那些简洁明快的广告能够吸引他们。因此，广告创意必须简单明了、纯真质朴、切中主题、言简意赅，无关紧要的内容要删去，才容易给目标消费者留下印象，便于消费者记忆。

⑤合规性。广告合规性是指广告必须符合广告法规和广告发布地的伦理道德、风俗习惯。由于各个国家的广告法规和风俗习惯有所不同，因此在广告创意时一定要做到符合规范，如香烟广告在很多国家都被禁止在公共场合发布。首先，广告策划必须遵循法律原则，以法律为准绳，在合法化的基础上展开广告策划，不能只顾本组织的利益而置法律于不顾。其次，广告策划必须遵循伦理道德原则，不能违背人们的价值观念、宗教信仰、图腾崇拜和风俗习惯。例如，某企业发布的广告图中，使用了佩戴红领巾少年的画面，被指涉嫌违法——中国少年先锋队队旗、队徽和红领巾、队干部标志及其图案不得用于商标、商业广告以及商业活动。该企业发表致歉信，并下线相关广告与产品。

案例阅读

最高罚款20万！云南发布三起虚假违法广告典型案例

案例一：未经授权使用"冰墩墩"作房地产销售宣传违法广告案。当事人制作的商品房销售海报含有："听说左岸星河开盘送冰墩墩：3月5日第一季开盘……"等内容，涉及未经奥林匹克标志权利人许可擅自使用2022年北京冬奥会吉祥物"冰墩墩"的名称做房地产销售广告宣传，违反了《中华人民共和国广告法》《奥林匹克标志保护条例》相关规定。

案例二："七日生发素"化妆品涉及疾病治疗功能违法广告案。当事人通过媒体发布"七日生发素"化妆品广告，广告含有"七日生发素，专门治疗各种脱发；七日生发素为什么能达到这么好的效果呢？因为七日生发素选用的各种天然中草药；彻底改变脱发、掉发、秃顶、谢顶等问题，七日生发素采用天然植物中草药，健康安全，不会对皮肤产生刺激，3～7天即可改善脱发掉发问题，21天长出新发"等内容，涉及疾病治疗功能，使用医疗用语或者易使推销的商品与药品相混淆的用语，违反了《中华人民共和国广告法》《化妆品监督管理条例》相关规定。

案例三：对规划或建设中市政条件作误导宣传的房地产违法广告案。当事人在其售楼部大门口摆放宣传展板、在住房用宣传折页中对规划或者建设中的商业、文化教育设施以及其他市政条件作误导宣传，在其商铺用宣传折页中宣称"3年之后随着曲靖北城城市规划发展和周边配套的逐一落地实现，保守估计年租金收益率可达到8%甚至以上……"，含有升值或者投资回报的承诺，违反了《中华人民共和国广告法》相关规定。

资料来源：潇湘晨报，2022-09-29.

⑥求实性。广告内容必须清晰明白，实事求是，不得以任何形式弄虚作假，蒙蔽或欺骗用户和消费者。因为，只有真实的广告，才能获得消费者的信任，才能达到扩大企业产品销售的目的。如果广告内容失真，欺骗消费者，这不仅损害了消费者的利益，同时也会影响企业的名誉，甚至使企业受到法律的制裁。

案例阅读

广告欣赏：旅游广告语

北京：魅力北京；东方古都，长城故乡

天津：近代中国看天津；敞开天津门，笑迎八方客；天天乐道 津津有味

河北：大好河北；新世纪，新河北，新感受；彩环京津，休闲河北；京畿福地 乐享河北

山西：华夏古文明，山西好风光；晋善晋美

内蒙古：美丽大草原，激情蒙古风；祖国正北方，亮丽内蒙古

黑龙江：北国风光，美在黑龙江；北国好风光，尽在黑龙江

吉林：白山松水，豪爽吉林；雾凇冰雪，真情吉林；清爽吉林·22℃的夏天

第八章　旅游促销策略

辽宁：乐游辽宁，不虚此行；满韵清风，多彩辽宁
山东：好客山东欢迎您；文化圣地，度假天堂
江苏：美好江苏；水韵江苏，有你会更美；畅游江苏，感受美好
安徽：美好安徽，迎客天下；旅游难忘安徽
上海：乐游上海；发现更多，体验更多
浙江：诗画浙江
福建：福往福来，自游自在；海峡旅游，幸福福建；清新福建；全福游，有全福
江西：江西风景独好；世界瓷都，仙鹤乐园
河南：心灵故乡，老家河南；文化河南，壮美中原
湖北：灵秀湖北欢迎您
湖南：锦绣潇湘、快乐湖南；锦绣潇湘，伟人故里
广东：活力广东；魅力广东；畅游广东，心悦诚服
广西壮族自治区：天下风景，美在广西；秀甲天下，壮美广西；遍行天下，心仪广西
海南：阳光海南，度假天堂；心灵故乡，老家河南
重庆市：非去不可；山水之城，美丽之地
四川：天府三九大，安逸走四川；天府四川，熊猫故乡
云南：七彩云南
贵州：多彩贵州，醉美之旅；山地公园省，多彩贵州风；走遍大地神州，醉美多彩贵州
西藏：世界屋脊，神奇西藏；千山之宗，万水之源；畅游西藏，共享地球第三极
新疆：新疆是个好地方；传奇丝路，大美新疆
甘肃：传奇丝路，醉美甘肃；交响丝路，如意甘肃；精品丝路，绚丽甘肃
青海：大美青海；高原蓝宝石，梦幻青海湖
宁夏：塞上江南，神奇宁夏
陕西：人文陕西，山水秦岭；山水人文，大美陕西

资料来源：http://www.xueshiba.com/article/zhongguogedilvyouxuanchuankouhaodaquan.htm.

2. 广告诉求方式决策

广告诉求方式是指广告制作者将信息告知消费者，引起消费者的兴趣，激发消费者的潜在需要的途径。

（1）理性诉求。理性诉求指的是广告诉求定位于受众的理智动机，通过真实、准确、公正地传达企业、产品、服务的客观情况，使受众经过概念、判断、推理等思维过程，理智地作出决定。理性诉求的特点就是"以理服人"，内容往往侧重于商品的功能、价值和具有逻辑性的说服，引导诉求对象进行理智的分析判断。王老吉原本是区域性的中药凉茶，经过运作，淡化其成分，凸显其功能，从而创造出一个新品类——预防上火的饮料，重新定位之后的王老吉畅销全国。

（2）情感诉求。情感诉求是试图激发消费者某种否定或肯定的感情以促使其购买。情感诉求的特点是"以情感人"，从消费者的心理着手，抓住消费者的情感需要，诉求产品能满足其需要，从而加深消费者对该产品的印象，产生巨大的感染力与影响力。

（3）道义诉求。道义诉求指的是广告的内容符合道德规范和正义要求，以此来树立企业关爱社会、弘扬正能量的良好社会形象。广告的内容经常是保护环境、国家民族复兴、珍惜水源、关心残疾儿童、鼓励下岗工人等。

3. 广告创意决策

广告创意是指通过创造性思维和独特的技术手法进行广告脚本创作的过程。创意是一种创造性思维，要求突破思维定势。

（1）广告创意内容决策

①情报型。情报型广告创意主要是展现企业、产品或服务的情报信息。

②情感型。情感型广告创意是运用艺术的感染力让受众产生心理上的共鸣的广告创意。情感型广告创意是从感情、感性的角度出发，动之以情，诉诸感性，渲染情绪，强化气氛，从而引起消费者的共鸣。这种类型在表现手法上侧重选择具有感情倾向的内容，以美好的感情来烘托主题，真实而生动地反映这种审美感情，达到以情动人的目的。广告创意表现中，通常使用亲情、爱情、友情来进行情感型广告创意，能体现品牌的附加值，强化产品或服务的亲和力。

③故事型。故事型广告创意主要在故事情节中贯穿产品或服务的特征与信息，借以加深广告对象的印象。

④比较型。比较型广告创意是比较同一产品使用前后的差别，或比较同一产品的不同品牌之间的差别，或比较不同类别产品的差别，使消费者看出两者孰优孰劣，帮助他们作出理性消费购买决定。

⑤推导型。推导型广告创意通过正向推导或逆向推导，说服潜在消费者购买产品。

⑥生活型。生活型广告创意会表现人们日常生活中的生活情趣、情调、品位等，通过对生活细节的展现激起广告对象内心对美好生活的向往，从而对产品或服务留下美好的印象。

⑦抽象型。抽象型广告创意主要是通过对一种形象、意境的展现，给广告对象一种具有抽象的、象征意义的印象。

案例分析

世界与你想象中不同

一千个读者就有一千个哈姆雷特，一万个人眼中就有一万道不一样的风景。对旅行，每个人也都有每个人的独特理解。旅游社区猫途鹰根据真人真事改编，推出了一部时长约为 3 分钟的微电影——《世界与你想象中不同》。微电影讲述了父与女之间的隔阂，同时也意味着两代人之间的不理解。但是，当女主终于有一天踏上与父亲一样的旅途，看过一样的风景，那一道横跨在两人之间的"冰河"才得以释然。"有时候，不懂他选择的人生，是因为没见过他所见的风景"这一句简单的旁白，深深地触动了很多观众的内心，引发了很多观众的思索。

资料来源：http://www.sohu.com/a/146121006_99895807.

案例思考题

请分析该广告创意决策的成功之处。

（2）广告创意表现法决策

①直接展示法。直接展示法是充分运用写实表现能力，将某产品或主题如实地展示在广告中。这种方法通过细致刻画、着力渲染产品的质感、形态、功能和用途，将产品的精美如实地呈现出来，给人以逼真的现实感，使消费者对所宣传的产品产生亲切感和信任感，增强广告画面的视觉冲击力。

②夸张创意法。夸张创意法是对产品本质或特性的某个方面进行夸大，以加深受众对这些特征的认识。这种方法以独到的想象抓住一个点或一个局部，并用丰富的想象力对其加以强调和夸大。夸张创意法经常会改变物体间的比例，会为广告注入浓郁的感情色彩，以体现产品的特征，从而达到吸引受众注意力的目的。夸张的表现形式包括整体夸张、局部夸张、透视夸张、适形夸张等。

③示证表现法。示证表现法是通过现实事例来展现宣传事物的特征、优势等信息，以实际发生的具体事例、事件作为创意内容的创意方法。常用的示证表现法有以下几种。一是自我示证表现法。自我示证表现法是从企业自身的产品、服务出发，用事实对消费者作出明确的理论陈述，使消费者可以判断出购买该产品或服务的好处。二是用户示证表现法。用户示证表现法是从消费者角度出发，通过消费者的体验阐明产品或服务的特征、性能、优势以及消费者消费后所获得的利益。三是偶像示证表现法。偶像示证表现法抓住人们对名人偶像崇拜、仰慕或效仿的心理，选择观众心目中崇拜的偶像，配合产品信息传达给观众。四是科学示证表现法。科学示证表现法是通过实验或数据，用数字来"说话"，体现科学的依据，增强说服力和实证效果。

④神奇迷幻法。神奇迷幻法是运用写意的表现手法，将奇幻的情景再现，满足人们喜好奇异多变的审美情趣的要求。

⑤拟人表现法。拟人表现法是把人以外有生命甚至无生命的物类人格化，使之具有人的某些特性，引起消费者对商品的注意。这种方法按人们熟悉的性格、表情、动作对事物进行拟人化处理，多见于儿童食品以及儿童用品广告中。

⑥幽默表现法。幽默表现法是通过巧妙地再现戏剧性的特征和饶有风趣的情节，运用轻松活泼、诙谐幽默的风格，采用夸张、比喻等手段，产生喜剧性的矛盾冲突和漫画式的夸张渲染，让受众感到愉快的幽默效果。

⑦悬念表现法。悬念表现法是在表现手法上故弄玄虚，布下疑阵，使人们产生好奇，从而产生想进一步探明的强烈愿望，然后将广告主题点明出来，使悬念得以解除，给人留下难忘的感受。

⑧联想表现法。联想表现法是由一事物联想到另一事物，或将一事物的某一点与另一事物的相似点或相反点自然地联系起来的方法。这种方法把看似不相干的事物联系起来，不同寻常的组合可以赋予商品非凡的个性，给人以非同寻常的感受。联想表现法类型如下。一是虚实联想，构成图形主题思想的许多概念常常是虚的、看不见的，但它却与看得见的

形体相关联而构成虚实联想。二是接近联想，在接近的时间或空间里发生过两件及以上的事情，就会形成接近联想。三是类似联想，通过事物在外形上或内容上的相似点，使人产生类似联想的方法。四是对比联想，联想与之相反的事物，称为对比联想。五是因果联想，看到原因，就会联想到结果；同时，看到结果，也会联想到原因。

⑨比喻表现法。比喻表现法是指在设计过程中选择在本质上各不相同而在某些方面又有些相似性的事物，以此物喻彼物，可以借题发挥和延伸转化，获得"婉转曲达"的艺术效果。与其他表现手法相比，比喻表现法比较含蓄隐伏，有时难以一目了然，但一旦领会其意，便能给人以意味无尽的感受。

⑩对比表现法。对比表现法运用对立冲突的表现手法，把性质不同的要素放在一起相互比较，给视觉造成冲击。这种方法会把事物的特点在鲜明对照和直接对比中表现出来，从对比所呈现的差别中，使消费者看出两者孰优孰劣。

⑪倒置表现法。倒置表现法是把事物所处状态运用不符合逻辑的相反状态表现出来，加强画面的视觉冲击力，延长受众的感知时间，以求受众对广告产生兴趣，从而留下深刻的印象。倒置表现法一般可以分为三种：顺序倒置、方向倒置和道理倒置。

⑫借代表现法。借代表现法是借一物来代替另一物的广告创意方法。这种方法会选择一个与广告信息有关的图像来表现，使受众对图像产生某种推测、思考和领悟，从而接受广告的主题信息。

阿婆村悬念式广告

阿婆村，一个全新的川菜馆开张了。开张前三天，《都市报》连续登出以下广告。

第一支广告：阿婆终于来了，为了阿婆，我们特地在这个城市里建了个村庄，你知道不知道这个阿婆有多大呀？猜对了，一桌五百元的饭送给你了。落款是：城市里的村庄——阿婆村。

第二支广告：一个红盖头，一枝桃花树枝挑了一下，但没有挑开，这时，中间出现一行字：一看阿婆心痒痒。

第三支广告：红盖头挑开了一半，又出现一行字：二看阿婆心慌慌。

第四个广告：红盖头拉开一个大角度，只能看到一根阿婆的粗黑的辫子和一件带着拷花的农家衣服。中间又出现一行字：十里闻香阿婆村。后面还跟着一句话：阿婆村明天开张。

第五支广告：一个美丽而动人的乡村阿婆占了整个版面，而这个阿婆却是一个相当年轻的女孩。下面有一行字：凭此报可以打五折。再下面就是阿婆村的地址。

案例评析：做广告，目的就是让人们记住你的商品或服务，怎么能让人们长久记住你所推销的东西呢？悬念式广告不失为一个很好的方法。悬念广告最关键是要把握好悬念设置。阿婆村广告就是一个很典型的悬念广告，通过悬念设置—探寻—揭开谜团，给受众留下深刻的印象。

资料来源：https://www.guayunfan.com/baike/195112.html.

(四)旅游广告媒体决策

旅游广告媒体决策是旅游企业对投放媒体的具体选择。旅游广告媒体,又称旅游广告媒介,是广告主与广告接受者之间的连接物质。

1. 旅游广告常见媒体

(1)电视广告

电视传播的范围广,集声音、图像、色彩、动感于一体,视听兼备、声图并茂,可以更为真实、直观地传递旅游信息,传播范围广泛,影响面大。老少皆宜,不受文化程度的限制。宣传手法灵活多样,艺术性强,具有较好的劝导效果,所以通常被认为是最有效的广告媒体。

(2)广播广告

广播广告传播速度极快,空间广泛,容易接收,不受任何区域和国界的限制;能够达到声情并茂、感染听众的效果;不受工作条件的限制,无论人们在做什么都可以同步进行而不受影响;制作简单,制作时间较短,费用较低。旅游企业可以作为电台的广告赞助商做广告,可以选择购买节目的间歇时间做广告,也可以选择赞助某个节目,在节目中播出自己的广告。

(3)报纸广告

报纸广告读者广泛,覆盖面大,影响广泛。读者可以根据自己的能力和兴趣,自由选择自己喜欢的内容和方式,进行阅读和思考。报纸广告报纸制作简便,费用低廉。可以传播详细的信息,专题形式的整版广告可以对旅游目的地的人文景观、经济社会、风俗民情、旅游线路进行全面报道。

(4)杂志广告

杂志广告印刷精美,图文并茂,适于形象广告。阅读率高,保存期长,种类繁多,可选择性强,易于传阅,地区和人口选择性强。便于查找和保存资料,报道的内容深刻细致,具有较强的新闻性和专业性,杂志广告以较强的知识性和丰富性满足不同专业、不同文化层次和不同心理的读者的需要。

(5)户外广告

户外广告的形式灵活多样,如在公交车车身上、出租车车身上、地铁车厢内、地铁站内、垃圾箱、机场行李车、公共汽车站、停车场、旅游景点、电子显示屏、气球、标幅、旅行社橱窗、建筑物外立面上,都可以发布户外广告。户外广告表现形式丰富多彩,视觉冲击力强、具有较长的生命周期,发布时段长。

奇特的广告牌

位于苏黎世火车站的一个广告牌改造成可以进行通话的屏幕。屏幕的另一头是一个坐在格劳宾登州山上怡然自得的白发老爷子,他在山上打开网络,直接跟火车站的路人来了一次视频聊天。他直接叫住路人,说要邀请他们去格劳宾登州旅游,并且当场打印出了前往格劳宾登州的火车票。根据火车票,火车马上就要出发,所以路人必须快速决定,自己是要继续原来的行程,还是干脆去一趟格劳宾登州,来一次说走就走的旅行。视频里的白发老爷子也是热心,还帮一个难以抉择的上班族跟老板请了假,帮一个学生跟老师请了假。最后,这些接受邀请的路人来到老爷子所在的山上,一起在山上吃了顿饭。这一切,全程通过火车站的广告牌播放了出来。

资料来源:http://www.sohu.com/a/114810253_465235.

(6)邮寄广告

邮寄广告是旅游企业直接将印刷品等旅游宣传资料邮寄给客户。这些资料包括旅游手册、宣传小册子、明信片、挂历广告、通知函、定期或不定期的业务通信等。邮寄广告是广告媒体中最灵活的一种,也是最不稳定的一种。

(7)自办传播媒介广告

大众传播媒介属于市场营销人员无法直接控制的传播媒介,如果单纯依赖这些媒介与公众沟通,就会使市场营销工作缺乏主动性。因此在市场营销工作中还有一些传播媒介是市场营销人员自己举办的,称为自办传播媒介,可在上面发布广告。自办传播媒介主要有以下几种。

①自办印刷媒介。自办印刷媒介主要包括:定期或不定期交流信息的内部刊物;全面、系统地传递信息的宣传手册;用于集体或人际间的及时信息传播的函件、通知;用于简明、及时的普遍信息交流的通信、简报;用于系统、深入地阐述问题的论文、演说词;置于人流必经之处或人群集中之处及时发布信息的布告牌、广告牌、黑板报;以简明、节省见长而主要用于广泛扩散信息的合页、折页;以节省费用、方便及时见长而用于随刊物临时发布信息的插页、附页等。

②自办电子媒介。自办电子媒介是指个人或组织自行创办并经营的电子媒体平台,如个人博客、自媒体账号等。相比传统媒体,自办电子媒介投入成本较低。个人或小团队可以通过自主创作和自主推广的方式建立自己的媒体品牌;精准触达受众,可以通过针对特定受众群体的定位和推广策略,更精准地触达目标受众,这样可以提高内容传播的效果和品牌影响力。快速反应和更新,由于自办电子媒介不需要通过复杂的审查和编辑流程,可以更快速地发布和更新内容,及时回应热点事件或观点争议,增强媒体的时效性和敏捷性。受众参与度高,可以通过各种互动功能和社交媒体渠道与受众进行更密切的互动和反馈,这有利于与受众建立更紧密的联系,并获得更多的受众参与。总的来说,自办电子媒介的优点在于其灵活性、创新性和互动性,可以为个人或组织提供更广阔的发展空间和传播平台。然而,自办电子媒介也需要遵守相关法律法规,包括版权保护、信息安全等方面的规定。此外,自办电子媒介的成功与否还需要具备一定的内容创作能力、市场推广能力和品牌建设能力。

朋友圈照片广告

对于很多人来说，不能拍美照发朋友圈的旅游毫无意义！

印度孟买的旅游广告就以旅游拍照为灵感，将人们的朋友圈、ins 的生活搬到了荧幕上，构成了一支创意满满的视频广告。

观众在欢乐轻快、节奏感十足，又充满地域特色的音乐中，用围观朋友圈照片的形式将印度中央邦的各个景点游览了一遍。

广告里的不同人的"游客照"在同一个景点或小吃的位置严丝合缝地对齐，别出心裁地用接龙的形式串成一份刷屏社交网的创意营销。

加上素材全都来自于真实粉丝的无私推荐，用游客视角代替官方视角，简直模拟出周围亲戚朋友全方位无死角喊你去旅游的大型现场。

资料来源：https://www.wwshidai.com/32511.html。

③自办的市场营销活动。自办的市场营销活动主要包括：讨论会、座谈会、演讲会、报告会及其他大型会议；音乐会、文艺演出；美术作品、书法作品、摄影作品展览；知识竞赛、智力竞赛、体育比赛，等等。通过以上活动形式来传递各种市场营销信息，是一种行之有效的传播手段。

Chipotle：用奥斯卡级动画片夺眼球

主营墨西哥烤肉的休闲快餐连锁店 Chipotle 一直把天然有机食材应用在其销售的食品中，并以"良心食品"为口号，从食材采购到下厨烹煮，每个环节都非常重视顾客的健康。Chipotle 与设计工作室 Moonbot Studios（这家工作室曾荣获奥斯卡奖）的合作，推出了一部动画短片《稻草人》及同名移动游戏。它们这么做就是为了引起人们对于食品消费安全的关注，这其中涉及动物肉类加工、人工添加荷尔蒙、有毒杀虫剂等方面。

动画片《稻草人》虚构了一个未来世界。人类环境已经被破坏，食品行业被一家名为"乌鸦食品公司"的企业垄断，稻草人不再守卫农田，而成为这家垄断寡头工厂里生产劣质食物的奴仆。但一个可爱、善良的稻草人厌恶了当帮凶的生活，从这家残酷的黑食品工厂里逃回家。当他意外地找到一个红辣椒（Chipotle 的 Logo）后，一切都发生了变化：世界的颜色变得鲜亮，音乐也随之响起，稻草人重新找回了自己的生活。他种植新鲜蔬菜，到处旅行，还开了一家玉米煎饼店。

Chipotle 推出的同名 IOS（由苹果公司开发的移动操作系统）游戏也很有趣，玩家需要开垦草地，重新种植休耕的稻草人农场来获得游戏经验值，和虚拟乌鸦食品公司对抗。

这部动画短片登录 YouTube 不到两周就获得了 650 万浏览量；同名游戏在苹果 App Store 上架仅 6 周下载量就突破了 50 万。"稻草人"拨动了人们心弦，引起人们对食品安全的关注。

资料来源：http://www.gumajia.com/post/24195.html.

（8）网络广告

网络广告是指利用互联网技术和平台进行广告投放与传播的一种形式。它利用互联网的广告渠道和工具，通过网站、搜索引擎、社交媒体、移动应用等在线平台，向目标受众展示广告内容，以实现品牌推广、产品销售、用户参与等营销目标。通过网络广告投放平台，利用网站上的广告横幅、文本链接、多媒体的方法，在互联网上刊登广告，通过网络传递到互联网用户。网络广告包括文字广告、图片广告、视频广告、弹窗广告、原生广告、搜索渠道广告、联盟广告、导航广告、超级广告平台广告、T 类展示广告、电子邮件广告、手机广告等。网络广告可以基于用户的兴趣、地理位置、行为等信息进行精准定向投放。网络广告可以通过分析用户数据和使用算法，广告主可以将广告精确地投放给符合目标受众特征的用户，提高广告的效果和转化率。网络广告通过监测点击率、转化率、曝光量等指标来评估广告的效果，并根据数据进行调整和优化。网络广告可以通过互动的方式与用户进行互动，例如用户可以点击广告链接、填写表单、参与调查等，这种互动性可以增加用户参与度和品牌与用户之间的互动。然而，网络广告也面临着广告屏蔽、信息过载、竞争激烈等挑战，需要广告主和平台方共同努力来提高广告的质量和效果。

（9）App 广告

App 广告是指在移动应用程序中展示的广告形式。随着智能手机的普及和移动互联网的发展，越来越多的用户通过 App 来获取信息、进行社交和娱乐等活动，因此 App 成为广告主们推广产品和品牌的重要渠道。App 广告的形式包括横幅广告、插页广告、原生广告、视频广告、应用推荐等。广告主可以根据自身需求和目标受众的特点选择适合的广告形式，并通过合作的 App 平台进行投放。App 广告通常以原生的形式融入 App 的界面，与 App 的内容和用户体验相符合，更加自然和无缝，这种广告形式可以提高用户的接受度和点击率。App 广告可以分析用户的 App 使用数据和行为，广告主可以将广告投放给符合目标受众特征的用户，提高广告的效果和转化率。App 广告可以通过互动的方式与用户进行互动，这种互动性可以增加用户参与度和品牌与用户之间的互动，提高广告效果。App 广告可以实时监测广告效果和投放数据，并根据数据进行调整和优化。但需要注意的是，App 广告的过度投放和用户体验的破坏可能会导致用户抵触和屏蔽广告的行为，因此广告主需要在投放策略上进行合理规划与优化。

2. 选择适当的传播媒介

选择广告媒体实质上就是寻找最佳媒介来传递广告信息，实现广告目标。选择广告媒体应主要考虑以下几个方面。

（1）根据市场营销传播目标进行选择。在企业发展的不同阶段，有不同的工作目标。在实现旅游企业大目标的前提下，应紧密联系该项市场营销活动的具体目标来选择传播媒介。不同的传播目标可能需要不同的传播媒介来实现，这是因为不同的传播媒介具有不同的特点和优势，适用于不同的传播目标。如果传播目标是提高品牌知名度，可以选择广泛覆盖的传播媒介，如电视、广播、户外广告等，这些媒介可以将品牌信息传达给更多的受众，提高品牌的曝光度。如果传播目标是增加销售量，可以选择具有直接购买功能的传播媒介，如电商平台、网站广告、社交媒体广告等，这些媒介可以直接引导受众进行购买行为，促进销售增长。如果传播目标是提升用户参与度，可以选择互动性较强的传播媒介，如社交媒体、用户生成内容平台等，这些媒介可以促使受众参与互动、分享意见，增加用户与品牌之间的互动，提高用户的品牌忠诚度。如果传播目标是精准定位特定的目标受众，可以选择具有精准定向功能的传播媒介，如社交媒体广告、搜索引擎营销等。这些媒介可以根据受众的特征和兴趣进行定向投放，提高传播效果。总之，不同的传播目标需要不同的传播媒介来实现，因为每个传播媒介都有其特点和优势，适用于不同的传播目标和受众群体。根据传播目标的具体要求和目标受众的特征，选择合适的传播媒介可以提高传播效果和达到预期的结果。

（2）根据传播对象进行选择。传播对象（也称受传者或受众）是信息的接受者。传播对象的文化层次、生活习惯和分布范围的不同对传播媒介有着不同的要求，因人而异地采用不同传播媒介对提高传播效果是很重要的。例如，如果目标受众是年轻人，可以考虑使用社交媒体平台。

（3）根据传播内容进行选择。广告传播的内容丰富多彩，应全面考虑传播内容的复杂程度、容量、趣味、时间、动态等因素选择不同的传播媒介。如某个旅游企业着手进行一项由海内外多个权威机构参与的国际旅游项目开发时，应着重考虑争取中央报社和通讯社的支持，因为报纸可以互相转载，一些重要的、有影响的信息可由众多新闻机构分别摘登；介绍某一事件的整个活动过程，那么用电视较好；文字类内容可以通过博客、微信公众号等传播；视频类内容可以通过 YouTube、抖音等传播。

（4）根据旅游企业的经济实力进行选择。广告工作仅是旅游企业全部工作内容之一，其经费预算是有限的。这就要求市场营销人员在开展广告活动时，从自身的经济实力出发，选择适当的传播媒介，即使广告活动达到目的，又不致耗费过多的资金。有些媒介可能需要投入更多的时间和金钱，而有些媒介则相对较为简单和经济。对于电视、广播、报纸、杂志等，费用通常以广告位的价格计算。数字媒体的费用通常涉及广告投放、搜索引擎优化、社交媒体推广等，这些费用可以根据广告平台、投放时长、目标受众规模等因素进行计费。自媒体平台费用涉及平台认证、文章推广、付费阅读等。视频平台费用可能根据视频时长、广告形式、目标受众规模等因素而有所不同。社交媒体费用通常有广告投放和推广服务，费用可能根据广告形式、目标受众规模、投放时长等因素而有所变化。需要注意的是，各种传播媒介的费用会根据不同的地区和市场而有所差异，而且随着市场竞争和需求变化，费用也可能发生变化。

（五）广告效果评估

广告效果评估是广告管理中不可缺少的重要组成部分。它不仅能够衡量广告投入是否达到了预期的效益，还为下一步的广告策划提供了改进的依据。广告效果评估可分为三个方面：广告传播效果评估、广告成本效率评估和广告销售效果评估。

1. 广告效果评估的内容

（1）广告传播效果评估。广告传播效果评估主要是指评估广告对目标市场消费者的认知和偏好所产生的影响程度，包括受众对广告信息的接触范围、理解和记忆程度等。其中，阅读率和视听率是其中比较重要的指标。

阅读率的计算公式如下。

$$阅读率 = 阅读过旅游广告的人数/阅读该媒体的总人数 \times 100\%$$

视听率的计算公式如下。

$$视听率 = 旅游广告节目的视听人数/视听总人数 \times 100\%$$

（2）广告成本效率评估。广告成本效率评估是根据广告的成本效率进行评估，用单位广告费用引起的销售额的增加量来判断广告费用的投入是否经济合理。

广告成本效率的计算公式如下。

$$单位成本效率 = 旅游广告引起的销售额的增加量/广告费用 \times 100\%$$

（3）广告销售效果评估。广告销售效果评估是指企业产品广告发布后在相关市场上的销售变化情况。把旅游广告发布前后的旅游产品销售量增长、利润增长等情况进行对比，以此来判断旅游广告效果。通常采用销售额衡量法、广告费比率、广告效率比率和小组比较法。

销售额衡量法的计算公式如下。

$$R = (S_2 - S_1)/A$$

式中，R 为每天广告效益；S_2、S_1 为广告后的平均销售额和广告前的平均销售额；A 为广告费用。

广告费比率的计算公式如下。

$$广告费比率 = 广告费/销售额 \times 100\%$$

广告效率比率的计算公式如下。

$$广告效率比率 = 销售额增加率/广告费增加率 \times 100\%$$

小组比较法的计算公式如下。

$$AEI = \frac{1}{n}\left[a - (a+c) \times \frac{b}{b+a}\right] \times 100\%$$

式中，AEI 为广告效果指数；n 为被检测总人数；a 为看过广告又购买了产品的人数；b 为看过广告但未购买产品的人数；c 为未看过广告但购买了产品的人数。

2. 广告效果评估的方法

（1）直接评估法。直接评估法是由目标顾客或言行专家所构成的小组审查各种广告方案，并填写早已拟定的评估问卷，进行直接评估。

（2）组合测试法。组合测试法是让消费者看（或听）一组广告，看过几次后，令其放下广告，回忆前面所看的各个广告及其内容。此测试结果用来衡量广告的传播能力。

（3）实验测试法。实验测试法是研究人员利用各种仪器衡量受测者的生理和心理反应，如以电流计、瞳孔放大测量器等来测验心跳、血压、瞳孔放大及出汗情形等，这些测试主要用来衡量广告的吸引力。

第三节　旅游营业推广

一、旅游营业推广的概念

旅游营业推广又称旅游销售促进（sales promotion，SP），是指旅游企业在某一特定时期与空间范围内刺激和鼓励交易双方，为促使旅游者尽快购买或大量购买旅游产品或服务而采取的一系列促销措施和手段。旅游企业需要注意和检测市场的反应，及时进行必要的营业推广范围、强度、频度和重点的调整。

二、旅游营业推广的作用

首先，旅游营业推广能有效地调动旅游消费者的消费欲望和热情。旅游营业推广是为了使旅游中间商和旅游者尽快或大量购买旅游产品而采取的旅游促销手段，能实实在在地增加旅游中间商和旅游者的利益，有利于增加旅游产品的消费，提高销售额，带动关联产品的销售。

其次，旅游营业推广可以有效地将新产品推向市场。新产品入市，旅游消费者和中间商对这种产品还没有足够的认识和了解，旅游企业通过实行特价优惠旅游、激励性免费旅游、新旧产品组合折价销售等营业推广方式，可使消费者尝试新产品，可以迅速有效地推动新的旅游产品进入旅游市场。

再次，旅游营业推广可以奖励品牌忠实者。旅游营业推广可以对经常购买本企业产品的顾客实行优惠，从而使他们更乐于购买和使用本企业产品，以巩固企业的市场占有率。

最后，旅游营业推广可以抵御竞争者的进攻。当竞争对手大规模地发起营业推广活动时，企业也必须迅速采取相应对策予以还击，可以有效地抵御和击败竞争者的营业推广促销活动。

三、旅游营业推广的方式

1. 免费营业推广

免费营业推广是指让旅游消费者免费获得某种特定物品或利益。

（1）赠品销售。通过旅游企业向旅游者赠送能够传递企业及其旅游产品信息的小物品。如印有企业名称、地址、电话号码、企业口号、景点等的日历、招贴画、打火机、小手巾、纪念卡、纪念币、小玩具等。

（2）免费试用。旅游企业为其用户提供的无须支付任何费用就可以使用商品的一种活动。如某饭店免费为寿星举办寿星点心宴等。

（3）赠品印花。消费者单次或多次购买某个商品印花（即积分点券、标签或购物凭证等证明），积累到一定数量时，则可兑换赠品。

2. 优惠营业推广

优惠营业推广是指让旅游消费者或经销商可以用低于正常水平的价格购买特定的旅游产品或获得某种利益。

（1）付费赠送。消费者在购买某种特定商品的同时可获得赠品的销售促进方式。如买一赠一、酬谢包装、包装赠品、批量购买赠送、商品中奖、随货中奖赠品等。

（2）价格折扣。为了鼓励消费者或中间商大量购买本企业产品，对一次性购买旅游产品达到一定量的旅游者实行价格折扣。如，旅游者全部游览景区，可购买"通票"，在各景点门票标价的基础上给予一定比例的折扣。对与企业业务关系密切的长期顾客和旅游中间商的团体旅游者也可实行价格折扣。

（3）赠送折价券。顾客持券可以免付一定金额的钱。

（4）累积销售优惠。旅游企业根据购货方采购数量、货款支付时间及商品实际情况给予购货方的一种价格优惠。

（5）技术支持。旅游企业给予购货方与产品有关的技术性支持。

3. 竞赛营业推广

（1）竞赛营业推广。通过举办竞赛、抽奖等富有趣味和游戏色彩的推广活动，吸引旅游消费者、经销商或销售人员推动销售。

（2）有奖销售。旅游者购买旅游产品后发给一定量的兑奖券，销售金额达到一定数量后公开抽奖，或购买一定货币量的旅游产品后当场摸奖。

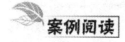

背《滕王阁序》免门票掀起背诵热潮

千古名篇《滕王阁序》，让南昌滕王阁成为"江南三大名楼"之一。近日，一段女子现场用时6分钟背诵《滕王阁序》全文获得一张免费门票的视频引发关注，也引发了更多人重温《滕王阁序》的兴致，甚至在当地掀起背诵热潮。这波背诵热潮是在景区的推动下逐渐形成的。早在2013年，滕王阁景区就推出了节假日完整背诵《滕王阁序》可免费游览的活动，2018年开始变成全年常态化的活动。而今年国庆长假期间，每天有上百人参加背诵活动，成功通关者，上到七旬老者，下到三岁孩童，可以说是，书声与青云齐飞，文采共名楼一色。众多背诵打卡视频在网络刷屏，引发了网友们的浓厚兴趣，很多人都表示，有机会一定要去挑战一次。

案例评析：背《滕王阁序》免门票是一项新颖的营业推广方式。一是充分挖掘自身的闪光点，从传统文化中汲取营养，真正让文化与旅游体验相结合，给游客带来别样的体验，也让底蕴深厚的传统文化景区焕发出新的光彩。二是活动创意满满，虽然免了门票却让名楼的声名传得更远更响亮，也成功激发了游客的兴趣，这波推广效果极佳。

资料来源：极目新闻，2022-10-10.

4. 组合营业推广

组合营业推广是一种综合的促销手段，包括联合推广、服务推广、包价推广和会员卡推广。

旅游营业推广的主要类型与方式，如图 8-2 所示。

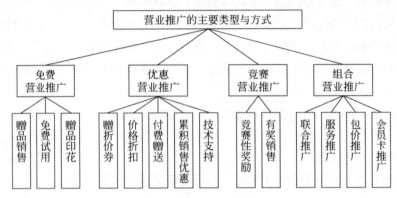

图 8-2　旅游营业推广的主要类型与方式

"国家号码"

齐林村设了一个"国家号码"，所有人都能打这个电话，听见铃声的村民要第一时间跑过去接电话。如果电话最终无人接听，那打电话的人就能免费获得一次来齐林村旅游的机会或者其他大奖。这个活动只持续了 6 天，活动的宣传视频收到 150 万次的点击，宣传网站的点击提高了 50 万人次，有 300 万人通过各种媒体报道第一次听说了这个小村庄。

资料来源：http://www.sohu.com/a/114810253_465235.

案例思考题

1. 此案例中采用了哪些营业推广的方法？
2. 为什么这个案例能取得成功？

四、针对不同对象的旅游营业推广方式

针对旅游者的营业推广的目的是鼓励老顾客继续消费，促进新顾客开始消费，甚至培养竞争对手的顾客对本企业产品形成偏爱；针对旅游中间商的营业推广的目的是吸引旅游中间商与旅游生产企业合作，鼓励中间商大批量购买；针对销售人员的营业推广的目的是

鼓励推销产品的热情,积极开拓新市场(表8-2)。

表8-2 针对不同对象的旅游营业推广方式

方　式		内　容
针对旅游者的营业推广	赠品销售	向旅游者赠送能够传递企业及其旅游产品信息的小物品
	样品试用	为顾客提供一定数量的样品供他们免费试用,以便在他们在购买之前实际感受产品的性质、特点、用途,从而坚定他们的购买信心
	付费赠送	只要消费者购买某种特定商品,就可获得赠品
	赠折价券	为吸引回头客而对旅游者赠送折价券
	价格折扣	对购买旅游产品达到一定量的旅游者实行价格折扣
	购物抽奖	对购买特定商品或购买总额达到一定限度的消费者所给予的一次性或连续性的奖励
	组合展销	旅游企业将一些能显示企业优势和特征的产品集中展示,边展示边销售
针对旅游中间商的营业推广	销售折扣	对长期合作或销售业绩较好的旅游中间商给予一定的折扣,包括批量折扣、现金折扣和季节折扣等
	补贴奖励	采用销售补贴、广告补贴、降价补贴等形式鼓励中间商经营本企业的产品
	商业展会	旅游旺季到来之际,旅游供应商开展商业展会,向中间商介绍产品
	熟识旅程	让中间商亲身体验旅游产品,留下积极而美好的印象
	销售竞赛	旅游企业让销售本旅游产品的中间商进行销售竞赛,并对有突出成绩的中间商给予奖励
	宣传资助	旅游企业为中间商提供陈列物品,支付部分广告费用等补贴或津贴
针对销售人员的营业推广	业绩奖金	对在一定时间内超额完成销售指标的销售人员按一定比例提成,获得一定的红利,以刺激销售人员的积极性
	销售竞赛	在所有销售人员中进行销售比赛,对销售产品出色或销售额领先的销售人员给予奖励
针对销售人员的营业推广	业绩奖金	为鼓舞销售人员的工作热情,根据销售收益率、销售额完成率、货款回收天期等因素确定业绩奖金
	体验旅游	为销售人员提供参与性和亲历性的旅游活动
	免费培训	为销售人员提供免费的培训,增强销售人员对产品的销售技能
	免费礼品	向销售人员赠送小礼品

第四节　旅游人员推销

旅游人员推销是指旅游企业利用推销人员直接与旅游者接触、洽谈、介绍和宣传旅游产品,以达到促进销售目的的促销方式,其实质是销售人员帮助和说服消费者购买某种商品或劳务的过程。

一、旅游人员推销的特点

1. 信息传递的双向性

旅游人员推销是一种信息双向传递的促销形式。一方面,推销人员向旅游者宣传介绍旅游产品的质量、功能、用途,为旅游者提供旅游产品的信息,以引起旅游者的注意和兴趣,促进旅游产品的销售;另一方面,推销人员通过与旅游者的交谈,收集旅游者对旅游企业、旅游产品及推销人员的态度、意见和要求等信息，并不断反馈给旅游企业，为旅游企业的经营决策提供依据。

2. 推销过程的灵活性

推销人员通过与旅游者的交谈，掌握旅游者的购买心理，从旅游者感兴趣的角度介绍旅游产品，唤起旅游者的需求。同时还要解答旅游者的疑问，消除旅游者的不满，并抓住有利时机，促成交易。

3. 推销目的的双重性

旅游人员推销不仅是为了推销旅游产品，满足旅游者的需求，而且也是旅游企业进行公共关系活动的一个组成部分。推销人员热情、周到的服务可以赢得旅游者对旅游企业的好感，从而树立旅游企业良好的形象，更好地实现推销旅游产品的目的。

4. 满足需求的多样性

通过推销人员有针对性地宣传介绍，满足旅游者对旅游产品信息的需求；通过直接销售方式，满足旅游者方便购买的需求；通过推销人员良好的服务，满足旅游者心理上的需求。当然，主要还是满足旅游者对旅游产品使用价值的需求。

二、旅游人员推销的基本形式

1. 派员推销

派员推销是指旅游企业派专职推销人员携带旅游产品说明书、宣传材料及相关资料走访客户，向客户宣传旅游企业和产品的特点，进行推销的方式。派员推销能随时了解客户的具体要求，不断调整销售策略，达成交易。

2. 营业推销

营业推销是指旅游企业从业人员在为旅游者提供旅游服务的同时，推销旅游产品。根据内部营销的概念，在吃、住、行、游、购、娱六方面从事接待服务的所用人直接与旅游者接触，旅游企业从业人员可以向旅游者介绍和展示旅游产品，回答询问，担负着同专职推销人员一样的职能。

3. 会议推销

会议推销是指旅游企业利用各种会议向与会人员介绍和宣传旅游企业及其旅游产品，开展推销活动的推销方式。如各种类型的旅游订货会、旅游交易会、旅游博览会等。会议推销是较为常见的推销形式，其特点是推销集中、接触面广、成交量大、推销效果好。

城市旅游推介会集锦

城市旅游推介会以介绍城市的经济文化与风土人情、推广旅游产品与旅游活动、为宗旨，旨在帮助旅游企业、旅游组织宣扬旅游产品的特点、产品和政策，促进交流活动，为合作双方带来利益的一种促销形式。

（1）开往春天的列车。在沪昆高铁即将全线开通之际，云南省选择在贵阳、长沙、南昌、杭州、上海五大城市开展主题为"开往春天的列车——坐着高铁去云南"的旅游推介会。全国 300 家同程体验店同步开展"七彩云南，红遍神州"风情体验周大型活动，通过品一杯正宗普洱茶，尝一块手工猫哆哩，领一份云南特色手提包，看一场民族风情表演等场景化体验，创新营销七彩云南旅游品牌。

（2）苏州国际旅游节。第十九届苏州国际旅游节突破传统彩船巡游模式，从旅游节品牌出发，定制了旅游节视觉识别系统。并策划了千万红包大派送、千言万语说苏州、百米长卷绘苏州、万人狂欢闹苏州四大系列活动，以"线上+线下"的方式进行全域整合，以惠民促销与祝福征集的形式在全国旅游市场形成了病毒式传播，极大地延长了旅游节的时间并扩大了其影响力，使苏州旅游节以及苏州旅游品牌得到全方位的传播。

（3）"刘邦穿越代言旅游节"。中国徐州汉文化旅游节以"刘邦穿越代言旅游节"为线索首创线上开幕式新形式，以定制互动传播 H5 为载体，在腾讯新闻、微信朋友圈等新媒体进行定向传播，极大地推动了徐州汉文化旅游节的传播与口碑发酵。整个旅游线上曝光量约 2 亿人次，口碑与传播效果极佳，树立了城市旅游节庆营销新典范！

（4）现金红包雨。在国际旅游交易会上，嘉华旅行社推出特卖产品、超低价秒杀、现场抽奖、精彩表演等活动，还为光临展位的游客撒下"现金红包雨"，同时董事长登台献唱，具有很强的"吸睛"效应。

资料来源：http://www.360doc.com/content/17/0506/06/10533595_651474704.shtml。

三、旅游推销人员的工作步骤

（一）寻找顾客

旅游推销人员利用各种渠道和方法为所推销的旅游产品寻找旅游者，包括现有的和潜在的旅游者。通过调查，了解旅游者的需求、支付能力，筛选出有接近价值和接近可能的目标旅游者，以便集中精力进行推销，提高推销的成功率。

下面以饭店为例说明寻找顾客的方法。第一，从饭店客史档案中搜寻客户。前厅部可以获得客户目录文件与名单。财务部不但可以了解客户单位、姓名，还可了解信用情况。客房、餐饮部门直接与消费者接触，存在开发新客户的机会。第二，从饭店外部情报资源中搜寻潜在客户。例如政府机构、国有企业、行业协会、社团组织等名录，报纸和杂志上刊登的厂矿、企事业单位成立、开张、周年庆典活动信息等。第三，从员工的个人情报资源中搜寻潜在客户。从亲朋好友、同学、老师、老乡、战友等处获得信息。让所有认识的人了解饭店。经常询问客户和朋友是否有该需求。

（二）接近前准备

旅游推销人员在推销之前，应尽可能地了解目标旅游者的情况和要求，确立具体的工作目标，选择接近的方式，拟定推销时间和线路安排，预测推销中可能产生的一切问题，准备好推销材料，如景区景点及设施的图片、模型、说明材料、价格表、包价旅游产品介绍材料等。在准备就绪后，推销人员需要与目标旅游者进行预约，用电话、信函等形式讲明访问的事由、时间、地点等。

(三) 接近目标顾客

旅游推销人员经过充分的准备,就要与目标旅游者进行接洽。接近目标旅游者的过程往往是短暂的,在很短的时间里,推销人员要充分发挥自己的聪明才智,灵活应用各种技巧,引起目标旅游者对所推销旅游产品的注意和兴趣,达到接近目标旅游者的最终目的(表8-3)。

表8-3 接近目标顾客的方法

方法	内容	举例
介绍接近法	介绍接近法分为他人亲自引荐和他人间接引荐两种。他人间接引荐主要包括电话、名片、信函、便条等形式	"上星期你的朋友在我们那里订了团体宴会餐,他推荐说贵公司也要开展团体宴会"
利益接近法	把商品能给客户带来的利益、价值在一开始就向客户进行介绍	"这次旅游套餐可以让你一年节省10000元,你会不会考虑呢?" "某某公司已经在我们那里进行了拓展训练,反馈不错,员工素质得到提高"
问题接近法	可以通过请客户帮忙解答疑难问题,或者直接向客户提问(与客户关联的问题)的方式接近客户	"很多人说您是西藏旅游方面的专家与权威,最近我公司提出旅游线路,我想就产品的市场前景听听您的意见"
演示接近法	利用产品本身的特点,如功能、色彩、款式、造型、新颖性等代替业务员的口头宣传,让产品本身引起顾客的注意	进行与产品有关的演示,引起顾客的好奇与注意力
送礼接近法	利用赠送礼品的方法接近顾客,以引起顾客的注意和兴趣,效果也非常明显。在销售过程中,推销人员向顾客赠送适当的礼品,是为了表示祝贺、慰问、感谢的心意,并不是为了满足某人的欲望	可以提供印有企业名称、地址、电话号码、企业口号、景点等信息的小纪念品送给顾客
赞美接近法	就个体顾客来说,个人的长相、衣着、举止谈吐、风度气质、才华成就、家庭环境、亲戚朋友等,都可以给予赞美。就团体顾客来说,除了上述赞美目标之外,企业名称、规模、产品质量、服务态度、经营业绩等,也可以作为赞美对象。推销人员不论是赞美个人还是赞美集体,不论是赞美人物还是赞美事物,都可拉近双方心理距离,赢得顾客的好感。	"先生,您眼光真好,这款旅游产品是我社最新推出的新的旅游产品,非常适合您这样的高级人士,您不妨感受一下"
制造热销	当客人表现出对某款产品好感时,应该趁热打铁,渲染热销的气氛。	"某款系列产品迄今在全国的销量已逾5000套,其中19型在这里的销量突破1000套"

(四) 推销面谈

当谈话进入主题后,即进入沟通过程的最主要环节。推销人员应向客户做销售陈述,详细介绍所推销的产品。而推销产品的真正目的并不在于产品本身,推销成功的关键在于是否能满足客户的需求。

1. 推销面谈的内容

做好产品的销售陈述并非易事,推销人员应从以下几方面入手,将产品讲清、讲好。

（1）产品的使用价值。产品的使用价值是指能够为预订本产品、拥有本产品和使用本产品的客户带来的利益。使用价值正是客户购买的主要动机和目的所在。以旅游饭店宴会产品来说，宴会预订者是为了满足其身份、地位与社交的需要，宴会产品推销人员在推销欢聚、祥和、尊贵、口福的同时，还应指出该产品能满足客户的身份、地位与社交需要，这样的销售陈述才有说服力。

（2）产品的差别优势。使用价值基本相同的产品，因生产者和经销者的不同，或多或少地存在差别，各具特色。潜在客户总是在这些差别或特色间进行比较、选择，最终预订自己比较喜欢，比较有吸引力的那一种产品。因此，在做推销时，推销人员就应当强调其产品的差别优势及特色，以吸引、诱导潜在客户。例如，有甲和乙两个酒店，甲的餐饮和前厅接待服务的评比成绩分别是95分和85分，乙的成绩分别是93分和88分。对于乙来讲，前厅接待服务的评比成绩是最好的，餐饮次之，所以其差别优势是前厅接待服务，而非餐饮，那么推销人员在推销时就应当强调其前厅接待服务做得好。如果乙酒店的推销人员在客户面前只提起自己的餐饮，客户自然会认为甲比乙更好，选择时就会倾向于甲。

（3）产品能给客户带来的综合利益。客户在作出最终购买决定时，还要进行综合考虑。因此，推销人员在推销产品差别优势的基础上，还要指出产品能给客户带来的综合利益。综合利益内容较多，体现在产品功能、质量、价格、产品形象、外观、方便、延伸服务等方面。给客户带来综合利益最大的产品，才是客户所期望的、最愿意接受的产品。

2. 进行现场展示

现场展示就是通过将产品的性能、优点、特色向顾客展示出来，使顾客对产品有直观了解和切身感受。顾客在观看、浏览商品时，推销人员要根据顾客需求和注意目标取出商品，并将商品全貌展示在顾客面前。同时，还要配以准确生动的语言，介绍商品的性能、特点、质量、价格和使用方法等，要突出特点、实事求是、耐心细致，以取得顾客的信任，激发顾客的购买欲望。

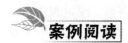
案例阅读

经营强力胶水的商店的展示

一家经营强力胶水的商店坐落在一条鲜为人知的街道上，生意很不景气。一天，店主在门口贴了一张广告："明天上午9时，本店将用出售的强力胶水把一枚价值5000法郎的金币贴在这面墙上，若有哪位先生或小姐能用手把它揭下来，这金币就属于您！"次日，人们将这里挤得水泄不通，电视台的录像车也来了。店主当众拿出一瓶强力胶水，在一枚金币的背面薄薄地涂上一层，将它贴在墙上。人们一个接一个来碰运气，结果金币纹丝不动。这一切都被电视台拍摄下来。从此，这家商店的强力胶水销量大增，供不应求。

案例评析：现场展示活动信息的传递广泛程度是衡量展示活动是否成功的最重要的标准之一。经营强力胶水的商店的做法吸引了大量顾客的注意，并戏剧性地展示了胶水的真实效能。

资料来源：https://zhuanlan.zhihu.com/p/25863374.

3. 使用合理的销售工具

销售工具是指各种有助于介绍产品的资料、用具、器具，如顾客来信、图片、相册、产品宣传资料、说明书、POP（卖点广告）、数据统计资料、市场调查报告、专家证词、权威机构评价、生产许可证、鉴定书、获奖证书、报纸剪贴等。推销人员可以根据自己的情况来设计和制作销售工具，提高顾客对产品的信任度并使其放心购买。

（五）处理异议

在产品介绍过程中，旅游者会对旅游产品提出各种各样的购买异议，如价格异议、产品异议、服务异议等。提出异议是旅游者的必然反应，它贯穿于整个推销过程之中。面对各种异议，应采取不同的方法、技巧，有效地处理和转化，最终说服旅游者，促成交易。

1. 价格异议的处理

价格异议是顾客认为商品的价格超过商品的价值，或者是商品的价格超过自己的消费预算时而产生的对商品的反对意见，并会提议"能不能便宜一些"。推销人员针对价格异议可以采用以下的处理方法。

（1）价值法。推销人员可以从产品的使用寿命、使用成本、性能、维修、收益等方面进行分析，说明产品在性能、价格与价值等方面的优势，使顾客认识到该商品是物有所值，购买商品带来的利益远远大于超过的消费价值。例如："这是最新设计的款式，买东西最重要的是买个最新的款式，您说是吗？""价格部分请您放心，现在产品的价格都是跟它的款式、质量和售后服务在走，因此价格不是唯一的考虑，您说是吧？""价格一定会让你满意，而且现在客户买东西都比较看重价值，我相信这方面您一定很有经验，是吗？""您只是一时在意这个价格，也就是在您买的时候。但是整个产品的使用期间，您就会在意这个产品的品质。"

（2）底牌法。推销人员可以向顾客说明报价是出厂价或最优惠的价格，暗示顾客这已经是价格底线，不可能再讨价还价，以抑制顾客的杀价念头。例如"这个价位是目前在全市最低的价位，已经到了底儿，您要想再低一些，我们实在办不到"。

（3）比较法。推销人员将商品与同类商品进行比较。如果产品比同类商品便宜，就可以说："这个产品比××牌子便宜多啦，质量还比××牌子的好。"如果比同类商品贵，就可以说："价格是价值的体现，便宜无好货。在这个世界上很少有机会花很少钱买到高品质的产品"告诉顾客不要贪图便宜而得不偿失。

（4）平均法。推销人员将商品价格分摊到每月、每周、每天，让贵的商品显得很划算。"这个产品你可以用××年呢，实际每天的投资是××，你每花××钱，就可获得这个产品，值！"

（5）分摊法。推销人员使用尽可能小的计量单位来报价，以减少高额价格对顾客的心理冲击。如在可能的情况下，改千克为克、改米为厘米、改大包装单位为小包装单位。

（6）赞美法。推销人员通过赞美顾客的实力来解除其对价格的敏感性。例如，"看得出，你是很有财力的。""真会开玩笑，你怎能说的不算呢""问总经理，最后还是要取决于你的态度，你接触的是第一手材料呀，我们仔细研究一下吧。"

（7）让步法。推销人员可在权限许可的范围内适当调整推销品的价格，或采取分期付款、延期付款的方法来购买商品，以有效解决价格纷争。例如，"没关系，价格部分今天有特别优惠。我们先看合不合适您，如果不合适，再便宜您也不会购买，您说是吧？"

2. 产品异议的处理

产品异议是顾客对商品的功能、式样、质量等方面表示怀疑而产生的反对意见。在推销人员的推销介绍过程中，顾客常会提出诸如"你的产品果真如此吗？""你的产品真的与你说得一模一样？"的异议，其根源主要是顾客对推销品的某些方面还心存疑虑。这时候推销人员可做以下工作。

（1）现场展示。处理产品异议的有效方法就是在条件允许的情况下，采取现场示范推销品的方法，将推销品的特点及使用效果等展现在顾客面前，证明产品的实际效果，彻底打消顾客心中的疑虑，使顾客心服口服，从而不再坚持自己的异议，促成生意尽快成交。

（2）提供例证。为说明商品是名牌商品、材料优异、做工精良，推销人员可出示企业资质证明、产品技术认证证书、获奖证书以及与知名企业的订货合同等资料，以消除顾客顾虑，获得其认可。也可以列举其他人使用后的感觉，可以说"某某在购买时和你有一样的疑虑，但是他使用后发现效果确实非常好"。

例如，销售员小张接待一个会议客户赵总，在交涉价格时，客人觉得费用过高，尤其是对销售员所提供酒店的住宿和餐费的报价感觉偏高，希望调整酒店或旅行社让利。这时，销售员小张告诉客户："前不久我同事也接了个会议客户，还是个刚刚成立的新公司，规模并不大，但第一次搞客户联谊会就把消费标准定得很高，那家公司刘总让我同事给安排了最好的会议酒店，并且包了酒店里最华丽宴会厅来招待他们公司的客户，整场会预算就十几万，当时我同事都觉得花这么多钱搞公司的客户联谊会可能没什么必要，还建议刘总是不是再选择一下价位低一点的酒店，没想到刘总特爽快地拒绝了，结果联谊会结束后不但刘总满意，他请的客户更满意，后来我同事听刘总讲，这次联谊会上，因为来了好多重量级的大客户，而且客户通过联谊会觉得刘总他们公司很有实力，在联谊会当晚就谈成了几笔上百万大生意，乐得刘总都合不拢嘴，一下子把半年的任务都完成了。赵总，其实我觉得你这次请的客户要真是像您说的都是大客户的话，我觉得多花点钱，给客户一个好享受，也给公司树立个好形象，还是挺有必要的。您说呢，赵总？"

（3）提供担保。有些顾客始终坚持己见，对商品持怀疑态度。在这种情况下，可以用担保的方法打消顾客疑虑，坚定购买信心。在这种情况下，服务人员可以给予类似这样的担保："先预订，到时修改和取消还来得及。"可以打消顾客疑虑，坚定购买信心。

3. 购买时间异议的处理

购买时间异议是顾客认为没有到购买时机而产生的异议。顾客可能会说"我要考虑一下""我要再等等，再转转"。购买时间异议的处理方法有如下几种。

（1）良机激励法。利用对顾客有利的机会来激励顾客，使其不再犹豫不决，促成生意尽快成交。在这种情况下,服务人员可以给予类似这样的担保:"先预订,到时修改和取消还来得及。"可以打消顾客疑虑,坚定购买信心。

(2)意外损失法。利用顾客意想不到但又必将会发生的变动因素,如物价上涨、政策变化、市场竞争等情况,要求顾客尽早作出购买决定。"假设您现在购买,可以获得礼品。我们因为店庆才有礼品赠送这样的促销活动,明天活动就会取消了。""目前正值淡季,顾客少,我们已经给出最低价位了。"

(3)询问法。在推销实践中,购买时间异议往往是顾客借故推托的一种方法。真实原因可能是顾客对产品不感兴趣,但也有可能是还没有弄清楚产品的性能,或者是有难言之隐不敢决策。所以要利用询问法将原因弄清楚,再对症下药。"先生,我刚才到底是哪里没有解释清楚,所以您说您要考虑一下?"

(4)另外推荐。另外推荐几款类似的产品,可以增加客人对本产品选择的影响力,这是对最终销售有利的。

(5)最后的强调法。针对刚才客人有兴趣的产品做最后的强调。

4. 推销人员异议的处理

推销人员异议是顾客对推销人员不满而引起的拒绝购买的心理。例如,"你态度不好,我不买!""你们公司的服务太差,谁还再敢买你们的产品呢?"对于这类异议,推销人员应该从自身方面查找原因,有针对性地进行异议处理。

(1)如果是推销人员态度不好使顾客不满,推销人员要及时调整,在第一时间向顾客道歉,挽回影响。

(2)如果顾客是对推销人员的服务水准不满,认为推销人员不够专业,这就需要推销人员平时要加强业务素质,努力成为行业专家。如果顾客当面指出自己的不足之处,推销人员应立即承认,并向顾客赔礼道歉。

(3)如果顾客认为推销人员说的话夸大其词,让人无法信任,推销人员需要端正态度,改进工作作风,真正做到关心顾客、爱护顾客,把顾客的利益放在首位,切不可与顾客"顶牛"。

(六)成交

成交是指推销人员在推销商品过程中随时寻找顾客发出的成交信号,并选择合适的语言试探性地进行成交的过程。

1. 识别顾客的购买信号

购买信号是指顾客通过语言、动作、表情等渠道泄露出来的想要购买产品的意图。在推销人员向顾客进行推销说明的过程中,只要观察到顾客的购买信号,就可以立即提出成交要求;如果错过机会,在顾客对产品的兴趣消失后再提出成交要求,推销人员遇到的必然是拒绝。

2. 正确选择成交方法

在成交的最后时刻,顾客常常下不了决心,推销人员必须巧妙地给顾客以恰当的建议,帮助顾客早下决心。可以根据顾客不同情况下的心理特点,尝试采用以下成交方法去加快交易的进程。

（1）请求成交。请求成交是指推销人员发现顾客的购买欲望很强烈时，为了增强其购买信心，可以直截了当地向顾客提出成交要求以向顾客适当施加压力，达到直接促成交易的目的。需注意的是，请求成交不是强求成交，也不是乞求成交，使用时要做到神态自然坦诚，语言从容，语速适中，充满自信。但不能自以为是，要见机行事，才能达到与用户一拍即合的目的。"先生，这次旅游物美价廉，空缺已不多，趁早买吧，保您会满意的。""您看若没有什么问题，我们给你签订合同了。"

（2）假设成交。假设成交是指推销人员假定顾客已经接受推销，然后向顾客询问一些服务要求、订货数量、送货方式等方面的问题，以向顾客适当施加压力，达到直接促成交易的目的。假定成交的使用时机是推销人员介绍完产品的特点，并解答顾客的疑问之后，顾客已有意购买，但还没有拿定主意，这时推销人员就可以用自己的信心去感染顾客，不失时机地向顾客提出一些实质性的问题，帮助其下定购买决心。例如，"你旅游时，是要豪华接待还是标准接待？"

（3）小点成交。小点成交是指推销人员在一些次要问题上与顾客形成共识并达成协议来促成交易的方法。一般而言，顾客对重大的购买决策容易产生较重的心理压力，往往难以决断；而在一些较小的成交问题上心理压力较轻，会较为轻松地接受推销人员的引荐而作出明确表态。小点成交法就是利用了顾客的这一心理活动规律，让顾客在若干细小问题上进行决定而避开是否购买的决定，培养良好的洽谈氛围，导向最后成交。

（4）从众成交。从众成交是指推销人员利用人们的从众心理，促使顾客立即作出购买决策的方法。在日常生活中，人们或多或少都有一定的从众心理，从众心理必然导致社会趋同的从众行为。顾客在购买商品时，不仅要依据自身的需求和爱好购买商品，而且也要考虑全社会的行为规范和审美观念以符合大多数人的消费行为。从众成交法就是利用了人们的这一社会心理，营造出众人争相购买的氛围，以减少购买者的担心，促使其迅速作出购买决策。例如，"小姐，这是今年最流行的线路了，和您年龄相仿的人都喜欢。"

（5）机会成交。机会成交是指推销人员针对顾客害怕错过良好的购买机会的心理动机，向顾客提示成交机会，让顾客意识到购买是一种机会，不及时购买就会产生损失，从而促使顾客立即购买的一种成交方法。使用机会成交法有利于提高成交速度和成功概率，但使用时一定要讲究职业道德，不能蒙骗消费者。例如，"今天是我店店庆优惠展销的最后一天，请勿错过机会。""这种商品出厂价已经上涨8%，我们是在涨价前进的货，所以售价暂时不变。下一批货的价格一定要往上涨了！"

（七）售后服务

首先，做好售后服务。要让旅游者满意并使他们重复购买旅游产品，售后服务是必不可少的。达成交易后，推销人员应认真执行所保证的条款，做好服务，妥善处理可能出现的问题。其次，加强客户管理。现在旅游行业竞争非常激烈，开发新客户是保留老客户成本的数倍，从旅游企业的长远利益出发，应与旅游者建立和保持良好的关系，树立旅游者对旅游企业及产品的信任感。可以为每一个客户建立档案，客户档案应有客户的基本资料、特征和交易信息。要定期的回访客户，了解客户的看法和出现的问题，帮助客户解决实际问题，促使他们重复购买。同时利用旅游者的宣传，争取更多新的旅游者。

第五节　旅游公共关系

一、旅游公共关系的概念

上海公共关系协会会长毛经权将公共关系定义为："公共关系是一个组织运用各种传播手段，在组织与社会公众之间建立相互了解和信赖的关系，并通过双向的信息交流，在社会公众中树立起良好的形象和信誉，以取得理解、支持和合作，从而有利于促进组织本身目标的实现。"通过以上定义我们可以清楚地知道：公共关系是社会组织为了达到组织与公众之间的良好关系状态，运用传播手段通过双向沟通的活动影响公众的科学和艺术。其中，公共关系的基本构成要素是公共关系主体、公共关系客体、公共关系手段，即组织、公众和传播。公共关系主体是指公共关系行为的实施者；公共关系客体是指组织开展公共关系工作的对象；公共关系手段是指连通组织与相关公众之间的各种传播手段。公共关系活动的根本目的是塑造社会组织自身的良好形象，组织形象是公共关系理论的核心概念，是贯穿公共关系理论与运作的一条主线。

旅游公共关系就是通过揭示旅游公共关系活动的规律，旅游企业运用传播、沟通的手段使旅游企业与相关公众进行双向交流，使双方达到相互了解和相互合作。这个定义反映了公共关系是一种传播活动，也是一种管理职能。

二、旅游公共关系的基本特征

（一）旅游公共关系以社会公众为对象

旅游公共关系是指旅游企业与其相关的社会公众之间的相互关系。如果说人际关系以个人为支点，是个人之间的关系，那么旅游公共关系则以旅游企业为支点，是旅游企业与公众结成的关系。旅游企业必须坚持着眼于自己的公众，才能生存和发展，公共关系活动的策划者和实施者必须始终将公众认作自己的"上帝"。旅游公共关系的公众包括旅游消费者和潜在旅游消费者、员工和员工的家庭、股东和所有者、竞争组织、关联企业（旅游批发商、旅游代理人、供应商、咨询机构等）、行业团体、当地社区、政府、媒体、金融机构、旅游学校等。公众具有促进和阻碍组织达到其目标的能力，组织应该采用具体的步骤来管理与其有关的关键公众的关系。

（二）旅游公共关系以良好形象为目标

旅游公共关系的基本目标是树立旅游企业在社会公众中的良好形象。因为旅游公共关系谋求的是旅游企业与旅游消费者良好的关系状态，而这种关系状态的一个最为明显的指标就是旅游企业在旅游消费者心目中的形象如何。同时，现代旅游企业之间的竞争，不仅仅是市场、价格、原材料等方面的竞争，也是整体形象的竞争。良好的形象是无形资产，一旦在旅游消费者心目中树立起自身良好的形象，就能获得旅游消费者的支持、合作，取得事业的成功；反之，一旦丧失信誉、声名狼藉，事业就会一败涂地。因此，树立企业的良好形象，赢得消费者的支持就成为旅游公共关系的工作目标。所谓旅游企业的形象是指相关公众对一个旅游企业的整体印象和评价，这包括两方面的内容：旅游企业的知名度，即旅游消费者对旅游企业及旅游企业的各种情况的知晓程度；旅游企业的美誉度，即知晓该旅游企业的公众对旅游企业的赞美评价程度。旅游公共关系是一种为旅游企业创造美好形象和信誉的艺术，它强调的是成功的人际关系、和谐的人事环境、最佳的社会舆论，以赢得旅游消费者的了解、信任和支持。

（三）旅游公共关系以互惠互利为原则

旅游公共关系以旅游企业与旅游消费者之间的互惠互利为基本原则。一个旅游企业在发展过程中必须得到旅游消费者的支持，因此旅游公共关系强调旅游企业的追求目标与旅游消费者合理需求的一致性，特别注重谋求与维护旅游消费者的利益，并通过这种方式来谋求与维护旅游企业自身的利益，从而使旅游企业与旅游消费者之间的利益关系达到最佳平衡状态。

（四）旅游公共关系以长期努力为方针

旅游企业与旅游消费者的良好关系需要长期的、有计划的、坚持不懈的努力才能形成。这种良好的关系状态一旦形成就需要不断地加以维护、调整和发展，切忌急功近利，一切应从长远利益出发，公共关系活动要着眼于长远效果。

（五）旅游公共关系以实事求是为信条

实事求是、不弄虚作假是公共关系活动最基本的行为准则。为了赢得公众的信任，旅游企业必须为自己塑造一个诚实的形象，否则将失去公众的信任与支持，为公共关系工作带来阻碍。

（六）旅游公共关系以双向沟通为手段

旅游公共关系的本质就是旅游企业与旅游消费者之间的大范围、全方位的双向信息沟通过程。一方面，旅游企业要将有关自身情况的信息传向旅游消费者，以求得旅游消费者的了解和理解，改变旅游消费者对自身的认识和态度；另一方面，旅游企业还要从旅游消费者那里获得系统全面的需求性信息和评价性信息，以作为改善自身行为、塑造良好社会形象、服务广大旅游消费者的决策依据。

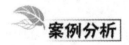

完美日记的公共关系活动

完美日记（perfect diary）是美妆品牌，推出了新款"小狗""公益眼影"，并且公布：官方天猫旗舰店及某主播直播间每卖出1个"小狗"眼影盘，完美日记就会捐赠1元给北京爱它动物保护公益基金会，用于动物保护相关公益项目。

完美日记及其母公司还与中国妇女发展基金会达成战略合作，发起了"逸心一益女性价值创造计划"，承诺在未来3年将持续投入200万元，为贫困地区女性和残障女性提供职业能力培训和创业资金扶持。

好口碑对于企业或品牌来说至关重要，做好口碑营销可以让消费者自动传播公司产品和服务的良好评价，让其他消费者通过口碑了解产品和品牌，最终达到企业销售产品和提供服务的目的。对于发展中的完美日记来说，将公共关系巧妙运用，能够在提升企业形象和口碑、实现社会价值的同时带来销售额的增长。

资料来源：https://wenku.baidu.com/view/2175b732ab114431b90d6c85ec3a87c240288af0.html?_wkts_=1685446150232。

案例思考题

请分析完美日记所开展活动展现了哪些公共关系基本特征？

三、旅游公共关系的活动模式

（一）战略型活动模式

战略型活动模式是根据旅游企业的不同发展阶段而采取的公共关系活动模式。

1. 建设型活动模式

建设型活动模式是指旅游企业为开创新局面而进行的公共关系活动模式，目的是全面提高旅游企业的知名度和美誉度，从而为旅游企业的发展创造最好的条件和环境。建设型公共关系是在旅游企业初创时期或旅游企业推出新产品和新服务时采用，其目的是使旅游消费者对旅游企业及产品形成良好的第一印象或形成一种新的感觉，通过宣传和交流主动向旅游消费者介绍自己，以取得更多旅游消费者的信任和支持。

例如，在旅游企业新开张时，还没有与社会各界建立广泛的联系，知名度和美誉度接近于零。良好的开端就是成功的一半，这个时候对任何旅游企业都是非常重要的。旅游企业应当根据自己的发展目标和公众对象，制定完整的公共关系计划，并加以实施，以加强社会公众对旅游企业的了解、信任和支持，旅游企业要抓住这个时机，做一次漂亮的"亮相"，争取一开始就给公众留下深刻的印象。又如旅游企业改变经营方向、开展新的业务、推出新的产品时，也是需要开展公共关系工作的重要时机。如果旅游企业从前的声誉不理想，就更应利用这些机会来改变形象，或进一步改善各种关系。

建设型活动模式可采用的方法很多，一般包括开业广告、开业庆典、新产品发布会、免费试用新产品、免费招待参观、开业折价酬宾、赠送宣传品等。

2. 维系型活动模式

维系型活动模式是指旅游企业通过有效手段稳定和保持旅游企业在旅游消费者心目中的良好形象的公共关系活动模式。由于各种事情都是不断变化的，涉及公共关系活动的因素也在不断变化，因此已经建立的各种良好的公共关系网络也并非长久不变，即使一个旅游企业的公共关系状态处在稳定发展时期，也必须采取维系型公共关系活动，以巩固现有的公共关系结构。维系型公共关系活动可以通过各种传播媒介不知不觉地向公众传递旅游企业的各种信息，也可以开展持续不间断的公共关系活动，以加深公众对旅游企业的印象。

维系旅游企业与旅游消费者良好关系的方法有两种：一种是维系意图明显的"硬维系"，主要通过优惠服务和联谊活动；另一种是表现手段比较含蓄的"软维系"，主要是采用低姿态的宣传使旅游消费者在不知不觉间接受旅游企业。

3. 预防型活动模式

预防型活动模式是指旅游企业为防止公共关系状态的失调，促使其向好的方向转化而采取的一种公共关系活动模式。首先，当旅游企业处于稳定发展时期，就应及早制定出预警系统和防范措施，居安思危，防患于未然，通过旅游企业自身的努力来积极开创良好的公共关系局面。其次，当旅游企业与周围客观环境出现某些失调时，要确切地了解自身的公共关系现状，敏锐地发现其失调的预兆和症状，针对失调采取应对措施，通过及时调整旅游企业的结构、产品、方针政策或经营方式等消除隐患，始终将企业与旅游消费者的关系控制在期望的轨道上。

4. 矫正型活动模式

矫正型活动模式是指旅游企业的公共关系严重失调，旅游企业形象受到严重损害时，立即采取一系列有效措施改变和恢复受损害的旅游企业形象的一种公共关系活动模式。

公共关系失调的原因有两种。一是由于外界的误解、谣言甚至人为的破坏，损害了旅游企业的形象，这时旅游企业就应迅速查明产生误解的原因，然后有针对性地做解释工作，澄清事实，纠正或消除损害旅游企业形象的因素。二是由于旅游企业内在的不完善造成的，如服务态度、产品质量、环境保护、经营方针等方面发生问题，而导致外部公共关系的严重失调。这时应暂时降低旅游企业的自我宣传，尽量控制影响面，同时，迅速将外界的舆论反馈给决策层有关部门，准确地分析原因和影响，提出纠正措施，协助有关部门解决实际问题，并向媒体和旅游消费者公布纠正措施与进展情况，平息风波，恢复信誉。例如，旅游企业出现了质量事故，应重在内部改进，待有成绩后，再考虑重新做宣传。无论是出现差错还是误解，对于旅游企业的信誉都是一场危机，而良好的公共关系工作能够帮助旅游企业顺利渡过难关。

例如，一向以服务好而著称的海底捞的菜品价格上涨6%，海底捞涨价引起消费者的不满，随后海底捞发布回应，诚恳道歉并表示将价格恢复到之前，挽回涨价濒临脱粉的顾客。

5. 开拓型活动模式

开拓型活动模式又称进攻型活动模式，是指旅游企业采取主动出击的方式来树立和维护良好形象的公共关系活动模式。当旅游企业处于快速发展时期，或预定目标与所处环境发生冲突时，主动发起公关攻势，可以通过不断开发新的产品，开拓新的市场，吸引更多的游客，建立新的合作关系等方法，改变对原有环境的过分依赖，保证预定目标的实现，从而树立和维护良好形象。

开拓型活动模式采取的方式有：宣传新的营销理念、推出新产品、抢占新市场、进行新的结盟或合作等。

（二）战术型活动模式

战术型活动模式是为了解决具体的问题而开展的公共关系活动模式。

1. 宣传型活动模式

宣传型活动模式是旅游企业运用大众传播媒介和内部沟通的方法直接向公众宣传，以形成对己有利的企业形象的公共关系活动模式。

在现代社会中，随着宣传媒介的高度发展，信息的传播速度越来越快，以往数月能传到的信息，现在几分钟就可传到。因此，利用发达的宣传工具和媒介传递信息，建立广泛的公共关系，是一条非常有效的渠道。宣传的媒介主要指新闻媒介，包括网络、电视、广播、报纸、杂志等，这些媒介支配和控制着社会舆论的主要方面，它接触和影响的公众面广、人数多，同时，它对社会的政治、经济、思想、文化等方面有着巨大的影响力，而且它的影响力带有某种权威性。通过宣传媒介建立公共关系主要有两种形式：一是以广告的形式出现，把旅游企业的形象塑造作为广告的中心内容，着重宣传旅游企业的管理经验、经济效益、新产品开发、社会效益等；二是通过新闻报道、专题通讯、记者采访、经验介绍等客观宣传塑造企业良好形象。

宣传型活动模式具有影响面广、主导性强的优点，但它往往缺乏深度，缺乏人与人之间的情感因素和主动性、灵活性。

最美的实习工作

大金湖景区推进第二届大金湖（国际）帐篷节活动，推广"绿色户外，爱在金湖"的品牌理念，隆重推出"最好的暑期实习工作"全国校园征集活动。实习工作内容：入住由景区提供的驴友酒店，巡游大金湖旅游区各个景点，每天发表大金湖游记及上传照片、视频；与全国各地驴友进行网上交流，协助组织大金湖第二届帐篷节等。

"最美的实习工作"吸引很多人竞聘，展现了当代大学生乐观、积极、健康向上的时代风采，展现大金湖景区独特的旅游文化，大金湖景区也因此名扬世界。

资料来源：http://news.cncn.com/81031.heml。

案例思考题

金湖景区是如何开展宣传型公共关系宣传型活动模式的？

2. 交往型活动模式

交往型活动模式是指旅游企业在人际交往中开展公共关系工作的活动模式。它不是通过媒介，而是在人与人之间开展的。它的方式包括个人交际和社团交际，如茶话会、座谈会、招待会、宴会、慰问和专访活动等社会交际形式。交际型公共关系活动要真诚，即无论是对旅游企业还是个人，都要实事求是，这样才能取得旅游消费者的信任。不能通过欺骗、行贿受贿、串通谋私等不正当手段维系交往。

交往型活动模式可以弥补宣传型活动模式的弱点，尤其是在服务行业，交往型活动模式的作用更加明显。如在酒店，工作人员的友好态度与和蔼可亲的面孔是与顾客进行沟通的最佳手段。只有通过人际交往，为顾客提供温暖热情的服务，酒店的经济效益和社会效益才能明显提高。

3. 服务型活动模式

服务型活动模式是一种以提供优质服务来获取旅游消费者的好评的公共关系模式。目前，国内外市场竞争已经由产品竞争转入服务竞争，谁能提供优质的产品和最佳的服务，谁就能赢得市场。旅游消费者往往把一个旅游企业提供的服务作为评价这个旅游企业优与劣的重要标准。服务型活动模式运用提供完美服务、超值服务的方式将好处实实在在地送给旅游消费者，以实际行动来获取旅游消费者的好评，密切维护旅游企业与旅游消费者之间的关系，建立自己良好的形象。因此，开展优质服务是各类旅游企业的一项重要的公共关系工作。

丽嘉的营销理念

丽嘉，以卓越的服务而著称的豪华连锁宾馆。公司树立了崇高的顾客服务目标：在丽嘉，对客人们真挚的关心和照顾是我们的最高宗旨。公司的信条不仅仅是纸面上的言语——丽嘉以实际行动实践了自己的诺言。在对离开宾馆的客人的调查中，95%的客人说他们确实在这里感受到了难忘的体验。实际上，在丽嘉受到特别出色的服务已经变得很平常。例如，丽嘉费城宾馆的一个管理助理无意中听到某顾客叹息他把一双正式场合用鞋落在了家里，不得不穿旅游鞋去参加重要会议。第二天一早，她就把一双新的适合该顾客尺码和颜色的鞋送给了那位郁闷的客人。又如，客人的孩子生病了，宾馆的工作人员送来加了蜂蜜的热茶。

案例评析：丽嘉的服务完全超越了顾客的期望值，让顾客的满意度瞬间达到100%，对丽嘉的信任度、忠诚度瞬间建立起来。通过卓越的服务，丽嘉快速提高消费者的满意度，提高消费者的信任度，刺激消费者的重复消费率，刺激消费者主动产生口碑传播。

4. 社会型活动模式

社会型活动模式是指旅游企业抓住有利时机举办各种社会性活动，扩大旅游企业影响的公共关系活动模式。如开业庆典活动、周年纪念活动、当地传统节日活动、公益赞助活动等。

对任何旅游企业来说，社会型公共关系都具有特别重要的意义。因为不管哪个旅游企业，都希望自己能在广大旅游消费者心目中树立良好的形象。这就要求旅游企业和旅游消费者之间建立一种特殊的联系，设法使旅游消费者因某种原因对旅游企业产生特殊兴趣，如旅游企业进行环境保护方面赞助，与广播电台、电视台等联合举办环境保护方面的有奖知识竞赛等。这种公共关系的特点是公益性和文化性，着眼于长远利益，不计较眼前得失，但要量力而行。

 **案例阅读**

河南郑州"7·20"特大暴雨后，鸿星尔克心系灾区，捐赠了价值5000万元的救灾物资，驰援河南灾区。而上述举动也将鸿星尔克这一良心企业拉入大众视野。有不少网友直言，相比于其他企业捐款时的众人欢呼，鸿星尔克的这一动作反而格外令人心疼，因为作为一个有负资产的企业，却给河南灾区捐赠5000万元的物，可以说是实属不易，良心企业！深深戳中了千万网友心中的家国情怀和社会责任感。

短短几天，关于鸿星尔克的话题连续占据微博热搜，最高话题阅读量达10.3亿。随后，800多万人冲进鸿星尔克的直播间开启买买买模式，一直不太受关注的直播间一夜之间销量暴涨52倍，多件单品被卖到脱销，鸿星尔克老板在直播间呼吁网友理性消费。线下门店也是挤满顾客，实体店销售额暴增几十倍。在这样的疯狂的购买热潮之下，鸿星尔克线上线下均出现"大量缺货"的情况，甚至还有人传出内部缝纫机冒烟的视频。即便捐款风潮过去，公众也记住鸿星尔克的品牌形象，它在人们心中的地位已然稳固。

资料来源：https://finance.eastmoney.com/a2/202208012466936958.html。

5. 征询型活动模式

征询型活动模式是以收集信息、舆论调查、民意测验为主的公共关系活动模式。其具体形式如下：开办各种咨询业务，建立来信来访制度，制作调查问卷，收集公众意见，接受和处理投诉，建立消费者热线电话，等等。这种模式既能及时地收集有关旅游企业形象的意见和建议，为旅游企业决策提供信息，又能在很大程度上调动公众的参与热情，提高旅游企业的知名度。它的特点是民意性和持久性，需要耐力和诚意。

例如，大理旅游集团举办"魅力大理"旅游线路网络设计大赛活动，民众线上线下热情高涨，树立了亲民形象，扩大了散客市场。

又如，很多地区开展了"宣传口号"、吉祥物的有奖征集活动和网络投票活动，提高了旅游品牌的知名度，树立了独特魅力新形象，推动了文化和旅游的深度融合及高质量发展。

四、旅游公共关系的常用活动方式

（一）新闻传播

新闻传播是旅游企业将自身发生的有价值的新闻通过大众传播媒介告知社会公众的一种传播形式。同新闻媒介打交道，借助新闻媒介的力量传递旅游企业的信息，以求取得公众的好感和了解，树立旅游企业自身美好形象，是旅游企业公关活动常见的内容。新闻传播的实现有以下手段。

1. 提供新闻线索

旅游企业要以敏锐的洞察力捕捉对本企业有利的新闻线索，并及时提供给新闻媒介，这是力争新闻报道最常用的手段之一。

大千世界，每时每刻都在发生着各式各样的新事件和新情况，但能作为新闻通过报刊、电台或电视台等新闻媒介予以报道的事件和消息却十分有限。这一方面固然是由于新闻媒介的信息容量还十分有限，但另一方面还在于能够作为新闻的事件都必须具有能被作为新闻得以传播的一般特点。旅游企业必须掌握新闻的特点，确定哪些事实值得报道，哪些事实不值得报道，按照新闻规律去取舍事实，收集材料，才能使采写的新闻报道引起社会公众和新闻媒体的共同关注与兴趣。

新闻的特点主要有以下几点。①新鲜性，即时间新、内容新，初次发生的前所未有的异常事件或信息都可成为新闻。②普遍性，即能引起公众的普遍关心和注意的事件可成为新闻。③社会性，即国家大事或其他连续发生的具有时代特征的事件都可成为新闻。④影响性，即能产生广泛的社会影响的事件可成为新闻。⑤国际性，即具有世界影响的重大事件可成为新闻。⑥权威性，即权威人物或著名人士的言行一般可成为新闻。⑦纪录性，即凡能构成先例的事件都可成为新闻，如体育项目刷新纪录，生产指标跃居同行业之首，等等。⑧突发性，即没有按一定的时间秩序自然到来，而是突然爆发或意料之外的事件或情况都可成为新闻。⑨危险性，即关系国家、民族、个人或全人类生死存亡的重大事件都可成为新闻。⑩地方性，即反映某一地区独特的题材可成为当地的新闻。总之，只要符合上述特点的事件，都能够构成一则被社会公众所接受的新闻。所以，旅游企业要抓住这些特点挖掘新闻选题。

2. 制造新闻事件

制造新闻事件是企业通过策划、组织和利用具有名人效应、新闻价值以及社会影响的人物或事件，引起媒体、社会团体和消费者的兴趣与关注，以求提高企业或产品的知名度、美誉度，树立良好品牌形象，并最终促成产品或服务的销售目的的手段和方式。制造新闻事件的目的在于寻找一切有利时机扩大旅游企业的影响力和知名度，树立良好的旅游企业形象，实现公共关系目标。通过旅游企业精心策划所"制造"的新闻，有着不同于一般新闻的特点：它不是偶然的和自发的，它是经过公共关系专业人员精心策划和安排而发生的；它比一般的新闻更富有戏剧性，因而更能迎合大众的兴趣和注意方向；这些新闻事件是为了提高旅游企业或产品的知名度或信誉度而策划和传播的。然而，如何"制造"一则好的新闻呢？旅游企业应抓住和把握这样几个时机去制造新闻。

第一，充分利用本企业良好的条件和场所开展多方面活动去制造新闻。例如，通过举办大型的演出，召开各种会议以及参观、访问等活动，扩大本企业在各界的影响和知名度。这些参与者不仅亲自享受和体会到了旅游企业的服务态度、质量，而且起到了免费宣传旅游企业的作用，使公共关系工作收到了良好的效果。

第二，选择或创造一个比较有意义的日子去制造新闻。例如，选择"六一"举办一场儿童新式旅游观摩会，又如景区可选择"三八"节为女性提供优惠等。这样一方面可为节日增添欢乐的气氛；另一方面还能使制造新闻活动富有极浓的人情味，易被旅游消费者所接受。

第三，以不同时期的热门话题去制造新闻。每一时期，每一个国家或地区所发生的重大事件，都能形成这一时期该国家或地区的热门话题，这是公众很关注的。如果旅游企业能将这些热门话题与制造新闻联系起来,也就能更好地引起公众的普遍关注。例如,2018年俄罗斯世界杯于2018年6月14日至7月15日在俄罗斯境内11座城市中的12座球场内举行,这是全世界球迷的热门话题。旅游企业应充分利用这个有利时机开发旅游线路,扩大自己的影响,使社会公众了解本企业。

第四,通过赞助新闻机构或联合举办活动制造新闻。赞助新闻机构或与之联合举办活动,不但能使旅游企业保持与新闻界的良好关系,而且自然会获得被新闻报道的机会,达到制造新闻的目的。近几年综艺节目的膨胀式发展,各种真人秀层出不穷,大热的综艺节目一向是各大品牌厂商赞助代言的必争之地。

第五,旅游企业还可以通过旅游企业新闻发布会、记者招待会、鸡尾酒会等形式和机会尽可能地让新闻工作人员享受现代化的设施与高质量的服务,并主动向记者介绍旅游企业的有关情况,使记者把自己的切身体会和耳闻目睹报道给社会公众。

第六,选择目标公众相对集中的地点制造新闻,能使新闻事件增强针对性,增强目标公众的认同感。

第七,把握不同时期的社会心理趋向制造新闻。根据社会公众的心理趋向来制造新闻,更能深入人心,吸引旅游消费者的注意力,获得旅游消费者的认同,收到良好的效果。

总之,旅游企业只要从公共关系的基本原则出发,独具匠心、构思巧妙、精心策划并按新闻规律办事,就能搞好新闻"制造"和传播活动,为旅游企业的顺利发展创造一个良好的舆论环境。

案例阅读

大唐不夜城的不倒翁小姐姐火了

西安大唐不夜城以不倒翁表演为主的宣传视频火爆全网,大唐盛世氛围下,一身唐朝的宫廷古装的"不倒翁小姐姐",宽大的衣袖迎风摇摆,用力往前一倾,身体都快要和地面平行,这段几秒的视频被人发到了网上,获得了上百万的点赞,"不倒翁小姐姐"一夜之间火遍了全国。

数据显示,"不倒翁小姐姐"走红的一个月内,其相关抖音话题播放量已超10亿;大唐不夜城在百度移动端和PC端的30天内搜索量同比上涨1158%,马蜂窝数据也显示西安大唐不夜城旅游热度同比上涨420.77%。"不倒翁小姐姐"火了,一位表演者带火一整条商业街。

资料来源:https://36kr.com/p/1539317106627334.

案例评析:西安大唐不夜城"制造"出"顶流网红"——"不倒翁小姐姐",她借助不倒翁装置做着惊险却轻盈的动作,宛如惊鸿仙女,引起旅游消费者和社会媒体的注意。该事件是集新闻效应、广告效应、形象传播系于一体,能够快速提升品牌知名度。

(二)企业自我公共宣传

旅游企业自我公共宣传是指利用年报、旅游宣传册、邮政卡片、视听工具(VCD、DVD

等）、企业内部杂志、自媒体等宣传旅游企业，树立本企业的良好形象。

"天府幻夜图"精彩亮相锦江边

"夜游锦江"被誉为成都夜间经济升级版本的开山之作，一幅200米长画轴"天府幻夜图"精彩亮相锦江边，视觉效果极其震撼，立即成为夜游成都的"网红"新地标，微博话题：一张图证明你是成都人，在两小时后登上微博同城榜第一名。成都以"锦江故事卷轴"为主线，呈现"夜市、夜秀、夜食、夜展、夜宿、夜节"六大主题场景，串联起成都339、兰桂坊、合江亭等片区，最终形成特色的成都夜间经济。

资料来源：http://ccipp.mct.gov.cn/index.php?s=/Index/news_cont/id/760.html.

案例评析： 在新媒体时代，利用新媒体社交平台进行宣传，邀请当地网红开展相应的活动，都是可以让景区火起来的手段。同时，很多景区开发景区网红打卡点，形式包括景观类、活动类、景观类、演出类等多种类型。对于旅游企业而言，吸引人的聚集是旅游产品运营的核心目标之一。网红效应带来的大规模人流与消费，对旅游企业的发展具有极大的吸引力。

（三）公共关系专题活动

公共关系专题活动是指围绕一定主题而展开的公共关系活动，目的是将旅游企业的某一方面展现在旅游消费者面前，以塑造旅游企业的良好形象。公共关系专题活动主要包括展览会、新闻发布会、专家讨论会、有特点的出游活动（如开放、参观旅游企业）、联谊活动、博览会、辩论赛、纪念活动（如周年庆典）以及文体盛事等。

（四）开展公益活动

通过资助慈善事业而赢得良好的信誉。例如，一家快餐店宣布将每个月的某一天作为捐赠日，当天销售一个三明治就拿出售款的一定百分比捐赠给某残疾人协会。

（五）提供各种旅游服务

为旅游消费者提供热情、周到、方便、优惠的服务，以赢得好感，树立形象。例如，美国南达科他州的某商店，在旅游季节吸引了15000多名旅游者，秘诀就在于它为顾客提供免费冰水。

（六）征询公众意见

采集社会信息，了解公众建议，掌握社会发展趋势。其目的是通过信息采集使旅游企业了解社会舆论、民意民情、消费趋势，为旅游企业的经营管理决策提供背景信息服务。同时，加强旅游企业与旅游消费者的双向沟通，也向旅游消费者传播或暗示旅游企业的意图，使旅游消费者对旅游企业的印象更加深刻。

（七）公共关系危机处理

公共关系危机处理是指旅游企业针对威胁组织发展的危机事件，通过对外交往和对内管理尽量减少或消除危机危害，根据危机管理计划和程序对危机直接采取的对策及管理的一系列活动。具体措施如下。

1. 调查情况

公共关系危机处理的目的是要尽可能地控制危机的恶化，需要公关要迅速做出反应，力争将危机造成的损失降到最小。首先成立危机处理小组，不管是应付危机的常设机构，还是临时组织起来的危机处理小组，均应当迅速各司其职。其次，立即展开调查。对危机的状况做一个全面的分析：危机产生的原因是什么？受害者受影响的程度如何？受害者希望通过什么方式予以解决？并依据这些制定相应的对策寻找最佳解决方案。例如，产品质量问题所造成的危机，应不惜一切代价迅速收回所有在市场上的不合格产品，并利用大众传媒告知社会公众如何退回这些产品的方法

2. 危机沟通

一旦外界通过其他渠道了解到某些事实真相，将会使组织陷于非常不利的局面。因此，企业要及时挑选一个可靠、有经验的发言人，坦诚地向社会公众及新闻界说明事情真相、危机原因、补救措施、事态发展等，承诺将迅速对危机进行处理，从而澄清事实、引导舆论、消除疑虑，避免无事实根据的"小道消息"及流言蜚语的产生。

3. 危机处理

①对内部员工。及时向员工通告危机事件的进展情况，制定出总体应对方案时要通告全体员工，从而统一口径、协同行动、齐心协力，共渡难关。最后，处罚危机事件的责任者，奖励处理危机事件的有功之臣。

②对受害者。第一，认真了解受害的情况，冷静倾听受害者意见。第二，要给受害者以安慰，并尽可能提供其所需要的服务。第三，当企业出现失误使公众利益受损时，企业必须承担责任，按照有关赔偿损失的要求，向受害者及其家属公布补偿方法及标准。第四，尽快兑现承诺，给予公众一定的精神补偿和物质补偿。第五，要诚恳向受害者道歉。

③对上级主管部门。在危机事件处理过程中，应定期向上级主管部门报告事态的发展情况，求得主管部门的支持和指导。对外回答敏感问题之前，须向上级部门请示报告，严格按照统一的口径对外发布信息。事件处理后，要详细报告处理经过、解决办法和今后的预防措施。

④对业务往来单位。尽快如实地传递事件发生的信息，以书面的形式通报正在采取的对策，如有必要，应派人员到各单位去当面解释，尽可能挽回影响，避免业务的终止。

⑤对广大公众。通过各种渠道向其他公众说明事件梗概，定期向各单位和各界公众通报处理经过、处理方法和今后的预防措施等，可根据事件的性质和造成损害的程度，以组织或个人名义向公众表示歉意。

⑥对新闻界。主动与新闻界取得联系，向新闻界提供事实真相和相关的信息，并表明自己的态度，并与新闻界取得谅解。要争取新闻界的合作，充分利用新闻媒介与公众沟通，

引导和控制舆论局势，及时对新闻界的合作表示感谢。如果有关危机的新闻报道与事实不符，应及时予以指出并要求更正。

4. 评价总结

在平息危机事件后，一方面要注意从社会效应、经济效应、心理效应和形象效应等方面入手，评估危机处理的有关措施的合理性和有效性，并实事求是地写出处理报告，为以后处理类似事件提供依据。另一方面要认真分析事件发生的深刻原因，搜集公众对组织的看法、意见和议论，总结经验教训，以便改进组织工作，从根本上杜绝类似事件再度发生。

5. 重新树立形象

①对组织内部公众应该采取的措施：要运用信息传播手段使组织与员工之间实现上情下达和下情上传的双向交流，使全体组织成员齐心协力共渡难关，并增强组织管理的透明度和员工对组织的信任感；动员组织全体员工参与决策，既可以群策群力，又可以充分调动员工的积极性；进一步完善组织管理的各项制度和措施，有效地规范员工行为，避免危机的再次发生；建立起危机事件的预警机制，发现问题，及时解决，将危机扼杀在萌芽状态之中。

②对组织外部公众应该采取的措施：要同平时与组织息息相关的公众保持联络，及时告诉他们危机后的新局面和新进展；要针对组织公共关系形象的受损内容与程度，重点开展某些有益于弥补形象缺损、恢复公共关系形象的公共关系活动；要设法提高组织的美誉度，争取拿出一些过硬的服务项目和产品在社会上公开亮相，从根本上改变公众对组织的不良印象。

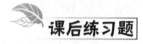

一、即测即练

二、思考题

1. 对比推式促销策略和拉式促销策略。
2. 什么是旅游促销？旅游促销有哪些作用？旅游促销的方法有哪些？
3. 谈谈旅游产品处于不同生命周期阶段时旅游促销组合策略的运用。
4. 简述广告预算的方法。
5. 比较几种常用广告媒体的优缺点。
6. 什么是旅游营业推广？营业推广的方式有哪些？
7. 简述旅游人员推销的基本形式。
8. 列举旅游人员推销接近顾客的方法。
9. 列举旅游人员推销成交的方法。
10. 什么是旅游公共关系？旅游公共关系的基本特征有哪些？

11. 对比战略型活动模式与战术型活动模式。
12. 简述影响旅游促销组合决策的因素。

三、实践练习题

1. 任意选取一个旅游企业，分析它的产品策略、价格策略、渠道策略和促销策略。
2. D大学旅游管理专业要建立A旅行社，决定以大学生旅游作为自己的主打旅游产品，请帮助其策划促销策略。
3. 联系本校或当地的驻村第一书记，运用访谈法了解当地乡村旅游的促销策略，并对如何完善乡村旅游促销策略提出建议。

四、案例分析题

案例分析1　刘方拜访王经理进行客户联谊会推销的过程

刘方拜访王经理进行客户联谊会推销，过程如下。

刘方："王经理，您好，我是D旅行社的销售员刘方，请多多指教。"

王经理："请坐。"

刘方："谢谢。非常感谢王经理在百忙中抽出时间与我会面，我一定要把握住这么好的机会。"

王经理："不用客气，我也很高兴见到您。"

刘方："贵公司在王经理的领导下，业务领先业界，真是令人钦佩。我浏览过贵公司的网站，知道王经理非常期望与客户搞好关系，在业内是榜样啊！"

王经理："我们就是要追求客户满意。"

刘方："我向您推荐一个客户联谊会的方案。"

王经理："客户联谊会的方案？"

刘方："其实客户联谊会就是让客户满意的方法。"

王经理沉吟片刻，然后说："说说你的看法吧！"

刘方："本单位为贵公司打造的专属、非比寻常的客户联谊会活动。活动内容是……用这一形式塑造贵公司的企业形象、巩固客户关系、增强内部员工的凝聚力、推广自有媒体。价格是……"

王经理："价位超出了预算。"

刘方："前不久我同事也接了个会议客户，还是个刚刚成立的新公司，规模并不大，但第一次搞客户联谊会就把消费标准定得很高，那家公司刘总让我同事安排了最好的会议酒店，并且包了酒店最华丽的宴会厅来招待他们公司的客户，整场宴会预算十几万元。当时我同事都觉得花这么多钱搞公司的客户联谊会可能没什么必要，还建议刘总是不是再选择价位低一点儿的酒店，没想到被刘总拒绝了。联谊会结束后，不但刘总满意，他的客户更满意。后来我同事听刘总讲，这次联谊会来了好多重量级的大客户，这些客户通过联谊会觉得刘总的公司很有实力，在联谊会当晚就谈成了几笔上百万元的大生意，乐得刘总都合不拢嘴，一下子把半年的任务都完成了。王经理，要是这次请的都是大客户的话，我觉得多花点儿钱，给客户一个享受的机会，也能给公司树立好形象，还是挺有必要的，您说呢？"

王经理:"嗯。"

案例思考题

1. 请分析刘方接近目标顾客的方法。
2. 刘方推销面谈有哪些成功之处?
3. 刘方对于王经理价格异议的处理是否正确?

案例分析2　两杯红茶引起的危机

　　盛夏的一天,广州两名消费者到 M 店用餐,点了两杯红茶后发现其中有极浓的消毒水味道。当时现场副经理解释,其原因可能是由于店员前一天对店里烧开水的大壶进行消毒清洗后,未把残余的消毒水排清所致。该副经理在 7 时 15 分通知该 M 店店长和地区督导赶到现场以妥善解决此事。但结果却是店长和督导两人直到 9 点才相继出现。而在其间长达两个多小时里,M 店的员工与两位消费者多次发生争执,即使工商局的工作人员赶到现场进行调停近一个小时的努力最终仍以误判破裂收场,从而导致消费者愤然报警。

　　两位消费者就此事向 M 店提出要求,M 店应就事件向消费者做出合理的解释、合理的答复和合理的赔偿。M 店方面却做出向两人各赔偿 500 元,如两天内当事人身体不适可以到医院诊治,医药费给予报销。M 店的行为引起了消费者的不满,两消费者一怒之下,在媒体上将此"消毒水"事件曝了光。

　　事隔一周之后,M 店才发表了区区数百字的声明,称 M 店一向严格遵守政府有关部门对食品安全的所有规定和要求,并保证 M 店提供的每一项产品都是高质量的、安全的、有益健康的。

　　M 店"消毒水"危机公关存在以下失误。第一,店长和地区督导在事情发生后的两个多小时后才赶到现场,这说明了 M 店危机处理机制上的欠缺。第二,M 店的员工与两位消费者多次发生争执,一定损害了 M 店的企业和品牌形象,降低其在消费者心目中的好感度。第三,不能满足消费者的合理要求,有把"小事化大"的嫌疑。还被其他媒体转载,以至于 M 店在整个事件中陷入了相当的被动局面,失去了话语权。第四,声明在一周后才发出,没有向公众做出及时、合理的解释。整个声明没有提及自己的任何过失、该如何加强管理或向消费者表示歉意,更没有具体的解决事情的办法。

　　资料来源:https://www.guayunfan.com/lilun/87253.html。

案例思考题

1. M 店"消毒水"危机公关你认为应该如何处理?
2. M 店为此事发表了声明,你认为声明应该如何改进?

案例分析3　W 餐饮企业常见的营业推广方式

　　W 餐饮企业采用了丰富多彩的营业推广方式:中秋节,凡在本店消费超过 50 元的,免费赠送一盒月饼。每周末推出抽奖活动,顾客可能获得饮料免费、九折优惠等。顾客在一周内消费七次以上,可以免费获得二份特色产品。举办有兴趣的小型比赛项目吸引消费者。例如,估食物重量,最接近者有奖等。特色菜供顾客免费品尝,适当讲解一些营养知识。对用餐次数最多的顾客给予奖励。

案例思考题

1. W 餐饮企业采用了哪种类型营业推广方式？
2. 你对 W 餐饮企业的营业推广方式是否还有补充？

五、翻转课堂讨论题

"52 个轮值镇长"助力旅游扶贫

极具特色的丹寨万达小镇开启了"丹寨万达小镇轮值镇长项目"，在全球招募 52 位轮值镇长，每位镇长任职一周，完成一件对小镇有意义的事。招募活动吸引 1.5 万余人参与报名。最后，选出的轮值镇长来自世界各地的不同领域，如企业家、摄影师、导演、小学生、美国议员、世界小姐等，让小镇成为一代新网红打卡地。每一任镇长上任，都是一个热点话题，引起了社会的广泛关注，全面提升了小镇的品牌知名度与影响力。同时，轮值镇长为小镇对接了许多跨界合作的资源，甚至在卸任之后，历届镇长们依旧孜孜不倦地为丹寨扶贫工作贡献力量，帮助小镇走出中国、走向世界。

一年的时间，丹寨万达小镇搭乘着轮值镇长们的东风，一跃成为名副其实的国际"网红小镇"，创立了旅游品牌借势营销的又一典范。

资料来源：https://www.wwshidai.com/32511.html。

翻转课堂讨论题：

1. 结合案例探讨乡村振兴战略下乡村旅游促销策略的选择。
2. 结合案例探讨网红现象、策划新闻事件在乡村旅游促销中的作用。

第九章 旅游目的地营销策略

 本章导读

随着自主旅游时代的来临,旅游目的地营销要注重内容、形式、渠道的精准和创新。因此,在旅游目的地营销过程中,区域旅游组织要代表本区域内所有的旅游企业促销整个地区的产品与服务,采取卓有成效的营销战略和策略,提高旅游目的地的价值和形象,打造强势旅游品牌,形成区域整体的营销竞争实力。本章通过对中国境内的旅游目的地的介绍,让学生感受到中国旅游的魅力,培养"爱自己、爱家乡、爱专业"的情怀,激发学生的爱国热情和专业学习兴趣。

 知识目标

1. 了解旅游目的地营销的概念与内容,掌握旅游目的地营销的职能和参与者。
2. 了解旅游目的地形象的塑造与传播,掌握旅游目的地 MI、BI、VI 的概念与设计方法。

 能力目标

1. 能够对旅游目的地形象进行实地调研。让学生了解一个具体的乡村旅游目的地,帮助学生践行"知行合一、学以致用"以及服务乡村振兴的理念。
2. 能够进行形象口号设计、标识设计。
3. 掌握设计旅游目的地 MI、BI、VI 的能力。

 案例导读

丁真带来了"网红效应"

四川甘孜藏族自治州理塘县,地处青藏高原东南缘,海拔高,经济落后。2020 年 11 月 11 日,理塘县的丁真在抖音中意外走红。当地文旅部门乘势而上,将丁真签约为理塘旅游形象大使,借助丁真的影响力对甘孜州进行宣传。当地还推出冬季旅游优惠,宣布甘孜州 67 个 A 级景区门票全部免费,酒店一律半价,机票打折,10 日之内甘孜景区接待游客量增长超 110%。丁真带来了"网红效应",成为目的地网红,带来流量提升,为当地文旅市场的消费转化做引流。加上政府的优惠,让甘孜州的旅游热度大涨。丁真的走红虽属偶然,但当地政府却能乘势打造文旅营销,则提升了甘孜州在全国的知名度,并刺激了当地的旅游经济。

资料来源：https://36kr.com/p/1539317106627334.

案例思考题

1. 四川甘孜藏族自治州借助丁真开展了旅游目的地营销，其中体现了哪些旅游目的地营销的特点和职能？
2. 四川甘孜藏族自治州如何开展旅游目的地形象的塑造与传播的？
3. 目的地网红应如何打造？

第一节 旅游目的地营销概述

一、旅游目的地的概述

（一）旅游目的地的概念

国内外组织和学者对旅游目的地的概念进行了广泛的探讨，英国学者布哈利斯指出：旅游目的地是一个特定的地理区域，被旅游者公认为一个完整的个体，有统一的旅游业管理与规划的政策司法框架，也就是说由统一的目的地管理机构进行管理的区域。美国学者菲利普·科特勒指出：所谓旅游目的地，是指吸引旅游者在此作短暂停留、参观游览的地方，是那些有实际或可识别边界的地方。保继刚和楚义芳指出：所谓旅游目的地，是吸引旅游者在此作短暂停留、参观游览的地方，即一定地理空间上的旅游资源同旅游专用设施、旅游基础设施以及相关的其他条件有机地结合起来，就成为旅游者停留和活动的目的地，即旅游地。魏小安指出：旅游目的地是能够使游客产生旅游动机，并追求旅游动机实现的各类空间要素的总和。张辉指出：旅游目的地是拥有特定性质的旅游资源，具备了一定旅游吸引力，能够吸引一定规模数量的旅游者进行旅游活动的特定区域。

总之，旅游目的地是能够使一定规模旅游者产生旅游动机，并能为游客提供一种完整旅游体验的一系列设施和服务的集合体。旅游目的地是为了满足游客的需求而设计的一系列各类空间要素的总和，是为游客提供完整旅游体验的多种旅游产品的集合，是一个由统一的目的地管理机构进行独立管理的特定地理区域。旅游目的地的构成要素主要包括：存在自然、历史或人文等旅游资源，对旅游者能够产生旅游吸引力；有足够的市场空间和市场规模支持；能提供系统、完备的旅游设施和旅游服务；目的地当地居民认同、参与，并提供各种支持保障；具有一定的可管理性。

《指环王》奇迹

新西兰南部是一片风景壮丽，但是人烟稀少的地方。电影《指环王》三部曲中神话般的"中土世界"，正是取自新西兰南部。新西兰借助《指环王》，成功打造了自己的旅游品牌，将旅游品牌定位为"魔戒之国"，并在原有新西兰旅游的基础上，重新包装推出探访新西兰南北岛各大新奇景点的"魔戒"主题游。新西兰南部旅游地的整合营销传播十分成功，新西兰国家旅游局的一项调查显示，每10个到新西兰旅游的外国游客中，就有一个声称是被《指环王》吸引来的，并且，这股热潮短期内不会停止。

资料来源：http://blog.sina.com.cn/s/blog_dcc57f740101m8wv.html。

案例评析：《指环王》赋予了新西兰南部旅游鲜明的文化内涵和品牌价值，新西兰也结合热门的电影活动进行深度旅游和特色旅游线路的开发，实现了影视剧与旅游的深度合作、产品联动，并对新西兰南部旅游目的地进行了整合营销传播，因此取得了成功。

（二）旅游目的地的类型

根据空间范围大小将旅游目的地分为国家旅游目的地、区域性旅游目的地、城市旅游目的地和景区型旅游目的地四种类型。

1. 国家旅游目的地

国家旅游目的地是按照国际旅游市场的空间格局来划分的，即包括了旅游资源丰富、旅游特色鲜明、旅游布局相对集中的旅游大国；也包括了把发展旅游业作为基本国策，着力把旅游业打造成经济社会发展的支撑产业，对旅游业依赖性较强的中小型国家。

2. 区域性旅游目的地

区域性旅游目的地可以从以下两个角度进行探讨。从国际旅游市场角度来看，多个旅游目的地国家的旅游资源组成旅游联盟或旅游综合体，构成区域性旅游目的地，如东南亚区域旅游目的地。从一个国家空间范围内部来看，同一国家不同地区旅游资源组成旅游联盟或旅游综合体，促进区域内旅游更深层次的合作，整体提升旅游的影响力，也可以称为区域性旅游目的地，如我国中原经济区城市旅游联盟、长三角旅游区、环渤海旅游圈。

3. 城市旅游目的地

城市不仅是重要的旅游吸引物，同时也承担了旅游交通、住宿、娱乐、购物和服务等支持体系的功能。一个区域性旅游目的地一般由一个或多个城市旅游目的地组成，构成城市旅游目的地。根据《中国优秀旅游城市检查标准》规定，具备独特的自然风光或者人文资源，能够吸引旅游者前往，具备一定旅游接待能力，以景区景点为核心、以旅游产业为主体、旅游业产值超过城市 GDP 的 7%的城市可以称为旅游城市。

4. 景区型旅游目的地

景区型旅游目的地是旅游目的地的最小单位，但不是所有的旅游景区都能构成景区型旅游目的地。具有一定规模的旅游客源市场，整体旅游服务品质较高的大型或者特大型旅游景区才被称为景区型旅游目的地，如上海的迪士尼主题公园、三亚湾红树林度假世界、万达西双版纳国际度假区等。

二、旅游目的地营销的内涵

（一）旅游目的地营销概念

所谓旅游目的地营销，是指区域性旅游组织将区域性地区作为旅游目的地而展开的营销活动，主要是通过塑造目的地形象来提升旅游目的地的吸引力和竞争力。这一概念包含以下几个基本要素。

首先,营销主体是区域性或跨区域性旅游组织。旅游目的地营销的内容是要确定并打造目的地的总体形象,确定目标市场的信任度及抵达该目标市场的最佳途径。以上这一系列工作不是某一个旅游企业能完成的,必须是地区内所有相关机构和人员共同努力才能完成,必须由区域性或跨区域性旅游组织统领。

其次,营销对象是地区内所有的旅游产品和服务。旅游目的地营销是在特定空间、区域、层次上进行的一种崭新的旅游营销方式,区域内所有的旅游企业和旅游产品都将作为统一的营销对象,并以相同的旅游目的地形象参与旅游市场的激烈竞争,营销活动获益者不是某一个旅游企业,而是整个地区。

再次,营销的客体是旅游客源市场。区域性旅游组织要确定本旅游目的地的目标市场,要建立本地产品与这些旅游客源市场间的关联系统,并力争保持或增加旅游客源市场的市场份额。

最后,主要营销手段是塑造旅游目的地形象。旅游目的地营销的重要手段就是规划开发地区的旅游产品,宣传促销整个地区的产品和服务,提高旅游目的地的价值和形象,以使潜在的旅游者充分认识到该地区与众不同的优势,帮助潜在旅游者做出将本地区作为旅游目的地的决定,提高其在本地区旅游的消费额。例如,很多旅游目的地营销通过对旅游目的地的资源现状、地理位置、经济特色、人口素质、基础设施、人文内涵等因素的分析,发现、提炼或塑造出"名人""名史""名景""名目",进而推广旅游目的地品牌,通过"名气资源"的激活进而激发居民士气。

旅游目的地营销和旅游企业营销的区别如表 9-1 所示。

表 9-1　旅游目的地营销和旅游企业营销的区别

项　　目	旅游目的地营销	旅游企业营销
营销主体不同	区域旅游组织	旅游企业
营销目的不同	提升目的地旅游吸引力和竞争力	提升企业盈利能力
营销对象不同	区域内所有的旅游产品和服务	旅游企业旅游产品和服务
营销手段不同	塑造目的地形象	4P 组合

(二)旅游目的地营销的必要性

1. 旅游业的重要性

旅游业是第三产业的重要组成部分,是世界上发展最快的新兴产业之一,被誉为"朝阳产业"。旅游业除了对国民经济贡献极高之外,还在转变经济发展方式、调整产业结构、推进城镇化建设、调整城乡收入差距、推进建设资源节约和环境友好型社会的建设等方面起着重要的作用,各地都十分重视旅游业的发展。传统的单纯进行形象创造和宣传营销手段效果越来越不理想,因此,政府旅游组织将目光逐渐集中到旅游目的地营销上,通过塑造目的地形象来提升旅游目的地的吸引力和竞争力,使本地区旅游业朝着优化的方向发展,充分发挥旅游业在本地区的作用。

2. 旅游者感知的特点

首先，互联网革命性地改变了信息传播的方式，消费者可以通过互联网了解其感兴趣的旅游目的地的一切信息，消费行为主导性向旅游者一方偏移。要想从众多旅游目的地中突显出来，就需要打造旅游目的地品牌，并使其知名度、美誉度和忠诚度完美统一起来，需要开展旅游目的地营销。其次，旅游由于其不可储存性、不可异地消费、不可试用性的特点，决定了旅游的实现形式首先是旅游主体对旅游地的感知。只有旅游目的地形象被完整、系统、良好地表现出来，且有效地传达到消费者的头脑中时，该地才有可能被旅游者选择为出游目的地，所以，以加强旅游目的地形象为宗旨的旅游目的地营销发展起来。

3. 旅游营销活动的复杂性

旅游业是一个综合性产业，涉及食、住、行、游、购、娱等不同部分组成。旅游是包含了从离开家到回到家的所有过程的旅游体验，涉及旅游、交通、卫生、文化、公安等多个部门的有效信息沟通和交流，无论哪个环节出了问题，都会影响旅游者整个旅游过程。为了给游客完美的旅游体验，必须开展旅游目的地营销，将旅游景点营销、旅游交通营销、旅游住宿营销、旅游包价产品营销等子项目综合起来，形成旅游目的地营销的系统工程。

三、旅游目的地营销的职能

旅游目的地营销的职能如下：负责制定国家或地区旅游发展总体规划；根据旅游发展问题的调查研究的结果分析和预测未来的市场需求；确定特定市场和细分市场的促销重点，向旅游客源市场宣传、推广、营销整个目的地，打造统一旅游形象；就旅游业的发展问题同政府有关部门沟通协调，各部门政令统一，促进旅游业的协调发展；协调区域内旅游产品的发展进程，建立旅游发展的协调运营平台，促进食、住、行、游、购、娱等不同旅游产品的协调发展；规定和控制旅游服务的质量标准与基本价格，并实施监督和检查；对符合发展政策的旅游产品提供支持，促进旅游产业的合理布局；开展合作营销活动，促进区域内旅游企业的合作共赢，扶持和帮助中小旅游企业发展。

四、旅游目的地营销组织与参与者

（一）旅游目的地营销组织

所谓旅游目的地营销组织，是指为了实现旅游目的地的营销目标和总体战略，被授予相应的权力与职责进行旅游营销活动的有机体。我国旅游目的地营销组织主要可以分为四大类。

1. 旅游行政组织

旅游行政组织是指由国家专门设置负责管理旅游事务且具有行政职权的政府部门，它是代表国家政府或地方政府行使其对旅游发展干预职能的载体。旅游行政组织包括国家旅游局，省、自治区和直辖市旅游局，省级以下的地方旅游行政机构。

2. 旅游行业组织

旅游行业组织是指由有关企事业单位和社会团体组织在平等自愿的前提下组成的各种行业协会，属于非营利性的社会组织。例如，中国旅游协会、中国旅游饭店业协会、中国旅行社业协会、中国旅游车船协会等。

3. 旅游民间组织

旅游民间组织是指中国公民自愿组成，以发展旅游业为共同意愿，按照其章程开展活动的非营利性社会组织。如中国旅游文化发展研究院、中国旅游文学研究会、中国乡村旅游协会等。

4. 旅游教育学术组织

旅游教育学术组织是指从事旅游教育和旅游学术研究的社会组织。目前，我国旅游教育学术组织数量很少，全国性的组织主要有高等旅游院校协作会、中国旅游协会旅游教育分会、中国旅游教育协会等。

（二）旅游目的地营销参与者

所有旅游目的地营销的利益相关者，都可以看作旅游目的地营销参与者。旅游目的地营销参与者分为两大类。（图 9-1）

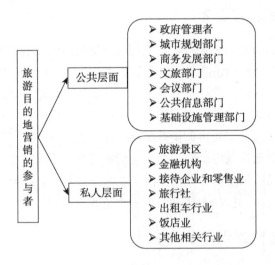

图 9-1　旅游目的地营销组织与参与者

一类是来自公共层面，包括政府管理者、城市规划部门、商务发展部门、文旅部门、会议部门、公共信息部门、基础设施管理部门。它们绝大部分都是非营利性质的，不直接从事旅游产品的开发、销售和直接对客服务等工作，它们的功能在于：做好旅游市场的调查，分析旅游市场机会，确立目标客源市场，做好目的地旅游形象定位，宣传促销整个地区的产品和服务，提高旅游目的地的价值和形象，吸引潜在消费者来此旅游。

另一类是来自私人层面，包括旅游景区、旅游接待企业、旅游零售业、旅行社、房地产开发商、金融机构、出租车行业、建筑业、其他相关行业以及当地居民。它们是旅游产品的生产者和销售者，一般直接从事旅游产品的开发、销售和直接对客服务等工作，政府应该调动其积极性开展旅游目的地营销。

 **知识链接**

淳安县全域旅游营销奖励政策（节选）

为积极深化全域旅游产品推广，调动县内外旅游企业拓展千岛湖旅游客源市场的积极性，推动千岛湖文化、旅游、体育产业融合发展，特制定本政策。

1. 鼓励疗休养。对于推广"县内住宿高星级、高品质特色酒店两晚及以上＋游览千岛湖景区"线路产品或对于推广"县内住宿高星级、高品质特色酒店三晚及以上＋千岛湖全域旅游"的县外旅行社（以签订合作协议为准）给予奖励。

2. 拉动淡季游客。对于推广游览千岛湖景区，当年度向千岛湖景区输送游客达到人数指标的县外旅行社按照旺季8元/人、淡季20元/人的标准予以奖励；当年度向千岛湖景区输送游客达到人数指标的电商平台，按照旺季5元/人，淡季10元/人的标准予以奖励。优惠票、儿童票、特惠票奖励减半，赠票、免票不计奖励。

3. 鼓励会议会展。对于引进且县政府不承担资金的会议、会展等活动的县内外企业，按照规模及内容一次性给予奖励。

4. 鼓励开设分社。鼓励县内旅游企业在高铁（直达千岛湖站）沿线等城市开设驻外分社，根据年度考核结果给予不超过10万元/家的补助。

5. 鼓励宣传推广。鼓励县内旅游企业积极在县外客源市场通过传统媒体、新媒体以广告投放的形式对千岛湖旅游进行高质量、精准性宣传推广。对于符合要求的企业，补助广告费用。

6. 鼓励市场促销。参加省、市及本级文旅体主管部门组织的各类市场促销活动的县内旅游企业，江浙沪皖赣闽地区奖励1000元/次，江浙沪皖赣闽以外地区奖励2000元／次。

7. 鼓励旅游展销。在旅交会或展览会上设立千岛湖旅游展台的县内旅游企业，补助展台所需费用的50%，年度累计补助最高2万元/家。

资料来源：http://www.qdh.gov.cn/art/2021/4/13/art_1289604_58974585.html。

第二节 旅游目的地形象策划

一、旅游目的地形象策划概述

（一）旅游目的地形象的含义

旅游目的地形象是指在一定时期和一定环境下，人们对旅游目的地的整体印象和评价，是人们对旅游目的地所抱持的感知、印象、偏见、想象和情感思考的综合体现，是人们对一特定旅游目的地的社会、政治、经济、生活、文化、旅游业发展等各方面的认识和评价。

旅游由于其不可储存、不可异地消费、不可试用性的特点,决定了旅游的实现形式首先是旅游主体对旅游地的感知。只有旅游目的地形象被完整、系统、良好地表现出来,形成品牌,且有效地传达到消费者的头脑中时,才有可能被旅游者选择为出游目的地。

(二)旅游目的地形象策划的含义

旅游目的地形象策划是指为树立良好的旅游目的地形象,在旅游目的地实态调查的基础上,对旅游目的地总体形象战略和具体塑造方法进行设计与运作的过程,是将策划的思想、理论、要求在旅游目的地塑造良好形象活动中的具体运用。

二、旅游目的地形象策划的流程

(一)旅游目的地形象实态调研

旅游目的地形象实态调研是运用科学的调查方式和方法,对与旅游目的地的形象有关的内部因素和外部因素进行收集、整理、统计与分析,以了解目的地形象的现状和把握目的地形象的发展动向,为旅游目的地的形象策划提供可靠的依据。如图 9-2 所示,调研涉及与形象有关的目的地内部因素和目的地外部因素的全部内容。

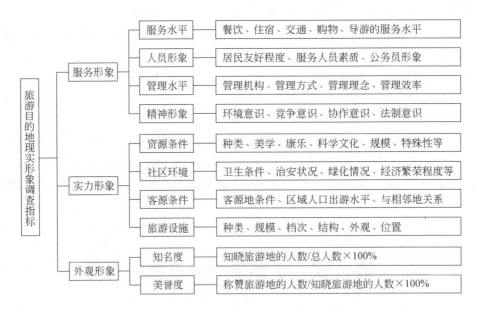

图 9-2 旅游目的地现实形象调查指标

资料来源:https://wenku.baidu.com/view/d4d876cd8bd63186bcebbc23.html.

(二)旅游目的地形象定位

旅游目的地形象定位是以旅游目的地形象调研为基本依据,通过科学的流程、正确的方法和精心的提炼而确定的旅游目的地在消费者心中的地位。如西班牙的"阳光下的一切"、北京的"东方古都·长城故乡"、新加坡的"花园国家"、威尼斯的"水城"、维也纳的"音乐之都"等。旅游目的地形象定位是旅游目的地形象设计的前提与核心。

1. 定位方法

（1）从城市自然环境提炼。例如，贵阳根据自有60%的森林覆盖率、夏无酷暑等自然环境特点，将城市定位为"森林之城，避暑之都"。

（2）从城市社会环境提炼。例如，香港既是运输枢纽，也是文化汇聚之都，又位处亚洲最优越的策略性位置，从城市社会环境提炼将自身定位为"亚洲国际都会"。

（3）从城市物产环境提炼。例如，景德镇最具世界影响力和吸引力的旅游资源当属其陶瓷资源，因此将其定位为"瓷都"。

案例分析

"书藏古今　港通天下"之宁波名片

浙江宁波市的旅游宣传定位：书藏古今、港通天下，阿拉宁波欢迎您！这句话突出了宁波的特点，历史悠久有文化，宁波港通达世界各地。

书藏古今：狭义理解指向的是天一阁，宁波有中国现存最早的私家藏书楼、亚洲现存最古老的图书馆、世界最早的三大家族图书馆之一的天一阁。广义上则寓意宁波是一座具有深厚文化底蕴的书香之城、文化之城。一个"今"字，则体现了宁波在传承历史文化基础上，不断建设当代文化，努力形成历史文化和现代文明交相辉映的格局，形象概括了这座城市的文化底蕴。

港通天下：突出了宁波的东方大港特色，宁波自古以来也是海上丝绸之路的起始港之一，宁波舟山港年货物吞吐量连续12年世界第一，把宁波和世界上100多个国家600多个港口紧紧相连，"港通天下"成了宁波名副其实的写照。"通天下"三字既体现了宁波的交通便利，又是宁波港城经过年改革开放取得的发展成就的写照，同时还寓意宁波人开放、开拓、创新的精神。

阿拉宁波欢迎您：是吴语方言，阿拉就是我们的意思，阿拉宁波欢迎您，就是宁波欢迎您。

一"书"一"港"，既有精神层面的意蕴，又有物质层面的具象，互为映衬，相得益彰。

资料来源：https://zhidao.baidu.com/question/302911054.html.

案例思考题

请分析宁波市形象定位的方法。

2. 定位策略

（1）领先地位。领先地位是指旅游目的地强调自身特色，强调旅游资源的独一无二，强调名列世界前列的旅游位置，适用于那些具有独一无二、无可替代的旅游资源的旅游目的地,如广西龙脊梯田一层层从山脚盘绕到山顶,层层叠叠,高低错落,规模磅礴壮观,集壮丽与秀美于一体,有"世界梯田之冠"的美称。

(2)比附地位。比附定位就是攀附有名的旅游目的地定位,希望借助知名旅游目的地的光辉来提升本地的旅游形象,避开第一位,抢占第二位。如"塞上江南""东方巴黎""东方夏威夷"等定位。

(3)逆向定位。逆向定位是利用与有较高知名度的旅游目的地竞争差异化策略,寻找与其完全不同的消费卖点,确定自己与其"非同类"的形象定位以引起消费者的关注。逆向定位集中强调并宣传与消费者心中第一位形象形成鲜明对比的市场形象。如泰国清迈的"夜晚野生动物园"相比白天的野生动物园更具特色。

(4)空隙定位。分析旅游者心中已有的形象,发现和创造新的形象阶梯,树立一个与众不同的主题形象。

(5)多头定位。多头定位是针对不同的目标公众有不同的旅游目的地定位。如北京市的旅游形象定位就同时有国际和国内两个不同的定位:针对国内,北京是首都——全国政治、商务、文化等各项交流活动的中心,是全国旅游的中心地及中转地;面向国际,北京为"东方古都·长城故乡"。又如,淄博市拥有蒲松龄——世界小说之王故居、世界足球发源地、齐国故都、江北瓷都等多头定位。成都市集休闲之都宜居之城,集"一座来了就不想走的城市,一个让时间慢下来"的"休闲之都"、"成都人民幸福指数全国第一"的幸福之都、宜居之城、东方伊甸园、成功之都、多彩之都、美食之都等美称于一身。

(6)综合定位。综合定位是采取一种兼容并包的大概念对旅游目的地进行抽象定位的方法。例如,纽约定位为"万都之都",巴黎定位为"优雅之都",新加坡定位为"旅游之都",香港定位为"动感之都",大连定位为"浪漫之都"。

乌镇的形象定位

古镇开发中,周庄名气最大,有"江南第一水乡"之称,其游客人数较多。

乌镇开发时间较晚,在这里,推开窗户,看着平静的小河道,心情好的时候,走一走逢缘双桥,体味一下其中的浪漫。漫步在河畔,欣赏小船经过的河面上的倒影,将自身宣传语为"中国最后的枕水人家"。在乌镇西栅,游客依然可以看到江南水乡风景,但更主要的是可以享受到舒适惬意的休闲服务。目前,乌镇从挖掘和打造古镇的文化IP、戏剧节入手,开创了中国小镇的艺术天地。乌镇从单一的观光式古镇发展成为一个集文化、艺术、金融于一体的区域化文化艺术小镇,成为浙江打造的"特色文旅小镇"中的经典之作。

资料来源:http://www.bjfhry.com/fhweb/post/100.html.

案例思考题

请分析乌镇形象定位的方法与策略。

（三）构建旅游目的地形象识别系统

旅游目的地形象识别系统（tourist destination identity system，TIS）是对旅游目的地本身的经营理念、行为方式及视觉识别进行系统的设计，并向社会统一传播，在游客和公众中间树立旅游目的地的完美形象，从而获得游客和公众的认可。TIS 是受企业形象识别系统（ccorporate identity system，CIS）和地区形象识别系统（district identity system，DIS）的影响而产生的，它借鉴了这两个系统的理念和方法，并在旅游领域中应用。TIS 由理念识别系统（mind identity system，MIS）、行为识别系统（behavior identity system，BIS）和视觉识别系统（visval identity system，VIS）三部分组成（表 9-2）。理念识别、行为识别和视觉识别分别对应系统的战略策略层、执行层和展开层，共同构成了 TIS 的核心组成部分，帮助旅游目的地塑造和管理其独特的形象，推动旅游业的发展。旅游目的地形象是旅游目的地的重要无形资产，塑造旅游目的地形象能获得社会的认可。未来的旅游目的地的竞争不仅仅是产品品质的竞争，更重要的是形象的竞争，塑造旅游目的地形象逐渐成为各个区域的长期战略选择。因此，TIS 是旅游目的地塑造形象、进行营销的重要手段之一，旨在通过有意识、有计划地将本旅游企业的特征向社会公众主动地展示与传播，以便更好地识别并留下良好的印象。

表 9-2　TIS 构成要素

组成	具体构成要素
理念识别	形象定位、宣传口号、经营信条、精神标语、宣传歌曲、发展战略、市场战略
行为识别	对内的行为识别：管理方法、培训教育、福利待遇、工作环境、生产效率 对外的行为识别：市场调查、产品开发、公共关系、促销活动、经营政策
视觉识别	视觉识别基本设计：标准字、象征物、标准色、图案、标识物、吉祥物、宣传口号、宣传标语、建筑外观 视觉识别应用场所：服务用品、招牌旗帜、建筑外观、包装、衣着制服、橱窗、交通工具、广告、陈列展示

1. 旅游目的地理念识别

旅游目的地理念识别是指在长期的旅游实践活动中形成的与其他旅游目的地不同的核心价值观、旅游目标和形象定位，以及与之相匹配的品牌形象和市场策略。旅游目的地理念识别是对旅游地思想文化的整合，是代表旅游地信念、体现旅游地个性特征、得到旅游地各界普遍认同、能激发旅游地活力的理念意识的价值体系。理念识别可以被视为系统的灵魂或核心，属于战略层面，是旅游目的地形象战略的内核和精神所在，是旅游目的地识别系统的原动力，也是旅游目的地文化的重要组成部分，具体包括形象定位、宣传口号、经营信条、精神标语、宣传歌曲。MIS 是 TIS 的基础，为系统的其他层面提供了指导和方向。

例如，旅游宣传歌曲让旅游目的地的文化气质更清晰，更具有旅游吸引力。曾经风靡一时的《太阳岛上》《太湖美》《我想去桂林》《请到天涯海角来》等都是无意识创作出来的旅游歌曲的佳作，而这些歌曲在客观上令其所涉及的景区获益匪浅。

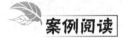

山东部分城市宣传口号

济南——泉水之都，旅游宣传口号为"趵突神韵甲天下，济南潇洒胜江南"
青岛——帆船之都，旅游宣传口号"为心随帆动，驶向成功"
烟台——山海仙境，旅游宣传口号为"人间仙境梦幻烟台"
威海——最适合人类居住的城市，旅游宣传口号为"拥抱碧海蓝天，体验渔家风情"
潍坊——国际风筝之都，旅游宣传口号为"梦与风筝同飞，心与潍坊同醉"。
曲阜——东方文化圣城，旅游宣传口号为"孔子故里，东方圣城"

案例评析：山东部分城市宣传口号能够高度概括和浓缩当地的资源特色；运用美学手法，进行艺术加工，以营造引人入胜、心驰神往的意境；体现文化品位，形成优美的韵律，让人读来朗朗上口，易于理解、记忆，便于传播；突出主题，特色鲜明，每个城市都形成产异化优势，避免恶性竞争。

2. 旅游目的地行为识别

旅游目的地行为识别是旅游目的地理念识别的具体化，是在旅游目的地的理念指导下，对旅游目的地运作方式所做的统一规划而形成的动态识别系统，包括旅游目的地的各种活动和服务，以及与之相关的行为准则和标准。行为识别是旅游目的地在旅游实践过程中采用规范化、协调化、统一化行为操作，是把理念化为具体的行为，并体现在旅游实践活动中。行为识别则可以被视为 TIS 的执行层面，它是将理念转化为实际行动的过程。通过行为识别，旅游目的地可以展示其独特的特点和服务质量，实现理念识别的落地。旅游目的地行为识别主要表现为旅游目的地的政府行为、民众行为和企业行为。旅游目的地行为识别对内包括员工素质、旅游目的地制度、管理方法、培训教育、工作环境、生产效率等，对外包括市场调查、产品开发、公共关系、促销活动、经营政策等。

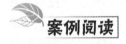

世界的西安——中国文化 dou 动全球

西安在抖音上成为网红城市，是由摔碗酒的短视频引起的。摔碗酒原是陕南安康地区的一种传统习俗，用来接待尊贵的客人。客人喝完酒后再把碗摔碎，谐音"岁岁（碎碎）平安"。抖音上关于摔碗酒的视频获得关注，点赞过百万。西安市政府注意到这波风潮，便顺势与抖音合作，推出"世界的西安——中国文化 dou 动全球"活动，并推出了跟着抖音玩西安的挑战赛，设置了"与不安分的秦俑一起跳拍灰舞""在汉城湖穿汉服""在西安城墙统领千军"等活动，并在国外平台同步上线。

资料来源：http://static.nfapp.southcn.com/content/202202/24/c6250295.html.

案例评析：社交媒体的应用逐步普及，新媒体成为城市营销的新阵营。为了吸引大众的注意，城市营销开始了"抓眼球"的"影像营销"。公众号条漫、微博的多图海报、抖音上的短视频等，能大规模触及年轻群体，增强了城市营销活动与平台用户的互动。西安市政府借助摔碗酒的短视频的火爆进行了"事件营销"，通过创造性思维将事件赋予其新闻性，吸引受众的眼球，在构建旅游目的地行为识别方面别具一格。

3. 旅游目的地视觉识别

旅游目的地视觉识别是视觉信息传递的各种形式的统一，通过组织化、系统化、统一化视觉传播媒体的设计，将旅游目的地的经营理念和各项活动信息有计划地传达给社会，通过具体符号的视觉传达设计直接进入人脑，留下对旅游目的地的视觉影像，从而塑造旅游目的地良好、独特的形象，它是理念识别的具体化和视觉化。视觉识别是 TIS 的展开层面，它通过视觉元素和设计手段来传达旅游目的地的形象特征和品牌识别度，通过视觉识别，旅游目的地可以在市场中树立独特的形象，提升品牌的可视性和辨识度。

旅游目的地视觉识别基本设计包括旅游目的地名称、标志、商标、标准字、标准色、应用标识、象征图案、旗帜、口号、招牌、吉祥物、企业象征造型图形、专用印刷字体、企业宣传标语等；旅游目的地视觉识别应用场所包括形象广告、服务用品、招牌旗帜、建筑外观、产品包装、衣着制服、橱窗、交通工具、广告、陈列展示、企业内部环境布局、厂容厂貌等。

城市吉祥物

吉祥物（mascot）是指能够带来吉祥与好运的人、动物或物件。城市吉祥物一直以来以夸张的设计手法、可爱的视觉形象出现在大众眼前，在传达媒介信息的同时极具亲和力。近年来，越来越多的旅游目的地都开始打造出具有传达本地旅游文化的吉祥物形象，为宣传城市形象，促进旅游经济发展起到了积极的作用。例如，哈尔滨市把真可爱萌系的小雪人造型的"滨滨"作为哈尔滨城市旅游吉祥物。张家界以国家二级保护动物大鲵为原型设计出吉祥物"鲵宝宝"是个可爱的萌娃娃，可爱萌趣。吉林市的两个吉祥物——陨石战神和雾凇仙子是体现出了两项吉林市的世界级旅游资源：吉林一号陨石和吉林雾凇。福州城市吉祥物是以福州市树"榕树"原型设计出"榕榕"，憨态可掬，榕树体现出有福共享的福州精神。金华的城市以金华佛手为原型设计出的"金金"和以茶花为原型设计出的"华华"，张开双臂，代表金华放开怀抱，欢迎世界各地人民的到来。宜昌文旅 IP 形象分别为橙甸甸、电能能、粽满满、豚憨憨四个卡通人物形象，分别代表了秭归脐橙、水利电能、端午香粽和长江江豚。

（四）旅游目的地形象策划评价

旅游目的地形象策划评价是根据一定的评价标准，对旅游目的地形象策划的过程及实施效果进行衡量、检查、对照、评价和估计，以判断其状态或价值。

1. 旅游目的地形象策划评价过程

（1）准备阶段。明确评价的目的和要求，收集旅游目的地的有关资料，确定评价指标体系及评价模型。

（2）调查阶段。确定调查方法和调查群体，获取对旅游目的地形象策划评价的具体数据资料。

（3）评价阶段。对数据资料进行汇总，将其应用到评价模型中，得出评价结果，建立评价数据库系统。

（4）总结阶段。根据综合评价结果进行分析总结，提交相应的综合评价报告，指出不足之处和整改意见。

2. 旅游目的地形象策划评价工具

为了解旅游目的地的实际社会形象，可选用旅游目的地形象策划评价工具进行分析。

（1）旅游目的地形象地位图。把旅游目的地的知名度和美誉度情况用一个二维平面坐标图来表示，就形成了旅游目的地形象地位图（图9-3）。

$$知名度 = \frac{知晓旅游地的人数}{总人数} \times 100\%，美誉度 = \frac{称赞旅游地的人数}{知晓旅游地的人数} \times 100\%$$

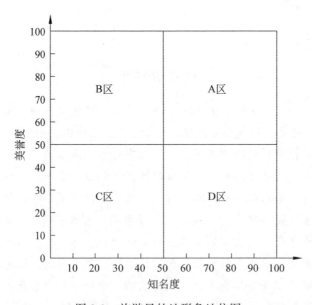

图 9-3　旅游目的地形象地位图

A 区表示高知名度、高美誉度，说明旅游目的地形象处于较好状态。B 区表示高美誉度、低知名度，说明旅游目的地树立良好形象具有较好的发展基础，旅游目的地营销的重点应该是在维持美誉度的基础上提高知名度。C 区表示低知名度、低美誉度，说明目标公众对旅游目的地的印象不佳，旅游目的地首先应该完善自身，再大力提高知名度与美誉度，塑造良好的形象。D 区表示低美誉度、高知名度，说明旅游目的地处于臭名远扬的恶劣境况，市场营销的工作应该是先默默地努力改善自身，设法逐步挽回信誉。

（2）旅游目的地形象要素调查表。将旅游目的地形象划分为若干要素，经过调查和统计，将各个形象要素的情况按百分比显示出来（表 9-3）。

表 9-3　旅游目的地形象要素调查表

评价项目 \ 评价	非常满意	相当满意	稍微满意	一般	稍微不满意	相当不满意	非常不满意
服务水平高							
人员形象							
管理水平							
精神形象							
资源条件							
社区环境							
客源条件							
旅游设施							

（3）形象要素差距图。将旅游目的地形象要素调查表的每一项调查结果计算出平均值，分别标定在各属性数值标尺的相对位置上，连接各点就形成了旅游目的地实际形象的曲线，然后标明旅游目的地的自我期望形象的曲线，从中找到差距，从而指明旅游目的地市场营销失误的问题所在（图 9-4）。

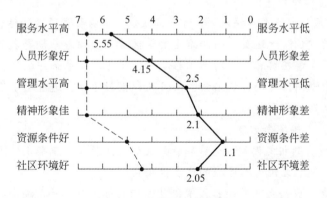

图 9-4　形象要素差距图

（4）旅游目的地形象效用对策表（表 9-4）。在进行旅游目的地的形象策划时，可以根据发往旅游目的地的游客的数量和质量来判断旅游形象方案的有效性，然后据此确定最终的形象策划方案，并根据形象的效度来确定长期的修正思路。效用度计算公式如下。

$$效用度 = \frac{近期形象目标客人数 / 近期旅游目的地游客总数}{形象目标客人数 / 旅游目的地游客总数}$$

表 9-4　旅游目的地形象效用对策表

形象效用度	效用度≥1.5	1.5＞效用度≥1	1＞效用度≥0.6	效用度＜0.6
形象目标客源状况	显著增加	基本持平	缓慢减少	急剧减少
形象修正对策	强化	维持	修正	重组

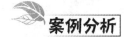

衡阳市旅游形象定位及其形象识别系统设计

一、对衡阳市有关景区（点）形象的调查

对衡阳市 24 个主要景区（点）的知名度、美誉度作了初步统计，其结果是：属于高知名度（>50%）和高美誉度（>50%）的景区（点）（即第一种类型）很少。

二、旅游形象定位及其理念识别系统

综合考虑衡阳市旅游业发展目标、资源特色、旅游产品特色、客源市场状况及竞争对手的特点，可以采用比附定位法和空隙定位法将衡阳市旅游总体形象的理念识别系统分为三个层次。

1. 总体定位：一级理念

"衡阳之旅——福寿之旅"。衡阳在人们心目中的旅游形象以"福地""寿岳"最具代表性和最具吸引力。衡阳之旅在很大程度上应打造"福寿之旅"的形象概念，这是衡阳市旅游产品开发、包装、营销的整体概念。总体定位基于其特色鲜明的地方"文脉"特点。

2. 地方文脉：二级理念

"南方宗教圣地，中华求寿福地"。这是将区位、市场和资源紧密结合后的定位，是衡阳市旅游业发展的定位。上述关于衡阳市主要景区（点）的形象调查表明，无论是本地游客还是外地游客（含潜在游客），对衡阳旅游景区（点）印象最深的还是南岳衡山。南岳衡山不仅是五岳中唯一位处南方的名岳，而且又以宗教（佛、道并存）名山闻名遐迩，成为周边省区宗教活动的重要中心。

3. 景观基因：三级理念

（1）湖湘名城。湖湘文化是本地域的背景文化，周敦颐、王船山等人都是湖湘文化的重要人物，湖南以湖湘文化为本地域的代表性文化。

（2）五岳独秀。五岳之一的南岳，不仅是衡阳的标志，而且是湖南的骄傲，因此，在衡阳旅游业中，其代表性形象尤为重要。

（3）名人故里。衡阳自古人才辈出，许多历史人物至今仍为人们所熟悉和敬仰，这是难得的旅游形象资源。

（4）秀山碧水。衡阳属典型的亚热带季风气候，山清水秀，是"锦绣潇湘长轴风光画卷"的有机组成部分。"行尽千山万山，衡山更在碧云间"，"回雁峰头声断处，青衫翠竹是衡州"，正是对衡阳秀山碧水自然生态环境的真情描述。

三、旅游形象的视觉识别系统建设

在深挖地方文化的基础上，推出一系列有个性的旅游地名称、旅游标志、旅游吉祥物、旅游形象代言人、旅游地标准字体、旅游地户外广告、旅游地纪念品、旅游地交通工具、城镇标志性建筑、城镇街景风貌、城市夜景、城市雕塑等，从而代表旅游形象。

四、旅游形象的行为识别系统建设

旅游形象行为识别系统是上述形象理念在行动上的直接反映和表现，是塑造旅游整体形象不可或缺的组成部分，涉及衡阳市各个层面人员的行为规范和行为准则。具体做法如下。

（1）意识培养。要大力举办旅游节庆活动，并设立衡阳市"旅游活动周"，强化旅游氛围，表达政府对旅游业的高度重视。要在城市广场、主要道路及相关媒体开展旅游宣传活动，并组织全市"旅游摄影大赛""旅游书法大赛"等，培养居民的参与意识，使衡阳市的旅游形象深入人心。居民的参与度和好客度将大大促进衡阳市旅游业的发展。

（2）礼貌运动。先在出租车、公交车和相关旅游接待人员中开展礼貌运动，接着在旅游地周边的群众中开展这一运动，从而有效地促进旅游形象的建设。

（3）职业水准。引入国际上一贯奉行的"一切为游客着想"的服务理念，以游客为中心，营造爱岗敬业、全员公关的良好气氛。开展年度最佳员工、礼貌大使、形象大使等的评选，有力推动职业道德、服务水平建设。

（4）公共秩序。社区环境和社会秩序是和衡阳旅游发展息息相关的重要的外部形象。

资料来源：https://max.book118.com/html/2017/0211/90348834.shtm。

案例思考题

1. 简述衡阳形象建设的基本过程。
2. 衡阳旅游形象定位的方法有哪些。
3. 结合衡阳市的案例分析旅游形象的定位及识别。

课后练习题

一、即测即练

二、思考题

1. 试述目的地营销的概念及必要性。
2. 旅游目的地营销的内容包括哪些？
3. 旅游目的地营销过程中的参与者有哪些？

4. 什么是旅游目的地形象和旅游目的地形象识别系统？

5. 简述旅游目的地形象识别系统的构成要素。

6. 简述旅游目的地服务形象的衡量指标。

7. 简述旅游目的地实力形象的衡量指标。

三、实践练习题

1. TIS 的构成要素有哪些？请选取任何一个开展 TIS 的旅游目的地，分析它的构成要素。

2. 请为你所在的城市设计一份美誉度调查表。

3. 旅游目的地形象评价指标有哪些？请根据旅游目的地形象评价指标对某一旅游目的地形象进行分析。

4. 结合当地实际对旅游城市形象进行评价。

5. 选定一个旅游目的地，研究其 TIS 战略实施现状与存在的问题，讨论该地应该如何重新进行 TIS 策划。

6. 试对你熟悉的旅游目的地宣传口号和形象定位进行评述。

四、案例分析题

案例分析1　北疆碧玉呼伦贝尔

呼伦贝尔确定了旅游总体定位是："国际化高端旅游目的地"；旅游形象定位是"世界最美草原，游牧文明摇篮——中国·呼伦贝尔；走遍千山万水，呼伦贝尔醉美"。基于以下几点原因。

第一，呼伦贝尔位于中华人民共和国版图"鸡冠之首"，这里毗邻俄蒙、背靠东北，是全国唯一的中俄蒙三国交界地区。

第二，呼伦贝尔被著名历史学家翦伯赞先生誉为"中国北方游牧民族成长的历史摇篮"，各民族在这里繁衍生息。

第三，呼伦贝尔境内有13万多平方公里的大兴安岭林海，8万多平方公里的呼伦贝尔草原，近3万平方公里的湿地，3000多条河流，500多个湖泊，是国家重点生态功能区，"红春绿夏金秋银冬"让人流连忘返。

第四，呼伦贝尔是中俄蒙合作先导区、国家重点开发开放试验区，拥有多重国家政策机遇。这里农畜产品加工业方兴未艾，旅游业如火如荼，以临空、冰雪、大数据为代表的战略性新兴产业蓬勃兴起。

第五，2021年呼伦贝尔市接待国内游客1383.99万人次，同比增长76.69%。

资料来源：人民资讯，2021-07-19.

案例思考题

分析呼伦贝尔旅游形象定位的方法和策略。

案例分析2　沃尔玛百货有限公司的理念

沃尔玛百货有限公司提出以下理念识别。

第一,"沃尔玛的员工都是与众不同的。"沃尔玛公司将这句经典信条印在员工的工作牌上,以提升员工的自信心和自豪感。沃尔玛注重对员工的精神鼓励,在各个购物中心和公司总部的大厅、宣传栏,经常张贴公司优秀员工的照片。沃尔玛倡导"走动式管理",管理人员的办公室长期敞开,以便让员工随时交流。

第二,"要为顾客提供比满意更满意的服务"。例如,沃尔玛提出"太阳下山"规则:只要顾客提出要求,店员就必须在当天满足顾客。沃尔玛还提出"三米原则":只要顾客出现在三米距离范围内,员工必须微笑地看着顾客的眼睛,对顾客露出"八颗牙齿"。

案例思考题

沃尔玛行为识别是如何践行理念识别的?

五、翻转课堂讨论题

红色旅游文旅融合发展示范区

中国湘潭(韶山)是中国首家红色旅游融合发展示范区,建成了韶之红航天科技农业博览园、现代农业观光示范园、韶山润泽东方文化产业城和一批红色旅游小镇,打造了红色实景演出《中国出了个毛泽东》,形成了多种业态跨界叠加的融合发展模式。

宁夏六盘山红军长征景区利用红色旅游资源优势,推出了"走一次长征路,唱一首红军歌,吃一顿红军餐"等主题活动,为游客的红色旅途带来别样的体验。2.5公里的"红军小道"再现了长征路上18个重大事件场景,游客可以沿路回顾长征历史,体验红军的艰辛壮举。六盘山红色旅游着力打造浸入式情景体验,寓教于乐,受到广大游客的欢迎,每年接待游客超过30万人次。

案例评析:红色旅游是把红色人文景观和绿色自然景观结合起来,把革命传统教育与促进旅游产业发展结合起来,红色文化产业与旅游产业结合起来的主题旅游形式。其打造的红色旅游线路和经典景区,既可以观光赏景,也可以了解革命历史,培育时代精神,并使之成为一种文旅融合现象。

资料来源:https://baijiahao.baidu.com/s?id=1703437543244151585&wfr=spider&for=pc.

翻转课堂讨论题

选定一红色旅游景区,从文旅融合发展的角度,为其进行 TIS 策划。

第十章 旅游市场营销计划与控制

 本章导读

因为旅游市场需求具有全球性、异地性、波动性、高度竞争性等特点,旅游市场营销计划与控制尤为重要。任何一个旅游市场营销活动,都需要制订包括发展目标、营销战略和行动方案等在内的旅游市场营销计划,都需要营销部门调动企业的内部资源投入营销活动中,都需要控制、审计旅游企业营销活动的每一个环节,以确保旅游企业的市场营销按照预计的战略目标进行,最终使旅游企业实现既定的目标。通过本章的教学,使学生厚植正确旅游市场营销观,在制订营销计划时有更广阔的市场经济视野和更高效的措施保障,帮助学生成长为真正的旅游市场营销人才。

 知识目标

1. 了解旅游市场营销组织的概念和模式。
2. 了解旅游市场营销计划体系和类型,掌握旅游市场营销计划的内容。
3. 了解旅游市场营销控制的内涵,掌握旅游市场营销控制的内容。
4. 理解旅游市场营销审计,掌握旅游市场营销审计的内容和程序。

 能力目标

1. 掌握制订旅游市场营销计划,撰写旅游市场营销计划书的能力。
2. 掌握旅游市场营销控制理论和思想方法,牢固树立法治观念。

 案例导读

碧峰峡景区是四川省蒙山风景名胜区的一个部分,景区除了生态环境、空气质量尚好外,几乎无景观可言。它的成功全靠大胆的资源整合与大手笔的策划。

1999 年,碧峰峡景区在原有景区的基础上,在西南地区率先开发出"野生动物园",成为碧峰峡景区的主导产品。但景区经营者清醒地意识到,该产品的生命周期不长,至多 3 年时间,也就是说,从 1999 年开园,到 2002 年年底是它的自然生命周期。景区要持续发展必须开发出新的主导产品。

2002 年 5 月碧峰峡大熊猫研究基地开园,林业部已经批准 40 只大熊猫入住碧峰峡,成为碧峰峡的主导产品。同时,碧峰峡景区已经在为第三次高速增长策划,用女娲文化对碧峰峡景区进行全面包装。因为碧峰峡所处四川雅安，号称"雨城""西蜀漏天"，与女娲补天的传说有关联。

2020年1月8日，碧峰峡被评为国家5A级旅游景区。2022年3月，碧峰峡景区入选2021—2025年第一批全国科普教育基地。

现在，碧峰峡景区又发展了旅游探险和极限运动。

资料来源：http://china-audit.com/lhd_3w7q605klm3y3j84w1f8_10.html.

案例思考题

1. 从案例出发，谈谈旅游市场营销计划与控制的意义。
2. 讨论四川省碧峰峡景区是如何选择市场营销机会的？
3. 讨论四川省碧峰峡景区是如何通过旅游市场营销计划与控制理论延长景区生命周期的？

第一节　旅游市场营销组织

一、旅游市场营销组织的概念

旅游市场营销组织是指为了实现营销目标和企业任务所建立的承担营销职能的部门，如市场营销部、市场营销管理处等都属于旅游市场营销组织。

二、旅游市场营销组织的演变

旅游行业的市场营销部门是随着市场营销管理职能的不断发展演变而来的，大致经历了单纯的产品销售机构→销售兼市场营销职能的销售机构→独立的营销部门→现代营销部门→现代市场营销部门五个阶段。

（一）单纯的产品销售机构

单纯的产品销售机构是旅游企业采用生产导向而产生的营销组织机构，由财务、生产、销售、人事和会计这五个基本职能机构组成，其中销售部门的职能只是简单地推销产品，企业的营销发展目标、营销规划、产品开发与价格等主要由生产和财务部门决定（图10-1）。

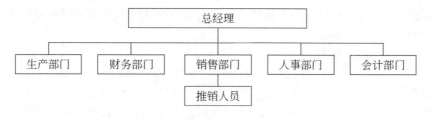

图10-1　单纯的产品销售部机构

（二）销售兼市场营销职能的销售机构

销售兼市场营销职能的销售机构是旅游企业采用推销导向而产生的销售机构，此时企业需要进行经常性的市场调研、广告宣传以及其他促销活动，销售部门的主要职责是加强推销，同时还必须负责进行广告宣传、顾客服务、旅游市场调查等工作（图10-2）。

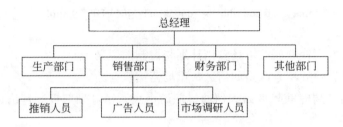

图10-2 销售兼市场营销职能的销售机构

（三）独立的营销部门

随着旅游企业规模和业务范围的进一步扩大，原来作为附属性工作的市场营销研究、新产品开发、广告促销和对客服务等市场营销职能的重要性日益增强，旅游市场营销部门独立存在的必要性日益体现出来。销售和市场营销成为两个独立、平行的职能机构，但在具体工作上需要密切配合（图10-3）。

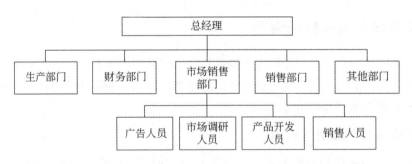

图10-3 独立的营销部门

（四）现代营销部门

随着旅游企业营销观念的进一步发展，推销和市场营销部门合二为一，最终形成现代市场营销部门的雏形。此时，由主管市场营销的副总经理全面负责下辖所有的市场营销职能机构和销售机构（图10-4）。

（五）现代市场营销部门

一个旅游企业如果仅仅有了上述市场营销部门，还不能算是现代旅游市场营销组织。企业的市场营销部门要想成为现代市场营销部门，企业内部的管理人员和工作人员要认真对待市场营销职能，在工作中体现以旅游消费者为中心的市场营销理念。

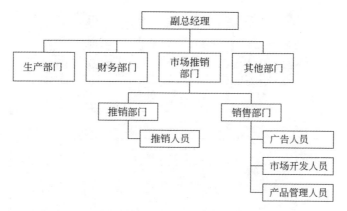

图 10-4　现代营销部门

三、旅游营销组织的形式

为了实现旅游企业目标，企业必须选择合适的市场营销组织。旅游市场营销组织的基本形式有以下几种。

（一）功能型组织

功能型组织是最常见的旅游市场营销组织形式，即按旅游营销的各项职能来设置旅游企业的营销机构（图 10-5）。通常由各个营销职能经理组成营销领导机构，职能部门的数量根据具体情况确定。该机构以销售职能为重点，而广告、产品和市场调研的职能则次之。

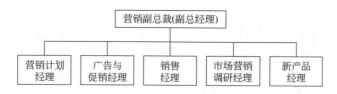

图 10-5　功能型组织结构图

功能型组织的优点：层次简化，分工明确，易于发挥专业管理职能的作用。

功能型组织的缺点：各职能部门之间存在争预算、争地位的矛盾；随着企业产品品种的增多和市场的扩大，组织效率会降低。

（二）地区型组织

地区型组织是按照地理区域设置旅游企业营销组织机构。如果一个旅游企业的市场营销活动面向全国，甚至是全世界，就应该按照地理区域设置其市场营销机构。该机构设置包括一名负责全国销售业务的销售经理，若干名区域销售经理、地区销售经理和地方销售经理，下设推销人员，从而构成一个销售网络（图 10-6）。

地区型组织的优点：可以有针对性地开展销售活动，最大限度地利用市场机会。

地区型组织的缺点：由于管理跨度大，使得控制难度加大；推销人员队伍庞大，使各项费用支出增加。

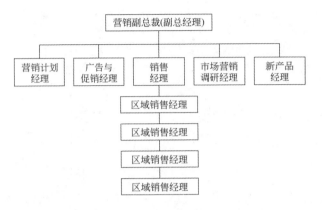

图 10-6 地区型组织结构图

(三) 产品管理型组织

产品管理型组织是指在旅游企业内部建立产品经理机构,以协调职能型营销机构中的部门冲突。在旅游企业出现产品较多、产品差别较大以及职能型组织无法处理的情况时,会采用产品管理型组织。产品管理型组织是根据旅游产品(或品牌)的类别来设置旅游企业的营销机构,按产品线设置了若干个产品线经理,每位产品线经理又下设若干个品牌经理(图 10-7)。

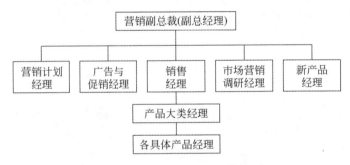

图 10-7 产品管理型组织结构图

产品管理型组织的优点:有利于集中精力管好产品,有利于建立岗位责任制;有效地协调各种市场营销职能;对市场变化做出积极反应;不会忽视较小品牌产品。

产品管理型组织的缺点:由于产品线经理工作的局限性,缺乏整体观念;多头领导;由于产品品种的不断增加而引起人员增加,导致人工费用成本较高。

(四) 市场管理型组织

市场管理型组织是根据旅游消费者的类别来设置旅游企业营销组织机构。这种组织形式以市场为中心,由一个销售经理领导若干个细分市场经理(图 10-8)。

市场管理型组织的优点:按照满足各类不同细分市场的需求进行市场营销,有利于企业加强销售和市场开拓;加强企业内部间的协作,有利于提高工作效率。

市场管理型组织的缺点:存在权责不清和多头领导的矛盾,稳定性差,管理成本较高。

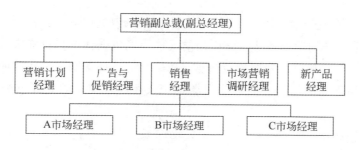

图 10-8　市场管理型组织结构图

(五) 矩阵型组织

矩阵型组织是指综合产品和市场两方面的因素来设置旅游企业营销组织机构，是职能型组织与产品型组织相结合的产物。旅游企业为完成某个跨部门的一次性任务，或者个人对维持某个产品或商标的利润负责时，可以采用矩阵型组织（图 10-9）。

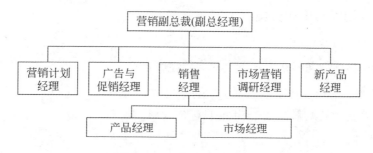

图 10-9　矩阵型组织结构图

矩阵型组织的优点：把职能分工与组织合作结合起来，有利于完成任务。

矩阵型组织的缺点：组织结构复杂，各专项任务组织与各职能机构关系多头；成员工作不稳定。

第二节　旅游市场营销计划

一、旅游市场营销计划的概念

旅游营销计划是指旅游企业在了解旅游市场发展态势以及自身地位和实力的基础上，确定今后的发展目标、营销战略和行动方案，并对企业各种营销资源进行统一部署安排。

二、旅游市场营销计划的分类

(一) 按战略和战术关系分类

1. 战略营销计划

战略营销计划是在分析当前最佳市场机会的基础上，提出旅游企业在未来市场占有的地位及采取相应措施的战略性营销计划。在制订战略营销计划时,需要在分析市场现状、细分市场情况和竞争对手基础上,分析当前最佳市场机会并选择目标市场,提出旅游企业在未来市场占有的地位及采取相应措施。战略营销计划着重于消费者的调研、细分市场的确定、目标市场的选择、品牌的市场定位及在此基础上的品牌市场营销长期发展战略。

2. 战术营销计划

战术营销计划是指旅游企业在一个特定时期内的营销战术,是指企业在实施战略营销计划时所明确的行动计划和实施细则,它使得战略营销规划得以实施和开展。战术营销计划着重于企业在一个特定时期内的、战略营销计划统筹下的产品开发、价格制定、渠道选择、促销方式等营销战术的具体方案的选择。

3. 作业计划

作业计划是指各项营销活动的具体执行计划和行动方案。

(二)按计划时间周期分类

1. 长期计划

长期计划是指计划期限在 5 年以上的纲领性计划。

2. 中期计划

中期计划是指计划期限在 1~5 年的目标性计划。

3. 短期计划。

短期计划是指计划期限在 1 年内的营销计划。

(三)按计划涉及范围分类

1. 总体营销计划

总体营销计划是旅游企业营销活动的全面、综合性计划,是为实现企业总体目标所必须采取的市场营销策略和主要营销行动方案

2. 专项营销计划

专项营销计划是针对某一产品或特殊问题而制订的计划,如产品营销计划、服务营销计划和客户营销计划等,要特别注意与总体营销计划相衔接。

三、旅游市场营销计划的制订

旅游市场营销计划的制订没有统一的模式,但旅游市场营销计划与策划书大体上都包括以下六个方面的内容。

(一)计划概要

计划概要是指对计划的主要内容进行简明扼要的概括,以便使决策者能迅速了解计划的主要内容。

（二）市场分析

1. 市场状况分析

市场状况分析是指围绕旅游企业目标市场的范围规模和成长空间、分销渠道的类型及数量、市场占有率的大小以及市场的竞争状况和市场环境的复杂程度等进行的分析。

2. 竞争状况分析

竞争状况分析是对竞争对手们的规模、目标、市场份额、产品质量、营销战略和行动等进行分析。

3. SWOT 分析

SWOT 分析是指旅游企业对企业自身内部的优劣势和外部环境的机会与风险进行综合分析，以便在进行旅游决策时能够把握营销机会，尽量避免或减少营销风险的方法。

（三）市场营销目标

旅游企业必须对计划的目标作出决策，包括财务目标和营销目标。

1. 财务目标

财务目标是指确定销售额、利润率、投资收益率、销售收入目标等与财务有关的目标。

2. 营销目标

营销目标是指旅游企业的市场营销活动所要完成的具体任务和所要达到的具体目标。营销目标包括市场占有率、产品销售额、产品价格、市场份额、产品知名度、分销范围等。总之，营销目标要尽量具体化和数量化。

（四）市场营销策略

确定产品定位、确定目标市场，并根据市场定位分别对产品、价格、渠道、促销策略等进行基本策略定位。

（五）营销预算

营销预算是指开展营销活动所需要的费用，包括工资费用、行政办公费用、促销费用、市场调查费用、设备材料费用、活动经费等。旅游企业的各业务单位编制出营销预算并由决策层审批后，就成为各种营销支出的依据。市场营销活动需要以一定的财力做基础。做好经费预算对于提高资金的使用效率和顺利完成市场营销任务有着重要的意义。市场营销经费预算应主要考虑旅游企业的实力和竞争的需要、市场营销的需要、市场营销的利润回报率等因素，并列出详细的开支预算清单，要保证所有开支项目都是必要的、可检测的，以便在市场营销活动的实施中及时进行核对和绩效考察。

市场营销活动经费主要包括以下几项。

（1）日常行政经费，是指旅游企业维持日常的工作所需要的费用，包括房租、办公费、水电费、差旅费等。

（2）器材设施经费，是指旅游企业购置、租借或维修各种器材，制作各种物品，购买各种用品的费用。

（3）劳务报酬经费，是指旅游企业劳动力成本支出的费用，包括市场营销人员的薪酬和旅游企业外聘专家顾问的工时报酬。

（4）项目开支经费，是指开展各种专项市场营销活动所需要的费用，包括宣传广告费、调查活动费、社会赞助费等。

（5）机动费用，是指旅游企业开展应急性市场营销活动所需的费用。在预算经费时，会留有总费用的20%作为机动费用，以防突发事件的发生。

（六）营销控制

在营销计划的实施过程中，要跟踪计划的进展过程，对销售量和收入分析、市场份额分析、营销费用和顾客态度调查等进行监督控制，要随时发现问题并对计划进行调整，这是保证营销计划得以顺利完成的重要环节。在现实的市场营销活动中，许多旅游企业为了提高营销执行力，建立了稽查督导巡检制度。同时对难以作出预测的因素，要制订应急计划。

四、旅游市场营销计划的实施

旅游市场营销计划的实施是一个系统工程，需要从以下几个方面入手。

（一）制定详细的行动方案

营销计划的提出和制订仅仅确定了旅游企业的市场营销活动的目标和任务，它只是营销管理工作的开始。而要想有效地调动企业的全部资源，将营销计划落实到业务活动中去，就必须将旅游市场营销计划变为具体的市场营销方案。

行动方案是指旅游营销计划的具体执行计划，是对如何进行营销计划的具体设想。行动方案中既要明确营销计划实施的关键性要求和任务，也要将这些任务的责任落实到个人或作业单位，并明确具体的时间表，在时间上要有严格的规定，使营销计划更加具体化、明朗化。

（二）建立营销组织结构

营销组织结构是贯彻实施市场营销计划的组织，对推动市场营销活动的开展起着决定性的作用。在营销计划执行过程中，旅游企业高层管理者控制整个计划的总体执行、实施进度，企业内的有关职能部门和人员控制各个局部计划的执行情况，要把企业内部各方面的责、权、利有机地结合起来，充分调动广大员工的积极性，保证营销计划目标的实现。

（三）科学的报酬制度

为了确保营销计划的顺利进行，还要建立基于营销计划的发展阶段、符合营销业务运作特点和营销人员特点的薪酬理念。不仅要调动旅游企业员工实现营销目标的积极性，还要激发团队活力、鼓励团队分享与协作。

（四）建设旅游企业文化

旅游企业文化是旅游企业在经营与创新过程中所形成的企业信念、价值观、道德规范、行为准则、经营特色、管理风格等传统与习俗的总和，对旅游企业的经营思想、领导风格、员工工作态度、工作作风等方面都有很大的影响。面对日益严峻的社会环境、经济环境，旅游企业要想顺利开展营销计划，就必须加强企业的文化建设，让企业逐渐形成共同的价值标准和基本信念，这样才能保证旅游市场营销计划在相应的企业文化和管理风格的氛围中得到强有力的支持。

（五）开发旅游人力资源

旅游市场营销计划的实施离不开全体部门与员工的推动和努力。首先，必须使旅游企业营销系统中的各级人员保持协调一致；其次，营销部门必须与财务、人事、采购等部门密切配合；最后，旅游企业外部有关的个人和组织对企业计划的实施也有重要影响。因此，必须开发旅游人力资源，充分调动职工的积极性，实现各尽其能，才可以顺利实施预定的营销计划。

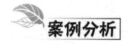

栾川高速免费活动纪实

一、谋划

6月中旬，河南省栾川县旅游工作领导小组专门召集旅游行业单位领导，大家集思广益，对旅游产业如何集中精准扶贫进行热烈的讨论。在你一言我一语的碰撞之中，其中一位发言说："咱们能否弄个暑假高速免费活动？"一个奇妙的火星，引爆了会议室的空气。好点子就此在栾川旅游人的心里生根发芽。

县旅工委就高速免费旅游接待计划反复会商，从复杂的旅游市场分析，到庞大无比的来栾自驾游数据，不知道开过多少次大会小会进行论证。一是钱从哪来。根据往年高速免费数据，预计总费用为1 000万元，谁来拿这笔钱？最终以县财政出资40%，景区出资60%的筹款办法达成一致。二是活动时间，是办在暑假期间还是办在学生开学以后。暑假是旅游接待高峰，举办活动压力大；开学后办活动虽然可以平衡淡旺季，但是难以形成轰动效应，各有利弊。经过权衡，把活动时间定在暑假。三是是免费对象和免费办法。经过十几轮论证，确定所有7座以下（含7座）客车河南省内路段一律免费。

县旅工委综合各方面意见拿出《自驾游栾川高速全免费公益行动方案》，并提交县委常委会议和县政府常务会议研究通过。县领导带队到市政府、省交通厅、省旅游局等单位汇报，省交通厅、省旅游局领导为栾川旅游扶贫敞开方便之门，高速免费活动呼之欲出……

二、宣传

7月24日，"自驾游栾川·高速全免费"旅游扶贫公益行动新闻发布会在郑州举行。栾川于8月1日0点至8月20日24点，针对全国所有自洛栾高速栾川站、重渡沟站下站的7座以下（含7座）客车，免河南省内高速公路通行费，所产生的高速通行费由县政府及县内7家景区共同承担。

新闻一经发布，短短两天内网络浏览量已经超过千万次，"栾川包下整条高速邀你来旅游"的消息一时间成为国内的热点话题。根据百度搜索指数显示，此次活动宣传覆盖人群已远远过亿，"奇境栾川"旅游目的地品牌影响力进一步扩大。

三、布置

为保障活动顺利开展，特别制定了覆盖全域的活动接待方案。7月27日，成立了以县委书记为政委、县长为总指挥的栾川旅游高速免费活动指挥部和六个职责明确的工作推进组，指挥部挂图作战，4500人直接参与一线服务。

为应对住宿接待压力，设计了住宿接待方案：过夜游客总量在4.6万人以内，利用现有房源接待；过夜游客超过4.6万人，在景区、乡村旅游点、县城开辟16个帐篷露营地，安排3500多顶帐篷，可缓解7000人的住宿接待压力；过夜游客超过5.3万人，启用8所学校的学生宿舍和1家企业的职工宿舍，免费供5000人临时休息；过夜游客总量超过5.8万人，通过党政信息平台、微信微博、广播动员党员干部及有条件群众走上街头，邀请游客"回家"；过夜游客县内接待超过临界值，向嵩县、西峡等周边县区联络，介绍游客住外县游栾川；过夜游客超过接待负荷，有序组织客人返程分流，开展慰问游客行动，安抚游客情绪，用真诚换取游客谅解。

为应对各种可能出现的情况，制定了应急预案：指挥部临时会议室连线景区实现实时画面监控；出现住宿临界点时，广播电台、交叉路口停放的宣传车、沿街门店显示屏一律显示住宿调度电话；高速公路出现拥堵情况时，信息将在洛阳和陆浑服务区电子显示屏显示；工作组微信工作群、微博账号第一时间发布消息与指令；为室外工作人员配备对讲机、交通工具……

四、实施

栾川交通警察和旅游警察全员在岗，坚守各个交通节点，力保交通顺畅。同时，栾川交警微博高频发布路况动态，为每一位游客提供最新路况信息。栾川县物价办、工商局出动宣传车动员，挨家发放《告诫书》，针对少数乱涨价经营单位快查快办。当地食药监局、安监局、质监局等单位工作人员奔走于景区、交通核心地段、露营场地等区域，帮助游客解决困难。各景区、乡镇的高效联动和全社会的积极参与，实现了旅游接待忙而有序。栾川县城市综合执法局的同志全员上阵，高度预警，确保城区及景区各类管理规范有序。栾川县文明办组织的志愿者或在高速路口咨询点为游客指路，或出现在闹市区为客人介绍房源，或启动临时休息点。栾川县内爱心企业、酒店行业协会、社会群体及热心市民力所能及地为每一位游客提供方便，还为奋战在旅游接待第一线的干部职工送去消暑降温物品。栾川旅游住宿调度中心11部咨询电话满负荷运转，工作人员24小时轮班在岗，耐心接听游客来电。

五、效果

活动期间，栾川迎来了史无前例的旅游接待高峰，涌入的客车近20万辆，共接待全国各地游客111万人次，免费金额共计1200多万元，撬动旅游综合收入达到7.57亿元，均创历年最高，达到了"旅游惠民"的活动初衷。

资料来源：http://www.sohu.com/a/168893026_289000.

案例思考题

请分析栾川高速免费旅游接待活动的活动计划与实施控制的成功之处。

第三节 旅游市场营销控制

一、旅游市场营销控制的含义

所谓旅游市场营销控制，是指旅游企业营销管理者通过对企业营销计划执行情况的持续观察，发现企业运营与计划的差异，及时找出原因，并采取适当的措施和正确的行动，以保证市场营销计划完成的管理活动。在现实的市场营销活动中，许多旅游企业的策划方案、营销措施尽管做得很优秀，但由于在计划的实施管理上缺乏对营销过程的有效控制，常使市场营销活动进度的节奏控制弱化，营销执行力大打折扣。因此必须建立科学的营销控制系统。该工作跟要踪营销活动过程的每一个环节，实施的一套完整的工作程序，确保能够按照计划目标进行工作。营销控制一般包括确定控制目标、评价执行情况、诊断执行结果、采取纠正措施四个步骤。

二、旅游市场营销控制的内容

旅游市场营销控制的内容如表10-1所示。

表10-1 旅游市场营销控制的内容

控制类型	主要负责人	控制目的	控制方法
年度计划控制	最高主管、中层管理者	检查年计划目标完成的情况	销售情况分析、市场占有率分析、营销费用率分析、财务分析、宾客意见分析
获利性控制	营销审计人员	检查企业的盈亏状况，审查企业盈亏原因	销售利润率分析、资产收益率分析、净资产收益率和资产管理效率分析
营销效率控制	直线和职能管理层营销、会计人员	评价经费开支的效率及效果	销售队伍效率分析、广告效率分析、促销效率和分销效率分析
控制类型	主要负责人	控制目的	控制方法
战略控制	最高主管营销、审计人员	检查企业是否最大限度利用营销机会	营销机会分析、营销效益等级评价

（一）年度计划控制

旅游市场营销年度计划控制是指检查旅游企业营销实际绩效与计划之间是否存在偏差，检查市场营销活动的结果是看其是否达到了年度计划的要求，是否看其是否需要采取调整和纠正措施以确保旅游企业的年度计划与所制定的营销目标相吻合，从而使市场营销计划得以完成。年度计划控制的中心任务是保证旅游企业年度计划中规定的各项目标能够顺利实现，能够促使年度计划产生连续不断的推动力，能够将控制结果作为年终绩效评估的依据，能够发现旅游企业潜在的问题并及时予以妥善解决。

首先，制定本年度各个季度（或月度）的旅游企业营销活动的主要目标，并落实到相应的负责人，提出和采取相应的保障措施。其次，做好绩效测量工作，即将实际成果与预期成果相比较。最后，对营销实施过程中偏离计划的行为做出分析、判断，研究发生偏差的原因。通过改正实施方法或调整目标本身，尽可能缩小营销目标和实际执行结果之间的差距。年度计划控制过程如图10-10所示。

旅游企业年度计划控制的方法有五种：销售情况分析、市场占有率分析、营销费用率分析、财务分析和宾客意见分析。

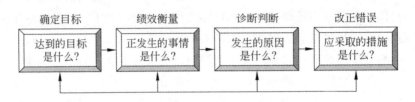

图10-10　年度计划控制过程

（二）获利性控制

获利性控制是指旅游企业检查企业的盈亏状况，审查企业盈亏原因，通过对产品和服务盈利能力的有效控制来保证营销计划及其目标的最终实现。获利性控制主要检查企业的实际获利能力，从而指导企业扩大、缩小或者取消某些产品和营销活动。获利性控制是从盈利能力的角度获取控制信息的，需要对各产品、地区、游客群、销售渠道等进行分析，主要盈利指标包括销售利润率、资产收益率、净资产收益率和资产管理效率。

1. 销售利润率

销售利润率是指旅游企业利润与销售额之间的比率，计算公式如下。

$$销售利润率 = 利润/销售额 \times 100\%$$

2. 资产收益率

资产收益率是指旅游企业创造的净利润与平均资产的比率，计算公式如下。

$$资产收益率 = 净利润/平均资产 \times 100\%$$

3. 净资产收益率

净资产收益率是税后净利润与所有者平均股东权益的比率，计算公式如下。

$$净资产收益率 = 税后净利润/所有者平均股东权益 \times 100\%$$

4. 资产管理效率

资产管理效率可以通过总资产周转率、存货周转率、应收账款周转率、周转天数来分析。计算公式如下。

$$总资产周转率 = 年销售收入/资产总额 \times 100\%$$

$$存货周转率 = 销售成本/年平均存货 \times 100\%$$

应收账款周转率＝年销售收入/年平均应收账款余额×100%

周转天数＝360/周转率

（三）营销效率控制

旅游企业营销效率控制的目的是监督和检查企业各项营销活动的进度与效果，分析出特定旅游产品在特定销售市场上的活力。企业营销效率控制主要是针对销售人员、广告、营业推广及分销的控制，可以提高广告、人员推销、促销和分销等的工作的效率来提高营销效率。影响营销效率的最重要的几个指标如下。

1. 销售队伍效率

对销售队伍效率的控制是销售目标完成的基础。旅游企业应根据其生产经营状况，对照行业最佳实践，确定自己的销售组织结构及所需销售人员的数量。

销售队伍效率主要评价指标包括：每个销售人员每天平均访问户数、每户成交数额、现金回收率、应收账款回收率、每户平均访问费用、平均每次访问销售额、毛利目标达成率、销售目标达成率、每个时期的新发展顾客数、每个时期失去的客户数等。

2. 广告效率

广告效率是指调查消费者对于各种媒体广告的接触情形、沟通效果和销售效果等方面的效率。

广告媒体效果主要评价指标包括：每一种媒体触及每千人的广告成本，注意、看到和阅读印刷广告的人在其受众中所占的百分比，接触广告前后对于产品态度的变化，由广告所激发的询问次数，广告投入对企业收入增长的贡献率，等等。

3. 促销效率

促销效率是指在促销活动的前后，渠道中产品流通量的变化与预期效果的比较。所有促销活动的目的都是吸引新的使用者和奖励忠诚的顾客，必须对各种促销活动所带来的销售数据进行分析。

促销效率主要评价指标包括：促销活动前后旅游企业的销售额的增长状况；与竞争品牌相比，企业产品的市场份额的变化情况；促销费用在销售额增长中所占的百分比；促销活动结束后产品的销售量、销售额及市场份额的变化等；每一次销售的平均陈列成本；由于优惠引起的销售额；赠券收回的百分比；因商品示范而引起询问的次数等。

4. 分销效率

分销效率是指确定销售渠道的方针是否合理，所选择的分销渠道是否适当，对中间商的激励和控制是否有效等，是反映旅游企业分销策略的有效指标。衡量分销效率的重要标志包括商品流通时间、商品流通速度、商品流通费用等。具体指标如表10-2所示。

表10-2　分销效率具体指标

指　　　标	数值	与前期比较	同行业比较
总销售额			
利润总额			

续表

指　　标	数值	与前期比较	同行业比较
利润率			
每件商品平均总流通费用			
每件商品平均运输费用			
每件商品平均保管费用			
每件商品平均生产成本			
防止商品脱销的费用			
商品脱销发生率			
陈旧商品的库存率			
不良债权发生率			
销售预测的正确率			
订货处理错误发生率			
进入新市场的费用			
新市场销售额所占比例			
折扣价商品的比例			
停业成员占总成员的比例			
新成员占总成员的比例			
破损商品发生率			
商品亏损发生率			
订货的数量			
新产品上市成功率			
高成本订货发生率			
顾客抱怨与投诉率等			

资料来源：https://wenku.baidu.com/view/1e9449cbad02de80d5d8407c.html。

（四）战略控制

战略控制是旅游市场营销计划中高层次计划执行控制，它主要是对旅游企业的市场营销环境、营销目标、营销战略、营销组织、营销方法、营销人员和营销程序等方面进行系统、全面、客观的评价，通过检查、分析，发现旅游企业市场营销中存在的机遇和问题，从而为改进和完善旅游市场营销活动提供战略性的决策依据。由于市场营销环境变化很快，营销计划经常会使旅游企业制定的营销目标、策略、方案失去作用，因此需要战略控制。战略控制主要包括以下两个方面的内容。

1. 营销机会分析

营销战略控制的目的就是检查旅游企业是否在寻求市场、产品、渠道的最佳机会。战略控制需要对营销环境的变化作出敏捷的反应，寻求已存在的营销机会或创造新的营销机会。

（1）寻求已存在的营销机会

旅游企业要从被人们忽略和丢弃的未被满足的市场需求中寻找已存在的营销机会，其途径有以下几种。

①从供需缺口中寻找营销机会。某类旅游产品在市场上供不应求时，就表明了可供产品在数量、品种方面的短缺，反映了消费者的需求尚未得到满足，这种供需缺口对于旅游企业来说就是一种市场机会。例如，义工旅游是游客自愿免费加入某种义工团体，在旅游的同时承担相应的责任完成某项活动、帮助某个对象等。中国有一批有爱心的人、有责任心的人、希望锻炼自己的人、想释放自我的人，这些人想参加义工旅游，深度体验风土人情，同时又帮助了别人。目前去新疆或西藏义工旅游团队很受欢迎。

②从市场细分中寻求营销机会。随着时间的推移和环境的变化，同一目标市场上需求大体相同的消费者的需求也会出现差异。通过市场再细分，旅游企业可以有效地分析和了解各个消费群的需求满足程度与变化发展趋势，从而给旅游企业通过对目标市场再细分而进入既定市场提供了机会。

从市场细分中寻求营销机会细分方法主要包括：多维细分法，多维细分法采用多种标准对市场进行细分，如按职业、收入、年龄、文化程度、购买动机、生活方式、心理价值观等细分市场，可以细分出更多的市场；深度细分法，深度细分法是把某项细分标准的细分程度加深拉长，如按旅行团可分为小、中、大型。但如果采用延伸法把细分度拉长，则可分为特小型、小型、中型、大型、特大型等，也可将细分度加深，如特大型可分为散客和团体游客，从更多市场细分中发现被他人忽略的市场机会。

③从产品缺陷中寻求营销机会。产品存在的缺陷会影响消费者的购买兴趣和重复购买决策，旅游企业应该调查和分析消费者对现有市场产品的满意度与意见，了解消费者未被满足的需求和欲望，从弥补市场上已有产品的缺陷入手满足更高的消费需求，给企业带来进入市场的大好时机。例如，很多短线旅游产品意味着交通便利，游客容易流失，针对上述缺陷打造出有特点、有品位的休闲空间，就可以让游客留下来消费需要。

④从竞争对手的弱点中寻求营销机会。研究竞争对手产品的弱点及营销薄弱环节，如果以"取竞争者之长，补竞争者之短"的方式，生产出弥补竞争对手产品的缺陷的产品，则可能给旅游企业带来新的生机。

（2）创造新的营销机会

旅游企业应对营销环境变化以及科学技术的进步做出敏捷的反应，创造新的营销机会，途径有以下几种。

①从市场环境变化中创造营销机会。环境变化包括行业条件的兴衰以及政治动态、经济形势、人文条件、技术水平等环境的改变等。市场环境的变化导致旧需求的消失和新需求的产生，从而给企业提供新的市场进入机会。消费者需求是影响一个企业销售产品和服务的最基本、最直接的因素，随着社会经济的发展和人民生活水平的提高，消费者的需求日趋多元化。消费者需求的数量、结构和层次等方面的变化趋势会形成新的未被满足的需要，为企业提供了市场机会。例如，市场增长比率如果发生了正变化，表明未来市场需求

的增长，此时旅游企业应以超前的眼光，创造营销机会。例如有家旅行社预计今后5年老年旅途需求量平均增长率为22%~25%，老年旅游市场会逐步扩大，旅行社把握此动向，深入细分老年人市场，开发出能最大限度地满足他们要求的各种产品。

②从社会时代潮流中创造营销机会。消费者的许多消费需求常常具有很强的时代性或新潮性，这些时代性或新潮性的变化趋势也给企业提供了预测和捕捉市场机会的线索。

灌木丛中的帐篷酒店

佩博巴克露营酒店是一家坐落在海湾，并隐匿在灌木丛中的一座五星级帐篷酒店。酒店由12个巨型帐篷组成，帐篷悬挂于树木之间，既减少了对地貌和环境的影响，又可以充分利用海风进行通风，从而减少能源消耗。酒店对所在地灌木的保护完全顺其自然，干旱时任其枯萎，雨季时又任其重生。游客的汽车必须停放在周边指定的停车点内，客人经由专门路径绕过原始的灌木丛进入驻地。驻地内部的车辆全部为环保电瓶车，排泄的污物和废水则通过压缩泵抽入专门的渠道进行统一处理。

资料来源：https://www.sohu.com/a/112664122_119756。

案例评析： 目前人类社会更加注重消费质量、环境保护、安全健康及社会可持续发展，佩珀巴克营酒店在营销活动中，要顺应时代可持续发展战略的要求，注重地生态环境保护，促进企业经济效益与生态环境的协调发展。

③用科学技术创造营销机会。新材料的应用、新能源的利用、新技术的推广等都为旅游企业营销创造了机会。目前，5G、VR、AR等信息技术的普及应用，使云旅游成为可能，也成为旅游业的新亮点，带来了全新的观光体验。

西安景区文化和旅游数字化创新实践案例

（1）华清宫景区。华清宫景区为顺应旅游产业化智慧升级的步伐，致力于打造"数智华清宫"。其中，景区大数据系统帮助景区实现精准营销和智慧管理。现在，游客进入华清宫游览，还能通过园区内多个AR、VR互动游戏区，沉浸式"穿越"盛唐。数字化建设的微信公众号平台内，还有多达104款H5游戏可供游客在指尖趣味了解华清宫的历史和典故。

（2）大唐芙蓉园。大唐芙蓉园景区通过数字智慧中心、无人机监控、智慧信息咨询亭、智慧营销系统及智能热感测温系统等多种智慧化建设，打造了集售、检、游、数字支付为一体的智慧旅游新体验。每当夜幕降临，大唐芙蓉园内的大型水舞光影秀《大唐追梦》震撼上演，这场实景演出也被科技赋能，沉浸式的光影和水幕表演通过技术编程给观众一场沉浸式的视听盛宴，也让"文化+科技+旅游"在此深度融合。

（3）大明宫国家遗址公园。为了在保护遗址本体的同时重现长安盛世，大明宫国家遗址公园通过3D建模设置了复原展示装置，不少游客只需"看一眼"，就能让大明宫"再现"眼前。目前，大明宫国家遗址公园通过科技手段推出演出剧目和数字藏品，并将全息影像《霓裳羽衣舞》搬进展厅……数字技术的高速发展，使遗址文化资源的保护和活化拥有了更广阔的发挥空间，也使"让陈列在广阔大地上的遗产'活起来'"有了更生动的表达。

（4）大唐西市。以隋唐西市遗址为依托，以丝绸之路文化为主题的西安大唐西市文化景区，凭借"文化艺术品元宇宙"项目在世界5G大会——5G应用设计揭榜赛中荣获大赛（企业组）三等奖。该项目基于5G+XR技术，打造了全国性的文化艺术品展览和数字文物与互动平台——大唐西市艺境平台。该平台通过建设数字博物馆，将文物搬到元宇宙展馆，真正实现了"线下看本馆，线上看世界"。超高精度的数字模型，则利用AI技术实现了文物跨时空快照，能更深层次挖掘文物背后的故事，展示文物在其生产时代的风采。

资料来源：https://baijiahao.baidu.com/s?id=1746313637673617223&wfr=spider&for=pc.

④用营销手段创造营销机会。目前，智慧营销、新零售、绿色营销、文化营销、体验营销、网络营销、控制营销、概念营销、博客营销、微信营销、病毒营销、反向营销等营销模式不断出现，通过采用新的营销手段可以创造新的营销机会。

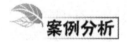

引领旅游新时尚

春秋国旅在海南线上率先推出了NoShopping游，也就是纯玩团。原先硬性规定在购物点上的时间全部返还于游客，使游客能在景点得到更宽裕的游玩时间，如游客在沙滩上可以待上3~4个小时，晒太阳、看大海，充分放松被都市繁忙的工作压抑许久的神经，而这在其他旅游团中是不可能做到的。为弥补导游司机收入减少的损失，旅行社导游每人每天300元补贴，付给用车单位和司机的费用也是平时的两三倍。

尽管纯玩团的旅游报价比同类团高出几百元，但仍然吸引了大量游客，而且游客的满意度要明显高于其他团。

游客在"纯玩团"多交几百元团费，结果不仅少花几倍的冤枉钱，还多出更多时间痛痛快快地玩，在旅游者心里，账早已算清了。"纯玩团"旅游产品组合能获得成功在于商家掌握了消费者的心理和旅游需求，设计开发出合理的旅游产品。

资料来源：https://wenku.baidu.com/view/5caa767d0b4e767f5bcfce56.html?sxts=1525584283813.

案例思考题

请分析春秋国旅是如何寻找营销机会的？

2. 营销效益等级评价

市场营销以满足人类各种需要为目的，是把潜在需求转变为现实交换的一项活动，必须考虑营销效益。营销效益是评判市场销售与管理水平的一个重要尺度。旅游企业必须建立起与营销效益等级有关的评价体系和量化分析模型，对企业的营销效益进行评价。

第四节 旅游市场营销审计

一、旅游市场营销审计的概念

旅游市场营销审计是旅游企业战略控制最重要的手段，是旅游企业对营销环境、营销目标、营销战略和营销活动进行的全面、系统、独立和定期的审计，以便确定营销计划与实施过程中存在的问题，分析各种市场机会，提出修正营销计划、改进营销实施的建议，提高旅游企业的总体营销绩效。

二、旅游市场营销审计的内容

由于开展旅游市场营销审计应体现全面性和系统性原则，所以旅游市场营销审计包括的内容非常广，一般应包括营销环境审计、营销战略审计、营销组织审计、营销系统审计、营销效率审计和营销职能审计六大部分。

（一）营销环境审计

营销环境审计的具体内容包括宏观环境和微观环境两方面。宏观环境的审计内容包括经济、政治、自然、技术等宏观环境发生的变化以及对旅游企业产生的影响。微观环境的审计内容包括顾客及潜在顾客的需求变化，市场容量及规模的大小，对市场竞争者实力地位的评价，中间商的营销效率，供应商的货源供应前景及供应方式的变化，等等。

营销环境审计具体内容包括：了解和把握营销环境的变化及其发展趋势，保证经营决策的正确性；运用自己控制的手段，及时调整营销策略，以适应环境的变化，提高营销应变能力；从营销环境的变化中发掘新的市场机会，捕捉市场机遇，把握营销时机，更好地发展旅游企业；及时发现环境给旅游企业带来的威胁，采取积极措施，避免或减轻旅游企业的损失，等等。

（二）营销战略审计

营销战略审计主要检查旅游企业制定的目标和任务是否与旅游企业任务、目标一致，是否与产品生命周期、竞争者战略相适应，是否能合理配置市场营销资源并确定合适的市场营销组合，完成营销任务的预算是否充分，等等。

（三）营销组织审计

营销组织审计主要审计营销领导机构选择决策和控制决策的能力，审计营销组织在执行市场营销计划方面的组织保证程度，审计营销组织对营销计划的分析、规划和执行能力，审计营销组织的市场环境应变能力，审计营销组织与其他部门的联络工作能力，等等。

（四）营销系统审计

营销系统审计是审计旅游企业的市场营销信息系统、市场营销规划系统、市场营销控制系统、新产品开发系统等是否完善和有效。

（五）营销效率审计

营销效率审计主要进行利润分析和成本效益分析，包括销售利润率、资产收益率、净资产收益率、资产周转率、存货周转率等方面的审计。其公式如下。

$$销售利润率 = 税后息前利润/产品销售收入净额 \times 100\%$$

$$资产收益率 = 税后息前利润/资产平均总额 \times 100\%$$

$$净资产收益率 = 税后利润/净资产平均余额 \times 100\%$$

$$资产周转率 = 产品销售收入净额/资产平均占用额 \times 100\%$$

$$存货周转率 = 产品销售成本/存货平均余额 \times 100\%$$

$$资产收益率 = 净利润/平均资产总额 \times 100\%$$

（六）营销职能审计

营销职能审计是指对营销组合诸因素，如产品、价格、分销、人员推销等方面的审计。

三、旅游市场营销审计工作程序

（一）初审阶段

旅游企业和营销审计人员一起拟定一份有关审计目标、涉及面、深度、资料来源、报告形式以及时间安排的协议。

（二）详审阶段

根据协议要求准备一份详细的计划。在进行营销审计时，尤其应该注意的是审计人员不能仅仅向公司经理征询意见，还必须访问顾客、经销商以及外界其他有关人士。

1. 内部监察法

内部监察法是由旅游企业自我评价市场营销活动成果的方法。一项市场营销活动的成功，往往是市场营销工作人员单个素质的体现，市场营销工作过程所显示出的艺术性和科学性代表了市场营销工作人员的思想水平、艺术水平和知识才干。内部监察有助于市场营销工作人员本身思想及业务水平的提高。内部监察时，应充分找出自己的成绩，同时找出缺点和失误，并分析缺点和失误产生的原因，明确应采取的措施。内部监察法包括个人观察反馈法和旅游企业内部监察法两种。

（1）个人观察反馈法。个人观察反馈法是一种最常用、最简单的方法，由旅游企业的主要负责人亲自参加并观察市场营销活动，评估其结果，以便同市场营销人员所作的报告相比较。这种方法是比较直观的。

（2）旅游企业内部监察法。旅游企业内部监察法是由与市场营销部门平行的单位或上级单位的负责人对市场营销部门的工作进行调查和评估，涉及市场营销工作过程、取得的成果、存在的问题及未来的计划安排与方案制定等内容。

2. 外部监察法

外部监察法是聘请旅游企业外部的专家对本企业的市场营销活动进行调查和评价。听取专家评价的目的是获取"旁观者"的意见，使评价工作有较强的客观性。这里的"专家"应从广义上理解，即凡能对工作本身发表自我意见的、知情的非当事人都可以列入其中，包括社会各界名流、学术上的权威、有关方面的权威人士等。专家评价的方式很多，如专家咨询法、同行评议法等，也可以通过开座谈会、私人交谈等多种渠道收集信息。其目的就是使专家们对旅游企业的市场营销活动成果进行尽可能客观的评估。

3. 舆论调查法

舆论调查法是衡量和评价市场营销活动成果的重要方法，其形式有两种：一是在活动结束时进行一次调查，二是在活动之前和之后各进行一次调查进行比较。舆论调查的主要目的是确认市场营销活动在对公众的知识、态度、观念等方面所产生的可度量的效果。舆论调查主要采取抽样调查的方法。

（三）审计结论阶段

审计结果并不是市场营销活动的结束，而是下一轮程序的开始，因此在审计工作之后，还可以通过与其他组织的市场营销的比较，找出自身存在的优势和问题。在比较和找出问题的过程中，可以从以下几方面入手：在策略上取得的成就与存在的问题，在目标上取得的经验与教训，在职能方面的完成情况及存在的问题，在市场营销技术方面的成就与差距，在指导思想方面的成就与存在的问题，等等。在取得成就与找出问题的基础上，发扬成绩，修正错误，改进工作，进一步提高市场营销活动的质量。

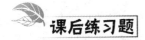课后练习题

一、即测即练

自学自测　扫描此码

二、思考题

1. 如何制订旅游市场营销计划？
2. 简述旅游市场营销控制的内容。
3. 旅游企业如何寻找和创造营销机会？
4. 旅游市场营销年度计划控制的步骤有哪些？
5. 在实施旅游市场营销计划时，应该注意哪些事项？

6. 简述旅游市场营销组织的演变过程。

7. 简述旅游市场营销组织是如何进行营销审计的。

三、实践练习

1. 选择一家有代表性的旅游企业，进行调研，分析其现状，并制订市场营销计划。

2. 中秋节即将来临，D大学成立的A旅行社要开展市场营销活动，请为其制订一份市场营销计划。

四、案例分析题

LS旅行社市场营销策划方案

一、计划概况

LS旅行社成立于2010年，是针对拓展B市旅游市场而打造的全新品牌。LS旅行社拥有一支从事过旅游业务、导游服务、商务会展、广告策划、酒店管理、电子信息等工作，且经验丰富的员工队伍，有高素质的管理队伍。LS旅行社在以优越资源搭建的平台上，本着"爱岗敬业，真诚服务"的企业宗旨，在广大客户的信赖与大力支持下，更加努力地提供优质、高效的商务会议、培训拓展、旅游度假等服务。LS旅行社特制订此市场营销计划，力争在两年内将"B市精品游"打造成LS旅行社最受欢迎的"高、品、保"的省内短线游。

二、市场分析

（一）环境分析

1. 宏观环境

（1）B市位于C省中部。B市山清水秀、风光旖旎，有着以山、水、林、果、泉、湖为特色的丰富的旅游资源，文化旅游景点达十多处。全市还拥有一批较高档次的休闲度假酒店。

（2）来自泛珠三角地区的旅游消费者对B市的旅游业发展起着重要的作用，带动B市的旅游消费。

（3）B市高度重视旅游业，有政策扶持，为旅游产业发展提供强有力支持。

（4）B市交通便利，这为B市旅游业带来一个全新的机会。

2. 微观环境

（1）目前B市的旅游对象大多是广州市区和周边城市的消费者，旅行社面对的消费者主要是各家大型商务公司、商务群体，其次是退休的中老年人。

（2）B市拥有多家温泉酒店，可以通过酒店作为营销中介，在各家酒店设点，为顾客提供咨询等服务，获取更多的利润。

（二）竞争分析

B市存在着多家知名旅行社，市场竞争激烈，公司的主要竞争者有……面对激烈而强大的竞争者，公司需提出更好的发展经营战略，塑造品牌形象，提高顾客消费流量，提高公司的利润。

（三）SWOT分析

1. 优势分析

地理位置优越，堪称"广州后花园"；市场需求不断增长，潜在客源市场充足；政府鼓励,政策扶持;具有浓郁的、独特的地方特色。

2. 劣势分析

宣传力度不够,知名度不高;旅游产品类型单一;缺少整体的旅游规划;没有旅游企业的主体形象。

3. 机会分析

B市政府鼓励开发旅游经济;旅游需求旺盛,潜在客源市场充足。

4. 威胁分析

存在强大的竞争力;违反了资源开发的可持续性;建立旅游景点遭到周边农民的阻挠。

三、市场营销目标

力争在两年内将"B市精品游"打造成LS旅行社最受欢迎的"高、品、保"的省内短线游。LS旅行社开业两年的利润目标如下表。

单位:元

利润	第一季度	第二季度	第三季度	第四季度
第一年利润	130000	180000	210000	220000
第二年利润	135200	187200	218400	228800

四、市场营销策略

(一)产品策略

1. 市场细分

B市是南中国大都市广州的"后花园"。B市山清水秀、风光旖旎,以山、水、林、果、泉、湖为特色的旅游资源十分丰富。B市温泉资源丰富,拥有一批较高档次的休闲度假酒店,可充分满足旅客休闲旅游的需要。LS旅行社根据B市的人文特色以及现有条件,将B市定位为"商务旅行之地"。商务旅行将会是LS旅行社"B市精品游"的主要市场,其次是以中老年人、学生为主的一日游、家庭旅游等。

2. 确定目标市场

由于商务旅行的数量比较多,消费者的消费能力较强,多以休闲、娱乐为目的,与B市消费特点相适应,因此,商务旅行将会是LS旅行社"B市精品游"的主要市场。

3. 主要产品

(1)一日游。LS旅行社将根据B市的实际情况为"B市精品游"一日游制定14条路线,且每条路线都各具特色,任由旅客选择。

(2)两日游。LS旅行社将根据B市的实际情况为"B市精品游"两日游制定4条路线。

(3)商务旅游。商务旅游是LS旅行社"B市精品游"的主要市场,LS旅行社将根据每个企业的要求预订酒店、制定路线、安排时间。

(二)定价策略

根据对B市其他旅行社的资料进行分析,可以知道B市旅游路线的基本价位。LS旅行社根据自身的市场竞争力分析和自身优势分析,对B市旅游路线的基本价位进行了初步的调整。调整的幅度与每条路线针对的主要消费对象有关。

（三）渠道策略

LS旅行社采取直销与分销并重的销售方式。

（1）依赖成熟的网络技术开展网上直销，拓展网上直销渠道。制作本公司的网页，及时更新网站内容。通过网上直销渠道能减少中间环节，有利于旅行社利润的增加。

（2）可以通过与B市当地酒店合作，减少旅行社的宣传开支。

（3）与受欢迎的大型旅行社合作。

（四）促销策略

1. 广告策略

LS旅行社主要选择报纸媒体、广播媒体、视频广告、电梯广告、广告牌、车体广告等进行广告宣传。

（1）由于《南方都市报》在珠三角的覆盖面较广，所以旅行社选择在《南方都市报》上做LS旅行社的宣传广告。

（2）随着视频网站的盛行、微博平台的突起，视频广告掀起了营销浪潮。LS旅行社打算在新浪网上小额投放旅行社的宣传片。

（3）在B市的4路公交车上做广告。因为4路公交车途经B市八大高校中的四所高校，这也是针对大学生组织团队活动的很好的宣传。

（4）随着高层住宅小区越来越多，电梯成了小区居民上下楼的必经通道。旅行社在一些高级住宅区投放电梯媒体平面广告进行宣传。

2. 公共关系策略

LS旅行社举办"235"献爱心活动，即每个游客所交游费的0.2%用于捐助B市的敬老院，游费的0.3%用于B市的办学建设，游费的0.5%用于支持B市的"绿色通道"建设。

3. 营业推广策略

LS旅行社力求与B市的酒店、度假村、景点等与旅游有关的具体经销商签订长期合约，务求将旅客的费用减至最低。

向游客推出具有B市特色的旅游项目，如特别吸引游客的"枫叶节""荔枝节"以及石门国家森林公园的黄金花海。

针对五一黄金周和十一黄金周，LS旅行社实行促销活动，对于黄金周期间前50名报名参加旅游的顾客，一律成为LS旅行社的VIP客户，享有和其他VIP客户一样的待遇。

4. 人员推销策略

（1）派部分职员在人流量多的车站、地铁出入口、大学校园派发传单。

（2）可以请一些形象较好的职员到公司说明LS旅行社的主打旅游路线是商务旅游路线。LS旅行社还让顾客能够在谈生意的同时体验B市的特色温泉，品尝各种养生食品。对于想释放压力的白领来说，不失为一个不错的选择。

（五）预算

（1）工资费用（略）。

（2）行政办公费用（略）。

（3）宣传广告费用（略）。

（4）设备材料费用（略）。

（5）活动费用（略）。

（六）实施与控制

针对 B 市丰富的旅游资源和 B 市旅游业的发展策略，建议上层领导统一分配任务，由公司的公关部与客户营销部共同执行。公司根据具体情况再作进一步安排。

在市场营销策略执行的过程中，可能会遇到意想不到的问题，如保险、路线、时间的调整等，工作人员要为客户做好安排，遇到问题要随机应变，及时向公司汇报。特殊时期，客流量大，工作比较繁重，应当与旅行社其他相关部门同时应对，以便更好地控制与执行。

资料来源：https://wenku.baidu.com/view/bd2898c0d25abe23482fb4daa58da0116c171f91.html?wkts=1685446929931.

案例思考题

结合案例，谈谈如何进行市场营销策划？

五、翻转课堂讨论题

联系本校或当地的驻村第一书记，为当地乡村振兴背景下的乡村旅游的发展进行市场营销策划，请为其制订一份市场营销计划书，分组进行研讨。

旅游市场营销创新

 本章导读

经济的进步和时代的发展，会对我国的旅游发展模式、产业组织、产业形态、产品形态、空间形态产生重大影响。为了在越来越复杂的市场环境下取得成功，旅游企业就必须引入创新的活力，进行市场营销创新才能使旅游企业更具竞争力和生命力。旅游市场营销创新是现代旅游企业创新的重要组成部分，旅游市场营销创新有助于旅游企业转变粗放的旅游增长模式，有助于旅游企业比竞争者更好地满足市场需求，有助于旅游企业发展长期市场营销战略，有助于旅游企业加强旅游品牌意识，有利于旅游企业营销从业人员整体素质的提高，旅游市场营销创新对旅游企业发展意义极其重大。通过本章教学，使学生理解旅游市场营销创新在推动经济社会高质量发展战略、创新驱动发展战略、双循环战略、人与自然和谐共生战略等战略中的重要作用，增强使命感。

 知识目标

1. 了解旅游市场营销创新的内涵，掌握旅游市场营销创新源。
2. 了解旅游市场营销创新理念。

 能力目标

1. 掌握为旅游企业进行旅游市场营销创新策划的技能。
2. 掌握从竞争对手、消费者需求等角度思考寻找旅游市场营销创新突破口的能力。

案例导读

云旅游，不仅看上去很美

"你想看看黄山的日出日落吗？""你想看看苍山洱海的云卷云舒吗？"在不能奔向远方的日子里，用一部手机云游四海，云旅游或许能弥补些许遗憾。所谓云旅游，涵盖了足不出户通过数字化、虚拟化等智慧化手段实现旅游体验的总和。具体而言，云旅游的常见形式包括非带货类的旅游直播、旅游短视频、旅游Vlog、VR虚拟旅游等。

在第12个"中国旅游日"开展"万名导游带你云旅游"活动时，平遥古城来了，雄伟泰山来了，西双版纳傣族园来了，透过手机镜头，祖国的大好河山与游客们"云端"相聚。

同时，很多博物馆等文化场所借助云旅游实现了国宝在云端呈现、云端讲解，积累的人气带动了文创产品的云端销售。

抖音"云端旅游局"则是将触角拓展到了太空，2个小时的直播，吸引了超过80万网友围观，大家一同观赏黎明前的曙光、耀眼的太阳以及深夜中似有无数星光散落的大陆。

游客们一边云游一边评论，"感谢主播让我躺在床上看到了山顶日出""兵马俑可以用放大镜看细节，和现场观看有不一样的视角体验呢"……

云旅游虽然无法带来身临其境的旅游感受，但相比走马观花式的实地旅游，云旅游借助数字技术等丰富旅游体验，可以作为实地旅游的有益补充。在云旅游的相关视频中，有大量网友的评论和反馈，游客可以作为参考，提前获取旅游信息，进行在线咨询与预订，促进在线旅游的真实发生。

资料来源：https://baijiahao.baidu.com/s?id=1734659446780484235&wfr=spider&for=pc.

案例思考题
1. 分析云旅游的营销创新源。
2. 云旅游体现了哪些旅游市场营销新理念？

第一节　旅游市场营销创新概述

一、旅游市场营销创新的概念

经济学家约瑟夫·熊彼特于1912年首次提出了"创新"的概念，他认为，创新就是建立一种生产函数，实现生产要素的从未有过的组合。他从企业的角度提出了创新的五个方面：生产一种新的产品，采用一种新的生产方法，开辟一个新的市场，掠取或控制原材料和半成品的新的来源，实现一种新的工业组织。现代管理学之父彼得·德鲁克指出：创新是市场或社会的变化。创新不是某种发明，不是主观的，而是客观的，是作用于外界的。它为客户带来更大好处，为社会带来更多财富，以及更高的价值和满足。检验创新的标准永远是它为客户做了什么、是否创造价值。刘葆指出，旅游市场营销创新是指旅游企业根据营销环境的变化，并结合企业自身情况，提出新的营销理念或思路，采用新的营销方式开展旅游市场营销活动的过程。

对于旅游市场营销创新可以从以下几个方面去理解：创新的主体是旅游企业；创新的原因是旅游企业对社会需求的把握；创新的目的则在于把社会需求转化为旅游企业的发展机会；创新是旅游企业成功的关键，企业经营的最佳策略就是抢在别人之前淘汰自己的产品，创新自己的营销方式；创新包括营销观念的创新、营销产品的创新、营销组织的创新和营销技术的创新等。

从创新的规模及创新对系统的影响程度来考察，创新可分为局部创新和整体创新；从创新发生的时期来看，创新可分为系统初建期的创新和运行中的创新；从创新与环境的关系来分析，创新可分为消极防御型创新与积极攻击型创新；从创新的组织程度来看，创新可分为自发创新与有组织的创新。

二、旅游市场营销创新的意义

（一）有助于转变粗放的旅游增长模式

中国的现代旅游发展至今，还存在盲目扩张、跟风炒作等现象。通过旅游市场营销的创新，可以更新旅游市场营销观念以及旅游服务理念，可以深度挖掘旅游产品的特色，改变现有的粗放的营销模式。

（二）有助于发展长期市场营销战略

我国旅游市场营销仍然存在短视的现象。通过旅游市场营销的创新，确立并完善顾客服务的理念体系，可以改变旅游企业的短期行为。

（三）有助于加强旅游文化营销

中国文化无疑是中国旅游业的最大竞争优势。通过营销创新，将文化与旅游品牌相融合，可以塑造旅游市场整体文化形象，有利于提高企业竞争优势。

（四）有助于从业人员整体素质的提高

我国目前旅游人力资源存在着开发的不平衡性、投入不足、创新不够、整体素质不高的问题。通过旅游市场营销的创新，可以转变旅游从业人员的管理和经营理念，可以用最先进的理念、方法和手段培养员工，使他们适应新时期的旅游需求，有利于旅游从业人员基本素质的提高。

三、旅游市场营销创新源

（一）技术型市场营销创新源

"科技是第一生产力"，科技是创新的基础，是创新的重要诱因之一。先进的科学技术有利于企业提升自主创新能力，是一种重要的市场创新要素，也是重要的市场营销创新源。旅游企业作为服务性企业，为了保持市场创新活动的先进性，要重视开发技术资源型创新营销方式，如网络营销、智慧营销等。

案例分析

全国十佳案例！西安这一旅游景区成功入选

西安城墙景区成功入选2022年文化和旅游数字化创新实践十佳案例，西安城墙景区是如何在"智慧化"的道路上不断努力和实践的呢？

西安城墙景区设置了3090个文物变形监测点，并完成了1027个监控图像数据接入信息中心，实时监控城墙墙体及附属建构筑物变形情况，实现了文保监测、客流统计、护城河水位监测、热成像周界监测及区域绊线入侵检测同步实施。在确保文物安全的同时，保证了游客人身生命安全，在国际、国内文保和旅游领域，位居行业前列。

西安城墙景区打造了"无人机＋VR沉浸式"体验，市民游客可以沉浸式欣赏VR全景视角下的大美城墙，实现"空中览古城"的新奇体验。

西安城墙景区还打造了国内最大的唐长安城智慧沙盘，声、光、电、数字投影，让游客感受唐长安的雄伟和震撼。依托城墙含光门遗址，研发数字博物馆，市民游客通过参与H5手机端小游戏，可以加深对文物历史了解。

总之，通过西安城墙景区全方位、多角度、立体式的智能化运营维护，不仅为市民游客提供多元化的旅游体验，也为城墙的保护提供了一道坚实的安全屏障。

资料来源：https://view.inews.qq.com/a/20221010A090TZ00.

案例思考题

从本案例中可以看出科技进步对人们的旅游方式有哪些影响？

（二）营销型市场营销创新源

旅游企业的市场营销机构与人员是重要的旅游市场营销创新源。首先，旅游企业的各类市场营销人员直接面对市场，了解市场需求的发展现状及其变化趋势，可以提出更为切合市场实际情况的市场创新概念和思想，因此，市场营销人员将会成为企业重要的市场营销创新源。其次，许多旅游企业都拥有自己的市场营销网络和中间商，旅游企业的经销商、代理商、广告经理、推销人员及其他与本企业市场营销有关的人员也可能提供一些独特的创意或意见，推动旅游企业市场营销创新活动的开展。因此，旅游企业可以根据来自旅游企业市场营销人员的反馈信息进行相应的市场营销创新。

 案例阅读

在深圳特区华侨城，有一处开时代先河的旅游景点——锦绣中华。锦绣中华是中国最早的文化主题公园，是世界上面积最大、内容最丰富的实景微缩景区，占地450亩。锦绣中华分为主点区和综合服务区两部分。园中的82个景点均按中国版图位置分布，大都按1∶15复制。游人可以在一天之内领略中华五千年历史风云、畅游大江南北锦绣河山。

这么一个旅游好去处，您知道是怎么建成的吗？

这得从中国香港中旅（集团）有限公司时任总经理马志民的一次商务旅行开始说起。改革开放之初，马总经理赴欧洲考察，参观了荷兰著名旅游景点——"小人国"。受到荷兰"小人国"景点的启发，马总经理就把荷兰的"小人国"的微缩处理方法移植到深圳华侨城，熔华夏的自然风光、人文景观于一炉，集千种风物、万般锦绣于一园，建成了具有中国特色和现代意味的崭新名胜"锦绣中华"，开业以来游人如织，十分红火。

资料来源：https://baijiahao.baidu.com/s?id=1735167292332409546&wfr=spider&for=pc.

案例评析：锦绣中华景区这个案例蕴藏了创新方法中的移植法。所谓移植法，就是将某个学科或领域中的原理、技术和方法，应用或渗透到其他学科或领域中，为解决某一问题提供启迪和帮助的创新方法。

（三）用户型市场营销创新源

消费者是市场需求的主体，消费者的市场选择权是决定市场创新发展方向的关键因素，消费者的反馈可以让旅游企业了解产品的缺陷和功能的不足，消费者的需求、设想、意见等都是旅游企业进行市场创新的重要来源。从消费者的需求、意见和想法出发，旅游企业可以得到产品创新和市场营销创新的源泉。例如，有时候读到一本特别喜欢的书，就很想抵达书中主人公所到之处，身临其境。某旅行社就开发了"跟书旅游"受到文学爱好的喜欢，游客可以跟着书中的主人公的足迹游遍书中人去过的地方，产生很多思考和灵感。

（四）竞争型市场营销创新源

市场竞争者及其市场创新行为是推动旅游企业市场创新活动不断发展的重要动力，也是旅游企业市场创新行为和市场创新要素的重要组成部分，还是旅游企业重要的市场营销创新源泉。旅游企业可以通过观察或分解竞争对手的创新产品而得到自身产品创新的重要提示和思路。

（五）合作型市场营销创新源

为了有效地开展市场创新，旅游企业会寻求企业外部的市场合作者所提供的创新来源。还有一些旅游企业通过合资、合营、合作开发等多种市场合作方式，与其他企业进行合作，共享对方的知识技术和旅游资源，共同参与某些产品的开发，降低开发和宣传成本，促进共同发展。因此，旅游企业外部的市场合作者也是一个重要的市场营销创新源泉。

案例阅读

五岳联盟，天下称雄

"五岳联盟"是中国旅游从亚洲旅游大国向世界旅游强国推进的历史性产物。当南岳衡山管理部门首先提出"五岳联盟"的倡议后，迅速得到了泰山、华山、恒山、嵩山管理部门的积极响应。在《笑傲江湖》中首次提出"五岳联盟"的著名作家金庸先生出任荣誉盟主，并将主题定为"整合五岳资源，打造五岳品牌"，明确提出"五岳联盟，天下称雄"的宣传口号。以"五岳联盟"整体形象参加中国国际旅游交易会和中国国内旅游交易会，轮流举办中华五岳旅游节，联合举办五岳论坛，联合制作五岳旅游宣传品，在中心景区互换广告位，在北京、上海、广州、重庆联合设立五岳旅游产品专卖店，联合开展五岳征文和风光摄影大赛等活动。

资料来源：http://www.emkt.com.cn/article/114/11402.html。

案例评析：纵观"五岳联盟"，不难看出这次旅游营销策划得非常巧妙。第一，泰山雄、华山险、衡山秀、恒山奇、嵩山奥。五岳作为万山之宗，古往今来一直被视为中华民族的象征，中华文化的缩影，甚至天下华人的图腾。它们各具特色，各有千秋，素有"五岳归来不看山"之美誉。但五岳至今仍处于各自为战的状态，在品牌竞争日趋激烈的旅游市场，任何一岳的单打独斗都显得势单力薄。建立"五岳联盟"，联合出击，五岳的品牌威力将会成倍放大，五岳整体竞争实力迅猛增强，各岳竞争能力也将得以大幅度提升。第二，借用故事形成品牌差异化，之后推出金庸，巧打名人牌。五岳一直是金庸笔下的中原武林圣地，这次金庸成为五岳盟主，直接成为各大新闻媒体的焦点。第三，因势利导，及时抛出争论，科学炒作，做了一次非常巧妙的事件营销，并且通过对各种争论的引导，既达到了新闻炒作的目的，又把对"五岳联盟"的认识提升到了更高的层次和水平。第四，旅游企业寻求企业外部的市场合作者所提供的创新来源进行市场营销创新，取得了成功。

第二节 旅游市场营销新理念

市场营销理念是企业的经营哲学，是一种营销的思维方式。目前，面对旅游新技术的应用和旅游新需求的产生，旅游市场营销出现了许多新变化，旅游市场营销理念也日益丰富。

一、网络营销

（一）网络营销的概念

网络营销是指旅游企业为实现营销目标，以电子信息技术为基础，借助网络、通信和数字媒体进行的营销活动，是分散营销、顾客导向营销、双向互动营销、虚拟营销、无纸化交易、全球营销、顾客式营销的综合体现。网络营销是基于互联网络及社会关系网络连接企业、用户及公众，向用户及公众传递有价值的信息和服务，为实现顾客价值及企业营销目标所进行的规划、实施及运营管理活动。

（二）网络营销的特点

1. 跨时空

网络营销可以超越时间和空间限制进行信息交换，并跨越时空达成交易，使任何旅游企业都有可能全天候提供全球性营销服务。同时，国际互联网覆盖全球市场，企业可方便快捷地进入任何一国市场。

2. 交互式

互联网具有人类社会最大限度的交互式自由空间。无论是旅游企业和团体，还是旅游者，都可以自由地发布和寻找信息，自由地在网上互动沟通。因此，旅游网络营销兼具双向互动营销、参与式营销的特点。

3. 主导性

互联网上的促销是消费者主导的、非强迫性的循序渐进式的促销，而且是一种低成本与人性化的促销，并通过网络使旅游企业与顾客间可进行交互式交谈，满足消费者的个性化需求。

4. 高效性

网络营销具有无与伦比的高效率，突出地表现在营销信息量最大、精确度最高、更新速度最快、传递信息最迅捷，具有可重复性和可检索性。网络营销制作周期短，可以在较短的周期进行投放。计算机可以储存大量的信息，可以完成代消费者查询、传送的大量信息数据，具有及时更新产品或调整价格等功能，提高在线交易的高效性。

5. 成长性

中国互联网使用者数量快速增长。中国互联网络信息中心（CNNIC）第51次《中国互联网络发展状况统计报告》（以下简称《报告》）显示，截至2022年12月，我国网民规模达10.67亿，较2021年12月增长3549万，互联网普及率达75.6%；在网络基础资源方面，我国域名总数达3440万个，较2021年12月增长6.8%。在信息通信业方面，我国5G基站总数达231万个，占移动基站总数的21.3%，较2021年12月提高7个百分点；在物联网发展方面，我国移动网络的终端连接总数已达35.28亿户，移动物联网连接数达18.45亿户。网络的使用者多为年轻、中产阶级、高教育水平的人士，由于这部分群体购买力强而且具有很强的市场影响力，网络营销表现出强劲的发展势头，具有很好的成长性。

6. 整合性

网络营销可以将旅游产品生产、售价、渠道、促销、调研、咨询、交易、结算、投诉等所有旅游事务集成在一起，旅游企业可以借助互联网将不同的营销活动进行整合性营销。

7. 经济性

网络营销的经济性主要表现在：非店面销售省去租金、水电、人工成本等大笔费用，节省库存费用，降低商品流通成本，降低营销成本，降低结算成本。

8. 定制化

网络营销一般能建立完整的用户数据库，包括用户的地域分布、年龄、性别、收入、职业、婚姻状况、爱好等，为定制化服务提供了基础。网络营销在网上推出的各类虚拟商品让消费者比较挑选，然后组织产品定制生产，真正实现定制化营销。

9. 个性化

网络营销个性化是指网络营销使用的网络站点、电子信件以及其他营销工具适应不同年龄、不同地点、不同爱好以及不同特征的个体消费者的需求。

10. 多样性

网络营销将文字、图像和声音有机的组合在一起，网络营销的载体基本上是多媒体、超文本格式文件，可以让受众对其感兴趣的产品信息进行更详细的了解，使消费者能亲身体验产品、服务与品牌。

11. 低成本

网络营销具有传播范围广、传播速度快、无时间约束、无地域限制等特点，可以有效降低企业营销信息传播的成本。

（三）网络营销的常用方法

1. 引擎搜索

引擎搜索是指旅游企业在主要的搜索引擎上注册并取得良好排名，消费者可以检索到本企业的相关信息。搜索引擎包括全文索引、目录索引、元搜索引擎、垂直搜索引擎、集合式搜索引擎、门户搜索引擎与免费链接列表等。

2. 交换链接

交换链接也称互惠链接，是具有一定互补优势的网站之间的简单合作形式，即分别在自己的网站上放置对方网站的商标/徽标（LOGO）或网站名称并设置对方网站的超级链接，使用户可以从合作网站中发现自己的网站，达到互相推广的目的。

3. 病毒性营销

病毒性营销是利用人际网络，将营销信息快速复制并传向数以万计、数以百万计的观众，像病毒一样快速传播和扩散。病毒性营销常用的工具包括免费电子书、免费软件、免费Flash作品、免费贺卡、免费邮箱、免费即时聊天工具等。如果应用得当，病毒性营销手段往往能以极低的成本取得非常显著的效果。

4. 网络广告

网络广告是常用的网络营销策略之一，是利用网站上的广告横幅、文本链接、多媒体等刊登或发布广告。常见形式包括横幅广告、关键词广告、分类广告、赞助式广告等。

5. 信息发布

信息发布是指旅游企业通过互联网发布信息，例如可以在网上论坛、聊天室发布信息，可以向正规的网站或专门发布广告的网站申请发布信息，可以在个人博客里发布信息，可以建立自己的网站发布信息。

6. 网上商店

网上商店又称虚拟商店、网上商场或电子商场，旅游企业可以将传统商务模式中的商店或超市直接搬到网上建立网上商城。目前最为普遍和可靠的方式是选择服务商公司的网上商城系统搭建属于自己的电商平台，由旅游企业自行经营。

7. 电子邮件促销

向消费者群体发送电子邮件。为了避免旅游企业的电子邮件成为消费者群体厌烦的对象，在设计电子邮件时，要尽量做到新颖、吸引人，这样才能达到预期效果。

8. 游戏植入营销

游戏植入营销是指在网络游戏中植入品牌信息、产品信息。这是一种潜移默化的信息沟通和传播手段，使消费者在游戏过程中了解产品的性能和特殊利益。例如，贵州省文旅厅联合腾讯《QQ飞车》，开发贵州游戏电竞IP主题旅游路线，通过游戏数字化的方式将贵州独特的人文景观以及科技风貌融入游戏设计当中，游戏中，玩家可以在黄果树大瀑布、西江千户苗寨等景点飞速疾驰中欣赏到贵州的多彩山水；可以通过穿越"中国天眼"FAST、北盘江第一桥等地标性景观感受贵州发展，实现了"电竞＋旅游"新玩法。

9. 团购营销

团购营销是指利用网络，以薄利多销的方式，对消费者结成的临时团体给予低于零售价格的折扣，从而吸引消费者消费。

10. 软文营销

网络营销中，可采用软文进行推广，在大型行业门户或者大型网站进行软文传播。与硬广告相比，软文可让用户不受强制广告的宣传，可让文章内容与广告巧妙结合，从而达到春风化雨、润物无声的广告宣传效果。当到受众发现这是一篇软文的时候，已经被精心设计过的"软文广告"所吸引。

11. 自媒体营销

自媒体又称个人媒体或者公民媒体。自媒体营销是指私人化、平民化、普泛化、自主化、大众化的传播者，入驻自媒体平台，运用今日头条媒体、百度百家自媒体、微信公众号等自媒体工具，向不特定的大多数个体或者特定的个体传递企业与产品信息，进行商品交易的营销方式。

众信旅游：线下客服"领跑"线上直播

众信旅游运用自媒体，进行直播带货、短视频及视频号运营。仅仅在运营的上半年，公司电商平台累计直播场次数超406场，累计观看超3387万人次，直播旅游产品售卖数量近4 000套，活跃粉丝数量超过30万。

首先，众信旅游在部门配置上，在传统的产品、操作、销售等部门的基础上，增加了短视频内容制作部门，包括内容编辑、摄影师、剪辑、视频运营等岗位。然后，众信旅游成立了直播运营团队，包括了主播、导播、直播运营等岗位。此外，众信旅游还成立了直播商务拓展部，负责主动挖掘KOL达人及其他可以带货的商务资源，与其达成带货合作维护合作关系。

到目前为止，众信旅游一共运营了6个账号。其中，3个以直播带货为主，云南账号主要销售一家一团产品，海南账号主要销售三亚的酒店套餐，京郊游账号以销售北京景区门票、碎片化的旅游产品为主。另外3个账号则以短视频为主，介绍不同国家的美食、美景、人文风俗等资源。

资料来源：https://baijiahao.baidu.com/s?id=1745479222717751860&wfr=spider&for=pc.

案例思考题

请分析众信旅游开展网络营销的成功之处。

二、绿色营销

（一）绿色营销的概念

绿色营销是指企业为了减少或避免环境污染，指企业以环境保护为经营指导思想，以绿色文化为价值观念，以消费者的绿色消费为中心和出发点，在保护地球生态环境的同时，实现企业利益、消费者利益、社会利益及生态环境利益协调统一的市场营销方式。环保意识的增强和绿色浪潮的到来使人们对环境的关注程度越来越高，绿色生活消费需求已成为新的消费时尚。旅游绿色营销已成为大势所趋，旅游企业要在充分意识到消费者日益提高的环保意识的基础上，发现、创造并选择市场机会，通过一系列理性化的营销手段来满足消费者以及社会生态环境发展的需要，在生产经营过程中旅游产品和服务进行绿色的构思、设计、销售和制造，达成人与自然的和谐相处。

（二）绿色营销的策略

1. 绿色产品的开发

旅游企业实施绿色营销必须以绿色产品为载体，为社会和消费者提供满足绿色需求的、对环境改善有利的绿色产品。这种绿色产品应具有下列特征。

（1）满足绿色需求。绿色产品应当充分了解消费者对绿色产品的消费态度，满足消费者对社会、自然环境和人类身心健康有利的绿色需求，设计出符合环保和安全卫生标准的绿色产品。例如，酒店的绿色客房应采用绿色装饰材料和生态装饰材料，地面选用未经加工的原料。家具避免使用可能引起过敏反应的化学合成板、塑料板或墙纸，可选择未经加工的木材和玻璃制品或竹藤制品。客房应使用绿色用品，如天然纤维、棉、麻织品等，使用绿色文具、绿色小冰箱、节能灯等。

（2）注重地球生态环境的保护。旅游企业要保护当地的自然资源和人文景观。

（3）减少资源的消耗。旅游企业的物品采购应科学统计，避免浪费，选择资源消耗少的物品和设备。旅游企业要充分利用自然采光，多使用具有保温、隔音、节能、防水功能的新型材料来降低能源的损耗，多利用再生资源。

（4）减少废弃物的产生。旅游企业需要考虑废弃物的遗留问题，考虑废弃物的再生利用性与可分解性，提高废弃物的回收，以免对环境造成污染。例如，采用绿色包装，强调包装的可回收性和低污染性，强调包装的循环利用。

2. 制定绿色价格

绿色价格是指附加了开发绿色产品的知识、劳动和物质投入而高于传统产品的价格。在旅游产品营销过程中，应摒弃投资环保就是白花钱的思想，树立环境有偿使用的新观念，将使用生态原料增加的资源成本、对环境无污染处理的工艺成本、突出绿色管理的管理成本、为实施绿色营销而增加的销售费用等支出计入绿色价格中。此外，要合理考虑人们求新、求异、崇尚自然的心理，采取高价高质的认知价值定价法，提高旅游企业的效益。

3. 建立绿色营销渠道

绿色营销渠道是绿色产品从生产者转移到消费者所经过的通道。企业实施绿色营销必须建立稳定的绿色营销渠道，策略上可从以下几方面努力。

（1）选择具有良好绿色信誉的中间商，以便维护绿色产品的形象。同时，还要引导中间商的绿色意识，逐步建立稳定的绿色营销网络。

（2）注重绿色营销渠道的建立。为了真正实施绿色营销，要认真做好绿色交通、绿色装卸、绿色储存等一系列绿色营销渠道建设工作。

（3）要合理设置营销渠道环节。绿色产品的价格通常会高于一般同类产品，因此，应尽可能建立短渠道、宽渠道，通过减少渠道资源消耗来降低渠道费用。

4. 开展绿色促销

绿色促销是指通过绿色促销媒体传递绿色信息，引导绿色消费，促成绿色产品销售的一系列过程。绿色促销主要有以下几种手段。

（1）绿色广告。通过广告传递绿色信息，在谋求绿色旅游产品与消费者绿色需求的协调中激发消费者的购买欲望，树立旅游企业的绿色形象，实现绿色旅游产品市场份额的不断扩展。

（2）绿色推广。向消费者宣传绿色产品的绿色功能，宣讲绿色营销的发展趋势，激发消费者的消费欲望。同时，通过优惠、试用、馈赠、销售竞赛等手段促成绿色产品的销售。

（3）绿色公关。旅游企业向社会大众宣传绿色环保，捐助各类绿化环保公益事业，树立产品和企业的良好绿色形象，为绿色营销建立良好的社会基础。

饭店绿色管理

北京昆仑饭店积极响应国际旅游组织《关于旅游业21世纪议程》中将废弃物最小化的号召，采取措施尽量减少废弃物。例如，不主动在客房卫生间摆放牙具、梳子等一次性消耗用品，客人需要可以电话免费索取；小香皂换成大香皂多次使用；改用洗发沐浴二合一的用纯植物油制成的绿色生态皂液；提议客人参加环保活动，减少白色污染；床单在客人需要时才更换；将餐厅酒精炉、燃气炉都改为电温锅；安装蒸汽余热回收系统、污水处理循环系统、热水温控系统等设施。

香格里拉酒店实施了绿色委员会制，系统化地进行可持续发展实践，制定了详尽的环境管理系统手册，提供了用于全酒店操作的最佳实践方针。例如，安装了节能器、水流控制器、油脂分离器；运用能生物递降分解的洗涤液和清洁剂；运用节能灯泡；办公用纸双面使用；等等。

洲际酒店实施绿色管理，在节水方面收效颇佳。客房淋浴喷头出水量由22升/分钟降到12升/分钟，洗脸盆龙头出水量降到9升/分钟，马桶抽水从12升/次降到7.5升/次，厨房和后台安装特制的扁嘴形节水装置，每分钟出水才12升，废水回收处理器将水重复使用，清洗布件的水回收处理后供第一次漂洗用，洗衣房每千克布件的用水量从23.5升减少到18升。这些装置使用后酒店节约了30%的用水量，每年节省水费4.4万澳元。水处理中的热能还可输送到其他部门充分利用。

资料来源：https://wenku.baidu.com/view/3f2dec3583c4bb4cf7ecd18f.html。

案例思考题

北京昆仑饭店的绿色营销有哪些可取之处？

三、关系营销

（一）关系营销的定义

关系营销是指通过对客户行为长期、有意识地施加影响，在旅游企业与客户和其他利益相关者之间建立一种长期稳固的关系，以强化旅游企业与客户之间的合作关系的营销方式。许多企业逐步认识到：保住老顾客比吸引新顾客收益要高，因此，企业应在主动沟通、互惠互利、承诺信任的关系营销原则的指导下，把营销活动看成是一个企业与消费者、供应商、分销商、竞争者、政府机构及其他公众发生互动作用的过程，建立和发展与这些公众的良好关系。

（二）建立客户价值

建立客户价值通常有以下三种方法。

1. 一级关系营销

在客户市场中，一级关系营销经常被称作频繁市场营销或频率市场营销。这是最低层次的关系营销，是旅游企业通过价格和其他财务上的价值让渡，吸引顾客与企业建立长期交易关系，维持关系的重要手段是对目标公众使用价格刺激，如对那些频繁购买以及按稳定数量进行购买的顾客给予资金奖励和物品奖励等。

2. 二级关系营销

二级关系营销是指旅游企业尽量了解各个客户的需要和愿望，使企业自身的产品和服务更加符合客户的需求，以此来增加企业和客户的社会联系的关系营销方式。例如，建立绿色营销渠道。

3. 三级关系营销

三级关系营销是指将旅游企业和客户之间的关系发展成为合作伙伴关系的营销方式。在这种"双边锁定"的关系中，如果客户转向竞争者就会增加机会成本，并会失去长久的合作关系。这种良好的结构性关系具有长期价值，使企业获得持久的竞争优势。

（三）顾客保留策略

1. 财务联系

财务联系是一种运用财务回报忠诚的方式来加强旅游企业与消费者的联系，以保留顾客的方法。可以给予大规模、批量购买的消费者低价格，或给予与公司有长期生意往来的顾客低价格策略来保留顾客。具体形式有折扣、累计积分奖励、消费点数返还、赠送商品和奖品等。值得注意的是，这种以财务回报忠诚的策略易被模仿而失去效力。

2. 社会联系

社会联系是指营销人员通过社会关系和人际联系建立起良好的、长期的旅游企业与顾客的关系，以保留顾客的方法。

3. 定制化联系

定制化联系是指对个别顾客情况全部熟悉，并制定适合每位顾客需要的"一对一"解决方案来保留顾客的方法。

4. 结构化联系

结构化联系运用以下两种服务保留顾客：一是提供能在服务交付系统中特别设计的服务，二是提供定制化的、以特有技术为基础的，并且使顾客产生持续消费愿望的服务。

5. 赞许顾客

赞许顾客是指旅游企业发自内心地对于支持企业的顾客表示的肯定、赞美和感谢，表现为一封私人信件、一个私人电话、一条短信或当面的一句赞美和感谢，都可能留住顾客。

四、整合营销

（一）整合营销的概念

整合营销就是把各个独立的营销策略综合成一个整体，以消费者为核心重组企业行为和市场行为，综合协调地使用各种形式的传播方式，以统一的目标和统一的传播形象传递一致的信息，为旅游企业创造最佳的传播和营销效果。目前，自媒体营销、新媒体营销等都是企业关注的营销渠道，活动营销、事件营销、概念营销、博客营销、微信营销、病毒营销、反向营销、IP营销、跨界营销、情感营销等方式层出不穷，旅游企业还需要把各个独立的营销综合成一个整体，需要综合考虑更多的目标消费者的需求，战略性地审视整合营销体系，对各种营销工具和手段进行系统化结合，以达到最佳营销效果，在这种前提情况下整合营销得到了长足的发展。

（二）整合营销的特点

1. 统一沟通口径

旅游企业应以一致的传播资料面对消费者，一切与企业对外传播和沟通有关的活动都归于一项统一的活动计划中，使营销沟通发挥出最佳效果，迅速树立产品品牌在消费者心目中的形象，建立产品品牌与消费者长期密切的关系，以便更有效地达到广告传播和产品营销的目的。

2. 系统的营销方法

整合营销以消费者为核心重组旅游企业行为和市场行为，就是要使各种作用力统一方向，形成合力，产生协同效应，共同为旅游企业的营销目标服务。

3. 整合性的营销策略

"整合"不是简单的组合，它突出的是资源联动，进而实现营销效果的最大化。个体的能力是有限的，如果能形成聚合、集约的资源整合，就能得到完美的营销结果。

"常熟喊你来度假"整合营销方案

为进一步推广常熟秋季旅游，宣传常熟旅游品牌，常熟市旅游局在线上设置"常熟喊你来度假"专题,同时征集"精致常熟"六大休闲度假攻略。通过"票选你心目中最美的常熟"旅游线路票选活动、"天降红包·嗨游常熟"促销专题等引爆秋季营销。线下还开展多城联动常熟风情特惠体验日、快乐大巴体验专线。拍摄"全国联动·聚焦常熟"5分钟精华视频,等等。

资料来源:http://www.360doc.com/content/17/0506/06/10533595_651474704.shtml。

案例评析:在整个活动期间,常熟实现了社交、品牌、产品三维联动,将线上线下结合起来,实施了整合营销,为游客提供了独一无二的互动体验,并将城市品牌形象完美统一起来。

五、文化营销

(一)文化营销的概念

文化营销是指旅游企业通过文化理念提升旅游产品及服务的附加值,主动进行文化渗透,让旅游消费者获得独特的文化体验,以实现旅游产品价值最大化的营销方法。目前,消费者在消费的时候,不仅要满足的物质需求,还要满足其精神需求,需要得到文化的享受。因此,旅游企业要利用文化力进行营销,运用文化资源、文化理念设计创造来提升产品及服务的文化附加值,将文化因素渗透到市场营销组合中,向目标客户传播产品或服务所包含的功能取向、价值理念、文化内涵、时尚观念、科技知识等,从而满足消费者对文化的需求。

(二)文化营销的特点

1. 可持续性

由于人文景观旅游资源相对较为容易被保护与管理,具有可持续性,因此,文化营销活动的对象主要是人文景观旅游资源。一处风景的魅力长存在很大程度上靠的是其丰厚的文化底蕴的维系,没有文化赋存的旅游资源是没有生命力的。旅游文化营销可以说是旅游业可持续发展的灵魂。

2. 知识密集

文化营销是运用文化力量实现营销目标的市场营销活动,旅游文化营销蕴含着大量的知识信息,是一种知识密集型活动。首先,文化营销在营销活动中主动进行文化渗透,提高活动的文化含量,营造文化氛围,以文化作媒介与顾客构建全新的利益共同体关系,让旅游消费者获得独特的文化体验。同时,文化营销可以提高旅游者的文化修养,形成新的知识财富。

3. 创新启迪性

文化营销通过活动让消费者开阔视野、增长见识、解决问题,可以起到启发旅游者思考、增长旅游者智力、形成新的知识财富的作用。

(三)旅游文化营销的作用

1. 增加产品价值

文化营销是通过文化理念提升旅游产品及服务的附加值,为旅游者提供大量丰富的科普知识和历史知识，使游客接受艺术熏陶、提高文化修养，从中得到某些感悟并使思想升华，形成新的知识财富。

2. 提升产品的社会形象

文化营销用文化来提升旅游地和旅游企业的社会形象，并使消费者在感受良好的形象之后，对其旅游产品和服务产生信赖感与依恋感。

3. 消除文化差异

跨文化营销活动中，因文化、种族、宗教、语言、风俗等因素的差异，常常遇到沟通的障碍，造成对经营的掣肘。文化营销的调适功能则有助于消除或减少这些跨地区、跨种族的文化障碍。

4. 增加市场竞争力

随着现代科学技术的日新月异和市场信息的迅速流动，旅游产品的均质化、同质化现象越来越突出，文化营销赋予旅游产品新的内涵和新的营销方法，有利于旅游企业形成差异化的竞争优势。

5. 体现育人功能

文化营销是指将文化因素渗透到旅游企业营销活动及其过程中，通过价值观的认同或文化需求的满足而赢得消费者的营销活动。旅游文化营销能以文化育人，从价值上对人进行教育、培养和塑造。

6. 塑造品牌形象

品牌是文化营销所要追求的最高境界。品牌之所以能产生强大的感召力和吸引力，主要是因为品牌所体现出的文化价值和文化精神。中国旅游业相对于世界其他国家旅游业而言，最大的资源优势就是文化的优势，世界上只有中国的文化是一脉相连、连绵不绝的，中国文化的魅力是中国旅游业的最大竞争优势。将旅游文化与旅游品牌相融合，树立良好的旅游市场形象，可使旅游企业在市场营销领域获得更多的附加利益和更高的美誉度，这也是中国旅游业参与国际竞争的有力武器。

（四）文化营销的运作

1. 进行文化包装

进行文化包装是指在旅游产品原有功能的基础上，以文化为主导，使旅游产品的包装具有较强的文化感染力并蕴含丰富的文化理念，以满足旅游者渴望增长知识的需求。

2. 文化营销传播

文化营销传播是以系统整合的文化行为作为手段，将文化传播纳入战略传播方案中，塑造一贯性的品牌和产品形象，达到最佳传播效果。

3. 旅游文化体验

旅游文化营销会选择不同的角度和切入点，向不同的旅游者提供文化体验旅游项目，使旅游者通过旅游活动和自身感受产生比较强烈的文化心理印象，实现旅游文化体验。

（五）文化营销的类型

1. 知识文化营销

知识文化营销是将知识融于旅游产品的内涵中，使旅游者在消费旅游产品的过程中，了解不同地方的不同文化特色，增长知识，体会自我成长的快感。知识文化营销已经担负起提高公民素质、进行文化建设的重任。

2. 审美文化营销

审美文化营销是将审美创造贯穿于营销活动的整个过程中，产品设计、销售环境、广告传播都赋予营销活动以美的意义，让消费者在美的氛围中获得艺术欣赏体验。旅游文化产业中的文化表演、旅游纪念品等都体现了审美文化营销的内容。

3. 情感文化营销

消费者已经不再满足于简单的物质需求，更追求精神需求。情感营销就是把热爱、怀旧、激情、感恩等这些人类感情融入市场营销活动中，对旅游产品进行情感设计、情感包装和情感服务，唤起消费者的情感需求，使消费者产生心灵上的共鸣，用情感沟通来打动消费者、感染消费者，从而引发消费行为。

4. 娱乐文化营销

娱乐文化营销就是强化娱乐意识和游客的活动参与程度，借助文化体育娱乐活动，通过轻松活泼的方式来传播和营销旅游品牌。娱乐文化营销分为单向娱乐文化营销和互动娱乐文化营销两种。单向娱乐文化营销就是旅游企业通过赞助、冠名等方式将自己的品牌融入文化体育娱乐活动中，以求达到寓卖于乐的效果。互动娱乐文化营销则是将互动和娱乐融入营销的现代市场营销新模式，让旅游者成为文化体育娱乐活动节目的主角，让他们参与互动性的娱乐活动，从中体验快乐。

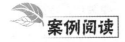

西安大唐芙蓉园

西安大唐芙蓉园是西北地区最大的文化主题公园，是中国第一个全方位展示盛唐风貌的大型皇家园林式文化主题公园，开创了国内多项旅游文化领域之先河。这座气势恢宏的主题公园几乎集唐代所有建筑形式之大成，直接写就了一部几近完整的唐代建筑教科书。同时，还以"走进历史、感受人文、体验生活"为背景，展示了大唐盛世的灿烂文明。大唐芙蓉园划分了12个功能区，分别演绎12个大唐主题文化，具体内容如下。

（1）帝王文化。帝王文化以紫云楼为主要展示场所，不仅展示唐太宗的文韬武略、武则天的女皇风采、唐玄宗的风流多艺，而且通过唐代宫廷文化的展示，让游客切身感受盛唐的博大开放与辉煌灿烂。

（2）诗歌文化。芙蓉园不仅在建筑、园林意境中表现唐诗，在楹联、题额、碑刻上表现唐诗，而且塑造了《诗魂》《诗峡》《丽人行》三组艺术群雕。

（3）科举文化。科举文化以杏园为载体，通过雁塔题名、杏园关宴、进士探花等历史典故和大量文献、实物及雕塑、壁画,展示唐代科举制度的兴盛和影响。

（4）女性文化。女性文化以仕女馆和望春阁为主要展示场所。唐代女性崇尚自由、时尚,追求爱情的真实风貌得以展现。这里是中国第一个唐代女性文化的主题博物馆。

（5）宗教文化。通过地雕、艺术造型、实物和故事演绎等,展示宗教在唐代的发展融合,反映宗教文化对中华文化的巨大影响。

（6）饮食文化。饮食文化以御宴宫、芳林苑为载体,展示唐代丰富多彩的饮食习俗与文化。

（7）茶文化。茶文化以陆羽茶社为载体,用茶道、茶艺表演来生动地展示中华茶文化的历史渊源和丰富内涵,了解唐人的生活情趣。

（8）智乐文化。智乐文化通过妙趣横生、寓教于乐的设施和工艺,展示唐代科技文化的先进。

（9）外交文化。外交文化展示大唐与波斯、印度、罗马的文化交流,日韩遣唐使的友好往来,以及大唐和南海诸国的通商贸易,展示了大唐海纳百川、兼容并蓄的开放气象。

（10）民间文化。民间文化真实演义唐代长安的市井生活、民间习俗,宛如唐代世俗文化的《清明上河图》。

（11）歌舞文化。大唐芙蓉园各景点每天都上演着各种精彩的表演节目。大唐芙蓉园的演出节目既包含经典的盛唐文化,又包含着浓郁的陕派特色。其中,大型主题歌舞剧《梦回大唐》成为芙蓉园的重大卖点和文化娱乐的"金字招牌"。《梦回大唐》的主要场景是在宫廷,有展现宫女舞艺的霓裳羽衣舞,有唐明皇击鼓检阅军队的大唐军威,还有流传千古的唐明皇与杨贵妃的爱情故事。不仅呈现了大漠西域的异族风情,还展现了民间风俗技艺,如街头武术、大头娃娃舞和踏青舞等。

（12）大门特色文化。东、南、西、北四个大门,一门一主题,一门一特色,一门一景观,充分显现了大唐盛景。

（13）庆典、巡游文化。大唐芙蓉园通过节日庆典和巡游活动,将12个文化主题区串联起来,使游客身临其境,徜徉在中华民族的精神故乡中。

资料来源：http://www.greepi.com/wenda/article-232.

案例思考题

通过大唐芙蓉园案例分析文化营销的类型和运作方式。

六、体验营销

（一）体验营销的概念

体验经济学家派恩指出,所谓体验就是指以个人化的方式来度过一段时间,并从中获得过程中呈现出的一系列可回忆的事情。体验营销是通过看、听、用、参与的手段,充分刺激和调动消费者的感官、情感、思考、行动、关联等感性因素和理性因素,使消费者从中得到某些感受、感悟和体验的营销方法。目前,人们消费的观念日益注重通过消费体验获得个性的满足。增强消费者消费前、消费时、消费后的良好体验才是旅游企业经营成功的关键,因此体验营销把焦点集中在顾客"体验"上,让消费者在消费过程中得到更深刻的体验。

旅游体验营销是结合旅游产品与服务的属性，策划有特定氛围的营销活动，让游客通过看、听、用、参与的手段获得美好而深刻的体验，通过感官—情感—思考—行动—关联，满足消费者的情感需求，从而扩大旅游产品和服务销售的一种新型的营销活动方式。在体验营销中，"感官"引起人们的注意；"情感"使的体验变得个性化；"思考"加强对体验的认知；"行动"唤起对体验的投入；"关联"使得体验在更广泛的背景下产生意义。

（二）体验营销的主要策略

1. 感官式营销策略

感官式营销策略是通过视觉、听觉、触觉与嗅觉建立感官上的体验。它的主要目的是创造知觉体验以进行旅游企业和产品的识别，达到增加产品的附加值和引发消费者购买动机的目的。

2. 情感式营销策略

在情感消费时代，消费者在购买商品的时候不仅看重商品质量，而且还希望通过强大的品牌情感联系实现情感上的满足。情感营销就是从消费者的情感角度出发，触动消费者的内心情感，唤起消费者的情感共鸣，创造情感体验，寓情感于营销之中，并使消费者获得感情上的满足和心理上的认同。

3. 思考式营销策略

思考式营销策略是通过举办活动让消费者获得某种认识，或获得解决某种问题的体验，达到启发人们思考、增长人们的智力、形成新的知识财富的目的。

4. 行动式营销策略

行动式营销策略是以行动传播工具为媒介进行营销的一种方式。一般会通过偶像的活动来激发消费者改变生活形态的愿望，引发消费者体验偶像所使用的产品并购买这种产品，从而实现产品的销售。

星巴克的"体验营销"

星巴克的"体验营销"方式是使它拥有独特魅力的一个法宝。在星巴克咖啡馆里，为顾客提供的不仅仅是可口的咖啡，而是致力于顾客体验的建立。

1. 感官上的享受

在视觉上，星巴克公司聘请专业的设计师和艺术家为星巴克咖啡在各地建设专门的星巴克咖啡店。在听觉上，星巴克选择合适的音乐适应顾客的需求，以使顾客在咖啡店内得到充分的放松。在触觉上，星巴克的店内家具等都采用木质材料，给消费者一种温馨、典雅、舒适的感觉，让顾客体会到一种无拘无束的氛围。在味觉和嗅觉上，星巴克以独特的"星巴克烘焙法"来烘焙咖啡豆，在磨豆以及煮咖啡时，会产生一种浓郁而独特的香味来吸引顾客的注意。

2. 情感体验上的放松

星巴克为主流的消费群体构建了一个心灵绿洲，悠闲的社交活动场所。在网络社区、博客或是文学作品中，不少人记下了诸如"星巴克的下午"这样的生活片断，似乎在这些地方每天都发生着可能影响人们生活质量与幸福指数的难忘故事，形成一种广泛的消费共鸣。所以，"我不在星巴克，就在去星巴克的路上"，传递的是一种令人羡慕的"浪漫生活"。这样的生活也许有人无法天天拥有，但没有人不希望"曾经拥有"。

星巴克就为人们提供了一个独自享受，随意谈笑，可以歇息的第三空间。它为处于忙碌中的人们提供了一个可以整理心情的空间，接触有着相同人生情调及社会价值观的文化体验，让处于不断忙碌中的人们得以喘息。

3. 思考体验上的刺激

星巴克给顾客提供一种开阔的视野，使顾客感到星巴克不再仅仅是一个咖啡馆，还是一个舒适的，文化氛围极好的思考之地。

4. 行动体验上的娱乐

星巴克开设的"热客俱乐部"，不仅教会了顾客如何饮用咖啡，还与顾客通过网络产生互动，并在俱乐部内通过一定的活动向顾客提供优惠券。另外星巴克巧妙地营造出一种与顾客生活形态相接近的环境氛围，让学生在店内可以安心读书，让上班族在下班后可以在店内安心休息，从而使星巴克不断深入到人们的生活中去，使之成为人们生活中不可缺少的一部分。

5. 关联体验上的归属

在星巴克的关联体验中，以寻求顾客的群体归属感为目的。星巴克咖啡在为顾客提供感官、情感、思考与行动上的体验的同时，让它与一个广泛的社会群体相关联，并带给人们一种归属感。经调查研究，消费者认为星巴克是一个充满人文气息的场所，很多人认为去星巴克是一种地位和时尚的象征，可以提高自己的品位，展现自己的与众不同。

资料来源：吴思远. 浅谈星巴克的体验模式. 对外经贸，2012(8): 113-114.

案例评析：星巴克咖啡营造了都市闹中取静的幽雅环境，有精选的轻音乐、有轻松闲适的聊天欲望，传达的是一种轻松、温馨的氛围，提供的是雅致的聚会场所，形成客人和咖啡师之间、客人和客人之间的互动，从而把星巴克咖啡演绎成了一种情感经历，将普通人变为咖啡鉴赏家。星巴克之所以能够取得这样的成就，无不得益于它的体验式营销，通过看、听、用、参与等手段充分刺激和调动消费者的感官、情感、思考、行动、联想。

七、事件营销

（一）事件营销的概念

事件营销是指旅游企业通过策划、组织和利用具有新闻价值的事件，吸引媒体、社会团体和消费者的兴趣与关注，提高企业或产品的知名度，改善企业与公众的关系，树立良好品牌形象，并以谋求企业的长久、持续发展为目的的营销方法。通常说，就是通过把握新闻的规律，制造成具有新闻价值的事件，并通过具体的操作让这一新闻事件得以传达，从而达到广而告之的成效。事件营销集新闻效应、广告效应、公共关系、形象传播、客户关系等多功能为一身，因其低成本和较高关注度而成为大型旅游企业推广的首选方式。

（二）事件营销的模式

1. 借力模式

借力模式是指借助社会已存在的热点，将旅游企业或产品向社会热点话题靠拢，从而借助热点事件来吸引公众的关注，吸引新闻媒介的报道。在适当的时机借助热点事件可以达到良好的传播效果。

2. 主动模式

主动模式是指经过精心策划，有意识地安排某些具有新闻价值的事件在某个选定的时间发生，主动制造具有新闻价值的热点事件吸引传播媒介的报道。主动模式通过把握新闻的规律，制造话题、设计悬念、炒作概念、营销名人、争夺媒体，并通过具体的操作，让这一新闻事件得以传播，从而达到广告的效果。

鱼被湖怪吃了

一座小镇附近有一个湖。几年前，当地渔民向每个湖里投放了大量鱼苗。两年过去了，湖里竟没有发现一条鱼。渔夫断定，鱼被湖怪吃了。后来经过专家调查，湖里有一条重120～200千克的专吃小鱼、贝类的大鲶鱼。于是，当地渔民决定捕获它，并特地请来五位网鱼能手。

消息不胫而走。当地旅游部门本来正为本年度游客减少而发愁，得到这个消息，顿时眼前一亮：决定不抓住这个机会，大肆渲染一番以吸引游客。

捕鱼的日子到了，成千上万的游客被那条神奇的鲶鱼吸引，蜂拥而至，要目睹这场鲶鱼与渔夫的决斗。决斗很快就进入了白热化，游客们为鲶鱼着迷，对渔夫们的每一次失败都报以哄叫。当被撕成碎片的渔网露出水面，岸上立刻响起了暴风雨般的掌声。当然，着迷的游客并没有因此忘了饥饿，他们吃掉了20 000张烤肉饼，喝光了30 000瓶饮料。

资料来源：http://www.doc88.com/p-808812778446.html。

案例评析：事件营销就是制造具有新闻价值的事件并得进行传播，从而达到广告的效果。本案例中，"鱼被湖怪吃了"的传言，带着神秘色彩，而渔夫与鲶鱼的搏斗富于刺激很吸睛，极具新闻价值，打破宣传中表现手法上的呆板，是一起成功的事件营销。

案例思考题

1. 从事件营销件的角度探讨该案例的成功之处。
2. 这个事件营销活动采用的是借力模式还是主动模式？

八、控制营销

（一）控制营销的概念

控制营销是一种旨在暂时或长期控制游客总量或限制特定类型游客数量的市场营销举措。它提倡通过恰当的方式，将旅游者的数量控制在旅游环境容量许可的范围之内，同时吸引那些能为旅游地带来最大综合效益的游客。

（二）控制营销的类型

1. 总体控制营销

总体控制营销是指总体性地调控旅游地的游客总量。例如，蜂拥而来的大众旅游者使环境管理部门措手不及。这一方面使游客体验受到损害，另一方面也影响了旅游地竞争力和环境的可持续性。总体控制旅游营销就是在旅游管理部门的协调下，景区、旅游经营者和目的地营销部门联合制定一系列措施，在控制游客总量的同时使旅游活动符合当地目标，实现可持续发展。

2. 有选择的控制营销

有选择的控制营销是指有选择地减少某类特定人群造访。例如，在广告宣传材料中说明旅游地适合和不适合哪些类型的旅游者，从而减少不适合人群来此旅游。

3. "虚伪"的控制营销

"虚伪"的控制营销是指旅游产品提供者有意调低产量，以期达到调控供求关系、制造供不应求"假象"、维护产品形象、维持商品较高售价和利润率的目的的营销策略。

消费者通常有一个共同的心理：紧俏的商品、被抢购的商品总是最好的。因此，采用"虚伪"的控制营销，可以刺激消费、扩大市场。采用这种营销策略的条件是：产品要新、要好，即产品质量好、花色新；要调查预测市场对该产品的容纳量。预测力求准确，如果不了解市场对产品的容纳量，或者对市场容纳量预测不准确，这一策略也会失灵。

（三）控制营销的措施

1. 促销控制

促销控制是指减少促销开支，减少客源。

2. 环境公告

环境公告是指通过宣传让公众了解旅游地的容量限制；根据季节和当地环境状况等对旅游活动作出限制；告知旅游者可能因环境限制而取消的旅游项目；通过记者和相关媒体，倡导有责任的旅游行为。

3. 形象再造

形象再造是指重塑旅游地形象，使之仅对那些合意的旅游者构成吸引力；在促销材料中说明旅游地适合和不适合哪些类型的旅游者；在促销材料中说明哪些旅游行为被鼓励或不被鼓励。尽可能让旅游者在收集信息和做出旅游决策的早期阶段就获得这些信息，而不是来到旅游地之后才得知。

4. 价格调节

价格调节是指适当提高旅游产品价格；降低景区给予分销商的佣金比例，调节旅游人数。

5. 游客引导

游客引导是使游客不进入生态环境脆弱的地区，同时增加宣传非热点、非敏感地区；要求游客提前订票或预约；在参观点限量发放参观票，票上规定参观者的进入时间；将大型旅游团队分散成小团队进行安排，等等。

6. 替代活动

若某些旅游活动不适宜在景区展开，营销者可向旅游者推荐其他旅游地，也可以在互联网上提供虚拟旅游，以此缓解游客过多的压力。

横店影视城"古居区民国趴"活动

横店影视城在2016年春季开展了"古居区民国趴"活动，并在其微信公众号推送内容中详细介绍了这次活动的流程。这次活动增设了"寻宝解密"的游戏环节。这个游戏模仿一个案件的侦破，让人想去一探究竟。在推送内容的最后介绍了活动的参与方式，并且巧妙地采取了"控制营销"的方式，活动只限200人参加，避免因参加人数过多而影响游戏体验。这样的营销方法让人在读完之后能快速地做出反应，唯恐一票难求。

资料来源：http://ly.sz.bendibao.com/tour/2016310/ly760104_5.html.

案例思考题

1. "古居区民国趴"活动的营销的目的是什么？
2. 从案例出发，探讨控制营销如何避免消费者的反感？

九、定制营销

（一）定制营销的概念

定制营销是指为了全面满足旅游者个性化体验需求，旅游企业通过与旅游者进行一对一的信息交流，邀请旅游者参与旅游产品与服务的设计，通过模块化设计和生产进行按需定制的市场营销方式。随着生活水平的提高、生活方式的改变、出游经验的丰富和消费理念的提升，个性化旅游消费成为一种时尚，针对旅游者自身个性化需求而设计行程的定制旅游产品便应运而生了。定制旅游的突出特征是将每个旅游者都作为有独一无二的微观目标市场，最大限度地满足旅游者个性化的需要。在其他条件相同的情况下，定制营销的旅游产品、旅游服务易被消费者所接受，更容易提高消费者的满意度。

（二）定制营销的类型

定制旅游的三种形式：一是单项组合定制，如自由行的交通＋景区；二是主题定制，如为小众旅游群体的出游需求而开发的特色旅游线路，如摄影、自驾游、寻婚旅游、暴走旅游、小说旅游、静态旅游、非遗旅游、奢华旅游等；三是C2B定制旅游，如客人提出具体旅游需求，由商家对接提供个性化旅游服务。

（三）定制营销的条件

1. 掌握旅游者信息

首先，定制营销是以满足消费者的个性化需求为存在条件的，因此定制营销必须有游客数据积累和游客数据库分析作基础，向企业的研发、生产、销售和服务等部门和相关人员提供全面的信息，让其理解顾客的期望、态度和行为，实现科学决策和科学管理。

其次，定制的过程就是收集顾客偏好信息、邀请顾客参与产品或服务设计的过程。定制旅游产品的设计应遵循以客户体验价值为导向的原则，在精准的目标人群细分、旅游行为细分、旅游需求细分、游览兴趣细分、旅游方式细分的基础上，根据顾客在需求上存在的差异，将顾客的产品需求或服务需求化整为零组织生产开发，或提供定时定量服务，顾客根据自己的喜好选择和组合，形成"一对一"营销。

2. 选择合理的定制营销方式

当要定制产品的结构比较复杂时，旅游企业与消费者可以进行直接沟通，选择合作型定制；当消费者的参与程度比较低时，消费者可以根据自己的需要对产品进行更新组装，这是适应型定制营销方式；当消费者的参与程度很高时，可以采用顾客设计定制营销方式。总之，旅游企业要充分考虑自身产品及企业服务顾客的需求差异，正确地选择定制营销方式。

3. 适当增加业务外包

业务外包，也称资源外包、资源外置，是指企业整合其外部最优秀的专业化资源，将企业非核心业务交由合作外包企业完成，从而达到降低成本、提高效率、充分发挥自身核心竞争力和增强企业对环境的应变能力的管理模式。业务外包的精髓是明确旅游企业的核心竞争能力，并把企业内部的智能和资源集中在那些核心竞争优势的活动上，将企业非核心能力部分的业务外包给最好的专业公司。业务外包增强了旅游企业开发、生产、销售和服务的能力，使旅游企业可以开展定制营销。

4. 提供满足旅游者要求的服务

在定制旅游的实施中，应该最大限度地提供满足旅游者要求的服务方式，形成与旅游者长期而稳定的服务关系。以旅游线路的设计为例，在前期阶段，旅游企业应加强实地考察，制定旅游路线的多种安排预案；在顾客询问阶段，旅游企业更多的是提供顾问式服务，从而为消费者制定出更成熟的"定制旅游"方案；在行程中的旅游服务要坚持"灵活、周到、流畅、专业"的服务宗旨，让旅游者真正地享受"定制旅游"的个性化周到服务；每次旅游行程结束后，要对旅游者进行调查追踪，及时发现旅游产品设计缺陷，以充实客户数据库，为以后的服务提供参考。

5. 实现旅游产品模块化发展

当今旅游企业，一方面必须利用旅游产品的标准化、通用化和批量化来降低旅游产品成本、提高旅游产品质量；另一方面还要不断地进行旅游产品创新从而使产品越来越个性化，满足旅游者的定制需求。因此，定制营销并不是无限的选择，而是通过提供适当数量的标准件进行成千上万种搭配，形成组合的特殊性产品，这就是旅游产品的模块化过程。定制营销需要配置能成为多种旅游形式的模块化产品，这样即可以保持旅游产品较高通用性，又可以实现旅游产品的多样化配置，从而更有效地满足不同旅游者的个性化需求。这种模块化的旅游产品设计提升了旅游企业适应消费者需求的能力，使旅游企业能根据顾客需求的差异开展定制营销。

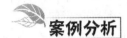
案例分析

定制游，更好地体验舒适轻松的旅行

近日，太原市民乔莉一家享受了一次定制旅行。她们全家和亲戚总共8个人决定开展一个小规模的家庭亲子游。经过详细调查，她选择了为期5天的桂林私人定制游。"这次旅行，我们没有选择豪华大酒店，而是住在旅行社精心为我们挑选的性价比较高的亲子家庭酒店。也没有走常规线路，只选择一些适合孩子们玩的景点，行程中安排一天时间纯粹体验当地的市井生活。每天的行程轻松愉快，让全家人真正体验到了旅行的意义所在。"乔莉高兴地说。

家住太原市平阳路的叶女士说，为庆祝孩子领取到大学录取通知书，她家专门召开了一次外出旅游家庭筹划会，共同寻找合适的旅游产品。经过几天的查询和细心比较之后，叶女士锁定了几家旅行社推出的独立小包团，专属定制产品。"虽然这些定制线路报价比普通产品略高，但全程无自费，行程也可以根据游客时间灵活掌握，与常规旅行团队相比节奏轻松。更主要的是定制旅游后，一大家子出行不用担心与陌生人拼团，还可以深入体验旅游地的风土人情。"叶女士说，"家人们更注重的是舒适轻松的行程体验。"

资料来源：山西经济日报，2022-08-18.

案例评析：不想跟团旅游，又没空做旅游攻略越来越多的人开始选择定制游。旅行社也会制定行程推荐表供游客自由选择。相比走马观花式的旅行，定制游越来越吸引消费者的目光。

案例思考题

从此案例出发，探讨旅行社应该如何开展定制营销。

十、智慧旅游

（一）智慧旅游的概念

随着旅游信息的不断更新和智慧城市的建设，2009年"智慧"的概念开始进入旅游行业，并且形成了"智慧旅游"的相关概念和研究。学者的研究成果表明，智慧旅游是利用物联网技术、云计算、互联网等现代科技的手段来完成现代化的旅游活动的旅游模式。智慧旅游是一个巨大的工程，它涉及企业、政府、居民、游客等主体，运用以物联网技术、云计算、人工智能、移动终端技术为核心的技术，实现了游客与网络实时互动，对旅游行业的各个方面都有很好的改进效果。

（二）智慧旅游的内容

智慧旅游的"智慧"体现在旅游服务的智慧、旅游管理的智慧和旅游营销的智慧这三大方面。

1. 智慧化服务

智慧化服务是指个人或组织运用智慧化技术为其他人或组织提供的服务。旅游智慧化服务从满足游客需求出发，研制开发集旅游票务营销系统、旅游线路营销系统、旅游签证提报系统、担保支付系统、导游预订系统、网络商品展示系统、保险办理系统等为一体的旅游智慧化服务平台，为游客提供智慧化服务。其功能如下：通过科学的信息组织和呈现形式，让游客方便快捷地获取旅游信息，帮助游客更好地形成旅游决策并安排旅游计划；利用信息化的技术，把一些旅游资源进行整合，然后为广大游客量身定做，提供适需对路的旅游产品；实现贯通旅游产业链条和一站式、便捷式在线消费服务，促进旅游产品销售与游客购买需求的有效对接；利用物联网、无线定位技术和监控技术实现旅游信息的传递和实时交换，让游客的旅游过程更顺畅，提升旅游的舒适度和满意度，为游客带来更好的旅游安全保障和旅游品质保障。

2. 智慧化管理

智慧化管理是指利用物联网、大数据和人工智能为代表的信息技术实现传统旅游管理方式向现代旅游管理方式的转变。

首先，智慧化管理从满足旅游企业需求出发，研制开发集企业交互信息发布系统、客户资源管理系统、资源管理系统、电子计调系统、同业管理系统、导航导览导购导游系统等为一体的旅游智慧化管理平台，实现旅游企业智慧化管理。其功能如下：依托信息技术，主动获取游客信息，形成游客数据积累和分析体系，实现科学决策和科学管理；通过信息技术，及时准确地掌握游客的旅游活动信息和旅游企业的经营信息，与公安、交通、工商、卫生、质检等部门形成信息共享和协作联动，形成旅游预测预警机制，实现旅游行业监管过程管理和实时管理，提高应急管理能力；旅游企业广泛运用信息技术，改善经营流程，提高管理水平；随着信息技术在旅游企业中的广泛应用，将进一步促进旅游产业融合，大幅提高旅游相关企业的服务效能。

其次，智慧化管理从满足行业监管工作需求出发，研制开发集旅游信息管理系统、旅游团行踪监控系统、旅游消费投诉系统、政策查询检索系统等为一体的旅游智慧化监管平台，实现旅游行业监管的智慧化管理。其功能如下：实现对市场的监管，促进政务系统从单纯信息发布向智能服务管理模式的转变，实现旅游信息收集、分类、处理、发布自动化。

3. 智慧化营销

智能化营销是通过人的创造性、创新力以及创意智慧，将先进的计算机网络、移动互联网、物联网等科学技术应用于旅游市场营销领域，形成新思维、新理念、新方法和新工具的创新营销新概念。

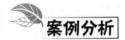

浙江千岛湖全力打造无接触数字景区

在打造全国"数字第一湖——千岛湖"的大背景下，淳安县以数字化改革助力全域旅游高质量发展。

第一，推进景区游客快速入园。开发上线"千岛湖旅游官方平台"小程序，游客可以随时随地进行预约，选择适合自己的游玩时间和游玩线路，到景区直接扫码入园，游客体验更加便捷。推进"20秒入园"场景应用，围绕"让游客多游一小时"目标，全县所有A级景区、主要场馆通过加装设备、软件升级，实现"线上预约、现场核验"快速入园，目前累计22家景区场馆上线自助入园，数据全部接入杭州城市大脑。

第二，积极打造全国首个"无接触"数字景区。一是强化数据分析，精准掌握景区实时游客数量，为高峰期景区分流、道路拥堵预警提供技术支撑。二是推出智能服务。在"千岛湖旅游官方平台"小程序、千岛湖旅游官方微信等平台，配套县域范围内的专业语音导游、VR全景预览等智能服务。

第三，开发吃喝玩乐地图。以自助自驾游游客为目标用户，整合全县景区（点）、酒店民宿、餐标、涉旅公共服务点位等3 000余条信息，实现"所有旅游资源一张图"，支持分类查询、导航，让用户可以快速找到周边适合自己的旅游消费点，自定义旅游线路，实现一站式自助服务。

第四，建立全县游客交通诱导系统。在两大旅游码头、8个岛屿景点共安装25块LED大屏，并与交警、海事、建设集团进行数据对接，实现路况拥挤情况播报、主城区停车位实时查询、各景点的游客分布情况和湖区景点游船到达情况等信息展示，解决游客信息不对称问题。

资料来源：http://www.ctnews.com.cn/paper/content/202104/12/content_55885.html.

案例思考题

淳安县是如何开展智慧化服务、智慧化管理、智慧化营销的？

十一、新零售

（一）新零售的概念

所谓新零售，即企业以互联网为依托，通过运用大数据、人工智能等先进技术手段，面向全体客户群体提供全渠道、全产品、全时段、全体验的新兴零售模式，将线上服务、线下体验以及现代物流进行深度融合，重塑业态结构与生态圈。新零售的关键之处在于促进线上线下的整合，打破了线上和线下之前的各自封闭状态，线上线下得以相互融合、取长补短且相互依赖，线上更多履行交易与支付的职能，线下通常作为筛选与体验的平台，高效物流则将线上线下相连接，从而使线上的互联网资源和线下的实体店形成真正意义上的合力，从而完成电商平台和实体零售店面在商业维度上的优化升级，同时促成价格消费时代向价值消费时代全面转型。

（二）新零售的开展方法

1. 新渠道的建立

现在的消费者在选购商品时，往往既需要合理的价格，又追求可靠的品质，同时还注重购物的过程体验。但在现实中，不论是独立的线上商家还是线下商家，都很难同时满足人们上述的购物需求。因此，旅游企业需要打通线上线下的利益链条，既给用户提供线下真实的场景和良好的消费体验，又真正地将旅游行业与"互联网+"融为一体。通过搭建有形店铺、无形店铺与信息媒介深度融通的全新零售平台，最大限度地使客户在购买商品时不受时间、空间和形式的约束，自由、轻松、愉悦地完成整个消费过程。

2. 新兴技术的融入

新零售是运用大数据、人工智能等先进技术手段，对商品的销售过程进行升级改造。在未来的新零售模式下，利用大数据分析技术，不仅可以动态地把握消费者消费行为和需求的发展变化，为其提供个性化甚至定制化的产品或者服务，而且助于制定更为切实可靠的市场战略，全面提升经营管理的效率。企业拥有新技术的强有力支撑，数字化的服务就能顺利推进，用户的消费过程就会更加人性、便捷、高效、简易和流畅，与商家之间的互动也将随之增多，消费体验自然就能得到实质上的提升。

十二、新媒体营销

（一）新媒体的概念

新媒体全称为数字化新媒体，是通过互联网、无线通信网等渠道以计算机、智能手机、数字电视机等终端，利用数字技术和网络技术向用户提供信息和服务的媒体。报纸、杂志、广播、电视是传统意义上的四大媒体，新媒体被称作"第五媒体"。

新媒体运营平台是指通过现代化移动互联网手段以及新兴的数字化媒体工具进行系列运营的平台。新媒体运营平台用户基数大，活跃度和黏度很高，互动性强，容易被用户群体接受，营销成本较低，投放渠道很丰富。

知识链接

新媒体运营平台的分类

1. 视频平台

视频平台是指提供在线视频播放和分享服务的网站或应用程序。这些平台允许用户上传、浏览、搜索和分享各种类型的视频内容，包括电影、电视剧、音乐视频、短视频、纪录片等。视频平台主要是以发布视频为主，在视频中传达品牌信息、产品信息，包括直播平台、短视频平台、长视频平台、音频平台等。

2. 社交平台

社交平台是指通过互联网或移动应用程序，让用户创建个人资料、与他人建立联系、分享内容和进行互动的平台。这些平台提供了一个虚拟社交空间，使用户可以与朋友、家人和其他人进行在线交流，分享生活、发表观点和建立社交关系。社交平台具有较明显的互动性，人与人之间的紧密联系明显，以微信、微博、问答三种平台较为突出。

3. 自媒体平台

自媒体平台是指个人或小团体通过互联网发布自己的内容的平台。这些平台提供了一个开放的环境，让用户可以自由地创作、发布和传播各种形式的内容，如文字、图片、音频和视频等。自媒体平台的兴起，使个人和小团体有了更多的机会展示自己的才华和观点，并与更多的人进行交流和互动。自媒体平台的典型代表包括今日头条媒体、百度百家自媒体、一点咨询自媒体、腾讯开发媒体平台、微信公众号等。

（二）新媒体营销的概念

新媒体营销是指利用新媒体平台进行营销的方式。新媒体营销是借助新媒体对广大受众进行广泛且深入的信息发布，达到让受众参与具体营销活动的目的。它是企业软性渗透的商业策略在新媒体形式上的实现，通常借助媒体表达与舆论传播使消费者认同某种概念、观点和分析思路，从而达到宣传企业品牌、实现产品销售的目的。目前，很多旅游企业在抖音、快手、小红书等新媒体平台上，通过孵化各种目的地网红、直播带货、直播旅游等方式进行市场营销。

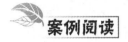

丽江雪山小镇，水墨求婚18式

"水墨求婚18式"走红网络，丽江雪山小镇瞄准事件热点，联系求婚情侣，拍摄水墨风求婚18式短视频。短视频将"水墨求婚18式"对应的画面——呈现，利用男女主之间的亲密互动切换场景，使视频更具有沉浸感。在短视频中，通过情节的安排，将丽江雪山小镇的度假体验实景呈现，视频作为声光电的结合体，给人以十分全面的感官体验，令人印象深刻。

资料来源：https://www.sohu.com/a/321871885_120083939?qq-pf-to=pcqq.c2c.

案例评析：近年来互联网逐步普及化，新媒体营销逐步渗透了人们的日常。本案例通过这一波视频热点营销，丽江雪山小镇以精准的人群定位和快速的执行力，不仅追赶上了事件的热度，更将品牌与热点形成关联，实现了热度最大化。

微信营销、博客营销、短视频营销

微信营销是指利用微信平台进行推广和营销的活动。微信拥有庞大的用户群体和广泛的功能，因此成为许多企业和个人进行营销和推广的重要渠道之一。商家通过微信为用户提供需要的信息，用户订阅自己所需的信息，从而实现点对点的营销。微信营销是伴随着微信的火热而兴起的一种网络营销方式。对于顾客可而言，微信营销不存在距离的限制，可以实现点对点的体验式微营销。以下是一些常见的微信营销策略和方法。①微信公众号。企业可以通过创建自己的微信公众号发布有价值的内容，与用户进行互动和沟通。通过提供有趣、实用和有吸引力的内容，吸引用户关注和参与，增加品牌曝光和影响力。②微信群发。通过微信群发功能，向已关注公众号的用户发送信息，宣传产品、促销活动或提供优惠信息。注意要根据用户的兴趣和需求进行定向推送，避免过度打扰用户。③微信小程序。微信小程序是一种轻量级的应用程序，用户可以在微信内直接使用，无需下载安装。企业可以开发自己的微信小程序，提供更便捷的购物、预约、服务等功能，增加用户体验和便利性。

微博营销是指利用微博这一社交媒体平台进行推广和营销的活动。微博拥有庞大的用户群体和广泛的功能，许多企业和个人利用微博平台进行推广和营销的活动。以下是一些常见的微博营销策略和方法。①微博账号运营。企业可以创建自己的微博账号，发布有价值的内容，与粉丝进行互动和沟通。通过提供有趣、实用和有吸引力的内容，吸引粉丝关注和参与，增加品牌曝光和影响力。②微博广告推广。微博提供了广告投放平台，企业可以通过投放广告将品牌和产品展示给更多的用户。根据目标受众和需求，选择合适的广告形式和投放方式，提高广告的曝光和点击率。③微博话题营销。利用热门话题和事件，结合企业的产品或服务，进行相关的内容创作和推广。通过参与热门话题的讨论，增加品牌曝光和用户关注度。④微博博主合作。与有影响力的微博博主合作，让其代言或推广企业的产品或服务。通过博主的粉丝基础和影响力，扩大品牌的曝光和影响力。⑤微博活动策划。通过举办线上或线下的微博活动，吸引用户参与和互动。例如，举办抽奖活动、答题活动或用户分享活动，增加用户参与度和品牌关注度。

短视频营销是指利用短视频平台进行推广和营销的活动。随着移动互联网的发展，短视频平台如抖音、快手、小红书等成为用户获取信息和娱乐的重要渠道，也成为企业进行品牌宣传和产品推广的热门选择。以下是一些常见的短视频营销策略和方法。①创作原创内容。通过创作有趣、有吸引力的短视频内容，吸引用户的关注和分享。内容可以包括产品展示、用户故事、品牌宣传等，要注意保持内容的创意性和独特性，以吸引更多的用户观看和互动。②合作达人或 KOL（key opinion leader）。与有影响力的短视频达人或 KOL 合作，让他们代言或推荐产品。借助他们的影响力和粉丝，扩大品牌的曝光和影响力。③利用短视频广告。短视频平台提供了广告投放功能，企业可以通过投放广告将品牌和产品展示给更多的用户。根据目标受众和需求，选择合适的广告形式和投放方式，提高广告的曝光和点击率。④参与热门挑战或话题。短视频平台经常会有各种热门挑战或话题，企业可以参与其中，创作相关的短视频内容，吸引用户的关注和参与。这种方式可以增加品牌曝光和用户参与度。⑤数据分析和优化。通过短视频平台提供的数据分析工具，了解用户的兴趣和需求，根据数据进行精准的定向营销，提高营销效果。

（三）新媒体营销的优势

1. 更强的互动性

与传统媒体相比，新媒体营销具有极强的互动性，强调商家和客户之间的互动，并促使消费者主动与企业进行沟通，还能让消费者参与其中，真正实现了企业与消费者的全方位互动。

2. 更广泛的客户群

新媒体营销拥有广阔的用户资源，可以让信息接收者同时成为信息发布者，利用大众的力量让口碑传播形成病毒式的扩散形态，这种传播方式速度快且范围广。

3. 更加个性化的产品服务

新媒体营销比传统媒体营销更能满足不同客户的需求。新媒体营销针对不同地域、年龄、性别、职业、文化程度的消费群体，有目的地进行广告宣传。新媒体营销充分利用计算机和网络技术建立了可以使商家和用户进行有效沟通的渠道，企业可以了解每一位消费者的要求并迅速给予答复，可以根据消费者提出的要求进行定制，可以照顾客户的差异化、个性化需求，这是传统媒体营销所不能达到的。

4. 更加低廉的成本

新媒体可以提供免费的营销平台和营销资源，比传统媒体营销更节省成本。

5. 更好的顾客体验

新媒体营销以用户体验为主要目的，以移动互联网为主要沟通平台，注重消费者在消费前、消费时、消费后的体验。

案例阅读

完美日记小红书 APP

完美日记这一美妆品牌，仅用 8 个月时间销量增长了近 50 倍。完美日记没有像传统的国际美妆一样全平台铺广告，而是抓住了刚发展起来的小红书。小红书 APP 是一个年轻人分享生活的平台，汇聚了全球数百万"达人"的购物心得，内容以美妆、保健品、配饰、服装等品类为主，是目前美妆类消费者主要聚集的社区平台。

完美日记在小红书 APP 上大量投放艺人、KOL、普通用户有关完美日记产品的使用笔记。首先，完美日记邀请众多艺人在小红书中进行宣传、推广；然后与美妆博主开展合作，将产品的基础内容提供给博主后，由博主进行产品试色、对比、展示，引导消费者购买；最后消费者购买产品后再回到小红书中分享使用感受，形成二次传播。

小红书上，有关完美日记的笔记超过 7 万篇，完美日记的小红书品牌账号已经拥有超 190 万人的粉丝、超 350 万次的获赞量与收藏量，粉丝数远超部分知名国货、外资彩妆品牌。

资料来源：https://wenku.baidu.com/view/2175b732ab114431b90d6c85ec3a87c240288af0.html?_wkts_=1685446150232.

案例评析：小红书 APP 是目前美妆类消费者主要聚集的社区平台。完美日记这一美妆品牌与小红书APP的受众群体一致,完美日记在小红书APP内采用垂直社群投放获客+私域流量复购转化的方式获得巨大的成功。

十三、IP营销

(一)IP营销的概念

IP(intellectual property)是知识产权的缩写。IP营销是指根据作品(IP)的类型和特点进行宣传,借助火爆的IP效应引动粉丝,使得该IP不断累计大量的忠实粉丝的营销手段。通俗地讲,IP就是被大众所熟知的人或物,包括小说、动漫、游戏、电影、电视剧、明星等大热的IP,在一开始便拥有了一定的粉丝基础,借助这些IP进行宣传和推广,就可以达到品牌曝光和涨粉的目的,并通过开发IP上游与下游实现变现。IP营销成功的秘诀在进行市场细分,深入调研用户画像,考虑细分市场的特点,依靠大数据平台,精确传递给目标受众,运用与本身IP的精神内涵相匹配的商业化模式,从而提升品牌溢价。

(二)IP营销的类型

1. IP衍生品

IP衍生品(licensed product),也称为周边产品,是围绕某一个特定IP,将其中的鲜明特征衍生出来,所产出具有商业价值的产品。如北京冬奥会的两个吉祥物"冰墩墩"和"雪容融"所衍生出的各种玩具等。

2. IP转化

IP转化就是把IP改成另一种形式呈现给用户。比如北京环球影城包含七大主题景区分别为功夫熊猫盖世之地、变形金刚基地、小黄人乐园、哈利波特的魔法世界、侏罗纪世界努布拉岛、好莱坞和未来水世界。每一个景区背后都有强大的IP做支撑。

3. IP合作

IP合作就是利用IP品牌效应进行的商业活动,来增加知名度或者宣传效果等。与IP合作已经成了很多行业吸引消费者的新方法,海飞丝作为第一季至第四季《中国达人秀》的独家冠名品牌,完美地将"自信、果敢、实力"的品牌精神与《中国达人秀》的活动理念进行融合。

4. 打造IP

打造IP就是自身的形象打造、形象包装,并不断累计大量的忠实粉丝。例如,江小白,江小白的产品包装和磨砂的小玻璃瓶上刻印了江小白风格的语录:"我是江小白,生活很简单。""我就是我,我站在这里,我就是江小白,你喜欢就喜欢,可以参与进来;不喜欢就不喜欢,我也不去讨好你。""我们未必出类拔萃,但注定与众不同。"还印上一个"我是江小白"的LOGO,以及一个年轻小伙子的卡通形象,江小白卡通形象,是"80后""90后"的一个大众脸,任何人看了都觉得像自己。江小白自行设计能代表品牌个性的代言人形象,然后围绕代言人形象打造一系列能突出其鲜明个性的事件,品牌的人格为品牌注入人格魅力,打造属于自己的IP。不论是企业还是个人,都可打造属于自己的IP。

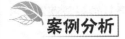 案例分析

故宫博物院的 IP 营销

近几年，故宫博物院深度挖掘丰富的明清皇家文化元素，将有五千年历史故宫的建筑、故宫的文物以及背后的故事，融合现代人喜欢的时尚表达理念，最终打造出万余种具有故宫文化内涵、贴近群众需求，深受消费者喜爱的文创产品，打造故宫 IP。

第一，故宫博物院巧妙运用互联网思维。故宫博物院很早就开始涉足新媒体、淘宝店、表情包、H5 等表演方式轮番上演，俘获了大众的眼球。故宫博物院巧妙运用互联网思维，故宫博物院整合"穿越"及"说唱"等新兴内容，发布《穿越故宫来看你》，H5 迅速霸屏。H5 与短视频的结合做到天衣无缝，说唱与画面更是相得益彰，牢牢抓住了受众的眼球，仅上线一天访问量就突破 300 万，实现现象级的品牌推广效果。

第二，开发 IP 衍生品。借助故宫 IP，故宫博物院文创产品达 11936 种。例如，故宫博物院借势故宫强大的流量 IP，推出"贱萌的复古"风格的文创产品，深受大家的欢迎。文创超级 IP 故宫，在淘宝上的两家授权电商，加起来粉丝已达 700 多万。故宫博物院文创产品年销售额达到 15 亿元。

第三，开展"紫禁城上元之夜"活动。故宫博物院在元宵节推出了大型"紫禁城上元之夜"活动。这也是 1994 年来的首场灯光秀，全民一起吃元宵，猜灯谜，体验百年前的宫廷活动。这波营销热点一出便吸引了无数网友熬夜抢票。

第四，制作综艺活动。故宫博物院制作了《国家宝藏》《上新了·故宫》等综艺，把这座已有数百年历史之久的博物院推上了超级网红之路。

总之，传统文化搭上"互联网+"，创造出惊人的文化新消费。IP+互联网，让故宫博物院这些建筑、文物"活"了起来。

资料来源：https://baijiahao.baidu.com/s?id=1640660923778069860&wfr=spider&for=pc。

案例思考题

故宫博物院的 IP 营销采用了哪些类型？

十四、跨界营销

跨界营销是让原本毫不相干的元素相互渗透相互融合，通过行业与行业之间、品牌与品牌之间的相互渗透、相互融合与相互映衬，发挥不同类别品牌的协同效应，实现多个品牌从不同角度诠释同一个用户特征，实现了品牌从被动接受转为主动认可转变，使企业整体品牌形象和品牌联想更具张力。跨界营销，意味着需要打破传统的营销思维模式，在与合作伙伴的互动中，获得资源利用上的共享共赢，发挥出不同类别品牌的协同效应。

跨界营销在具体的实践过程中，注意以下几点：参与跨界营销的企业或品牌应该基于品牌互补、渠道共享、产品研发、文化借势、地域优势嫁接等方面的特征；在进行跨界营销过程中根据双方各自品牌、产品、消费群体、资源等方面的研究，寻找出参与跨界营销的企业或品牌在品牌理念、营销思路、企业战略、消费群体、市场地位等方面所具有的共

性；参与跨界营销的企业或品牌在渠道推广、品牌内涵、产品人气或者消费群体方面可以互惠互利、互相借势增长，两者之间是共生互补关系，而不是恶性竞争关系；跨界营销更多强调的是消费者的体验和感受；只有具备共性和对等性的跨界营销才能发挥协同效应，才能将各自已经确立的市场人气和品牌内蕴互相转移到对方品牌身上，或者传播效应互相累加，从而丰富品牌的内涵和提升品牌整体影响力。

康师傅如何打好"上海迪士尼"这张牌？

上海迪士尼乐园携手康师傅策划了一场跨界营销。一个是全球最大的主题公园运营商，一个是国内最具影响力的快消品品牌。随着上海迪士尼乐园的正式开园，康师傅的一场跨界营销也开始了。在开园时，康师傅成为度假区内首要饮品供应商，在园区推出"一瓶迎客茶"活动，使游客在游玩的同时能够享受康师傅旗下各类饮品；康师傅包下了市区直达迪士尼园区的地铁11号线，在LED屏轮番播放康师傅饮品广告大片，让每一个细节都能看到康师傅，让整个游园的过程都能感知到康师傅；康师傅推出了带有上海迪士尼度假区人偶形象（米奇与米妮）的1升冰红茶开园纪念装，以最中国的方式一尽地主之谊；康师傅冠名位于奇想花园景区的"漫月轩"。"漫月轩"以中国建筑风格为基调，配以装饰着山、海、漠、林、海的象征符号，具有浓郁的中国风。总之，康师傅不仅为迪士尼带去了强有力的曝光，同时康师傅也把自己的产品融入进了上海迪士尼乐园。

资料来源：https://home.163.com/16/0617/16/BPPB1BEB00104JV9.html.

案例评析：康师傅与迪士尼联合跨界营销，植入自家产品，达到事半功倍的品牌协同效应。康师傅、迪士尼之间没有竞争关系，却有着有相同的受众群体或消费群体。二者在与合作伙伴的互动中，挖掘出相似的诉求点和品牌理念，可以获得资源利用上的协同效应。通过合作康师傅与迪士尼都丰富了各自产品或品牌的内涵，达到传播效应互相累加的效果，实现双方在品牌或在产品销售上提升，达到了双赢的结果。

一、即测即练

自学自测　扫描此码

二、思考题

1. 列举网络营销常用的方法。
2. 什么是绿色营销？以饭店为例，谈谈如何开展绿色营销。

第十一章　旅游市场营销创新

3. 简述事件营销的两种模式。
4. 控制性旅游营销的措施有哪些?
5. 简述文化营销的特点的类型与运作方法。
6. 整合营销的内涵包括哪些?
7. 简述定制营销的条件。
8. 简述微信营销与微博营销的策略与方法。
9. 短视频营销的策略与方法有哪些?
10. 简述新媒体营销。
11. 如何理解智慧旅游?
12. 控制营销的类型和措施有哪些?
13. 如何理解新零售?
14. 简述 IP 营销的定义与类型。
15. 如何进行跨界营销?

三、实践练习题

1. 选择一家有代表性的旅游企业进行调研,并为其进行旅游市场营销创新策划。
2. 联系本校或当地的驻村第一书记,运用访谈法了解当地乡村旅游的旅游市场营销创新策略,并对如何完善乡村旅游旅游市场营销创新策略提出建议。

四、案例分析题

案例分析 1 事件营销盘点

（1）奖励见义勇为的英雄。周口医生赵一品在嵩县白云山景区见义勇为、救助游客,获得景区终身免门票的事迹,得到《人民日报》官微、央视新闻客户端等 500 多家媒体转载、报道,微博话题浏览量达 1.2 亿,引发网友一片好评。随后,嵩县文广旅局迅速抓住时机、立即做出反应,推出嵩县所有 A 级景区对周口人民免门票优惠政策。

（2）高铁模特秀。江西省曾开展了江西乡村旅游提升年系列活动:11 位身着江西风景服装的模特在列车上大放异彩,上演时尚精彩的高铁模特秀,成为车厢里一道流动的风景线,引得乘客频频拍照,用特殊的方式展现了独好的江西美景。

（3）"云游动物园"直播。长隆野生动物世界开启了"云游动物园"主题直播活动,满足游客足不出户感受沉浸式动物园之旅的愿望,还衍生出 H5 答题闯关小游戏,将线上动物园变成一个寓教于乐的自然课堂。

（4）蜜雪冰城主题曲。蜜雪冰城以一首魔性洗脑的产品主题曲,引起了网友的关注,成了众多博主拍段子的热点素材,网友们纷纷改编创作,促进了二次传播,也在无形中为蜜雪冰城做了品牌宣传。微博相关话题阅读量超 6 亿,抖音播放量达 7.9 亿次。蜜雪冰城"火出圈"的一个重要原因就是精准洞察、迎合了年轻人热衷猎奇、玩梗、敢挑战、追潮流的心理,促使曝光量和知名度大幅提升。

案例思考题

1. 从事件营销理论出发探讨以上案例的成功之处。

2. 以上的事件营销活动采用的是借力模式还是主动模式？

案例分析2 百草味系列营销案例分析

百草味是集互联网商务经营模式、新零售为一体的渠道品牌和综合型品牌，一直专注休闲食品，探索更健康的休闲方式与更好的用户体验，力争在全渠道无限触达消费者。多年来，百草味采用多种手段的与方式进行营销。

第一，百草味借助世界杯这个热点事件，在线上开展"懂球"狼人杀，结合品牌特性，发起了"懂球大讨论"。借助两次世界杯的热点，百草味获得了消费者的关注与认同。

第二，百草味邀请众多知名艺人打造了《人间百味铺》微综艺节目。节目以"人间百味及食行乐"为主题，以脱口秀的形式，讨论、诊断和开导当前人们普遍存在的职场、社交以及生活有关的难题，倡导通过自嘲、洒脱的方式来面对难题，同时引出赶走孤独、颓废、无趣的各种坚果礼盒，如"冲浪呀海苔""神奇口袋""人间治愈抱抱果"等，希望用美味来帮助消费者释放压力，找回正面、积极、向上的情绪。微综艺节目《人间百味铺》的出发点是与消费者共情，在边吃边聊边搞笑的过程中增强消费者的认同感，借脱口秀进行互动，从而与消费者建立关系黏性和情感共鸣。

第三，百草味还致力于挖掘艺人IP与品牌共性。百草味联合颐和园文创IP率先推出"八方潮盒""富贵花开"两款联名年货坚果礼盒，并在天猫旗舰店上线销售。百草味陆续打造"吃货节""演吃会""零食秀"等自有IP，与消费者建立了强烈的情感纽带，延展出许多零食新场景。

第四，百草味将自身定位为"趣味零食探索家"，从消费者需求出发，不断创新，通过"怀旧中国年""年的味道""吉祥中国年""天生好果""宫廷中国年""颐和园IP"等礼盒，为消费者打造体验不断升级的年货礼盒产品。

资料来源：https://doc.mbalib.com/view/49192a46dc79deb112e8794be0be51d8.html。

案例思考题

分析以上案例体现了哪些旅游市场营销的新理念。

五、翻转课堂讨论题

非遗旅游小案例

江西省婺源县非物质文化遗产资源十分丰富，有徽剧、绿茶制作技艺等5项国家级非物质文化遗产，有甲路纸伞制作技艺等12项省级非物质文化遗产。婺源县广泛实施了"文旅融合，非遗先行"行动，将徽剧、傩舞、抬阁、地戏、灯彩等非遗项目展示融入参观游览项目中，推出了严田古樟民俗园、篁岭民俗文化村、茶马古道文化园等一系列文化展示体验类景点。目前全县4A级以上景区均有非遗项目常驻展示，有效提升了景区的文化内涵。

浙江省杭州市桐庐县江南镇把历史文化优势转化为旅游市场强势，先后打造了牛栏咖啡、猪栏茶吧、民国记忆等市场品牌，引领乡村旅游风潮，初步形成了一步一景、一点一画、一村一品格局，成功建设了江南古村落景区为代表的"古风民俗风情带"，成为闻名全国的全域旅游、美丽乡村、基层党建的示范区。

资料来源：https://baijiahao.baidu.com/s?id=1703437543244151585&wfr=spider&for=pc.

翻转课堂讨论题

1. 结合案例探讨非遗旅游在乡村振兴中的重要作用。
2. 结合案例探讨如何在非遗旅游开发中进行市场营销创新。

参 考 文 献

[1] 赵西萍. 旅游市场营销学. 北京：高等教育出版社，2011.
[2] 安贺新，史锦华，韩玉芬. 旅游市场营销学[M]. 北京：清华大学出版社，2016.
[3] 郭英之. 旅游市场营销. 3 版. 大连：东北财经大学出版社，2014.
[4] 赵西萍. 旅游市场营销学：原理、方法、案例[M]. 北京：科学出版社，2006.
[5] 张颖. 旅游市场营销. 大连：东北财经大学出版社，2016.
[6] 徐春波. 旅游市场营销. 北京：中国纺织出版社，2009.
[7] 鲍富元. 旅游市场营销学. 北京：机械工业出版社，2015.
[8] 陈国柱. 旅游市场营销学. 天津：天津大学出版社，2010.
[9] 安贺新. 旅游市场营销学. 北京：清华大学出版社，2011.
[10] 张念萍. 旅游市场营销. 北京：中国旅游出版社，2016.
[11] 宋国琴. 旅游市场营销学. 杭州：浙江大学出版社，2016.
[12] 赵毅. 新编旅游市场营销. 北京：清华大学出版社，2006.
[13] 陆雄文. 管理学大辞典. 上海：上海辞书出版社，2013.
[14] 吴健安. 市场营销学. 北京：高等教育出版社，2011.
[15] 刘葆. 市场营销学. 合肥：安徽大学出版社，2009.
[16] 王大悟，刘耿大. 酒店管理180个案例品析[M]. 北京：中国旅游出版社，2007.
[17] 程道品，伍进. 旅游市场营销学. 北京：北京大学出版社，2009.
[18] 郭晶，张国旺. 浅谈市场创新源的广义化新认识. 东方企业文化，2012（1）.
[19] 廖宁怡，欧阳晓波，王莉娟. 旅游文化营销研究. 商业经济，2010（2）.
[20] 艾华. 谈旅游文化营销运作模式创新. 商业时代，2007（34）.
[21] 陈国柱. 旅游目的地研究的科学知识图谱分析. 资源开发与市场，2015（12）.
[22] 佚名. 旅游产品的定价. https://wenku.baidu.com/view/e5d5450d783e0912a3162a63.html.
[23] 朱江平. 旅游市场营销. https://max.book118.com/html/2017/0123/86335143.shtm.
[24] 佚名. 旅游环境容量. https://wenku.baidu.com/view/08434e7f5acfa1c7aa00cc08.html.
[25] 王艳丽，都继萌，王帆. 电商B2C模式下长尾理论的应用探索. 商业经济研究，2017（17）.
[26] 李娜，蔡蓉蓉. 长尾理论视角下的乡村旅游全媒体营销研究[J]. 新闻研究导刊，2016（20）.
[27] 杜睿云，蒋侃. 新零售：内涵、发展动因与关键问题. 价格理论与实践，2017（2）.
[28] 丛文君. 基于新零售模式的电商时代. 现代商贸工业，2018，39（6）：76-78.
[29] 张力. 旅游新零售：旅行社门店如何重新定位. http://www.dotour.cn/article/28757.html，2017-05-16/2018-02-16.
[30] 新京报. 传统旅行社与OTA从爱恨情仇到相互融合. http://www.pinchain.com/article/64484，2016-01-27/2018-01-25.
[31] 李飞. 全渠道零售的含义成因及对策——再论迎接中国多渠道零售革命风暴[J]. 北京工商大学学报：社会科学版，2013（2）.
[32] 何鑫. 浅谈"互联网+"视阈下的传统旅行社的转型. 商场现代化，2017（11）：4.
[33] 柯球. 互联网时代传统旅行社市场营销策略探析. 旅游纵览（下半月），2016（8）.
[34] 李娌，杨梦兰. "互联网+"背景下中小旅行社"触电"营销策略探析. 吉林省经济管理干部学院学报，2015，29（6）.
[35] 黄紫. 旅游产品定价. https://wenku.baidu.com/view/eb59d87883c4bb4cf6ecd147.html?from=search.

[36] Martin Volek, Online Marketing Strategies for Travel Agencies. Studia commercialia Bratislavensia, 2017, 4（16）.

[37] 佚名. 如何利用微信做营销. https://baike.baidu.com/item/%E5%BE%AE%E4%BF%A1%E8%90%A5%E9 %94%80/7433136?fr=aladdin.

[38] ISO 14001 环境管理体系标准. 中国认证认可信息网.

[39] 贾凯君. 新概念营销. 北京：中国经济出版社，2007.

[40] 张群，石宝丽. 市场营销学. 西安：西北工业大学出版社，2005.

[41] 旅游品牌塑造的大营销攻略. http://www.docin.com/p-1862902877.html.

[42] 巫宁. 控制性旅游营销：赢利与可持续发展的均衡. http://travel.sohu.com/20051115/ n240722365.shtml.

[43] 赵冰梅，陈丹红. 公共关系学. 北京：中国广播电视出版社，2004.

[44] 陈丹红，王蕾. 酒店服务技能与实训. 北京：中国旅游出版社，2016.

[45] 李翀. 微观经济学. 北京：北京师范大学出版社，2008.

[46] 吕建军. 微观经济学原理. 广州：暨南大学出版社，2008.

[47] 刘霞，周岳梅. 经济学基础. 北京：北京大学出版社，2009.

[48] 回归预测法简介. https://wenku.baidu.com/view/3c1addf75901020206409caa.html.

[49] 俞利军. 市场营销导论. 北京：华夏出版社，2001.

[50] 定位钻石. https://wenku.baidu.com/view/a9b928d5b9f3f90f76c61bbc.html.

[51] 李飞，刘茜. 市场定位战略的综合模型研究. 南开管理评论，2004（5）.

[52] 杨玲丽，丘海雄. "钻石模型"的理论发展及其对我国的启示[J]. 科技与经济，2008（3）.

[53] 新媒体营销. https://baike.baidu.com/item/%E6%96%B0%E5%AA%92%E4%BD%93%E8%90%A5%E9%94%80.

[54] 杨学成，陈章旺. 网络营销. 北京：高等教育出版社，2014.

[55] 自媒体营销. https://baike.baidu.com/item/%E8%87%AA%E5%AA%92%E4%BD%93%E8%90%A5%E9%94%80/20600255?fr=aladdin.

[56] 旅游景区容量测算参考方法. https://wenku.baidu.com/view/9d9ae10b0166f5335a8102d276a20029bd6 46337. html.

[57] 纪宝成. 市场营销学教程. 5 版. 北京：中国人民大学出版社，2012.

[58] 大战略矩阵. http://www.baike.com/https://wenku.baidu.com/view/568803f14693dae f5ef73d20.html.

[59] 生活方式与旅游行为. https://wenku.baidu.com/view/13f74eb251e79b89680226a9.html.

[60] 贾静. 试析不同类型家庭的旅游行为特点. 焦作工学院学报：社会科学版，2003（3）.

[61] 左海龙，罗红霞，匡鸿海. 虚拟旅游系统研究. 淮安：第三届全国教育游戏与虚拟现实学术会议论文集，2009.

[62] 市场营销学. https://wenku.baidu.com/view/c4a1b5e3e009581b6bd9ebf5.html.

[63] 市场营销组合. https://baike.baidu.com/item/%E5%B8%82%E5%9C%BA%E8%90%A5%E9%94%80%E7%BB%84%E5%90%88/1651580?fr=aladdin.

[64] 德尔菲法. https://baike.baidu.com/item/%E5%BE%B7%E5%B0%94%E8%8F%B2%E6%B3%95/759174?fr=aladdin.

[65] 目标市场模式、策略. https://wenku.baidu.cm/view/d926b2c714791711cd791700.html.

[66] 产品 https://wenku.baidu.com/view/46c30fb8bb4cf7ec4bfed068.html.

[67] 产品组合优化方法. https://baike.baidu.com/item/%E4%BA%A7%E5%93%81%E7%BB%84%E5%90%88%E4%BC%98%E5%8C%96%E6%96%B9%E6%B3%95/3288070.

[68] 价格策略. https://wenku.baidu.com/view/1c3e640ee418964bcf84b9d528ea81c759f52e4e.html.

[69] 旅游市场营销. https://wenku.baidu.com/view/3c12df8bb9f67c1cfad6195f312b3169a551ea0c.html.

[70] 前厅销售管理. https://wenku.baidu.com/view/6fd9f3b550e2524de4187e33.html.

[71] 价格策略. https://max.book118.com/html/2015/1117/29701167.shtm.

[72] 网络营销渠道. https://wenku.baidu.com/view/730bd3a0cfc789eb172dc893.html.

[73] 广告传播效果. https://wenku.baidu.com/view/53f8227a915f804d2b16c188.html.

[74] 旅游市场营销学. https://doc.mbalib.com/view/2565e9ebd36cf01e7c24c4d14b8b9a42.html.

[75] 旅游目的地形象策划. https://wenku.baidu.com/view/499529f8783e0912a3162a5d.html.

[76] 旅游市场营销管理. https://wenku.baidu.com/view/dbe44263caaedd3383c4d361.html?sxts=1550809559266.

[77] 网络营销. https://baike.baidu.com/item/%E7%BD%91%E7%BB%9C%E8%90%A5%E9%94%80/175416.

[78] 关系营销. https://baike.baidu.com/item/%E5%85%B3%E7%B3%BB%E8%90%A5%E9%94%80.

[79] 体验营销. https://baike.baidu.com/item/%E4%BD%93%E9%AA%8C%E8%90%A5%E9%94%80.

[80] 智慧旅游. https://baike.baidu.com/item/%E6%99%BA%E6%85%A7%E6%97%85%E6%B8%B8/5631724?fr=aladdin.

[81] 旅游市场营销创新. https://www.docin.com/p-1172855306.html.

[82] 陈丹红, 孟玉, 易元鹏. 辽宁省文化产业与旅游产业耦合发展研究. 经营者, 2019 (17).

[83] 翁钢民, 李凌雁. 中国旅游与文化产业融合发展的协调度及空间相关分析. 经济地理, 2016, 36 (1): 178-185.

[84] 王健. "互联网+"时代下文化产业发展现状及路径优化. 经济研究导刊, 2020, (10): 31-32.

[85] 周育群, 刘勇. 产业融合视角下的文化产业发展现状及政府对策分析[J]. 中国市场, 2020, (17): 9-11.

[86] 宗祖盼. 文化产业类型新探——基于发生学的建构逻辑. 探索与争鸣, 2020, (6): 135-142.

[87] 冯蕾. 大连市文化产业发展状况比较分析及对策建议. 中国商论, 2019, (22): 207-208.

[88] 何雅洁. 西藏文化产业园区评价指标体系构建及建设路径分析[J]. 山西农经, 2020, (12): 37-38.

[89] 樊艳翔. 浅析我国跨国旅游业的发展. 现代商业, 2020 (21): 36-37.

[90] 刘金芝, 芮晓华. 互联网时代我国旅游业发展的现状探析. 新西部, 2018, (2): 63-64.

[91] 黄承伟. 党的十八大以来脱贫攻坚理论创新和实践创新总结. 中国农业大学学报: 社会科学版, 2017, 34 (5): 5-16.

[92] 全国832个国家级贫困县全部脱贫摘帽. 中国青年网, 2020-11-24.

[93] 2021年政府工作报告 (全文). 中国甘肃网, 2021-03-14.

[94] 刘云, 王更鹏. 乡村振兴战略背景下乡村旅游发展研究[J]. 南方农机, 2021, 52 (8): 64-69.

[95] 陈明曼, 郑国威, 涂先莉. 乡村振兴战略背景下乡村旅游提质增速路径研究[J]. 现代商贸工业, 2021, 42 (14): 35-36.

[96] 宋德义, 李立华. 国外旅游减贫研究述评——基于经济学理论研究和旅游减贫实践的视角[J]. 地理与地理信息科学, 2014, 30 (3): 88-93.

[97] 李巧玲. 基于自然景观背景的乡村旅游发展模式, 问题及对策探析. 中国农业资源与区划, 2016, 37 (9): 176-181.

[98] 朱建江. 乡村振兴与乡村旅游发展: 以上海为例[J]. 上海经济, 2017 (6): 17-21.

教师服务

感谢您选用清华大学出版社的教材！为了更好地服务教学，我们为授课教师提供本书的教学辅助资源，以及本学科重点教材信息。请您扫码获取。

▶▶ 教辅获取

本书教辅资源，授课教师扫码获取

▶▶ 样书赠送

旅游管理类重点教材，教师扫码获取样书

 清华大学出版社

E-mail: tupfuwu@163.com
电话: 010-83470332 / 83470142
地址: 北京市海淀区双清路学研大厦 B 座 509

网址: http://www.tup.com.cn/
传真: 8610-83470107
邮编: 100084